FIGURES MYTHIQUES ET DISCOURS RELIGIEUX DANS L'EMPIRE GRÉCO-ROMAIN

RECHERCHES SUR LES RHÉTORIQUES RELIGIEUSES

VOLUME 27

*Collection dirigée par
Gérard Freyburger et Laurent Pernot*

Figures mythiques et discours religieux dans l'Empire gréco-romain

Textes réunis et édités par
FRÉDÉRIC CHAPOT
JOHANN GOEKEN
MAUD PFAFF-REYDELLET

BREPOLS

© 2018, Brepols Publishers n.v., Turnhout, Belgium.

All rights reserved. No part of this publication may be reproduced, stored in a retrieval system, or transmitted, in any form or by any means, electronic, mechanical, photocopying, recording, or otherwise without the prior permission of the publisher.

D/2018/0095/146
ISBN 978-2-503-58079-1
e-ISBN 978-2-503-58080-7
DOI 10.1484/M.RRR-EB.5.115732

ISSN 0770-0210
eISSN 2566-0004

Printed in the EU on acid-free paper.

Sommaire

Préface   9

Avant-propos : Figures exemplaires et discours religieux   11

Première partie
La construction des figures exemplaires entre histoire et allégorie

Le « divin » Platon à la table des Grecs et des Romains : dynamiques et enjeux de la fabrique d'une mémoire savante dans l'Empire gréco-romain   17
Anthony ANDURAND et Corinne BONNET

Régulus, héros de la *fides* : mythe et vraisemblances historiques   33
Gérard FREYBURGER

Figures exemplaires et théologie philosophique chez Sénèque   43
Cécile MERCKEL

Deuxième partie
La figure mythique et son rôle de passeur vers le monde divin

La figure d'Hercule dans la littérature flavienne :
aspects et usages d'un modèle   57
Catherine NOTTER et Igor YAKOUBOVITCH

Orphée et Pythagore dans les témoignages sur les discours sacrés
(*hieroi logoi*) de l'époque impériale   71
Mina TASSEVA BENCHEVA

La figure du prophète dans l'œuvre exégétique de Jérôme   79
Benoît MOUNIER

Troisième partie
La figure mythique dans son contexte

Exemple, contre-exemple, modèle : plasticité de la figure de Pilate dans la rhétorique patristique — 97
Anne-Catherine BAUDOIN

Fabriquer l'exemplarité : la figure de Numa dans l'*Énéide*, VI, 808-812 — 111
Giovanna LATERZA

La figure de Numa chez Ovide et ses « déclinaisons » : façons romaines de penser l'exemplarité — 119
Maud PFAFF-REYDELLET

Des boucliers sacrés aux cendres d'Oreste, variations autour des *pignora imperii* — 139
Sylvia ESTIENNE

Quatrième partie
Plasticité de la figure mythique

Entre littérature, religion et politique : quelques réflexions sur le rôle des prosopopées divines chez Claudien — 153
Marco FUCECCHI

Hercule vainqueur d'Antée : deux lectures de ce « combat fameux » dans les œuvres d'Ennode de Pavie — 167
Céline URLACHER-BECHT

La réception arabe de la figure légendaire d'Alexandre le Grand — 179
Christiane Helene VOIGT

Cinquième partie
Du polythéisme au christianisme : la résistance des figures mythiques

Les « fables des poètes » dans l'œuvre de Jérôme : remploi, détournement, actualisation — 189
Régis COURTRAY

Compétitions littéraires et concurrences religieuses autour de Dionysos : païens et chrétiens au IVe siècle — 209
Francesco MASSA

Les figures mythologiques dans le discours religieux d'Ambroise de
Milan : l'excursus nécessaire   225
Michele CUTINO

La vierge héroïque : l'émergence d'un modèle chrétien et son substrat
littéraire   237
Frédéric CHAPOT

Bibliographie   257

Index des auteurs et textes anciens   275

Index des noms propres   281

Index des notions   287

Préface

Le discours religieux de l'Antiquité donnait bien sûr une place prioritaire aux figures divines telles que Zeus/Jupiter ou Aphrodite/Vénus, mais il donnait aussi une place notable à certaines figures simplement mythiques, parfois bien enracinées dans l'histoire, parfois fortement voire entièrement fictives. De telles figures apparaissent non seulement dans le domaine païen, mais encore dans le domaine chrétien. Leur force symbolique était grande et elles entraient de manière très variée dans la réflexion des Grecs et des Romains sur la religion, l'éthique ou la condition humaine. Elles pouvaient être des modèles, comme Caton d'Utique, des anti-modèles, comme Ponce Pilate, ou encore l'un et l'autre, comme Alexandre le Grand.

L'originalité de ce livre est d'aborder le phénomène dans toute sa complexité, en prenant systématiquement en compte la diversité des textes et des contextes, et de mettre en lumière la variété des significations de ces figures ainsi que les processus de leur élaboration. Ainsi, on verra comment un personnage tel que Régulus fut une personne historique, mais devint aussi le héros du serment tenu, aux allures en partie mythiques ; comment un Orphée ou un Pythagore ou encore tel prophète de la Bible ont eu pour fonction d'ouvrir à l'humanité la voie vers le monde divin ; comment la figure du deuxième roi de Rome, Numa Pompilius, fondateur de nombreux cultes et rites, s'est construite en réseau avec des listes canoniques ; comment une figure telle qu'Hercule se révèle d'une plasticité telle qu'elle peut bénéficier chez le même auteur, selon le contexte d'énonciation, d'appréciations opposées.

Ainsi, le présent ouvrage s'adresse non seulement à ceux qui s'intéressent à l'Antiquité, mais aussi, par le fait qu'il révèle des modalités de constitution et d'utilisation de figures mythiques, à ceux qui s'adonnent à l'étude d'autres civilisations et d'autres cultures où apparaissent de semblables figures : ils pourront appréhender celles-ci avec une profondeur nouvelle à la lumière de ces analyses et en comparaison avec elles.

Gérard FREYBURGER & Laurent PERNOT

Avant-propos

Figures exemplaires et discours religieux

Les textes réunis ici ont pour sujet l'élaboration et l'utilisation, dans le discours religieux, de « figures exemplaires » à l'époque gréco-romaine. La question est cruciale, car la constitution de figures emblématiques est une préoccupation majeure des Anciens, qu'ils soient polythéistes ou chrétiens. Et c'est cette exemplarité, avec les évolutions et les échanges qu'elle suppose, que nous voudrions commencer à cerner, en prenant d'emblée un exemple précis, celui de Justin, car il ouvre des perspectives fécondes.

Vers 153 de notre ère l'apologète de Naplouse compose, en deux parties, une *Apologie pour les chrétiens* pour réfuter les griefs d'ordre social, politique et religieux qui sont formulés à l'encontre des chrétiens. L'intérêt du texte, que l'orateur philosophe adresse aux empereurs, réside en ceci que l'apologète convoque dans sa démonstration plusieurs figures que l'on peut qualifier d'« exemplaires » et qui sont issues de trois traditions : grecque, juive et chrétienne[1].

Dans l'ensemble, la démarche apologétique de Justin est placée sous le patronage de Socrate et dans le détail même du discours, de manière plus ou moins discrète, l'auteur recourt au modèle socratique pour étayer son argumentation[2]. Une lecture attentive révèle que, chez Justin, la figure de Socrate est utilisée de manière complexe et que cette utilisation correspond à la situation complexe des chrétiens et de Justin lui-même. En effet, de manière classique, Socrate devient, comme les prophètes de l'Ancien Testament et mieux encore, un *exemplum* rhétorique qui sert à justifier la position défendue par l'orateur. Mais Justin va plus loin et l'assimilation se fait à cinq niveaux : Socrate, qui plaida sa cause avant d'être condamné à mort en 399 avant notre ère, sert de comparant à Justin lui-même, aux chrétiens dont il est le porte-parole, aux martyrs et au Christ, mais encore aux empereurs qui se veulent philosophes. Dans tous les cas, c'est l'image d'un Socrate attaché au λόγος, à la piété, à la vérité et à la justice qui se dégage en servant de précurseur et de modèle. Justin, en s'adressant d'abord à l'empereur Antonin et en rejouant le procès de Socrate, ne s'estime pas perdu d'avance, et c'est dans le but de se montrer persuasif qu'il argumente notamment

---

1 Sur ce texte, il faut consulter l'introduction de C. Munier, *Justin. Apologie pour les chrétiens : Introduction, texte critique, traduction et notes par C. M.*, Paris, 2006, p. 9-99.
2 Voir en particulier M. Fédou, « La figure de Socrate selon Justin », dans B. Pouderon, J. Doré (éd.), *Les apologistes chrétiens et la culture grecque*, Paris, 1998, p. 51-66. On pourra également se reporter à J.-C. Fredouille, « De l'*Apologie* de Socrate aux *Apologies* de Justin », dans *Hommages à René Braun*, t. 2, Nice, 1990, p. 1-22 ; Id., « L'apologétique chrétienne : naissance d'un genre littéraire », *Revue des études augustiniennes*, 38, 1992, p. 219-234 ; Id., « L'apologétique chrétienne : métamorphoses d'un genre polymorphe », *Revue des études augustiniennes*, 41, 1995, p. 201-216.

sur les ambiguïtés de la législation en vigueur concernant les chrétiens. Dans cette perspective, la figure de Socrate joue un rôle stratégique. Le message socratique est pensé comme un langage commun qui pourrait permettre de réconcilier le christianisme et le pouvoir romain, d'où l'intérêt d'assimiler à Socrate tous les acteurs du procès. Pour Justin, le recours à Socrate permet d'imposer l'idée qu'une solution est possible. Puisque tout le monde convient que la mort de Socrate est un événement malheureux, le pouvoir romain ne peut continuer à persécuter les chrétiens (comme Athènes a persécuté Socrate) tout en se réclamant du modèle socratique.

Dans sa démonstration, Justin utilise aussi les figures de la mythologique grecque. Pour lui, les dieux grecs sont des démons à qui l'on a donné le nom de dieux de manière injustifiée, ce qui signifie que Justin, comme les autres apologistes, ne nie pas l'action des dieux ni leur existence (par habitude ou par prudence) : les dieux sont alors simplement dégradés, rangés du côté des puissances du mal, avec d'ailleurs la caution de la philosophie, puisque la théologie de l'époque, celle des médio-platoniciens notamment, établissait une hiérarchie entre le Dieu suprême, les dieux visibles (c'est-à-dire les puissances astrales) et les démons, qui sont les dieux des cités et des poètes. En même temps, en d'autres occasions, Justin n'hésite pas à prendre une autre posture platonicienne pour dénoncer l'indignité des dieux tels que les représentent les poètes sans que les autorités s'en émeuvent. De même, pour prouver que Jésus est né sans union et qu'après sa crucifixion, sa mort et sa résurrection il est monté au ciel, Justin a beau jeu de souligner que les chrétiens ne proposent rien d'inouï par rapport à ceux qu'on appelle les fils de Zeus, c'est-à-dire Asclépios, Dionysos, Héraclès, ou Persée, lesquels s'avèrent comparables aux empereurs qui meurent et que l'on divinise (I, 21, 2). En établissant ainsi des parallèles entre le Christ et les dieux ou les héros du paganisme, Justin veut rapprocher le message chrétien de la tradition mythologique, pour en faire quelque chose qui ne soit pas surprenant. Pour Justin, la mythologie devrait disposer le monde païen à accepter sans réticence les récits bibliques analogues : ainsi le rôle assigné à Hermès est comparable à celui du Christ, envoyé de Dieu (I, 22, 2). Évidemment, derrière, on a toujours cette idée que les vérités chrétiennes ont été empruntées (et déformées) par les païens.

Enfin, dans la deuxième partie de l'*Apologie* (II, 2), Justin convoque la figure d'un certain Ptolémée, connu pour être chrétien et pour avoir conseillé à une convertie de répudier son mari, car ce dernier refusait d'embrasser la doctrine du Christ et d'abandonner sa vie de débauche. Pour se venger, raconte Justin, le mari dénonça Ptolémée qui, pour avoir reconnu être chrétien, fut condamné au supplice avec un certain Lucius et un troisième compagnon (celui-là resté anonyme) venus spontanément le soutenir. L'anecdote, qui prend la forme d'un récit développé, a une valeur d'exemple, destiné à édifier l'auditeur et le lecteur, en illustrant la grandeur des chrétiens devant la mort. Or, en évoquant le cas de ce Ptolémée inconnu par ailleurs, pour mettre en vedette la σωφροσύνη et la solidarité propres aux chrétiens, Justin a aussi un autre objectif : celui de montrer qu'après les dieux, les héros et les prophètes, qu'après Socrate lui-même, la doctrine chrétienne fait émerger un nouveau modèle d'homme (ou de femme), c'est-à-dire qu'elle suscite, au moment même où Justin s'adresse aux empereurs, un nouveau type de figure exemplaire dont la caractéristique est de se multiplier et dont Justin lui-même n'est que le porte-parole.

Si nous nous sommes arrêtés sur un texte comme l'*Apologie pour les chrétiens* de Justin, c'est qu'il nous semble fournir l'ébauche d'une typologie de figures exemplaires dans le cadre d'une réflexion de type religieux et même théologique. On distingue, en effet, les dieux, les héros, les hommes illustres et les simples particuliers (avec un nom ou anonymes) – c'est là une répartition que l'on retrouve, par exemple, chez les rhétoriciens quand ils réfléchissent aux agents de l'action. Or ces quelques pistes de réflexion, destinées à appréhender la notion de « figure exemplaire », résument bien le projet intellectuel qui a été à l'origine de la rencontre dont les actes sont ici publiés.

L'organisation du colloque « Figures mythiques et discours religieux dans l'Empire gréco-romain », qui s'est tenu à l'Université de Strasbourg les 20 et 21 novembre 2014, s'inscrivait dans le cadre d'une recherche collective consacrée à « La fabrique des figures exemplaires ». Cet axe de recherche, qui émanait d'une équipe nouvellement créée au sein du Centre d'Analyse des Rhétoriques Religieuses de l'Antiquité (C.A.R.R.A.) pour le contrat quinquennal 2013-2017, se proposait d'exploiter les compétences des membres du C.A.R.R.A. dans les domaines païen et chrétien de la littérature gréco-latine des Ier-ve siècles apr. J.-C.

Depuis l'époque augustéenne jusqu'à l'Antiquité tardive, aussi bien dans la littérature polythéiste que dans la littérature chrétienne, on constate que de grandes figures de la mythologie et de l'histoire des cités grecques ou de Rome ont servi d'exemples, c'est-à-dire d'*exempla* ou de παραδείγματα qui véhiculent les valeurs de la société ou, au contraire, permettent de les critiquer pour en faire émerger de nouvelles. Le propos était donc d'explorer l'histoire de quelques-unes de ces figures exemplaires, qu'il s'agisse de dieux et de déesses, de héros et d'héroïnes, ou d'hommes et de femmes d'exception. Le projet avait pour objectif de faire apparaître quand, pourquoi et comment les modèles sont adoptés, façonnés, réinterprétés, voire constitués en contre-exemples. Plus précisément, la réflexion s'organisa autour de deux thèmes connexes : 1) figures mythiques et discours religieux ; 2) figures exemplaires et visions du pouvoir. Deux volets, donc : religieux pour le premier, politique pour le second.

Il s'agit ici d'étudier le recours aux figures exemplaires à la fois dans le discours sur les religions et dans le discours religieux à l'époque de l'Empire gréco-romain. L'attention est donc portée vers les formes diverses du discours religieux (hymnes, prières, ἱεροὶ λόγοι, etc.), mais aussi vers les discours tenus sur les religions (poésie, philosophie, commentaires exégétiques, etc.). L'intérêt de l'approche proposée consiste ainsi à aborder parallèlement des types de textes ou de documents différents, lesquels sont habituellement étudiés indépendamment les uns des autres. L'accent est aussi mis sur ce que Paul Veyne a appelé « l'Empire gréco-romain » ; que la formule plaise ou non, elle a le mérite de préciser un domaine de recherche et une époque, celle des premiers siècles de notre ère[3].

Mais il vaut la peine de préciser encore davantage le sens du titre du volume. Par « figures mythiques », il faut entendre les grandes figures de la mythologie ou de l'histoire gréco-romaine, qui servent tantôt de modèles, tantôt de repoussoirs dans

---

3 Cf. P. Veyne, *L'Empire gréco-romain*, Paris, 2005.

un contexte qui peut être critique, historiographique, encomiastique ou apologétique. Le choix de l'épithète « mythique », plutôt que celle d'« exemplaire », répond à la volonté de faire apparaître la plasticité de ces figures, dont les traits, derrière des permanences intangibles, sont susceptibles d'évoluer et de se charger de significations toujours renouvelées ; c'est aussi une façon d'inclure les figures divines et héroïques et de rappeler que les figures exemplaires humaines ont également suscité une *mythologie* dans le domaine de la religion : c'est ce que montrent par exemple Annie et Maurice Sartre dans leur livre, paru en 2014, sur « Zénobie, de Palmyre à Rome » – Zénobie « dont le mythe, bien plus que l'histoire, a assuré la célébrité » (p. 7).

En fonction des spécialités des membres du C.A.R.R.A., qui correspondent aux grandes orientations du phénomène religieux sous l'Empire romain, trois aspects retiennent particulièrement l'attention : le culte de l'Empereur, les divinités du polythéisme et le christianisme. Dans cette perspective, nous avons eu à cœur d'associer à notre démarche de philologues des historiens, des historiens des religions et des théologiens. Les domaines auxquels il vient d'être fait référence sont encore parfois cloisonnés, mais il est évident que le dialogue entre ces disciplines peut produire des résultats plus stimulants, plus féconds et plus solides. La richesse de ces résultats tient avant tout à la variété des figures exemplaires et à celle des approches proposées – et cette variété croisée est attestée par la table des matières de ce volume. L'établissement d'une typologie complète des figures exemplaires dans le domaine religieux constitue une tâche énorme à laquelle il est impossible de prétendre. Mais nous espérons que l'étude et la mise en série de plusieurs cas précis, comme ceux qui sont traités dans ce livre, permettent de mettre au jour des lignes de force majeures dans l'élaboration de ces « figures » et donc dans les croyances des Anciens qui vivaient sous l'Empire gréco-romain.

Frédéric Chapot, Johann Goeken et Maud Pfaff-Reydellet

Première partie

La construction des figures exemplaires entre histoire et allégorie

Il s'agit d'analyser en premier lieu la façon dont les figures exemplaires sont forgées par les communautés qui se rassemblent autour d'elles. Sont-elles élaborées à partir d'éléments historiquement attestés, qu'il s'agit de retrouver, sous les réélaborations mythiques successives, ou faut-il plutôt s'interroger sur les enjeux allégoriques de la figure exemplaire, et considérer qu'elle incarne une vertu, personnifie un territoire, « invente » un héros fondateur qui n'a nullement besoin d'être historiquement crédible pour fonder, de manière rétrospective, une pratique collective, un rite, une tradition ?

Anthony ANDURAND et Corinne BONNET montrent, à propos du « divin Platon », comment se construit une figure exemplaire qui devient emblématique d'une communauté de savants dans tout l'Empire gréco-romain, notamment parce qu'elle incarne le point de rencontre entre le « temps court » de la performance rituelle (ici, l'invitation au banquet des sages) et le « temps long » de la tradition philosophique et littéraire. Il s'agit de mettre en lumière les mécanismes que mobilise, dans l'espace d'une République gréco-romaine des lettres, la fabrique d'une mémoire savante partagée, ancrée dans une figure mythique ou « mythifiée », et de s'interroger sur la fonction symbolique que revêt la figure de Platon dans le recueil des *Propos de table* : est-il le « saint patron » d'une communauté philosophique plutarquéenne et le parangon d'un hellénisme désormais élargi aux dimensions de la *pax romana* ?

Gérard FREYBURGER analyse le dossier de Regulus, héros de la première guerre punique. Cette figure mythique a-t-elle été « inventée » de toutes pièces, pour fournir un récit étiologique justifiant *a posteriori* la fondation du temple de *Fides* à Rome, ou milieu du IIIe siècle av. J.-C., ou peut-on déceler dans la tradition des éléments historiques attestés ? Reconnaître une part d'historicité à Regulus n'empêche pas d'envisager aussi l'élaboration de cette figure comme allégorie d'une vertu romaine essentielle. Les aspects mythiques du récit de ses actes seraient ainsi les marques d'une mise en forme rhétorique, d'un travail de communication destiné à promouvoir son image comme héros de la *fides*.

La dimension d'allégorie dans la construction d'une figure exemplaire est aussi discutée par Cécile MERCKEL, à propos de Caton, modèle de *uirtus*, et de sa mise en scène chez Sénèque. Selon elle, la figure mythique du général joue un rôle important chez le philosophe romain comme outil de la pensée, en tant qu'exemple ou contre-exemple, pour matérialiser des valeurs ou des concepts abstraits, ou pour représenter des situations auxquelles l'homme du commun se trouve confronté. Il apparaît que Sénèque fait de Caton une figure mythique employée dans une perspective didactique. La figure exemplaire est donc construite, là encore, en direction d'un public.

F. C. / J. G. / M. P.-R.

ANTHONY ANDURAND
ET CORINNE BONNET

Le « divin » Platon à la table des Grecs et des Romains : dynamiques et enjeux de la fabrique d'une mémoire savante dans l'Empire gréco-romain

Introduction

La littérature de banquet offre un matériau approprié pour cerner, sur le terrain des cercles de lettrés et des communautés savantes, les dynamiques qui accompagnent et favorisent l'épanouissement d'un Empire « gréco-romain », cette unité que Paul Veyne a définie comme un « fait de culture grecque et de pouvoir romain[1] ». De Plutarque à Athénée, le banquet se présente en effet comme un espace stratégique de débats, de partage et de médiation, où se dessinent les contours et la mémoire d'une « cité des savants » à vocation universelle, nourrie de savoirs et de connivence. Appréhendé à l'intersection des communautés, des lieux, des pratiques et des textes qu'il met en relation, le microcosme du banquet offre ainsi un riche observatoire pour ressaisir les codes et les ramifications d'une République « gréco-romaine » des lettres, modelée par le référent culturel de l'hellénisme et attirée par les réseaux du pouvoir romain. C'est à la lumière de ces perspectives que nous nous proposons d'envisager le traitement des figures exemplaires du passé gréco-romain dans les *Propos de table*, à travers une figure à la fois singulière et évocatrice : celle du « divin Platon[2] » (θεῖος Πλάτων).

Rédigée dans les premières années du IIe siècle de notre ère, cette œuvre se présente comme un recueil de récits de souvenirs, composé à la demande d'un ami romain de Plutarque, Sosius Sénécion. Puisant directement leur inspiration et leur matière dans l'activité intellectuelle et l'expérience sociale du philosophe, les *Propos de table* restituent le « petit monde » de Plutarque, cette élégante et savante compagnie

---

1 P. Veyne, *L'Empire gréco-romain*, Paris, 2005, p. 10.
2 Plutarque, *Périclès*, 8, 2 : « Car l'élévation d'esprit et l'efficacité si parfaite dans l'exécution qui, pour reprendre le mot du divin Platon (θεῖος Πλάτων), "s'ajoutèrent à ses dons naturels", il [= Périclès] les dut à "la science physique à laquelle il emprunta, pour son éloquence, tout ce qui pouvait lui convenir". Ce fut ainsi qu'il surpassa, de loin, tous les autres orateurs » (trad. A.-M. Ozanam, Paris, 2001).

Anthony Andurand Université Toulouse – Jean Jaurès

Corinne Bonnet Université Toulouse – Jean Jaurès

Figures mythiques et discours religieux dans l'Empire gréco-romain, Textes réunis et édités par Frédéric Chapot, Johann Goeken et Maud Pfaff-Reydellet, Turnhout, Brepols 2018 (p. 17-31)
Brepols Publishers   10.1484/M.RRR-EB.5.115808

réunissant des familiers et des connaissances du philosophe, des philosophes et des lettrés, des notables locaux et de hauts dignitaires de l'administration impériale, venus de diverses régions de l'Empire. L'œuvre met en scène les « conversations érudites » (τὰ φιλολογηθέντα) tenues par Plutarque et ses « amis » lors de banquets donnés « tant chez vous autres à Rome que chez nous en Grèce (ἔν τε Ῥώμῃ μεθ' ὑμῶν καὶ παρ' ἡμῖν ἐν τῇ Ἑλλάδι), quand les tables étaient dressées et quand les coupes circulaient[3] ». Comme exercice de ressouvenir, empruntant ses codes aux pratiques et aux traditions littéraires liées à la commensalité gréco-romaine, la narration proposée construit les *Propos de table* comme une riche polyphonie savante, rythmée par les « questions » (προβλήματα) successivement soumises à l'expertise des convives.

C'est au registre mémoriel que le narrateur, selon le programme esquissé dès le prologue du premier livre, entend rattacher l'évocation de ces « souvenirs » sympotiques. Méditant les vertus respectives du souvenir et de l'oubli dans la sphère du banquet, Plutarque adresse à Sosius Sénécion les paroles suivantes[4] :

> Ἐπεὶ δὲ καὶ σοὶ δοκεῖ τῶν μὲν ἀτόπων ἡ λήθη τῷ ὄντι σοφὴ κατ' Εὐριπίδην εἶναι, τὸ δ' ὅλως ἀμνημονεῖν τῶν ἐν οἴνῳ μὴ μόνον τῷ φιλοποιῷ λεγομένῳ μάχεσθαι τῆς τραπέζης, ἀλλὰ καὶ τῶν φιλοσόφων τοὺς ἐλλογιμωτάτους ἀντιμαρτυροῦντας ἔχειν, Πλάτωνα καὶ Ξενοφῶντα καὶ Ἀριστοτέλην καὶ Σπεύσιππον, Ἐπίκουρόν τε καὶ Πρύτανιν καὶ Ἱερώνυμον καὶ Δίωνα τὸν ἐξ Ἀκαδημείας, ὡς ἄξιόν τινος σπουδῆς πεποιημένους ἔργον ἀναγράψασθαι λόγους παρὰ πότον γενομένους.

Quant à toi, tu considères, de même, que l'oubli des inconvenances est sagesse en vérité, selon le mot d'Euripide, mais aussi que de perdre complètement le souvenir

---

3 Plutarque, *Propos de table*, I (prologue), 612 E (trad. F. Fuhrmann [livres I-VI], CUF, Paris, 1972-1978 ; F. Frazier, J. Sirinelli [livres VII-IX], CUF, Paris, 1996). Les neuf livres des *Propos de table* font ainsi intervenir une petite centaine de personnages d'origines géographiques diverses et de domaines de spécialisation variés, identifiables au moins par un nom (sur la prosopographie des cercles de la sociabilité plutarquéenne, on consultera l'excellente synthèse de B. Puech, « Les amis de Plutarque », dans *Aufstieg und Niedergang der römischen Welt*, II, 33, 6, Berlin / New York, 1992, p. 4831-4893). Les banquets évoqués dans les « souvenirs » sympotiques de Plutarque sont, eux, au nombre d'une soixantaine et localisés, dans leur immense majorité, dans les cités grecques d'Achaïe, en particulier dans la région qui s'étend d'Athènes aux Thermopyles. Le seul banquet situé hors de Grèce est le « dîner de bienvenue » (ὑποδεκτικὸν δεῖπνον) que donne le Carthaginois Sextius Sylla à Rome (VIII, 7-8), à l'occasion d'une visite de Plutarque dans l'*Urbs*. Dans cette perspective, le croisement des données liées au parcours des personnages et à la localisation des réunions offre la possibilité de restituer les logiques relationnelles et géographiques qui structurent le monde plutarquéen des banquets de lettrés et la communauté intellectuelle qu'il met en scène, à la fois enracinée dans le microcosme des cités d'Achaïe et ouverte sur l'Empire. Sur ces aspects, voir les propositions que nous avons formulées récemment au moyen des outils de l'analyse de réseaux : A. Andurand, « Le monde plutarquéen des banquets savants : essai d'approche spatiale », *Histoire et informatique*, 18, 2015, p. 46-53 ; A. Andurand, C. Bonnet, « "Les coutumes et les lois des nations barbares" (Plut., QC 2, 1). Réseaux savants entre centre et périphérie dans les *Propos de table* de Plutarque », dans S. Aufrère, F. Möri (éd.), *Les sagesses barbares. Échanges et réappropriations dans l'espace culturel gréco-romain*, Genève, 2016, p. 109-141.
4 Plutarque, *Propos de table*, I (prologue), 612 D-E.

de ce qui s'est passé à table est contraire à l'opinion commune selon laquelle la table fait les amis, et, de plus, s'oppose au témoignage des plus illustres philosophes : Platon, Xénophon, Aristote, Speusippe, Épicure, Prytanis, Hiéronymos et Dion l'Académicien, qui ont regardé comme une œuvre digne de quelque intérêt de consigner par écrit des propos tenus dans des banquets.

Placé au seuil du recueil, ce passage explicite les traditions auxquelles on peut rattacher le projet d'écriture plutarquéen. En se proposant de consigner par écrit, d'« inscrire » (ἀναγράψασθαι) le souvenir des conversations savantes tenues lors de banquets, Plutarque entend faire une œuvre de mémoire, composée sur le mode de l'ἀνά, du rappel et de la réactivation : anamnèse de réunions placées sous le signe de la φιλία et de la connivence érudite, les *Propos de table* sont aussi et indissociablement, comme le suggère l'énumération des philosophes qui ont précédé l'auteur dans cet exercice, une anabase, une remontée aux sources de la mémoire et des traditions culturelles de l'hellénisme, dans la conversation engagée, au présent, avec les figures et les œuvres du savoir grec.

Ces variations sur le thème de la mémoire constituent une voie possible pour éclairer le traitement de la figure platonicienne dans les *Propos de table*. Dans les prologues adressés à Sosius Sénécion comme dans la succession des séquences narratives qui composent chaque livre, le philosophe se présente en effet comme l'une des références privilégiées de l'univers plutarquéen des banquets de lettrés. À travers l'analyse de cette figure tutélaire et de la signification dont elle est investie dans les *Propos de table*, il s'agit dès lors de mettre en lumière les opérations et les mécanismes que mobilise, dans l'espace d'une République « gréco-romaine » des lettres, la fabrique d'une mémoire savante partagée, ancrée dans une figure mythique, ou « mythifiée ». Attentive, dans un premier temps, aux marqueurs de la présence platonicienne dans plusieurs des aspects offerts par le texte des *Propos de table*, la démarche visera ensuite à interroger la fonction symbolique que revêt la figure de Platon dans le recueil, comme « saint patron » de la communauté philosophique plutarquéenne et parangon d'un hellénisme désormais élargi aux dimensions de la *pax romana*. À travers l'éclairage de la figure platonicienne, l'analyse se donnera en outre comme objectif d'explorer l'entrelacement de la « mémoire » et de la « présence » des traditions savantes grecques à partir desquelles se construit, au croisement de l'héritage de l'hellénisme et des données nouvelles de l'ordre romain, le modèle plutarquéen du banquet comme microcosme de l'Empire.

Présences de Platon dans les *Propos de table*

La présence de Platon se signale à chacun des niveaux du texte plutarquéen, où la figure du philosophe est investie, par touches successives, d'une signification continuellement enrichie.

Le nom de Platon est d'abord évoqué dans trois des neuf prologues[5], qui consistent, pour reprendre la distinction établie au début du livre II[6], non en des propos de table (συμποσιακά), mais en des propos *sur* la table (συμποτικά). En faisant de Platon le premier de ces « illustres philosophes » (τῶν φιλοσόφων οἱ ἐλλογιμώτατοι) en qui Plutarque reconnaît ses prédécesseurs et en établissant une filiation directe avec l'archétype du *Banquet*, la référence platonicienne, dès le prologue du premier livre, tend ainsi à inscrire les *Propos de table* dans la continuité d'une tradition littéraire et philosophique – dont Plutarque, en l'adaptant aux données nouvelles de la période impériale, devait du reste profondément renouveler les codes et le genre.

Le contenu des séquences narratives et des questions réunies dans le recueil témoigne, d'une manière similaire, de la place de Platon dans le modèle sympotique plutarquéen. Sur ce point, les conversations rapportées et mises en scène dans les *Propos de table*, réglées par des pratiques codifiées et ritualisées[7], semblent se dérouler selon un scénario homogène. Une fois le sujet arrêté et la question formulée, les symposiastes sont appelés, à tour de rôle, à apporter leur contribution (συμβάλλεσθαι) aux recherches (ζητήσεις) menées en commun. Au moment de prendre la parole, ils sont appelés à produire des preuves (τεκμήρια) à l'appui de leur discours et de leur démonstration. Ces preuves peuvent être déduites de l'expérience ou de l'observation quotidienne. Dans la plupart des cas, cependant, elles s'appuient sur le témoignage (μαρτύριον) de ceux que les participants désignent comme les « Anciens[8] » (οἱ παλαιοί) : il peut s'agir d'une citation, d'un argument, d'une théorie, d'une image ou d'une anecdote, emprunté à tel auteur ou à telle œuvre du passé grec[9].

Dans chacun des aspects de ce jeu érudit, conçu comme exploration et performance collectives des savoirs, mobilisant l'ensemble des registres de la connaissance et de la mémoire culturelle grecque, Platon occupe une place tout à fait singulière. Les recherches menées à la table de Plutarque témoignent assurément d'une grande familiarité avec l'œuvre du philosophe, largement commune aux Grecs et aux Romains. Platon apparaît d'abord comme l'un des sujets de prédilection des convives : quatre

---

5 La référence au *Banquet* platonicien intervient dans le prologue du livre I (612 E) et dans celui du livre VI (686 A-D), au début duquel Plutarque évoque par ailleurs la simplicité, « tout à fait digne des Muses » (μουσικῶς), des dîners à l'Académie. Le nom de Platon apparaît enfin dans le prologue du livre III (645 A), qui emprunte aux *Lois* (I, 649 d-650 a) l'idée selon laquelle le vin est le meilleur révélateur du « caractère de la plupart des hommes » (τὰ ἤθη τῶν πολλῶν).
6 Plutarque, *Propos de table*, II (prologue), 629D.
7 Sur les codes et les règles qui sous-tendent le partage de la parole et des savoirs dans l'espace sympotique mis en scène dans les *Propos de table* : J. KÖNIG, *Saints and Symposiasts. The Literature of Food and the Symposium in Greco-Roman and Early Christian Culture*, Oxford, 2012, p. 66-81.
8 Sur les vertus attachées aux Anciens dans l'œuvre de Plutarque, voir C. BRÉCHET, « Les *palaioi* chez Plutarque », dans B. BAKHOUCHE (éd.), *L'ancienneté chez les Anciens*, Montpellier, 2 vol., 2003, II, p. 519-550. On rappellera ici la conclusion de l'article (p. 550) : « L'œuvre de Plutarque témoigne ainsi de la participation dynamique des *palaioi* à une pensée, dans un foisonnement de vie dont les discussions des *Propos de table* sont sans doute la preuve la plus éloquente ».
9 Du passé grec seulement : l'ensemble des références intellectuelles convoquées par les convives de Plutarque se rattachent, sans exception, aux traditions de l'hellénisme.

des questions[10] réunies dans le recueil s'apparentent pour ainsi dire au genre des « questions platoniciennes », auquel Plutarque s'est également essayé, et puisent directement leur source – le cas est plutôt rare dans les *Propos de table*[11] – dans la fréquentation et l'étude des dialogues de Platon. Le philosophe, par ailleurs, occupe une place de choix parmi les témoins et les autorités mobilisés, discutés ou cités au cours des conversations, derrière Homère, certes, mais devant tous les autres auteurs du passé grec[12]. Les dialogues le plus fréquemment soumis à la discussion, dans cette perspective, sont, dans l'ordre, le *Banquet*, la *République* et le *Timée*, le *Phèdre* et les *Lois*.

La tonalité platonicienne des discussions, envisagées du point de vue des thèmes abordés, des matériaux de recherche ou des références mobilisés, s'accorde avec la composition intellectuelle du groupe mis en scène dans les récits plutarquéens. Le platonisme est l'obédience philosophique la mieux représentée, à des degrés divers, parmi les convives de Plutarque. À elle se rattache par exemple, tout d'abord, la figure magistrale du « bon Ammonios[13] » (Ἀμμώνιος ὁ ἀγαθός) – c'est à lui que sont dédiés les tout derniers mots des *Propos de table* –, ce représentant du moyen-platonisme auprès duquel Plutarque s'est formé, durant ses jeunes années athéniennes[14]. Ce sont, également, les jeunes disciples de Plutarque, comme Hagias ou Aristainetos, invités

---

10   Il s'agit des questions VII, 1 (*Contre ceux qui critiquent Platon pour avoir affirmé que la boisson passait dans les poumons*), VII, 2 (*Qu'est-ce que le « touche-corne » de Platon et pourquoi les graines qui tombent sur les cornes de bœufs sont « dures à cuire »* ?), VIII, 2 (*En quel sens Platon a dit que Dieu ne cesse de faire de la géométrie*) et IX, 5 (*Pourquoi Platon a assigné à l'âme d'Ajax la vingtième place au tirage au sort*).
11   Tandis que six questions des *Propos de table* sont directement tirées des poèmes homériques (II, 5 ; V, 8 ; V, 10 ; VI, 9 ; IX, 4 ; IX, 13 – le texte de cette dernière question n'a pas été conservé), seules deux autres questions, portant l'une sur l'œuvre de Xénophon (II, 1), l'autre sur les préceptes allégoriques de Pythagore (VIII, 7), se rapportent explicitement à l'étude d'un auteur particulier et de son œuvre.
12   Selon le premier repérage que nous avons effectué pour l'ensemble des neuf livres (hors prologues), le corpus des *Propos de table* contient plus de 400 références à des auteurs ou à des œuvres du passé grec. Près d'un cinquième d'entre elles se rattachent à l'œuvre d'Homère (le plus souvent à l'*Iliade*, aux deux tiers). S'agissant de Platon, Angelo Giavatto, dans le précieux relevé qu'il a effectué à la suite de W. C. HELMBOLD et E. N. O'NEIL (*Plutarch's Quotations*, Oxford, 1959) pour l'ensemble des *Moralia*, a recensé 64 références aux dialogues platoniciens dans la totalité des *Propos de table* (A. GIAVATTO, « Répertoire des citations de Platon dans les *Moralia* », dans X. BROUILLETTE, A. GIAVATTO [éd.], *Les dialogues platoniciens chez Plutarque. Stratégies et méthodes exégétiques*, Louvain, 2010, p. 131-141 ; pour une typologie des citations de Platon dans l'œuvre de Plutarque, voir également, dans le même volume, X. BROUILLETTE, A. GIAVATTO, « Les dialogues platoniciens chez Plutarque. Une introduction », p. 1-25). Par ailleurs, si les références mobilisées et discutées au cours des échanges touchent à maints domaines de la littérature et des savoirs grecs (épopée, poésie, tragédie, comédie, médecine...), un comptage systématique montre que les traditions platoniciennes sont, pour le champ spécifique de la philosophie, les plus fréquemment abordées, devant les traditions présocratiques (notamment Empédocle, Démocrite et Pythagore) ou péripatéticiennes (Aristote, Théophraste).
13   Plutarque, *Propos de table*, IX, 15, 748 D.
14   Ammonios apparaît à trois reprises dans le corpus, à chaque fois dans un contexte athénien. Présent parmi les invités du musicien Ératon, en III, 1-2, il est également l'hôte de deux banquets : le premier est raconté en VIII, 3, tandis que le récit du second, réunissant « bon nombre d'érudits » et « à peu près tous ses familiers » (736 D : καὶ τῶν ἄλλων φιλολόγων συχνοὶ καὶ πάντες ἐπιεικῶς οἱ συνήθεις) lors de la fête des Muses, occupe la totalité du livre IX.

lors d'un banquet chéronéen[15] ; le jeune Favorinos d'Arles, présent lors d'un banquet donné par Mestrius Florus dans sa résidence des Thermopyles – mais encore décrit, dans les *Propos de table*, sous les traits d'un « inconditionnel d'Aristote[16] » (δαιμονιώτατος Ἀριστοτέλους ἐραστής) ; l'Athénien Thémistocle[17], descendant de l'illustre stratège et formé lui aussi auprès d'Ammonios[18], mais rallié au stoïcisme ; le grammairien Hylas, enfin, probablement athénien, décrit comme un fin connaisseur de l'œuvre platonicienne[19].

Le rappel de ces quelques données suffit à entrevoir l'importance de la figure platonicienne dans les *Propos de table*. Modèle inspirateur de l'écriture plutarquéenne, le philosophe est aussi l'une des références privilégiées de l'univers intellectuel façonné dans la succession des récits de banquets. Pour les convives de Plutarque, cependant, Platon n'est pas seulement le philosophe par excellence, une source de méditation et d'autorité avec laquelle seul Homère, dans le domaine de la poésie, semble pouvoir rivaliser. Certains des épisodes rapportés dans le recueil et les pratiques savantes auxquelles ils sont associés montrent en effet que le commerce avec le philosophe et son œuvre, pour les symposiastes de Plutarque, s'inscrit dans une relation qui dépasse l'admiration ou le simple attachement intellectuel.

Platon, « saint patron » de l'hellénisme et des philosophes

L'espace ritualisé du banquet, où l'on échange « mets et mots[20] », est placé, dès le prologue du premier livre[21], sous le patronage des Muses et de Dionysos. Ce dernier est, en effet, le dieu *Lysios* ou *Lyaios*, celui qui délie et libère les brides de la langue[22]. Son pouvoir, conjugué avec l'inspiration que les Muses et les Nymphes concèdent aux sages, aux poètes et autres « maîtres de vérité », fait du banquet une sphère d'ἐλευθερία et de παρρησία. Entre inspiration, ritualisation et *ethos* agonistique, les joutes chorales des symposiastes, où chacun se renvoie astucieusement la parole,

---

15 Au banquet donné à Chéronée (III, 7-9) par Autoboulos, le père de Plutarque, les deux personnages sont désignés (665 F) comme ces « garçons qui étudient la philosophie [avec Plutarque] » (οἱ φιλοσοφοῦντες μειρακίοι μεθ' ἡμῶν) et félicités (656A), au détour d'une question sur le vin, pour leur « sagacité » (εὑρησιλογία) et leur capacité à produire des arguments « personnels » (ἴδια).
16 Plutarque, *Propos de table*, VIII, 10, 734 F.
17 Le personnage fait son unique apparition à un banquet donné par Mestrius Florus (I, 9), où la discussion, consacrée aux propriétés nettoyantes de l'eau douce, se porte sur Chrysippe, Aristote et Homère.
18 Plutarque, *Thémistocle*, 32, 6. Voir sur ce point la notice biographique de PUECH, « Les amis de Plutarque », p. 4886.
19 C'est en effet en ces termes, lors de l'unique banquet auquel prend part le grammairien, que le rhéteur Sospis interpelle Hylas au sujet d'un détail dans le récit platonicien du mythe d'Er (IX, 5, 740A) : « [...] puisque tu es un spécialiste de Platon (εἴ τι κήδει Πλάτωνος), explique-nous pourquoi il a fait assigner par le sort le vingtième rang à l'âme du fils de Télamon pour venir faire son choix ».
20 Nous nous inspirons de L. ROMERI, *Philosophes entre mets et mots. Plutarque, Lucien, Athénée autour de la table de Platon*, Grenoble, 2002.
21 Plutarque, *Propos de table*, I (prologue), 612 E.
22 Plutarque, *Propos de table*, I, 2, 613 C. C'est Craton qui s'exprime ainsi, un parent par alliance de Plutarque. Cf. PUECH, « Les amis de Plutarque », p. 4843.

reposent sur la persuasion plutôt que sur la démonstration ; leur but ultime s'exprime en termes d'équilibre, de joie et de plaisir. C'est pourquoi la scène du banquet ne se prête pas à tous les discours, à tous les récits ou à toutes les évocations. Tournant le dos aux « récits frivoles, aux propos d'échoppe et de carrefour[23] » (διηγήματα φλυαρώδη καὶ λόγοι βαναύσοι καὶ ἀγοραῖοι), comme aux discussions pédantes, qui bafouent la dignité de Dionysos, Plutarque recommande de choisir des παραδείγματα susceptibles d'orienter les participants vers la philosophie et la piété[24] et de susciter le zèle pour les actions bonnes et humaines. La φιλανθρωπία constitue ainsi un horizon très prégnant de l'univers sympotique[25]. En ces matières, le Platon du *Banquet* fait évidemment figure de précurseur et de modèle, lui qui, aux dires de Plutarque, évita soigneusement de confondre banquet et palestre, dialogue et lutte[26]. En lieu et place de la puissance musculaire, Platon a eu recours à la souplesse, aux bons exemples et aux récits mythologiques, distillés avec sobriété.

Passé maître dans le maniement des παραδείγματα propices à la réussite des banquets, Platon est érigé en modèle dans un double registre : celui des convenances, dont il établit le périmètre, et celui de la postérité des échanges, si tant est que le plaisir des banquets est indissociable de leur pouvoir de remémoration[27]. En effet, la sobriété exemplaire des réunions platoniciennes en garantit l'ἀνάμνησις, qui permet de faire revivre les propos tenus et le plaisir qu'ils ont suscité. Ainsi, les discussions de jadis restent fraîches et actuelles, tandis que Socrate et Platon demeurent éternellement vivants, offerts à la jouissance des générations successives, jusqu'à l'époque de Plutarque et même au-delà[28]. Leur manière de philosopher transcende le temps et l'espace, et fonde les règles fécondes d'un banquet générateur de filiations et de mémoire vivantes. Ainsi, en 698 F, les participants du banquet plutarquéen se décrivent-ils comme les « témoins » de Platon, ses μάρτυρες, πολλοί τε κἀγαθοί, « nombreux et de qualité ». Le terme de « martyr », choisi par Plutarque, renvoie à la sphère juridico-religieuse, puisque les dieux sont fréquemment pris à témoin par les hommes[29], et oriente, par conséquent, dans le chef de ceux qui se réclament de Platon, vers une affiliation inébranlable, un militantisme engagé en faveur de celui dont la δόξα et la δύναμις sont sans pareil[30].

Pour revivre ou revitaliser le lien entre les participants et leur glorieux ancêtre, le « saint patron » du banquet, quelques rituels sont instaurés, que le texte de Plutarque donne à voir. Ces pratiques construisent la communauté des symposiastes comme le

---

23   Plutarque, *Propos de table*, I, 1, 615A.
24   Plutarque, *Propos de table*, I, 1, 614B.
25   Sur cette valeur, cf. D. KONSTAN, *Friendship in the Classical World*, Cambridge, 1997 et surtout J. RIBEIRO FERREIRA et al. (éd.), *Symposion and philanthropia in Plutarch*, Coimbra, 2009.
26   Plutarque, *Propos de table*, I, 1, 614 D-E.
27   Plutarque, *Propos de table*, VI (prologue), 686 D : « Ils [= Platon et Xénophon] nous ont laissé des modèles à suivre (παραδείγματα), non seulement pour ce qui est des réunions et des conversations à table, mais encore de la manière de garder le souvenir (μεμνῆσθαι) des propos tenus ».
28   Le thème de la réminiscence est déjà au cœur du premier prologue (cf. *supra*).
29   Voir par exemple A. H. SOMMERSTEIN, J. FLETCHER (éd.), *Horkos. The Oath in Greek Society*, Exeter, 2007.
30   Plutarque, *Propos de table*, VII, 1, 700 B.

fruit d'une lignée ininterrompue de philosophes descendant de Platon et légitiment leurs discours, à l'ombre du divin ancêtre[31]. Les banquets sont ainsi l'occasion de pratiquer des lectures en commun des textes de Platon[32] et de faire vivre des communautés herméneutiques, en partie comparables à celles qui émergent, autour des textes sacrés, dans le judaïsme et le christianisme à la même époque[33]. D'ailleurs, même si le débat et la dialectique entre des points de vue différents sont au cœur des pratiques, les groupes réunis autour de Plutarque endossent occasionnellement le rôle d'experts de la parole platonicienne ou de « gardiens du temple », garants d'une certaine forme d'orthodoxie philosophique[34]. Du reste, face à des adaptations des dialogues platoniciens, qu'ils jugent fantaisistes et qui sont alors en vogue à Rome, Plutarque et ses amis expriment une vive indignation en ces termes[35] :

ἡμεῖς γάρ ἐσμεν οἱ πρῶτοι τοῦ πράγματος εἰσαγομένου δυσχεράναντες ἐν Ῥώμῃ καὶ καθαψάμενοι τῶν ἀξιούντων Πλάτωνα διαγωγὴν ἐν οἴνῳ ποιεῖσθαι, καὶ τῶν Πλάτωνος διαλόγων ἐπὶ τραγήμασι καὶ μύροις ἀκούειν διαπίνοντας· ὅτε καὶ Σαπφοῦς ἂν ᾀδομένης καὶ τῶν Ἀνακρέοντος, ἐγὼ μοι δοκῶ καταθέσθαι τὸ ποτήριον αἰδούμενος.

Car nous sommes les premiers à nous être irrités de voir cette pratique introduite à Rome et à nous être attaqués à ceux qui prétendent faire de Platon un passe-temps pour banquets et écouter les dialogues de Platon dans nos beuveries au milieu des friandises et des parfums, alors que, déjà, quand on chante du Sappho ou des vers d'Anacréon, je décide de poser ma coupe en signe de respect.

L'αἰδώς, indiqué ici comme le comportement approprié envers Sappho, Anacréon et *a fortiori* Platon, est un sentiment complexe, qui renvoie, dans les termes mêmes de Jean Rudhardt, au souci de maintenir pour soi les conditions d'une bonne conscience[36]. Il engage le respect des hiérarchies sociales, la dignité (τιμή) que l'on doit aux autres, une retenue prudente, et il traduit en définitive une vénération profonde, parfois craintive en raison du regard qu'autrui – hommes ou dieux – porte sur le comportement de chacun. La dignité des textes de Platon doit donc être respectée et faire l'objet d'une révérence quasiment « religieuse », qui engage tout à la fois les

---

31 Sur cette notion de communauté et de lignée, voir König, *Saints and Symposiasts...*, p. 40-52 ; K. Eshleman, *The Social World of Intellectuals in the Roman Empire: Sophists, Philosophers, and Christians*, Cambridge, 2012, p. 177-212.
32 Voir en particulier Plutarque, *Propos de table*, VII, 2, 700 C. Voir aussi Plutarque, *Consolation à Apollonios*, 120 D, où il annonce qu'il enverra à Apollonios ses réflexions personnelles sur le dialogue platonicien *De l'âme* (κατ' ἰδίαν ὑπομνηματισάμενος). Ici, c'est la correspondance, et non le banquet, qui sert d'espace au partage herméneutique entre fidèles platoniciens.
33 Sur ces éléments de comparaison et de convergence dans la relation aux « autorités », voir Eshleman, *The Social World of Intellectuals...*, p. 199-212.
34 En VIII, 2, 718 C, Plutarque suggère, à propos d'une citation que la tradition attribue à Platon : « Je fis observer alors qu'elle ne se trouvait écrite noir sur blanc dans aucun de ses ouvrages, mais qu'elle était suffisamment attestée et de facture platonicienne ».
35 Plutarque, *Propos de table*, VII, 8, 711 D.
36 J. Rudhardt, « Quelques remarques sur la notion d'*aidôs* », dans É. Delruelle, V. Pirenne-Delforge (éd.), *Kêpoi : De la religion à la philosophie. Mélanges offerts à André Motte*, Liège, 2001, p. 1-21.

termes mêmes dans lesquels sa pensée s'exprime, mais aussi les gestes qui pourraient les accompagner et les contextes dans lesquels on les convoque.

La manifestation la plus patente de ce que l'on peut raisonnablement considérer comme un culte de Platon apparaît dans la première question du livre VIII des *Propos de table*, intitulée « Sur le jour de naissance de quelques hommes célèbres ; et aussi : sur les prétendues filiations divines ». Plutarque y évoque deux anniversaires célébrés coup sur coup par son cercle d'amis[37] :

Τῇ ἕκτῃ τοῦ Θαργηλιῶνος ἱσταμένου τὴν Σωκράτους ἀγαγόντες γενέθλιον τῇ ἑβδόμῃ τὴν Πλάτωνος ἤγομεν, καὶ τοῦτο πρῶτον λόγους ἡμῖν παρεῖχε τῇ συντυχίᾳ πρέποντας.

Après avoir célébré le 6 du mois de Thargélion l'anniversaire de Socrate, nous célébrâmes le 7 celui de Platon, ce qui nous fit entamer la conversation sur un sujet approprié à cette coïncidence.

La συντυχία, interprétée comme un signe divin, permet donc aux deux événements de s'agencer μουσικῶς, « harmonieusement », en faisant naître le maître (Socrate) un jour avant son disciple (Platon). Or la date de naissance de Platon autorise un rapprochement ultérieur avec Apollon dont on célèbre, au même moment, à Athènes, la fête des Thargélies, puisque le dieu, lui aussi, serait né le 7 du mois de Thargélion[38]. Nul besoin de s'appesantir sur le symbolisme du chiffre sept, qui évoque la plénitude,

---

37 Plutarque, *Propos de table*, VIII, 1, 717 B.
38 Diogène Laërce (III, 1-2) évoque cette tradition ancienne en ces termes : « Speusippe, dans son ouvrage intitulé *Banquet funéraire de Platon*, Cléarque, dans son *Éloge de Platon*, et Anaxilaïde, dans le deuxième livre de son ouvrage *Sur les philosophes*, rapportent une histoire qui courait à Athènes ; Ariston voulut forcer l'hymen de Périctionè, qui était dans la fleur de l'âge, mais il n'y parvint pas ; quand il eut mis un terme à ses tentatives, il vit Apollon lui apparaître. À partir de ce moment, il s'abstint de consommer son mariage jusqu'à ce que Périctionè eût accouché. Platon est né, comme le rapporte Apollodore dans sa *Chronique*, au cours de la quatre-vingt-huitième Olympiade, le septième jour du mois de Thargélion, le jour où les gens de Délos disent qu'est né Apollon » (trad. L. Brisson, Paris, 1999). Le thème de l'ascendance apollinienne est ensuite repris par Apulée, *Platon et sa doctrine*, I, 1-2 : « Certains prétendent que Platon fut le fruit d'une conception plus auguste encore : une incarnation d'Apollon (*Apollonis figuratio*) se serait unie à Périctionè. En outre, il naquit dans le mois Thargélion en Attique, le jour où, dit-on, Latone enfanta Apollon et Diane à Délos. La tradition nous apprend que l'anniversaire de la naissance de Socrate tombait la veille [...] » (trad. J. Beaujeu, CUF, Paris, 1973). Voir aussi l'opinion d'Origène, *Contre Celse*, I, 37 : « Il s'agit là en réalité de mythes qui ont poussé à imaginer un prodige de ce genre au sujet d'un homme, parce que, jugeait-on, il était d'une sagesse et d'une puissance supérieures à celles de la plupart, il avait reçu de semences supérieures et divines le principe de sa constitution corporelle, comme il convient à ceux qui ont une grandeur plus qu'humaine » (trad. M. Borret, Cerf, Paris, 1967 ; voir aussi VI, 8). Enfin, dans les *Prolégomènes à la philosophie de Platon*, 1, 16-60, on trouve cette jolie formule : « Platon était divin et Apollinien. Qu'il fût divin, c'est ce que révèlent et son propre aveu et certains songes [...]. Ces songes ne sont pas les seuls signes du caractère apollinien de Platon, mais il y a aussi sa manière de vivre, qui était une vie de purification. Car telle est la nature de ce dieu, comme son nom même l'indique. "Apollon" signifie, en effet, "celui qui est séparé de la pluralité", puisque le "a" est un préfixe privatif. En outre, la date de naissance de Platon nous témoigne aussi qu'il était apollinien. Il naquit, en effet, le septième jour du mois de Thargélion, jour où les Déliens célébraient la fête d'Apollon. Or Socrate naquit le sixième jour de ce mois, jour où l'on célébrait l'anniversaire d'Artémis. Ce qui montre bien la primauté de Socrate

appliqué ici tant aux pouvoirs d'Apollon qu'à l'enseignement de Platon. On prêtera davantage attention aux propos que prononce Florus en écho au rapprochement calendaire entre Platon et Apollon[39] :

Διὸ τοὺς Ἀπόλλωνι τὴν Πλάτωνος τέκνωσιν ἀνατιθέντας οὐκ ἂν οἶμαί τινα φάναι καταισχύνειν τὸν θεόν, ἐπὶ μείζονα πάθη καὶ νοσήματα τοῦτον ἡμῖν διὰ Σωκράτους ἰατρὸν ὥσπερ ἑτέρου Χείρωνος ἀπειργασμένον.

Voilà pourquoi ceux qui font d'Apollon le père de Platon ne sauraient, je pense, être accusés de déshonorer le dieu, qui, en lui, avec l'aide de ce second Chiron que fut Socrate, nous a ménagé un médecin pour des affections et des maladies plus graves que celles du corps.

Plutarque amplifie ensuite ces propos en précisant : « Et en même temps il rappela la vision qu'aurait eue durant son sommeil le père de Platon, Ariston, et la voix qui lui aurait interdit de s'unir à sa femme et de la toucher pendant dix mois[40] ». Ainsi, assimilé à Asclépios, dieu né « miraculeusement » d'un dieu, Platon, le θεῖος Πλάτων de la *Vie de Périclès*, était vénéré comme un médecin de l'âme[41]. C'est pourquoi Tyndare de Lacédémone conclut judicieusement la discussion en acclamant Platon tout en citant Homère[42] :

Ἄξιον μέν ἐστιν περὶ Πλάτωνος ᾄδειν καὶ λέγειν τὸ « οὐδὲ ἐῴκει ἀνδρός γε θνητοῦ πάις ἔμμεναι ἀλλὰ θεοῖο ».

Vraiment il y a bien lieu de chanter et de dire à propos de Platon ces vers : « Et il ne semblait pas être fils d'un mortel, mais descendant d'un dieu ».

---

dans l'ordre du temps comme dans celui de la valeur » (trad. J. TROUILLARD, CUF, Paris, 1990). Sur la fête des Thargélies et son déroulement à Athènes, voir R. PARKER, *Polytheism and Society in Ancient Athens*, Oxford, 2005, p. 185, 203-204, 481-483.
39   Plutarque, *Propos de table*, VIII, 1, 717 E.
40   *Ibidem*.
41   Olympiodore rapporte de la même façon dans sa *Vie de Platon*, 3 : « Quant il mourut, les Athéniens lui donnèrent une sépulture somptueuse et gravèrent sur son tombeau cette inscription : "Apollon engendra deux enfants, Asclépios et Platon, afin que l'un sauve l'âme, l'autre le corps" » (trad. N. D'ANDRES *et al.*, 2010).
42   Plutarque, *Propos de table*, VIII, 1, 717 E. La citation correspond à *Iliade*, XXIV, 258. Sur les citations homériques chez Plutarque, voir C. BRÉCHET, « L'influence des Alexandrins sur les citations homériques de Plutarque et leur commentaire », dans A. CASANOVA (éd.), *Plutarco e l'età ellenistica (Atti del convegno internazionale di studi, Firenze, 23-24 settembre 2004)*, Florence, 2005, p. 243-268 ; ID., « La lecture plutarquéenne d'Homère : de la Seconde Sophistique à Théodore Métochite », dans *La tradition des* Moralia *de Plutarque de l'Antiquité au début de la Renaissance (Journée d'étude du 30 janvier 2004, Université de Toulouse II-Le Mirail)*, *Pallas*, 67, 2005, p. 175-201 ; ID., « Grecs, Macédoniens et Romains au test d'Homère : référence homérique et hellénisme chez Plutarque », dans *The Unity of Plutarch's Work : Moralia Themes in the Lives, Features of the Lives in the Moralia (VIIe Congrès international de l'IPS à Réthymnon, 4-8 mai 2005)*, Berlin, 2008, p. 85-109. C. Bréchet note que le jeu des références à l'*Iliade* et à l'*Odyssée*, chez Plutarque, sert notamment à associer les Grecs, héritiers des Achéens, et les Romains, descendants des Troyens, suggérant subtilement une communauté de civilisation entre eux, sous l'égide de l'hellénisme, dont Homère est le fondateur et dont les Romains sont les élèves tardifs.

Le rituel acclamatoire, qui esquisse un hymne théogonique à Platon, est renouvelé à chaque date anniversaire[43]. Cette célébration par les symposiastes de leur saint patron s'accompagnait d'offrandes de mots et trouve son point d'orgue dans une sorte d'épiphanie platonicienne, dans le cadre de la deuxième question du livre VIII, qui fait suite au débat sur la filiation divine de Platon et est intitulée « En quel sens Platon a dit que le Dieu ne cesse de faire de la géométrie ». Un convive lance d'emblée[44] :

Βούλεσθ᾽, εἶπεν, ἐπεὶ λόγοι περὶ θεῶν γεγόνασιν, ἐν τοῖς Πλάτωνος γενεθλίοις αὐτὸν Πλάτωνα κοινωνὸν παραλάβωμεν, ἐπισκεψάμενοι τίνα λαβὼν γνώμην ἀπεφήνατ᾽ ἀεὶ γεωμετρεῖν τὸν θεόν; Εἴ γε δὴ θετέον εἶναι τὴν ἀπόφανσιν ταύτην Πλάτωνος.

Voulez-vous, puisque la conversation s'est portée sur les dieux, que, à l'anniversaire de Platon, nous fassions participer Platon en personne à notre conversation et examinions en quel sens il a dit que le Dieu ne cessait de faire de la géométrie – en admettant qu'il faille bien attribuer cette affirmation à Platon – ?

Par sa pensée, placée ἐς μέσον, dans l'espace de débat et de partage que constitue le banquet, Platon est présent, tel un dieu dont la parole, à l'instar de celle d'Apollon, dont Plutarque fut le desservant à Delphes[45], est objet d'exégèse par ses prêtres et prophètes. Fils et émule d'Apollon, Platon délivre donc une parole inspirée, divine, volontiers cryptique, que ses héritiers analysent, discutent, transmettent à leur tour dans le cadre du rituel sympotique où Dionysos et Apollon, on le voit, cohabitent harmonieusement. En s'appropriant la pensée du maître par le biais de commentaires doxographiques, les participants au banquet légitiment leur propre parole et font rejaillir

---

43 La célébration de l'anniversaire de Platon à Athènes est évoquée par Eusèbe, *Préparation évangélique*, X, 3, 1-25 : « Pour fêter l'anniversaire de Platon (τὰ Πλατώνεια), Longin nous avait invités à Athènes avec plusieurs autres […]. Prosènès s'exprima à son tour : "Vous avez dépisté les autres plagiaires ; mais que ce héros lui-même, Platon, dont nous célébrons aujourd'hui la fête onomastique, a exploité beaucoup de ses prédécesseurs (j'aurais honte [αἰδοῦμαι] de lui appliquer le terme de plagiat), vous ne l'avez plus reconnu" » (trad. G. SCHROEDER, Cerf, Paris, 1991). Voir aussi, sur cet événement, Porphyre, *Vie de Plotin*, 2 : « Aux anniversaires traditionnels de Socrate et de Platon, il sacrifiait et il offrait un repas à ses compagnons ; ce jour-là, ceux qui en étaient capables devaient aussi lire un discours devant l'assemblée » ; 15 : « J'avais lu, à la fête de Platon, un poème sur le *Mariage sacré* ; et comme une grande partie de ce poème était dite de façon mystique, sous l'effet de l'inspiration, à mots couverts, quelqu'un dit : "Porphyre est fou". Plotin dit, de manière à être entendu de tous : "Tu as montré à la fois le poète, le philosophe et l'hiérophante" » (trad. É. BRÉHIER, revue par S. MORLET, Classiques en poche, Paris, 2013). Voir enfin les *Prolégomènes à la philosophie de Platon*, 6, 9-22, au sujet d'une femme qui avait consulté l'oracle pour savoir s'il fallait ranger le monument du philosophe parmi les statues des dieux et avait obtenu la réponse suivante : « Tu feras bien d'honorer Platon, le guide d'une sagesse divine. En retour, te viendra la faveur des bienheureux, parmi lesquels cet homme est compté ». On signalera encore, pour terminer, que Laurent de Médicis organisait des fêtes dans sa villa de Careggi le jour de la naissance et de la mort de Platon, le 7 novembre ; Marsile Ficin en a conservé le souvenir dans son commentaire de Platon. Il invitait neuf convives : comme les Muses et comme les participants au *Banquet* de Platon.

44 Plutarque, *Propos de table*, VIII, 2, 718 C. Il s'agit de Diogenianos de Pergame, un ami de Plutarque auquel il rend hommage aussi dans le *De Pythiae oraculis*, 395 A. Voir PUECH, « Les amis de Plutarque », p. 4846.

45 Voir J. BOULOGNE, *Plutarque. Un aristocrate grec sous l'occupation romaine*, Lille, 1994.

sur eux la δόξα et la δύναμις de leur divin modèle, tout en reconnaissant néanmoins, avec une modestie toute philosophique, que la vérité est ἄληπτος, « inaccessible[46] ».

De la mémoire à la présence

La figure fondatrice et toujours vivante de Platon donne naissance, dans l'espace ritualisé du banquet, à une communauté, au sein de laquelle se transmet un héritage sans cesse réactivé par les pratiques sympotiques. Les performances intellectuelles qui y prennent place, sous forme de questions, citations, évocations, engagent la mémoire culturelle des individus et du groupe et elles façonnent leur identité propre, bien au-delà d'une simple posture mimétique[47]. La citation ou l'évocation des grands poètes ou des philosophes illustres ont donc une vertu psychagogique et participent pleinement de l'ἄσκησις ou de la μελέτη qui visent à opérer un travail sur soi et à disposer de formules susceptibles d'être utiles, au jour le jour, comme moyen d'action sur soi-même, comme incitation à faire les bons choix, comme ressource prophylactique ou thérapeutique. En d'autres termes, la convocation des auteurs du passé, de Platon *in primis*, est une ressource essentielle de la παιδεία. L'érudition mise en commun et mise en action, comme Plutarque la donne à voir dans les *Propos de table*, opère en outre à plusieurs niveaux ou échelles.

L'ensemble des banquets regroupés dans les neuf livres, en ce qu'ils mobilisent une petite centaine de savants originaires des quatre coins du monde connu, en dépit d'une forte surreprésentation de la Grèce, en ce qu'ils associent des spécialistes de disciplines très variées et de diverses orientations philosophiques, font écho au cosmopolitisme de l'Empire gréco-romain et au potentiel universel inhérent à l'hellénisme. Le microcosme sympotique se construit au miroir du macrocosme dont Rome se veut le centre et la Grèce le cœur. Les réseaux savants des *Propos de table* rayonnent largement autour de Plutarque et déploient de proche en proche leurs ramifications dans l'oikoumène, à la faveur de la *pax Romana*. Cette « étoile » potentiellement en expansion permet aussi de dessiner des cercles concentriques[48]. Ceux-ci se dilatent en effet depuis le cercle familial de Plutarque à Chéronée jusqu'à la Grèce, pour réunir ensuite la Grèce et Rome, et rassembler finalement tous les symposiastes dans un vaste espace qui va jusqu'à la

---

46 Plutarque, *Propos de table*, VII, 1, 700 B. Il est question, dans ce passage, d'anatomie humaine et de l'affirmation de Platon, critiquée par certains, que la boisson passe par les poumons.

47 Sur le rôle de la citation dans les échanges intellectuels, qui ne se réduit pas à la simple reproduction d'un modèle, mais constitue une véritable création au départ d'un modèle, voir C. Bréchet, « Sur la prétendue dimension mimétique de la citation en Grèce ancienne », dans D. Auger, É. Wolff (éd.), *Culture classique et christianisme. Mélanges offerts à Jean Bouffartigue*, Paris, 2008, p. 259-273 ; Id., « Vers une philosophie de la citation poétique : écrit, oral et mémoire chez Plutarque », dans *Plutarch's Philosophical Tactics* (Dublin, Trinity College, juillet 2005), *Hermathena*, 182, 2007, p. 101-134.

48 Pour une autre vision concentrique appliquée à Athènes en tant que centre de la Grèce et, au-delà, du monde gréco-romain, voir, à peu près à la même époque que Plutarque : Aelius Aristide, *Panathénaïque*, 16 : « […] puisque la Grèce est au centre de la terre entière, l'Attique au centre de la Grèce, la cité au centre de la contrée, et qu'au centre de la cité se trouve son homonyme [= l'Acropole] » (trad. E. Oudot).

Gaule, l'Asie Mineure et l'Égypte. En dépit de son universalisme affiché, le monde du banquet, avec ses performances intellectuelles, trace une ligne de partage entre les savants et les autres, les dépositaires d'un héritage aussi prestigieux que vivant et le commun des mortels qui n'en a guère connaissance. Bref, c'est l'élite des πεπαιδευμένοι, promoteurs des valeurs morales dont nous avons parlé ci-dessus, qui se déploie face aux spectateurs invisibles d'une scène savante où ils n'ont pas leur place. Or, comme l'a récemment relevé Jason König[49], les inscriptions évergétiques qui émanent des cités de l'Empire et qui évoquent le déroulement des grands festivals, souvent à vocation panhellénique, affichent la liste des bienfaiteurs de l'événement et des invités venus des quatre coins du monde, en vertu d'une logique « universalisante » analogue. Il s'agit, dans un cas comme dans l'autre, de mettre en avant le cosmopolitisme et les valeurs partagées, comme l'hospitalité, qui nourrissent le nouvel espace global de l'Empire. L'apport des grandes familles à la construction de cet espace partagé, quoique sélectif, se nourrit significativement de traditions ancestrales qu'il faut faire vivre, à la charnière entre un glorieux passé et un avenir que l'on voudrait radieux.

En définitive, les cercles savants ont à la fois une portée intégrative, au regard du projet d'un Empire multiculturel ayant élu l'hellénisme comme socle et ciment de cette diversité, et une visée élective, celle de donner à voir une élite, investie d'une mission qui s'inscrit plus dans le temps que dans l'espace. Sur ce plan, le cercle est plus judicieusement représenté, dans la littérature sympotique, comme une lignée, une διαδοχή, c'est-à-dire une communauté qui se construit dans la durée et dans la succession, par la transmission d'un héritage[50]. Capable de transcender la contingence historique, la lignée partage à la fois le temps court du banquet, au cours duquel les solidarités sont activées, l'espace d'une performance commune, et le temps long, voire immémorial de la translation du savoir, des filiations et des traditions savantes. Au croisement du cercle et de la lignée, la communauté plutarquéenne devient une *famille*, pour utiliser une notion qui dit bien ces deux dimensions de l'expérience sympotique. En faisant de Platon le fils d'Apollon, et de Socrate un second Chiron, en présentant le banquet comme l'assemblée de ses fils spirituels, les amis de Plutarque annoncent la *Platonica familia* d'Apulée[51]. Ils enracinent leur existence dans un passé mythique, un âge d'or fondateur, porteur de « la joie et la sérénité des choses consacrées, sublimes et célestes », que le rituel du banquet sert à réactualiser.

---

49 KÖNIG, *Saints and Symposiasts...*, p. 81-88. Voir aussi ID., « Self-Promotion and Self-Effacement in Plutarch's *Table Talk* », dans F. KLOTZ, K. OIKONOMOPOULOU (éd.), *The Philosopher's Banquet: Plutarch's Table Talk in the Intellectual Culture of the Roman Empire*, Oxford, 2011, p. 195-202. L'analyse de J. König rejoint ici les remarques formulées par C. Bréchet sur les liens entre oralité, mémoire et statut ontologique de la citation chez Plutarque et les Anciens, comme pratique philosophique et restitution de la parole vive (« Vers une philosophie de la citation poétique... », p. 101-105).
50 Sur cette notion, voir en particulier ESHLEMAN, *The Social World of Intellectuals...*, p. 177-199.
51 Apulée, *Apologie*, 64 : « Nous autres, au contraire, famille de Platon (*Platonica familia*), nous ne connaissons que la joie et la sérénité des choses consacrées, sublimes et célestes. Que dis-je ? Dans son effort pour s'élever plus haut, cette philosophie a exploré des régions supérieures au ciel même, et s'est arrêtée sur la surface extérieure de l'univers » (trad. P. VALLETTE, CUF, Paris, 1924).

L'anamnèse joue un rôle crucial dans ce processus de va-et-vient entre le passé et le présent, entre Platon et ses descendants : se remémorer les échanges advenus chez Platon, rejouer les joutes de jadis, convoquer au banc des témoins les grandes figures du passé (les παραδείγματα), faire parler les grands auteurs et entretenir avec eux une relation personnelle[52] – l'un des convives, Philippos de Prousias, affirme ainsi qu'Euripide est son φίλος[53] – sont autant de stratégies pour donner corps à une communauté philosophique vivante. La philosophie n'est-elle du reste pas définie comme un « art de vivre[54] », embrassant le passé et le présent dans une même démarche mêlant connaissance et plaisir, savoir et pouvoir ? Comme chez Lucien, dans les *Dialogues avec les morts* ou dans la *Discussion avec Hésiode*, le passé est mobilisé comme un horizon accessible, vivifiant, un capital symbolique mis au service du présent, accessible à la jouissance des contemporains. Lorsque, dans le prolongement de l'anniversaire de Platon, les symposiastes proposent, pour le fêter et l'honorer, de travailler sur une de ses pensées – « En quel sens Platon a dit que dieu ne cesse de faire de la géométrie » –, on invite le glorieux et divin ancêtre à prendre part à l'échange : « Faisons participer Platon en personne à notre conversation[55] » (αὐτὸν Πλάτωνα κοινωνὸν παραλάβωμεν). C'est au présent, dans l'effervescence d'un joyeux συμπόσιον, et non à l'aune d'un passéisme nostalgique, que s'engage le dialogue avec les auteurs qui incarnent un hellénisme vivant et rayonnant. Jason König a utilement montré, par le truchement d'une analyse du vocabulaire de la citation dans les *Propos de table*, que le lexique utilisé par Plutarque pour évoquer le recours au témoignage et à l'autorité des Anciens ressortit majoritairement au registre du dialogue et de la communication orale[56]. La mémoire, en somme, se mue en conversation avec les Anciens et en reviviscence d'une présence. La performance collective des symposiastes de Plutarque rejoint ici et fait écho au programme mémoriel des *Propos de table*, dont Platon, dans le prologue du livre VI, est décrit comme l'inspirateur[57] :

Ἀλλ' ἕτερον οὐκ ἔλαττον ὑπῆρχε τοῦτο τοῖς παρὰ Πλάτωνι δειπνήσασιν, ἡ τῶν λαληθέντων παρὰ πότον ἀναθεώρησις· αἱ μὲν γὰρ τῶν ποθέντων ἢ βρωθέντων ἡδοναὶ τὴν ἀνάμνησιν ἀνελεύθερον ἔχουσι καὶ ἄλλως ἐξίτηλον, ὥσπερ ὀσμὴν ἕωλον ἢ κνῖσαν ἐναπολειπομένην, προβλημάτων δὲ καὶ λόγων φιλοσόφων ὑποθέσεις αὐτούς τοὺς μεμνημένους εὐφραίνουσιν, ἀεὶ πρόσφατοι παροῦσαι […]· ὅπου καὶ νῦν τῶν Σωκρατικῶν συμποσίων μετουσία καὶ ἀπόλαυσίς ἐστι τοῖς φιλολόγοις, ὥσπερ αὐτοῖς ἐκείνοις τοῖς τότε δειπνοῦσι.

Cependant, un autre avantage non moins précieux était assuré aux hôtes de Platon : la possibilité de se remémorer ce qui s'était dit à table ; car, si le plaisir qu'on a pris à boire et à manger ne laisse qu'un souvenir vulgaire et d'ailleurs fugace, semblable à une senteur qui s'évente ou à des relents de cuisson, les recherches et

---

52 Cf. *supra*, n. 42, sur le statut de la citation et son rôle dans l'*ethos* philosophique.
53 Plutarque, *Propos de table*, VII, 7, 710 E.
54 Plutarque, *Propos de table*, I, 1, 613 B : ἀλλ' ἕτερόν ἐστι τὸ φιλοσοφίας, ἣν τέχνην περὶ βίον οὖσαν.
55 Plutarque, *Propos de table*, VIII, 2, 718 C.
56 KÖNIG, *Saints and Symposiasts…* , p. 76-77.
57 Plutarque, *Propos de table*, VI (prologue), 686 B-C.

les discussions philosophiques restent, toujours fraîches et présentes, des sujets de délectation pour ceux qui s'en souviennent [...]. C'est ainsi que de nos jours encore les lettrés assistent aux banquets de Socrate et en profitent au même titre que ceux qui jadis dînèrent réellement avec lui.

Socrate et Platon, initiateurs du banquet savant dont la qualité garantit la pérennité, constituent bien, pour Plutarque et son petit monde de lettrés gréco-romains, des maîtres à penser et à agir, les passeurs incontournables d'une παιδεία qu'il faut continuer de transmettre et de faire rayonner par-delà les frontières de la Grèce historique.

Conclusion

Le traitement et les usages de la figure platonicienne dans les *Propos de table* permettent de ressaisir, à partir d'un cas singulier, les opérations et les dynamiques que mobilise, dans le contexte de l'Empire gréco-romain, la construction d'une mémoire savante partagée. Comme premier des philosophes « par la réputation et l'autorité[58] », Platon est élevé, dans les conversations et les pratiques qui composent l'univers plutarquéen des banquets de lettrés, à la dignité d'un « saint patron », d'une figure tutélaire au contact de laquelle se constitue une part de l'identité des symposiastes. Placée à l'articulation de la communauté herméneutique et de la communauté rituelle que forment les convives de Plutarque, la référence platonicienne opère, pourrait-on dire, comme un σύμβολον, marquant successivement l'appartenance à un cercle et le rattachement à une tradition. Garantie de légitimation et d'intégration, l'adhésion à la figure « mythifiée » de Platon, telle qu'elle s'actualise dans le temps et la performance collective du banquet, acquiert aussi une dimension mobilisatrice où la science, dans l'exploration de la mémoire culturelle grecque et par l'émulation avec les Anciens, se joue non seulement comme partage ritualisé, mais aussi comme instance morale et discours de vérité.

Le thème plutarquéen du divin Platon apporte ainsi un éclairage singulier sur les recompositions qui accompagnent, à l'orée du siècle des Antonins, l'épanouissement d'un Empire gréco-romain. Forgée à partir de matériaux en circulation dès le IVe siècle av. J.-C. parmi les disciples de l'Académie, cette tradition semble acquérir dans les *Propos de table* une signification et une portée nouvelles. Nous avons vu par exemple le succès que le motif de l'ascendance apollinienne de Platon, que l'on célébrait encore au IIIe siècle à Athènes ou à Rome lors de réunions comparables à celles qu'évoque Plutarque, devait rencontrer auprès des πεπαιδευμένοι de tout l'Empire, de la *Platonica familia* d'Apulée aux cercles néo-platoniciens réunis autour de Plotin ou de Longin. La figure plutarquéenne du divin Platon, reprise, amplifiée par la littérature doxographique, tendait ainsi à devenir l'expression d'un hellénisme renouvelé, conçu comme le langage et le référent d'un espace culturel désormais étendu aux dimensions de la Méditerranée.

---

58 Plutarque, *Propos de table*, VII, 1, 700 B.

GÉRARD FREYBURGER

Régulus, héros de la *fides* : mythe et vraisemblances historiques

On sait que M. Atilius Régulus, consul en 256 av. J.-C., pendant la première guerre punique, d'abord vainqueur des Carthaginois, puis vaincu par eux et emmené à Carthage comme prisonnier, fut envoyé ensuite par les Carthaginois, disent la plupart des sources[1], à Rome pour y négocier un échange de prisonniers, après avoir juré de revenir en cas d'insuccès. Or, introduit au sénat, il dissuada les *Patres* de procéder à cet échange, retourna à Carthage comme il s'y était engagé et mourut dans les tortures. Ce récit est présenté ou évoqué par un grand nombre de sources, de l'époque républicaine (cf. *infra*) et plus encore de l'époque impériale[2] : Sénèque, Aulu-Gelle, Tertullien, Dion Cassius, Saint Augustin, pour ne parler que des auteurs les plus importants, parlent de Régulus. Le récit le concernant a par ailleurs été analysé dans un certain nombre d'études modernes[3]. La plupart des commentateurs modernes ont considéré qu'il y a peu d'historique dans ce récit et que, de Polybe à Cicéron et à Tite-Live, la figure de Régulus a été considérablement embellie. Il y aurait eu à son propos un processus de constitution entièrement artificielle d'une figure exemplaire, en bonne partie mythique. Il nous semble que, à l'occasion de ce colloque, la question mérite d'être réexaminée de plus près, d'autant que des études récentes accordent du crédit au récit antique. Nous rappellerons d'abord, tout en reprenant les principales sources, la thèse disant que la partie exemplaire des actes de Régulus ne serait que mythe, puis nous relèverons les faiblesses de cette thèse et les éléments qui plaident pour l'historicité d'une partie de ces actes ; enfin nous essayerons de répertorier quelques procédés qui furent utilisés dans la constitution d'une figure devenue en partie mythique, mais en partie seulement, nous semble-t-il.

---

1 Pour ces sources, nombreuses, voir ci-dessous, notes 2 et 3.
2 E. R. MIX, *Marcus Atilius Regulus, exemplum historicum*, La Haye / Paris, 1970 (Studies in Classical Literature, X), p. 63-67 pour l'ensemble des sources (latines et grecques) ; p. 64-67 pour les sources d'époque impériale.
3 Récemment par M. GENDRE ET CL. LOUTSCH, « C. Duilius et M. Atilius Régulus », dans M. COUDRY, TH. SPAETH (éd.), *L'invention des grands hommes de la Rome antique – Die Konstruktion der großen Männer Altroms*, Paris, 2001, p. 131-172 ; bibliographie et sources littéraires p. 165-172.

Gérard Freyburger Université de Strasbourg Centre d'analyse des rhétoriques religieuses de l'Antiquité (EA 3094)

Figures mythiques et discours religieux dans l'Empire gréco-romain, Textes réunis et édités par Frédéric CHAPOT, Johann GOEKEN et Maud PFAFF-REYDELLET, Turnhout, Brepols 2018 (p. 33-41)

La thèse d'une figure exemplaire entièrement mythique

La thèse se fonde principalement sur le témoignage le plus ancien et le plus circonstancié, celui de Polybe.

Polybe rapporte dans les passages qui précèdent les extraits que nous citons que l'armée romaine, conduite par les deux consuls L. Manlius et M. Régulus, débarqua en Afrique[4] avec succès :

> Ne rencontrant aucune résistance, les Romains détruisirent beaucoup de maisons magnifiquement aménagées, s'emparèrent d'une grande quantité de bétail et emmenèrent vers leurs navires plus de vingt mille esclaves[5].

Le sénat décide alors que l'un des consuls devra revenir à Rome avec les prisonniers et le butin, et que l'autre restera en Afrique. C'est Régulus qui reste, avec quinze mille hommes. Il se met en route pour envahir le territoire africain de Carthage,

> pillant les bourgades non fortifiées dont il s'emparait et assiégeant celles qui étaient entourées de remparts[6].

Une bataille a lieu : elle tourne à l'avantage des Romains du fait de l'incompétence, dit le texte, des généraux carthaginois[7]. Régulus quant à lui se juge alors totalement maître de la situation :

> Cependant M. Régulus, voyant que l'ennemi était battu sur mer et sur terre et estimant qu'il était maintenant presque maître de Carthage elle-même, craignait que le consul désigné pour lui succéder n'arrivât à temps pour inscrire à son crédit la conclusion des opérations en cours. Il fit donc aux Carthaginois des ouvertures de paix, que ceux-ci accueillirent avec empressement. Les principaux personnages de la cité furent envoyés chez les Romains, mais quand ils eurent pris contact avec Régulus, loin de se montrer enclins à souscrire aux conditions offertes, ils se déclarèrent même incapables d'entendre formuler des exigences aussi rigoureuses. Le consul, en effet, s'imaginant qu'il était entièrement maître de la situation, considérait que l'ennemi n'avait plus qu'à accueillir avec gratitude, comme des cadeaux, les concessions qu'on voudrait bien lui faire. Les négociateurs carthaginois estimaient quant à eux que, même si leur cité devait tomber au pouvoir des Romains, son sort ne pourrait être pire qu'il ne serait si elle acceptait les conditions qui lui étaient faites maintenant. Ils se retirèrent donc fort mécontents des propositions qui leur avaient été soumises et, qui plus

---

4 Sur l'itinéraire probable de l'armée de Régulus, en Afrique, voir M. F. Fantar, « Regulus en Afrique », *Studia Phoenicia X, Punic Wars*, H. Devijver & E. Lipinski (éd.), Leuven, 1989, p. 75-84.
5 Polybe I, 29 (trad. D. Roussel, Paris, 1970) : οὐδενὸς δ' ἐμποδὼν ἱσταμένου, πολλὰς μὲν οἰκήσεις περιττῶς κατεσκευασμένας διέφθειραν, πολὺ δὲ πλῆθος τῆς τετραπόδου λείας περιεβάλοντο· σώματα δὲ πλείω τῶν δισμυρίων ἐπὶ τὰς ναῦς ἀνήγαγον.
6 Polybe I, 30 : (ὁ δὲ Μάρκος μετά τινας ἡμέρας ἐπεπορεύετο) τὰ μὲν ἀτείχιστα τῶν ἐρυμάτων ἐξ ἐφόδου διαρπάζων, τὰ δὲ τετειχισμένα πολιορκῶν.
7 Polybe I, 31 : διὰ τὴν τῶν ἡγουμένων ἀβουλίαν.

est, ulcérés par la brutalité dont le consul avait fait preuve à leur égard. Quant au Conseil des Carthaginois, lorsqu'il eut pris connaissance des conditions offertes par le général romain, il adopta une attitude courageuse et digne. Bien qu'il eût perdu presque tout espoir de salut, il décida que Carthage endurerait tout et tenterait tout, en ne laissant passer aucune occasion d'agir, plutôt que d'encourir la honte et de subir un sort indigne de son passé[8].

Les Carthaginois confient alors le commandement de l'armée au mercenaire spartiate Xanthippe. Celui-ci est un excellent stratège : il engage une deuxième bataille et, cette fois, les Romains sont complètement vaincus. Deux mille d'entre eux seulement peuvent se replier.

Tout le reste de l'armée (romaine) périt, à l'exception de M. Régulus et des hommes qui avaient fui avec lui[9].

Polybe conclut son récit ainsi :

Celui qui voudra bien y réfléchir verra que ces événements sont riches d'enseignements propres à redresser les erreurs humaines. On dit qu'il ne faut pas se fier à la Fortune, surtout dans les moments de succès, et cela a été prouvé de façon éclatante aux yeux de tous par les revers de M. Régulus. Cet homme qui avait refusé toute pitié, toute indulgence aux vaincus, se retrouva immédiatement après dans la situation d'un captif réduit à implorer ces mêmes gens pour avoir lui-même la vie sauve[10].

Un résumé de Diodore de Sicile par Tzètzès présente un récit plus court, mais de contenu comparable[11].

Nous percevons un tout autre son de cloche un siècle après Polybe, à partir de Cicéron. Celui-ci donne, dans plusieurs passages, la version canonique et présente

---

8 Polybe I, 31 : ὁ δὲ Μάρκος ὁρῶν τοὺς Καρχηδονίους καὶ κατὰ γῆν καὶ κατὰ θάλατταν ἐσφαλμένους καὶ νομίζων ὅσον οὔπω κρατήσειν τῆς πόλεως, ἀγωνιῶν δὲ μὴ συμβῇ τὸν ἐπιπαραγινόμενον στρατηγὸν ἐκ τῆς Ῥώμης φθάσαντα τὴν ἐπιγραφὴν τῶν πραγμάτων λαβεῖν, προυκαλεῖτο τοὺς Καρχηδονίους εἰς διαλύσεις. οἱ δ᾽ ἀσμένως ἀκούσαντες ἐξέπεμψαν αὐτῶν τοὺς πρώτους ἄνδρας· οἳ καὶ συμμίξαντες αὐτῷ τοσοῦτον ἀπέσχον τοῦ ῥέπειν ταῖς γνώμαις ἐπὶ τὸ ποιεῖν τι τῶν λεγομένων ὥστ᾽ οὐδ᾽ ἀκούοντες ὑπομένειν ἐδύναντο τὸ βάρος τῶν ἐπιταγμάτων. ὁ μὲν γὰρ Μάρκος ὡς ἤδη κεκρατηκὼς τῶν ὅλων, ὅτι ποτὲ συνεχώρει, πᾶν ᾤετο δεῖν αὐτοὺς ἐν χάριτι καὶ δωρεᾷ λαμβάνειν· οἱ δὲ Καρχηδόνιοι θεωροῦντες ὅτι καὶ γενομένοις αὐτοῖς ὑποχειρίοις οὐδὲν ἂν συνεξακολουθῆσαι βαρύτερον τῶν τότε προσταγμάτων, οὐ μόνον δυσαρεστήσαντες τοῖς προτεινομένοις ἐπανῆλθον, ἀλλὰ καὶ προσκόψαντες τῇ τραχύτητι τοῦ Μάρκου. τὸ δὲ συνέδριον τῶν Καρχηδονίων διακοῦσαν τὰ προτεινόμενα παρὰ τοῦ στρατηγοῦ τῶν Ῥωμαίων, καίπερ σχεδὸν ἀπεγνωκὸς τὰς τῆς σωτηρίας ἐλπίδας, ὅμως οὕτως ἀνδρωδῶς ἔστη καὶ γενναίως ὥστε πᾶν ὑπομένειν εἵλετο καὶ παντὸς ἔργου καὶ καιροῦ πεῖραν λαμβάνειν ἐφ᾽ ᾧ μηδὲν ἀγεννὲς μηδ᾽ ἀνάξιον τῶν πρὸ τοῦ πράξεων ὑπομεῖναι.
9 Polybe, 1, 34 : τὸ δὲ λοιπὸν πλῆθος διεφθάρη πλὴν Μάρκου τοῦ στρατηγοῦ καὶ τῶν ἅμα τούτῳ φυγόντων.
10 Polybe 1, 35 : Ἐν ᾧ καιρῷ πολλά τις ἂν ὀρθῶς ἐπισημαινόμενος εὕροι πρὸς ἐπανόρθωσιν τοῦ τῶν ἀνθρώπων βίου συντελεσθέντα. καὶ γὰρ τὸ διαπιστεῖν τῇ τύχῃ, καὶ μάλιστα κατὰ τὰς εὐπραγίας, ἐναργέστατον ἐφάνη πᾶσιν τότε διὰ τῶν Μάρκου συμπτωμάτων· ὁ γὰρ μικρῷ πρότερον οὐ διδοὺς ἔλεον οὐδὲ συγγνώμην τοῖς πταίουσιν παρὰ πόδας αὐτὸς ἤγετο δεησόμενος τούτων περὶ τῆς ἑαυτοῦ σωτηρίας.
11 Diodore XXIII, frag. 11 et suiv.

dans le *De officiis* : Régulus apparaît comme un être modèle qui, outre qu'il fut totalement fidèle à son serment, sut, en déconseillant l'échange de prisonniers, distinguer l'*utilitas* véritable (en l'occurrence l'intérêt de l'État) de l'*utilitas* apparente (en l'espèce son intérêt personnel)[12]. Nous trouvons le récit canonique entier dans la *Periocha* 18 de Tite-Live :

> Atilius Régulus fit tuer en Afrique, au prix de grandes pertes parmi ses soldats, un serpent d'une taille monstrueuse : comme il avait remporté un certain nombre de victoires sur les Carthaginois et que le sénat, en raison de ses succès à la guerre, ne lui envoyait pas de successeur, cette situation même fut l'objet de ses plaintes dans une lettre qu'il écrivit au sénat et dans laquelle, parmi les raisons qu'il invoquait pour réclamer un successeur, figurait le fait que son petit domaine avait été abandonné par le personnel salarié. Le sort exigeant ensuite qu'en la personne de Régulus fût fourni un grand exemple des deux sortes de fortunes, Xanthippe, général lacédémonien que les Carthaginois avaient fait venir, combattit contre lui, le vainquit et le fit prisonnier. Les succès remportés ensuite par tous les généraux romains sur terre et sur mer furent assombris par le naufrage des flottes… Régulus, envoyé par les Carthaginois au sénat pour traiter de la paix et, s'il ne pouvait l'obtenir, de l'échange des captifs, lié par le serment d'avoir à revenir à Carthage au cas où l'on n'aurait pas décidé l'échange des captifs, conseilla lui-même au sénat de refuser l'un et l'autre et comme, après avoir tenu son engagement, il était revenu, il périt dans les supplices que lui firent subir les Carthaginois[13].

E. Klebs, auteur de l'article *Regulus* dans la *Real-Encyclopädie* de Pauly Wissowa[14], considère que ce récit canonique est pour l'essentiel une invention : « *Schon im 17. Jahrhundert hat L. Paulmier unter Berufung auf Polybios Schweigen und des abweichenden Berichts Diodors diese Erzählung für eine Erdichtung erklärt*[15] ». Quant à l'ambassade de Régulus pour l'échange des prisonniers, elle serait « *eine unhistorische Erfindung*[16] ».

---

12 Cicéron, *De officiis* III, 99 : *Is (M. Regulus) cum Romam uenisset, utilitatis speciem uidebat, sed eam, ut res declarat, falsam iudicauit.* Cf. *ibid.* I, 39 ; *Fin.* II, 65 et V, 82 ; *Parad.* II, 16 ; *Pis.* 43 ; *Sen.* 20, 75 ; *Sest.* 127.
13 Epitomé de Tite-Live, abrégé du livre 18, traduction P. Jal : *Atilius Regulus in Africa serpentem portentosae magnitudinis cum magna clade militum occidit, et cum aliquot proeliis bene aduersus Carthaginienses pugnasset successorque ei a senatu prospere bellum gerenti non mitteretur, id ipsum per litteras ad senatum scriptas questus est, in quibus inter causas petendi successoris erat quod agellus eius a mercenariis desertus esset. Quaerente deinde fortuna ut magnum utriusque casus exemplum in Regulo proderetur, arcessito a Carthaginiensibus Xanthippo, Lacedaemoniorum duce, uictus proelio et captus est. Res deinde a ducibus Romanis omnibus terra marique prospere gestas deformauerunt naufragia classium… Regulus missus a Carthaginiensibus ad senatum ut de pace et, si eam non posset impetrare, de commutandis captiuis ageret et iureiurando adstrictus, rediturum se Carthaginem, si commutari captiuos non placuisset, utrumque negandi auctor senatui fuit et cum fide custodita reuersus esset, supplicio a Carthaginiensibus de suo sumpto periit.*
14 Pauly-Wissowa, *RE* t. II, 2, s. v. *Atilius*, n° 51, col. 2086-2092.
15 Col. 2088.
16 *Ibid.*

Ce point de vue sceptique a été repris par une majorité de commentateurs, notamment par Erving Mix dans son *Marcus Atilius Regulus*, paru en 1970[17]. Certains cependant, comme Ettore Pais[18] et, plus récemment, Y. Le Bohec et G. Minunno[19] ont estimé l'essentiel de ces données crédible[20].

Faiblesses du point de vue totalement sceptique

En effet, à la réflexion, le point de vue totalement sceptique se heurte à au moins quatre difficultés.

1. La première est qu'elle repose principalement sur le silence de Polybe concernant les actes héroïques de Régulus. Mais Polybe ne pourrait-il pas avoir eu des raisons particulières d'observer ce silence ? On constate en effet que tout son récit est très hostile à Régulus : notre général est présenté comme un pillard brutal, intéressé et extrêmement orgueilleux. On peut donc légitimement penser qu'il utilise là une source pro-carthaginoise. Cela est en fait sûr, car Tite-Live fait tenir des propos très comparables à Hannibal. Celui-ci affirme chez l'historien latin, dans son entretien avec Scipion l'Africain juste avant la bataille de Zama :

> Cela eût été un rare exemple de bonne chance et de valeur que Marcus Atilius, jadis, sur la terre où nous sommes, si, vainqueur, il avait accordé à nos pères la paix qu'ils lui demandaient. Mais, en ne fixant pas de limite à son bonheur, en ne contenant pas sa chance qui s'emportait, il s'abattit d'autant plus honteusement qu'il était monté plus haut[21].

Le silence sur l'épisode héroïque de Régulus permettait donc de dresser un portrait rhétorique cohérent, celui d'un homme qui s'est particulièrement signalé par sa démesure. Mais il est loin d'être assuré que ce portrait ait correspondu à la stricte vérité historique.

2. Une deuxième difficulté que l'on allègue est le décalage chronologique entre la version de Polybe et celle de Cicéron. Mais Aulu-Gelle, rapportant le récit canonique, écrit :

> Ce qui est bien connu sur Atilius Régulus, nous l'avons lu tout récemment dans les livres de Tuditanus[22].

---

17 Mix, *Regulus...*, p. 35-38.
18 E. Pais, « I tormenti inflitti ad Attilio Regolo e l'autenticità della tradizione Romana », *Ricerche sulla storia e sul diritto pubblico di Roma*, Rome, 1921, p. 411-437.
19 Y. Le Bohec, « L'honneur de Régulus », *Antiquités africaines* XXXIII, 1997, p. 87-93 ; G. Minunno, « Remarques sur le supplice de M. Atilius Régulus », *Les Etudes Classiques* 73, 2005, p. 217-234.
20 Cf. Mix, *Regulus...*, p. 28-31.
21 Tite-Live XXX, 30, 23 (trad. E. Lasserre) : *Inter pauca felicitatis uirtutisque exempla M. Atilius quondam in hac eadem terra fuisset, si uictor pacem petentibus dedisset patribus nostris : sed non statuendo felicitatem modum, nec cohibendo efferentem se fortunam, quanto altius elatus erat, eo foedius corruit.*
22 Aulu-Gelle VII, 4, 1 : *Quod satis celebre est de Atilio Regulo, id nuperrime legimus scriptum in Tuditani libris.*

Or Tuditanus fut consul en 129 av. J.-C. et la publication du début des *Histoires* de Polybe doit dater des environs de 160 av. J.-C. La version canonique, élogieuse, des faits de Régulus est donc en réalité presque aussi ancienne que celle, critique, de Polybe.

3. Diodore nous apprend, dans un passage différent de celui dans lequel il fait un récit des actions de Régulus et proche de celui de Polybe, que, après la mort de Régulus, les autorités romaines livrèrent à la veuve et aux fils du général des prisonniers carthaginois, apparemment pour les garder. Or, dit l'auteur,

> la mère des jeunes gens, profondément irritée par la mort de son mari et croyant que, s'il avait quitté la vie, c'était par manque de soins, poussa ses fils à maltraiter les prisonniers[23].

Ce récit, bien qu'hostile à la famille de Régulus, confirme un point du récit canonique : que Régulus est décédé à Carthage et que, dès sa mort, on était persuadé à Rome qu'il était mort du fait de mauvais traitements, plus précisément d'un « manque de soins » (δι' ἀμέλειαν).

4. Si l'on considère que la partie exemplaire du récit canonique est entièrement fictive, il faut inclure dans cette fiction la séance au sénat. Or il existait, certainement à cette époque déjà, des formes d'*acta senatus*[24] et en tout cas les Annales des Pontifes[25], qui consignaient les faits publics marquants. Des sénateurs prenaient en outre des notes en séance et certains étaient même capables, à l'époque de Cicéron et certainement plus tôt, de transcrire des débats intégralement[26]. Une séance aussi extraordinaire que celle de l'intervention de Régulus pouvait-elle dans ce contexte avoir été forgée de toutes pièces ?

À l'inverse, le fait que Régulus, fait prisonnier, d'une part ait été envoyé à Rome pour négocier la paix et un échange de captifs, d'autre part ait déconseillé la paix et l'échange, puis soit retourné à Carthage comme il s'y était engagé si l'affaire n'aboutissait pas, n'a, à la réflexion, rien d'invraisemblable. En effet, notre général, vaincu et manifestement très critiqué, n'avait plus rien à perdre. Une attitude héroïque de sa part pouvait en revanche retourner la situation à son profit : de stratège décrié qu'il était, il devenait un héros et laissait à la postérité le souvenir d'un courage exemplaire. Il suivait ainsi l'exemple du consul Postumius des Fourches Caudines[27].

---

23 Diodore XXIV, 12, 1 (frag. 16, 1, édit. P. Goukowsky) : Ὅτι ἡ μήτηρ τῶν νεανίσκων βαρέως φέρουσα τὴν τἀνδρὸς τελευτὴν καὶ νομίσασα δι' ἀμέλειαν αὐτὸν ἐκλελοιπέναι τὸ ζῆν, ἐποίησε τοὺς υἱοὺς κακουχεῖν τοὺς αἰχμαλώτους.

24 G. Humbert, « *Acta senatus* », dans Ch.-V. Daremberg, E. Saglio (éd.), *Dictionnaire des antiquités grecques et romaines*, t. 1, Paris, Hachette, 1877, p. 51-53.

25 Cf. A. Petersmann, « Annales », dans W. Suerbaum (éd.), *Die archaische Literatur von den Anfängen bis Sullas Tod* (R. Herzog, P. L. Schmidt [éd.], *Handbuch der lateinischen Literatur der Antike*, Band I), Munich, 2002, p. 60-63 = G. Freyburger, F. Heim (éd.), *Nouvelle histoire de la littérature latine*, volume 1, *La littérature de l'époque archaïque*, Turnhout, 2014, p. 63-65.

26 Cicéron, *Pro Sulla*, 41 : *Itaque introductis in senatum indicibus, constitui senatores qui omnium indicum dicta, interrogata, responsa perscriberent.*

27 Cf. Tite-Live IX, 2 sq.

Procédés rhétoriques utilisés pour la constitution d'une figure en partie mythique

Mais le récit canonique a des allures de mythe et c'est ce caractère qui, à notre sens, a suscité tant de scepticisme chez les commentateurs modernes. Il nous paraît provenir d'une part de la position de héros dans le domaine éthique et religieux qu'occupe Régulus, d'autre part d'une mise en forme rhétorique consciente qui fut opérée.

Régulus s'est trouvé au centre d'un débat et a été pris pour modèle ou comme anti-modèle dans cette controverse. Il y a en fait eu un double débat : l'un philosophique, l'autre moral et religieux.

Pour ce qui est du débat philosophique, Polybe atteste que certains considéraient Régulus comme un cas exemplaire d'individu aveuglé par son orgueil, son *hybris*. Comme un anti-modèle donc. Cicéron atteste de son côté que d'autres le considéraient au contraire comme le modèle de celui qui a choisi la véritable *utilitas*, c'est-à-dire l'intérêt commun.

Un débat moral et religieux vient s'ajouter au précédent. Régulus est le héros de la *fides*. Or cette valeur est fortement promue à Rome à cette époque. On le voit surtout dans la dédicace du temple historique de Fides sur le Capitole, sans doute sur l'emplacement de l'antique *sacellum* dit de Numa[28]. Bien plus, ce temple fut consacré par A. Atilius Calatinus, un autre Atilius donc. On ne connaît pas la date exacte de la consécration, mais on admet le plus souvent que le milieu du IIIe siècle av. J.-C. serait une datation vraisemblable. La date de cette consécration par rapport à Régulus est du plus grand intérêt et n'a pas, à notre connaissance, été notée par les commentateurs modernes de l'histoire de Régulus.

La défaite de Régulus devant Xanthippe eut lieu en 256 av. J.-C., sans doute en mai, ou peut-être en 255. Si on admet la véracité de l'ambassade de Régulus, elle se situe peu de temps après. On considère en général que le temple de Fides a été consacré par Atilius Calatinus lors d'une des trois grandes magistratures qu'il a exercées : soit en 254 av. J.-C., où il fut consul pour la deuxième fois, soit en 249 av. J.-C., où il fut dictateur, soit encore en 247 av. J.-C., où il fut censeur[29]. Bref, la consécration se situe probablement dans les années qui ont immédiatement suivi l'ambassade de Régulus et sans doute peu de temps après sa mort.

Les vraisemblances nous semblent grandes pour que Calatinus ait voulu célébrer par cet acte religieux non seulement la vertu de *fides* d'une manière générale, mais encore et plus particulièrement l'héroïsme de Régulus. Cela d'autant plus que, pour les *optimates* sévères dont semblent avoir fait partie les Atilii, la *fides* en tant que respect absolu des conventions avait une dimension politique : sur

---

28 Cf. G. Freyburger, *Fides, Étude sémantique et religieuse depuis les origines jusqu'à l'époque augustéenne*, Paris, 2009² (1re éd. 1986), p. 265-267.
29 Sur Calatinus, cf. E. Klebs, « Regulus », dans A. Pauly, G. Wissowa (éd.), *Realencyclopädie der classischen Altertumswissenschaft*, t. II, 2, s. v. *Atilius*, n° 36, col. 2080-2081 ; P. Pouthier, *Ops et la conception divine de l'abondance dans la religion romaine jusqu'à la mort d'Auguste*, Rome, 1981, p. 148-151.

le plan intérieur, elle s'opposait notamment à toute remise en cause des dettes contractées[30] ; sur le plan extérieur, à toute revendication de peuples vaincus par les armes[31]. La dureté de Régulus envers les Carthaginois, qu'il estimait avoir vaincus, relève probablement de cette conception et on peut penser que l'entourage de Calatinus s'est employé avec énergie à promouvoir l'image de Régulus comme héros de la *fides*.

Les aspects mythiques du récit des actes de Régulus sont des marques de ce travail de communication. On a d'abord fait des ajouts. Celui du serpent prodigieux, en premier lieu, que Régulus aurait terrassé en Afrique et dont il aurait ramené la dépouille à Rome. On ne peut certes exclure que le corps de quelque animal exotique venu d'Afrique ait été montré. Mais il s'agissait surtout, bien sûr, de donner une dimension épique à la geste du héros.

Les supplices raffinés censés avoir été infligés à Régulus sont jugés plausibles par Y. Le Bohec[32] ; G. Minunno considère quant à lui que « accepter l'historicité de la mission de Régulus n'implique pas nécessairement qu'on adhère aussi à la tradition concernant son supplice »[33]. Nous sommes de cet avis et avons le sentiment qu'il s'agit d' un ajout. Diodore affirme, nous l'avons vu, que la famille elle-même de Régulus attribuait sa mort non pas à des supplices, mais à un simple manque de soins. Notre général a certainement succombé pour des raisons médicales incertaines, sans doute liées à son âge et aux conditions nécessairement inconfortables de sa captivité. C'est sur cette incertitude qu'on a dû bâtir le mythe de ses supplices. Il s'appuyait sur le *topos* répandu des Carthaginois capables des pires cruautés[34] et auréolait Régulus de la gloire d'un quasi martyre.

On discerne enfin, dans cette réécriture mythique des exploits de Régulus, des suppressions. Le véritable Régulus pourrait avoir été maintes fois violent, brutal, arrogant, et avoir fait, lors de la deuxième bataille, de mauvais choix stratégiques, si l'on en croit ce que dit Polybe. Tous ces points sont en tout cas entièrement absents de la version élogieuse des actes du général.

Conclusion

Le réexamen de l'histoire célèbre de Régulus auquel nous avons procédé nous amène donc à considérer, comme la plupart de nos prédécesseurs, qu'elle comporte une part de mythe. Mais il nous semble que le cœur du récit, à savoir l'envoi du général vaincu à Rome pour négocier la paix et un échange de prisonniers, le serment qu'il prêta de revenir en cas de non réalisation de ces missions, son

---

30 Cf. FREYBURGER, *Fides*, p. 118 sqq. et *index*, s. v. *nexi*.
31 *Ibid.* p. 108 sqq.
32 *Loc. cit.*, p. 90.
33 *Loc. cit.*, p. 22.
34 Cf. Tite-Live XXI, 4, 9 : *Inhumana crudelitas, perfidia plus quam Punica*...

retour à Carthage et sa mort en ce lieu, pourraient être authentiques. Dans cette hypothèse, la part mythique du récit eut d'autant plus de force qu'elle ne faisait que développer un fait historique authentique. C'est ainsi, nous semble-t-il, que s'expliquerait le mieux que la figure de Régulus ait pu rester inoxydable jusqu'à l'extrême fin du Bas-Empire.

CÉCILE MERCKEL

Figures exemplaires et théologie philosophique chez Sénèque

L'œuvre de Sénèque se singularise par sa variété, que ce soit dans les genres littéraires utilisés ou dans les approches du discours religieux adoptées. Elle est composée d'œuvres en prose mais aussi de tragédies[1], et deux types de discours y cohabitent : un discours théorique d'une part, marqué par la critique, habituelle chez un philosophe[2], de la parole des poètes et de leur utilisation des mythes, et un discours poétique d'autre part, pris en charge par un philosophe, qui utilise les mythes dans une entreprise de création. Il y a donc ici un paradoxe apparent, une tension qui se noue autour de la question du mythe.

Pour comprendre l'originalité de l'œuvre de Sénèque, il faut avoir constamment à l'esprit son rôle de pédagogue[3]. En tant que directeur de conscience, il a le souci permanent de se faire comprendre de son interlocuteur, notamment par la variation du genre de discours en fonction du destinataire. La place de la figure mythique présente donc un enjeu très important pour le stoïcien romain, comme outil de la pensée, que ce soit en tant qu'exemple ou que contre-exemple, pour matérialiser des valeurs et des concepts abstraits, ou pour représenter des situations auxquelles l'homme du commun se trouve confronté – incompréhension du monde qui l'entoure, souffrance face à la cruelle nécessité. Il convient donc de s'interroger sur le rôle que jouent ces figures, non seulement dans le cadre d'une conception stoïcienne et rationnelle

---

[1] Médée, Œdipe, Agamemnon, Phèdre, Thyeste, Hercule furieux, Les Troyennes, Les Phéniciennes. Nous excluons l'Hercule sur l'Œta et l'Octavie du corpus car il s'agit sans doute d'œuvres apocryphes.

[2] Sur la théologie de Sénèque, se reporter à J.-M. ANDRÉ, « Sénèque théologien : l'évolution de sa pensée jusqu'au De Superstitione », Helmantica, 34, 1983, p. 55-71 ; M. BELLINCIONI, « Dio in Seneca », dans M. BELLINCIONI (éd.), Studi senecani, Brescia, 1986, p. 15-33 ; A. DE BOVIS, La sagesse de Sénèque, Paris, 1948 ; S. E. FISCHER, Seneca als Theologe : Studien zum Verhältnis von Philosophie und Tragödiendichtung, Berlin / New York, 2008 ; Y. LEHMANN, « Philosophie religieuse et religion philosophique à Rome », Bollettino di Studi Latini, 32, 2002, p. 463-473 ; C. MERCKEL, Seneca theologus. La religion d'un philosophe romain, thèse de doctorat, Strasbourg, 2012 ; A. SETAIOLI, « Seneca and the divine : Stoic tradition and personal developments », International Journal of the Classical Tradition, 13, 2006-2007, p. 333-368 et certains développements de J. WILDBERGER, Seneca und die Stoa : Der Platz des Menschen in der Welt, I-III, Berlin / New York, 2006.

[3] Voir notamment I. HADOT, Seneca und die griechisch-römische Tradition der Seelenleitung, Berlin, 1969.

Cécile Merckel Université de Strasbourg Centre d'analyse des rhétoriques religieuses de l'Antiquité (EA 3094)

Figures mythiques et discours religieux dans l'Empire gréco-romain, Textes réunis et édités par Frédéric CHAPOT, Johann GOEKEN et Maud PFAFF-REYDELLET, Turnhout, Brepols 2018 (p. 43-54)
Brepols Publishers   10.1484/M.RRR-EB.5.115810

du monde[4], mais aussi quant à la manière dont le philosophe les intègre dans sa rationalisation de la pensée religieuse. La question de la construction d'un dieu, d'un héros ou d'un personnage historique en tant que figure, vectrice d'identification d'un groupe autour de ce qu'elle représente, est importante, *a fortiori* chez un philosophe dont la dimension parénétique et pédagogique des écrits est fondamentale.

La part de l'allégorie est souvent importante dans l'utilisation des figures mythiques, en particulier chez les philosophes : elles peuvent incarner, de manière imagée et accessible, une vertu, une valeur, un concept. Or nous mettrons tout d'abord en avant une des particularités de Sénèque par rapport aux autres philosophes du Portique : il laisse de côté l'interprétation allégorique des mythes, qui est pourtant un moyen bien commode de concilier la tradition religieuse – contexte culturel indépassable dont le philosophe romain ne peut jamais totalement s'affranchir – et la conception stoïcienne du *deus* rationnel. Par ce refus, Sénèque définit par la négative le champ d'action, dans son œuvre, des figures exemplaires, qui ne sont pas des allégories. On analysera ensuite l'usage particulier que le philosophe fait des figures mythologiques dans ses tragédies. L'utilisation du discours poétique par un philosophe n'est pas gratuite. Quelle est, dès lors, la valeur des personnages mythologiques qui y apparaissent ? Sont-ils de simples outils dramaturgiques – des types servant l'intrigue tragique –, des repoussoirs à l'usage du moraliste qui met en scène le *furor*, ou bien peut-on conférer la dénomination de « figures » à certaines d'entre elles, et selon quels critères ? En effet, c'est bien parce qu'elles permettent l'identification du spectateur, dans le cadre de la *catharsis*, qu'elles deviennent les porte-paroles de l'homme du commun aux prises avec un réel en apparence irrationnel, et qu'elles opèrent comme des figures exemplaires. Enfin, nous observerons comment Sénèque, manifestement à l'étroit dans la mythologie traditionnelle, cherche à créer de nouvelles figures exemplaires, tirées du réel et de l'histoire. Grâce au pouvoir du discours et des images, le philosophe entoure ces *exempla* historiques d'une aura mythique, afin de créer des figures plus efficientes dans son entreprise pédagogique et parénétique.

Sénèque est un pédagogue et un philosophe. Ses écrits ont avant tout une dimension parénétique et la variété des genres qu'il utilise témoigne d'un souci de leur réception par le destinataire. Avec de telles intentions, l'utilisation de figures exemplaires s'impose comme un outil rhétorique privilégié.

Dans le cadre du discours religieux, les philosophes stoïciens ont souvent eu recours à un procédé bien commode pour s'approprier les mythes. Ainsi, l'exégèse allégorique[5] est un outil philosophique qui permet une rationalisation de la croyance

---

4 Sur la théologie des stoïciens, on consultera notamment K. Algra, « Stoic Theology », dans B. Inwood (éd.), *The Cambridge Companion to the Stoics*, Cambridge, 2003, p. 153-178 ; M. Frede, « La théologie stoïcienne », dans G. Romeyer Dherbey (dir.), J.-B. Gourinat (éd.), *Les stoïciens*, Paris, 2005, p. 213-232 ; P. A. Meijers, *Stoic theology : proofs for the existence of the cosmic God and of the traditional gods : including a commentary on Cleanthes « Hymn on Zeus »*, Delft, 2007 ; J. D. Williams, *The cosmic viewpoint. A study of Senecas Natural Questions*, Oxford / New York, 2012.

5 Sur la méthode allégorique dans l'Ancien stoïcisme, se reporter notamment à R. Goulet, « La méthode allégorique chez les stoïciens », dans G. Romeyer Dherbey (dir.), J.-B. Gourinat (éd.), *Les stoïciens*, Paris 2005, p. 93-119 et J.-B. Gourinat, « *Explicatio fabularum* : la place de l'allégorèse

et, de ce fait, l'allégorèse devient un mode de définition du dieu chez les stoïciens. En effet, en expliquant l'allégorie que constitue le mythe, en montrant de quoi elle est le symbole, on propose bien une définition imagée du dieu, accessible au progressant en sagesse, le *progrediens*. Le mythe traditionnel devient alors une forme de discours théologique valable et s'inscrit dans une théorie de la formation de l'idée de divinité ainsi que dans une démarche de la formation de la conscience à cet apprentissage. La démarche allégorique permet donc d'établir une sorte de *consensus* entre les poètes et les philosophes. Les personnages mythologiques deviennent bien des figures, au sens où ils sont à la fois des personnages emblématiques de la pensée religieuse traditionnelle d'une communauté sociale et le visage d'une vertu ou d'un concept – Hercule comme figure de la vertu stoïcienne[6], par exemple.

Cependant, Sénèque s'affranchit de cette tradition stoïcienne et va même jusqu'à critiquer radicalement ses prédécesseurs, ce qui est assez étonnant de la part d'un directeur de conscience qui se prive ainsi d'un outil parénétique pourtant bien commode. En effet, si la plupart des stoïciens estiment que c'est un beau risque à courir que de retrouver une vérité philosophique dissimulée derrière le mythe, Sénèque n'adopte pas du tout cette position[7]. Les personnages mythologiques que l'on trouve chez le philosophe romain ne sont pas des allégories. Sa théologie n'est pas exégétique. Il assure que les écrits poétiques ne sont que fictions et mensonges, même s'il lui arrive parfois de leur trouver un intérêt pédagogique[8]. Aussi préfère-t-il chercher le sens caché de la Nature directement dans les phénomènes cosmiques, à l'image de ce qu'il fait dans les *Questions naturelles*. Pour lui, en effet, étudier les mythes reviendrait à ajouter un intermédiaire entre le philosophe et la vérité des choses humaines et divines. Ne pas employer la méthode allégorique c'est, en quelque sorte, diminuer le nombre de voiles qui séparent les yeux et la pensée de Sénèque sur la vérité du monde.

La critique est sans appel, comme on le voit dans la digression sur le mythe des trois Grâces au début du livre I du *De Beneficiis*[9]. Sénèque y tourne en dérision les

---

dans l'interprétation stoïcienne de la mythologie », dans G. DAHAN, R. GOULET (éd.), *Allégorie des poètes, allégorie des philosophes : études sur la poétique et l'herméneutique de l'Antiquité à la Réforme*, Paris, 2005, p. 9-34.
6 *Stoicorum Veterum Fragmenta*, II, 1009. Sénèque mentionne aussi Hercule comme *exemplum* utilisé par les Anciens dans *De constantia sapientis*, 2, 2. Voir aussi *De tranquillitate animi*, 16, 4.
7 On notera ici la différence entre Sénèque et Cornutus sur l'allégorèse : ce dernier trouve bien un fondement philosophique à cette méthode d'interprétation des mythes. Voir Ch. TORRE, « Cornuto, Seneca, i poeti e gli dei », dans I. GUALANDRI, G. MAZZOLI (éd.), *Gli Annei : una familia nella storia e nella cultura di Roma imperiale*. Atti del convegno internazionale di Milano-Pavia, 2-6 maggio 2000, Côme, 2003, p. 167-184, ainsi que la thèse de J. PIA, *Philosophie et religion dans le stoïcisme impérial romain. Étude de quelques cas : Cornutus, Perse, Épictète et Marc-Aurèle*, thèse de doctorat, Paris, 2011, p. 94-101, qui laisse cependant de côté la dimension presque nationaliste que la critique sénéquienne acquiert dans ce passage.
8 Sénèque, *Lettres à Lucilius*, 59, 6. Voir M. ARMISEN-MARCHETTI, *Sapientiae facies. Étude sur les images de Sénèque*, Paris, 1989, p. 249-283 (chap. 4 : « Image et recherche philosophique logique : image et concept »).
9 Sénèque, *De beneficiis*, I, 3, 2-4, 6.

interprétations symboliques et étymologiques que suscitent ces trois jeunes filles[10]. Le philosophe s'attaque directement à Chrysippe, philosophe stoïcien emblématique, et tout se passe comme s'il se focalisait sur le rôle de conteur de Chrysippe, en atténuant le fait qu'il est avant tout un des maîtres fondateurs du Portique. Aux yeux du philosophe romain, son prédécesseur grec devient un poète à part entière, et il est condamnable à ce titre. Or, en réalité, Chrysippe ne reprend des éléments mythologiques que pour opérer une *catharsis* au niveau de leur interprétation, en suivant le principe selon lequel le discours des poètes est recevable, si l'on ne prend pas leur propos à la lettre et qu'on fait l'effort d'en dévoiler la vérité qui y est cachée, selon l'esprit. Sénèque, témérairement, se donne finalement le droit de faire la leçon à son maître. L'ironie avec laquelle il énonce la morale de la « fable » de Chrysippe en est la preuve, dans la mesure où elle exprime un contenu philosophique très faible, voire une forme de naïveté ridicule :

> *Ad hanc honestissimam contentionem beneficiis beneficia uincendi sic nos adhortatur Chrysippus, ut dicat uerendum esse, ne, quia Charites Iouis filiae sunt, parum se grate gerere sacrilegium sit et tam tenellis puellis fiat iniuria*[11].

Le constat est radical : si l'allégorèse revient à faire intervenir des « contes de bonnes femmes » et donc des discours propices à la superstition dans un raisonnement philosophique et éthique, l'entreprise parénétique est vouée à l'échec, car elle maintient l'esprit dans le degré minimal de la pensée que constitue le discours poétique. D'après ces conclusions, il semble difficile de conférer aux personnages mythologiques que l'on trouve chez Sénèque une valeur de figure exemplaire.

La virulence de cette critique pose néanmoins problème. Sénèque n'est-il pas en train de régler des comptes ici, en particulier avec la culture grecque en général ? « Il peut se trouver des gens assez asservis à la pensée grecque pour dire que ces considérations sont nécessaires[12] », dit-il au début de la digression, après avoir évoqué certains points précis du mythe : le nombre de sœurs en questions, leur lien de parenté… Au milieu du développement que nous venons d'étudier, il a ce propos assassin envers Chrysippe :

> *Tu modo nos tuere, si quis mihi obiciet, quod Chrysippum in ordinem coegerim, magnum mehercules uirum, sed tamen Graecum, cuius acumen nimis tenue retunditur et in se saepe replicatur ; etiam cum agere aliquid uidetur, pungit, non perforat*[13].

---

10 Sénèque, *De beneficiis*, I, 3, 2-7.
11 Sénèque, *De beneficiis*, I, 4, 4 : « À cette rivalité d'efforts, honorable entre toutes, où l'on cherche à dépasser la bienfaisance par la bienfaisance, Chrysippe nous dispose en nous disant pour tout encouragement qu'on doit craindre, les Grâces étant filles de Jupiter, que nos marques insuffisantes de gratitude ne soient un sacrilège et une injure envers de si charmantes jeunes filles ». (trad. F. Préchac, Paris, 1961).
12 Sénèque, *De beneficiis*, I, 3, 6.
13 Sénèque, *De beneficiis*, I, 4, 1 : « Toi seulement défends-moi si l'on me reproche d'avoir mis à sa place Chrysippe, un grand homme, par Hercule, mais après tout un Grec, dont l'esprit trop subtil s'émousse et se replie souvent sur lui-même ; lors même qu'il semble produire quelque effet, il enfonce sa pointe, mais sans percer à jour ». (trad. F. Préchac).

Manifestement, il se joue ici bien plus qu'une attaque contre la méthode d'interprétation allégorique. En prenant la figure emblématique de Chrysippe pour cible, c'est tout le passé grec de la philosophie stoïcienne qui est visé. Sénèque « tue le père », d'une certaine manière. Il y a une vraie volonté de se démarquer d'une méthodologie grecque d'interprétation du mythe, de la part d'un philosophe romain qui raisonne dans le cadre d'une culture romaine, qui a elle-même du mal à s'émanciper de la culture grecque. Il cherche à imposer ses grilles de lecture du monde, sa méthode d'appréhension du divin et il laisse ainsi, d'un geste de dédain, la méthode allégorique aux Grecs. Plus qu'une critique de la méthode en elle-même, il faut voir dans l'abandon de la méthode allégorique chez Sénèque une preuve de l'originalité foncière de sa pensée et une conscience aiguë d'appartenir à une culture et à un siècle au sein desquels on ne peut penser de la même manière que les fondateurs du Portique.

Finalement, plus qu'une critique des figures mythologiques utilisées et survalorisées par les stoïciens, c'est à une attaque de la figure de Chrysippe lui-même que se livre Sénèque, en tant que représentant, symbole, voire incarnation de la secte stoïcienne grecque qui a œuvré avant lui. À travers cette figure de l'Ancien Portique, ce sont toutes les interprétations philosophiques visant à racheter les mythes populaires qui sont mises à mal, comme pour couper toute tentation de faire des personnages mythologiques des allégories, voire des figures. Certes, les mythes sont porteurs de figures exemplaires dans lesquels les Romains peuvent s'identifier et voir une concentration de leurs vertus fondatrices, mais elles n'ont la dimension de figures que dans le cadre du discours poétique, qui a sa fonction propre, et ne concerne pas la philosophie. Pour Sénèque, le philosophe ne doit pas faire dans le mélange des genres : utiliser les figures exemplaires des poètes pour le compte de la philosophie, en espérant en faire des figures incarnant les valeurs d'un système alors qu'elles ne sont, en réalité, que des allégories, c'est risquer, comme Chrysippe, de pervertir la force de la pensée philosophique. La récupération des personnages des mythes par les philosophes manque nécessairement son objectif, car ces personnages n'ont pas vocation à figurer un concept, une idée ou une vérité philosophique.

Ainsi, en rejetant la méthode allégorique, Sénèque définit, par la négative, le champ opératoire des figures exemplaires qu'il utilise et leur fonction dans son discours. Elles ne sont pas des allégories illustratives et rhétoriques de notions abstraites, ces figures ne sont pas simples figurations, mais elles sont au contraire profondément ancrées dans le domaine de l'action, de l'éthique concrète et du monde des phénomènes.

L'œuvre théâtrale de Sénèque pose néanmoins problème. La cohabitation d'un discours théorique et d'un discours poétique dans le corpus du philosophe crée une tension cruciale. Certes, il peut sembler paradoxal pour un stoïcien romain d'écrire des tragédies tout en critiquant les « inepties des poètes[14] » dans ses œuvres morales. Cependant, l'importance des genres littéraires pour Sénèque dans le discours sur le dieu pousse à voir dans les tragédies un mode de discours théologique qui a une valeur philosophique à part entière et qui témoigne d'une autre utilisation philosophique

---

14 Sénèque, *De uita beata*, 26, 6.

de la parole mythologique et poétique. Contrairement aux apparences, le philosophe romain reste cohérent : critiquant moins les mythes que le discours poétique sur les dieux qui fait naître la superstition, il combat là aussi les poètes, mais en utilisant leurs propres outils – la langue poétique, la matière et la forme poétiques. C'est finalement dans les tragédies que Sénèque arrive au mieux à concilier, voire à réconcilier, les trois théologies identifiées par Varron[15] : la théologie poétique (par l'usage de la forme tragique et du matériau mythologique), la théologie civile (tant les références voire les descriptions précises de rituels religieux sont nombreuses) et la théologie naturelle.

Mais il ne faut pas voir dans ces tragédies de nouveaux voiles plaisants qui viendraient recouvrir les vérités cachées du mythe de manière plus adéquate que le voile des vers des poètes, sous prétexte que ces œuvres tragiques émanent d'un philosophe. Il ne s'agit pas là d'exprimer de manière plus simple et plus pédagogique des concepts, des idées ou des vérités philosophiques à décoder. En effet, l'enjeu des tragédies est tout autre, et c'est bien pour cela que l'on peut considérer que l'on y trouve des figures exemplaires. En effet, Sénèque cherche à y montrer, de manière vive et percutante, l'âme humaine en proie au monde des phénomènes, un monde qui lui apparaît comme mouvant, violent, irrationnel. Le philosophe veut montrer, révéler et extérioriser, sur scène, le point de vue humain, le point de vue intérieur du commun des mortels qui ne saisit pas la rationalité de la nature et ne voit pas le *deus* rationnel derrière le chaos et la fatalité.

Curieusement, le philosophe ne s'est jamais expliqué sur le rôle qu'il voulait faire jouer au théâtre dans sa démarche philosophique et pédagogique. Or un point pose particulièrement question : on note que, de manière générale dans son œuvre, Sénèque s'est très peu intéressé à la plastique et aux représentations artistiques des divinités, sauf pour en dénoncer le caractère anthropomorphe, vecteur de superstition et de fanatisme populaires, en particulier dans le fragment 36 du *De superstitione*[16]. Cependant, il a composé des tragédies qui mettent en scène des dieux et des personnages mythologiques ; or quoi de plus anthropomorphe que le personnage théâtral divin incarné sur scène par un acteur ? Par exemple, c'est Junon qui prononce le prologue de cent-vingt-quatre vers de l'*Hercule furieux*. Nombre d'indices prouvent que non seulement ces pièces avaient bien vocation à être jouées, mais que leur mise en scène impliquait une grande cruauté dans les effets visuels recherchés[17]. Le paradoxe est donc net entre la critique de l'anthropomorphisme des dieux qui est véhiculé par les mythes, et dont le caractère spectaculaire plonge l'homme du commun dans la superstition, et la création de tragédies cherchant au plus haut point à émouvoir et à montrer l'homme sous ses aspects « humains, trop humains ».

---

15 Voir Y. Lehmann, *Varron théologien et philosophe romain*, Bruxelles, 1997, en particulier la p. 211 sur l'origine de cette tripartition.
16 Sénèque, Fr. 36 (Haase) : Augustin, *Cité de Dieu*, VI, 10. Sur ce fragment, voir l'analyse de S. Estienne, « Les "dévots" du Capitole. Le "culte des images" dans la Rome impériale, entre rites et superstition », *MEFRA*, 113, 2001, p. 189-210.
17 Voir A. Charles-Saget, « Sénèque et le théâtre de la cruauté », *Pallas*, 49, 1998, p. 149-155 et F. Dupont, *Les monstres de Sénèque*, Paris, 2011 (1re éd. 1995).

L'exemple de l'*Hercule furieux* est probant. Sénèque adapte de manière très libre la tragédie d'Euripide du même nom. Il nous montre un des épisodes de la lutte entre Junon et Hercule. Non seulement Junon intervient directement sur scène (c'est elle qui prononce le prologue), alors qu'Héra n'apparaît pas dans la version euripidienne, mais Sénèque choisit ici de nous présenter Hercule – héros stoïcien par excellence, symbole de l'affinité élective qui existe entre les hommes et le dieu dans la philosophie du Portique – en proie à une folie dévastatrice. La passion est ici incarnée de manière doublement paradoxale sous la plume d'un philosophe du Portique dans deux anti-modèles – ou du moins qui se présentent de prime abord comme tels. D'abord dans la figure de Junon, une déesse appartenant au panthéon de la religion traditionnelle et qui intervient ici dans l'existence particulière des hommes pour en changer le cours, ce qui est l'opposé de la conception de la nécessité divine universelle qui sert de base au système stoïcien. Ensuite dans la figure d'Hercule, un des rares personnages mythologiques que Sénèque évoque de manière positive dans les œuvres en prose, mais toujours très brièvement : dans le *De beneficiis*[18], où il explique qu'Hercule est un des noms derrière lequel se cache la nature, dans le *De constantia sapientis*[19], où il est présenté comme un sage, enfin dans l'*Apocoloquintose du divin Claude*[20], où il le fait intervenir dans le tribunal des dieux. Paradoxalement, au lieu d'utiliser Hercule comme un modèle stoïcien comme l'ont fait ses prédécesseurs[21], il donne toute son ampleur à ce personnage dans une œuvre avant tout tragique, où le héros est en proie au *furor*.

Hercule est pourtant bien une figure ici, celle de l'homme du commun, en proie aux passions et diminué par sa vision mutilée du cosmos, un modèle imparfait représentant les difficultés de la raison humaine à saisir la rationalité du monde derrière le chaos des phénomènes, un *progrediens* – un « progressant en sagesse » – magnifié par la baguette de la poésie, qui lutte face à une nécessité dont il ne comprend pas le sens. Hercule a valeur de figure exemplaire ici, car il est vecteur d'identification de l'humanité tout entière, qu'il représente dans une situation certes exceptionnelle, en raison du caractère mythologique et poétique du récit, mais qui est celle à laquelle n'importe quel homme du commun se confronte. Tout lecteur, un Sérénus[22], un Lucilius, un Néron ont matière à s'identifier à cette figure qui entre en résonance avec leur propre existence et dont l'expérience, montrée de manière crue sur scène, fait écho aux situations du *progrediens* que Sénèque le pédagogue évoque dans ses œuvres en prose. Hercule fait alors le pont entre l'œuvre en prose et ses situations extraites de la vie réelle et triviale, et l'œuvre poétique qui représente les mêmes conflits intérieurs de l'homme du commun, mais amplifiés par la dimension tragique. Hercule se met en réseau avec les individus ordinaires présentés dans les œuvres en

---

18 Sénèque, *De beneficiis*, IV, 7, 2-8, 1.
19 Sénèque, *De constantia sapientis*, 2, 2.
20 Sénèque, *Apocoloquintose du divin Claude*, 5, 3-7, 5.
21 Il rappelle cependant aux vers 250 et 929 qu'il est un héros pacificateur et qu'il est celui qui sait surmonter les épreuves aux vers 35-42.
22 Sérénus est le destinataire du traité *De tranquillitate animi*.

prose, en proie à leur conflit intérieur avec le monde, et par ce biais, il en devient le représentant, le symbole et l'emblème, grâce au contexte littéraire de la tragédie.

On se trouve là au cœur de la démarche pédagogique de Sénèque, directeur de conscience, qui sait l'importance à accorder à la vie intérieure et à l'expérience particulière de chacun, conciliant alors des points de vue extrêmes, en apparence contradictoires, entre théologie mythique, politique et naturelle, mais aussi entre connaissance du dogme stoïcien, croyances populaires et cruauté de l'expérience vécue. Cette *Spannung*, loin d'être destructrice, pousse le philosophe à revivifier sa réflexion sur le mythe et sur la parole poétique, en proposant une alternative spirituelle, sans pour autant l'abandonner complètement. Ainsi, outre sa dimension religieuse – en tant qu'utilisation du matériau mythologique –, et théologique – en tant que recherche d'un discours adéquat sur le dieu – le recours au théâtre a un but d'édification morale.

À notre avis, les tragédies présentent, de la manière la plus visible, le point de vue de l'humanité sur le monde – monde qui, certes, est rationnel et gouverné par le *Logos* divin, mais qui se présente d'abord à elle de manière chaotique et douloureuse. Ce qui se montre dans les tragédies, ce sont les sentiments les plus vifs d'un Sérénus, d'un Lucilius ou d'un Néron, auxquels il s'adresse avec le point de vue du sage et du pédagogue dans ses œuvres en prose. En rendant visible le point de vue de l'homme du commun, Sénèque valorise le discours de la conscience humaine mutilée en tant que discours valide – en son genre – sur le cosmos rationnel et divin, et ce, afin de révéler, derrière chaque contingence apparente, la nécessité divine. Il exprime une intériorité qui éprouve un réel divin paradoxal à concilier avec une connaissance rationnelle du dieu unique stoïcien. Sénèque ne rejette pas ce point de vue, il ne cherche pas forcément à le dépasser, mais il lui donne une place au même titre que le point de vue du sage.

La figure exemplaire des tragédies de Sénèque est un *monstrum*, qui permettra, malgré son statut de contre-modèle de perfection, de mieux saisir et comprendre le mécanisme de la passion face à l'apparente irrationalité du monde, lui faisant ainsi atteindre, dans un second temps, une dimension universelle. Il n'y a pas de vérités d'ordre physique à retrouver ici derrière le voile du mythe, mais il s'agit de voir à l'œuvre la construction d'une représentation biaisée du cosmos, telle qu'elle est perçue par l'homme du commun. C'est à ce niveau que s'opérera la *catharsis*, par un processus d'identification à ces figures imparfaites qui s'adaptent à l'homme du commun et à sa propre imperfection, justement parce que ce processus est encouragé et valorisé par Sénèque. Après avoir observé sa propre condition sur scène, dans toute sa cruauté, le *progrediens* parviendra, dans un mouvement dialectique, à se détacher de cette première figure exemplaire imparfaite pour se tourner vers des figures exemplaires absolument positives.

Ces figures, ce sont les sages qui se sont incarnés en certains grands personnages que Sénèque n'hésite pas à qualifier de « divins ». Dans l'entreprise parénétique du philosophe, ces incarnations de la sagesse sont des figures utiles pour permettre aux *progredientes* de saisir ce qu'est la divinité, en lui donnant, en quelque sorte, figure humaine. Un Lucilius se représentera plus aisément l'idéal qu'il doit atteindre et comprendra mieux la nature de la seule divinité qui vaille - le *deus* rationnel - si son esprit peut s'appuyer sur une figure humaine, concrète, au lieu de se trouver démuni devant la pensée d'une cause première très abstraite.

Le philosophe romain part alors du principe que si le sage est comparable au dieu[23], il est légitime de constituer ce que nous appellerons un nouveau « panthéon » servant de face visible à sa théologie philosophique. Sénèque peut fabriquer un mythe, car le mythe ne se définit pas seulement par un contenu, une substance, mais bien par une forme, une rhétorique. Or, on sent bien que l'ensemble de la pensée du philosophe est tournée vers le sage[24], entité humaine similaire au dieu, incarnant la perfection morale[25]. Certains stoïciens avouent d'ailleurs que le sage est « mythe[26] », c'est-à-dire un modèle fictif opératoire permettant au progressant en sagesse de se fixer un idéal à atteindre, un horizon.

L'originalité de Sénèque réside dans le fait que son nouveau panthéon est constitué d'*exempla*, d'hommes sages appartenant à l'histoire et qui ont réellement existé, avec leurs imperfections. Le sage sénéquien est un homme véritable, un être de chair doté d'une sensibilité, qui a sa place dans le réel et dans l'histoire, étant donné qu'il a besoin d'être confronté à cette réalité concrète et dure pour éprouver sa vertu et atteindre la sagesse – comme c'était le cas dans les tragédies. Cet aspect est spécifique à Sénèque et marque un tournant dans la pensée stoïcienne : la sagesse n'est plus, comme chez les philosophes de l'Ancien Portique, l'apanage d'une race d'élus mythiques et déconnectés de la dure réalité du monde, mais bien des hommes aux prises avec le réel et les phénomènes.

Justement, ce qui rend le sage sénéquien si singulier, c'est sa dimension héroïque. Dans l'œuvre du philosophe romain, le sage ne peut qu'être un héros[27]. Le système stoïcien est bien fondé sur un mythe, celui du sage, mais Sénèque lui donne une validité, une profondeur et une puissance accrues, en lui attribuant un corps, une figure. Certes, le sage ne s'incarne que très rarement, mais cela implique que chacune de ses apparitions soit un événement – ou plutôt soit présentée par Sénèque comme un événement. C'est ce qui lui confère une dimension universelle et le fait sortir de la pure contingence. Faire du sage un héros le place nettement à l'interface entre l'homme du commun imparfait et la divinité parfaite, et ce statut d'intermédiaire favorisera alors l'identification du lecteur de Sénèque et son progrès moral.

L'exemple de sage le plus probant, et qui est aussi le plus présent dans l'œuvre de Sénèque, c'est Caton. Le passage suivant du *De constantia sapientis* est particulièrement révélateur :

> Non est quod dicas, ita ut soles, hunc sapientem nostrum nusquam inueniri. Non fingimus istud humani ingenii uanum decus nec ingentem imaginem falsae rei concipimus, sed qualem conformamus exhibuimus, exhibebimus, raro forsitan magnisque aetatum

---

23 Sénèque, *De prouidentia*, 1, 5 : *tempore tantum a deo differt*, « il ne diffère du dieu que par la durée ». Voir aussi *De constantia sapientis*, 8, 1-3 ; 5, 4-5 et *De uita beata*, 16, 1-3.
24 Voir J. LAGRÉE, « Le sage et le dieu chez Sénèque (*Lettres à Lucilius*) », dans L. JERPHAGNON (éd.), *Ainsi parlaient les Anciens : in honorem Jean-Paul Dumont*, Mélanges réunis par Lucien JERPHAGNON et publiés par Jacqueline LAGRÉE et Daniel DELATTRE, Villeneuve-d'Ascq, 1994, p. 205-216.
25 Sénèque, *De breuitate uitae*, 15, 4-5 ; *Lettres à Lucilius*, 115, 3-5.
26 Sénèque, *Lettres à Lucilius*, 42, 1. Certains stoïciens refusaient même le statut de sage aux fondateurs du stoïcisme. Voir *Stoicorum Veterum Fragmenta*, III, 657, 658, 662, 668.
27 Sénèque, *De prouidentia*, 6, 6.

interuallis unum (neque enim magna et excedentia solitum ac uulgarem modum crebro gignuntur); ceterum hic ipse M. Cato, a cuius mentione haec disputatio processit, uereor ne supra nostrum exemplar sit[28].

Sénèque répond à une objection courante faite aux stoïciens quant au paradoxe que constitue le sage : il est constamment évoqué dans leurs démonstrations, mais il n'en existe aucun exemple concret. Aussi le philosophe prend-il bien soin d'insister sur la réalité en acte du sage, qui n'est pas un personnage mythologique ou fictif (*humani ingenii uanum decus nec ingentem imaginem falsae rei concipimus*) mais un être effectif, qui doit sa rareté à sa grandeur d'âme exceptionnelle. La preuve en est, pour Sénèque, qu'il a déjà existé en la personne de Caton. Caton revêt alors pleinement la dimension de figure exemplaire : il permet à la fois de donner une validité à tout son système philosophique et de constituer un modèle à suivre pour le progressant en sagesse. Dans ce cas précis, l'*exemplum* historique est élevé au rang de sage, il communie donc avec le cosmos et avec la divinité régissant le monde[29]. Si Caton est une manifestation supérieure de la sagesse, c'est qu'il ne s'est pas contenté de la théoriser, comme les philosophes, mais qu'il l'a mise en pratique par ses actions[30]. Il devient à la fois la pierre de touche d'un système et la preuve de sa validité et de son efficacité.

Cependant, comme c'est fréquemment le cas lorsqu'une figure historique acquiert une dimension d'exemplarité et d'universalité, on observe certaines modifications dans cette figure par rapport au référent de départ. Certes, le Caton évoqué par Sénèque a réellement existé, mais celui que nous propose le philosophe est bien un Caton hyperbolique, magnifié, amplifié, comme idéalisé et poétisé, entouré d'une aura mythologique, c'est-à-dire un Caton mythique qui n'a finalement plus rien à voir avec le Caton réel et effectif. Comme chez Platon, le « vrai » Socrate n'est pas le Socrate réel, chez Sénèque, le « vrai » Caton n'est pas le Caton historique, sensible et empirique, c'est un Caton de discours, d'invention rationnelle, de modélisation morale et philosophique. Le philosophe romain crée à nouveau une interface - entre la réalité historique et une conception mythique de Caton - qui va servir de levier pour élever l'âme du lecteur vers l'idéal philosophique en se détachant de la matérialité concrète.

---

28 Sénèque, *De constantia sapientis*, 7, 1 : « Et ne dis pas, comme tu le fais volontiers, que notre sage ne se rencontre nulle part. Ce n'est pas une vaine image que nous forgeons à la gloire de l'humanité, un idéal chimérique auquel nous donnons dans nos rêves des proportions impossibles : tel nous le décrivons, tel nous l'avons produit, tel nous le produirons aux yeux du monde – à titre exceptionnel sans doute et de loin en loin seulement au cours des siècles (car les êtres qui dépassent l'ordinaire et commune mesure ne foisonnent jamais), mais je me demande si Caton, qui fut le point de départ de cette discussion, ne s'élève pas encore au-dessus du modèle que nous proposons ». (trad. R. WALTZ, Paris, 1965).
29 Dans le *De tranquillitate animi*, 16, 4, Sénèque décrit l'instant de la mort d'hommes illustres, tels Socrate ou Caton : *Omnes isti leui temporis impensa inuenerunt quomodo aeterni fierent, et ad immortalitatem moriendo uenerunt*, « Tous ces héros, par le sacrifice d'une insignifiante portion de leur existence, ont su se rendre éternels, et la mort a été pour eux le chemin de l'immortalité ». (trad. R. WALTZ, Paris, 1965.) L'expansion de l'être à un niveau cosmique (*aeterni, immortalitatem*) est très perceptible dans ce passage.
30 Sénèque, *De tranquillitate animi*, 7, 3.

Ainsi Sénèque n'évoque-t-il jamais Caton dans le cadre d'un événement historique précis, se contentant de faire référence, en général, à son combat pour la sauvegarde de la République[31]. Un seul passage fait exception, et il s'agit d'un *topos* littéraire : il s'agit de la peinture exaltée de la mort de Caton dans le *De Prouidentia*[32]. La fin du passage est particulièrement significative :

> Liquet mihi cum magno spectasse gaudio deos, dum ille uir, acerrimus sui uindex, alienae saluti consulit et instruit discedentium fugam, dum studia etiam nocte ultima tractat, dum gladio sacro pectori infigit, dum uiscera spargit et illam sanctissimam animam indignamque quae ferro contaminaretur manu educit. Inde crediderim fuisse parum certum et efficax uulnus : non fuit diis immortalibus satis spectare Catonem semel ; retenta ac reuocata uirtus est, ut in difficiliore parte se ostenderet : non enim tam magno animo mors initur quam repetitur. Quidni libenter spectarent alumnum suum tam claro ac memorabili exitu euadentem ? Mors illos consecrat, quorum exitum et qui timent laudant[33].

Sénèque reprend ici le motif de la glorification de la mort de Caton, déjà développé chez Cicéron[34]. Il peut sembler étonnant de mentionner la joie des dieux à la vue de la mort de Caton, mais il s'agit bien là de la joie provoquée par la vue d'une âme qui a atteint pleinement la sagesse, qui a fait ce qu'elle pouvait pour la communauté (*alienae saluti consulit et instruit discedentium fugam*) et qui trouve dans le suicide[35] un moyen d'être en adéquation avec ses principes et sa morale, dont l'intégrité est menacée par le nouveau régime politique en place. Cette sagesse ne repose pas sur la connaissance absolue de la nature du dieu - qui reste difficilement accessible, même si la contemplation peut nous y aider - mais bien sur une adhésion volontaire au plan divin, envers et contre tout. Caton n'a pas agi sur un coup de folie, comme les monstres des tragédies : il a occupé sa nuit à la lecture du *Phédon*, selon la légende, et comme le rappelle Sénèque. Le champ lexical du sacré est largement utilisé, pour évoquer la personne même de Caton (*sacro pectore*)[36] mais surtout,

---

31 Sénèque, *De prouidentia*, 2, 9.
32 Voir également Sénèque, *De constantia sapientis*, 2, 2-4 et *De tranquillitate animi*, 16.
33 Sénèque, *De prouidentia*, 2, 11-12 : « Je ne doute pas que les dieux n'aient vu avec une joie profonde ce grand homme, si ardent à son propre supplice, s'occuper du salut des autres et tout organiser pour leur fuite, consacrer sa nuit suprême à l'étude, plonger l'épée dans sa sainte poitrine, puis répandre ses entrailles et délivrer de sa main cette âme auguste, qu'aurait déshonorée la souillure du fer. Voilà sans doute pourquoi le coup mal assuré manqua d'abord son effet : les dieux immortels ne se contentèrent pas d'avoir vu Caton paraître une fois dans l'arène ; ils y retinrent, ils y rappelèrent son courage, afin de le contempler dans une épreuve plus difficile encore : car il faut moins d'héroïsme pour aller à la mort que pour la chercher à nouveau ». (trad. R. Waltz, Paris, 1965).
34 Cicéron, *De officiis*, I, 112.
35 Sur la position singulière de Sénèque sur le suicide, voir N. TADIC-GILLOTEAUX, « Sénèque face au suicide », *L'Antiquité Classique*, 32, 1963, p. 541-551 et W. EVENEPOEL, « The philosopher Seneca on suicide », *Ancient Society*, 34, 2004, p. 217-243.
36 Voir aussi Lucain, *Bellum Ciuile*, II, 284-285 : *at illi arcano sacras reddit Cato pectore uoces* / « Caton fait entendre en réponse les paroles sacrées qui viennent dans sa poitrine sainte ». Voir aussi *Bellum ciuile*, IX, 573-577.

sa mort est comparée à une apothéose (*mors consecrat*). Caton a prouvé qu'il n'a pas eu peur de la mort et Sénèque fait de son geste une forme accomplie de l'*amor fati*. Caton est un nouvel Hercule, intermédiaire entre les hommes et la divinité, puisque la vertu l'a rendu égal à un dieu[37], ce qui se justifie par cette forme d'apothéose.

Le sage est donc clairement valorisé par rapport au dieu. Un être comme Caton a donc davantage vocation à constituer une figure exemplaire car là encore, il intègre des éléments constitutifs de l'âme humaine - la souffrance, la moralité, l'imperfection et la finitude - que le dieu, être certes provident mais néanmoins purement rationnel, ne possède pas. Seule une figure comme Caton peut permettre l'identification de l'homme du commun auquel s'adresse le directeur de conscience. Ce n'est pas un hasard si Sénèque n'a consacré aucun traité au dieu rationnel mais qu'il en consacre un à la gloire du sage et à sa perfection, le *De constantia sapientis*. La sagesse absolue devient donc une prouesse, qui dépasse d'une certaine manière la grandeur divine, et qui seule peut permettre d'accéder au rang de figure et d'interface entre la contingence humaine et l'universel divin.

Au terme de ces réflexions, il semble important de souligner que, chez Sénèque, la figure mythique n'est pas simplement un outil dans les mains du philosophe et du pédagogue, destiné à délivrer un message autre qu'elle-même, mais qu'elle acquiert une valeur en soi. La figure mythique chez Sénèque est un intermédiaire, à la fois entre contingence et universel, humain et divin, microcosme et macrocosme, et une interface entre la pensée rationnelle, celle du sage, et la pensée du *progrediens*, en quête de sagesse. La dimension pédagogique de l'ensemble de l'œuvre du stoïcien est fondamentale pour la comprendre, et la figure exemplaire en constitue une clé de voûte. Le philosophe réussit le tour de force de mettre en réseau et en résonance les figures qu'il convoque et les destinataires de ses œuvres, ces *progredientes* qui se retrouvent dans l'expérience de ces personnages hors du commun, certes, mais aux prises avec la souffrance et les difficultés de l'homme du commun dans son expérience du cosmos. Par un effet de mise en abîme, Lucilius, Sérénus ou Néron deviennent alors à leur tour des figures de progressants en sagesse, exemplaires de leur démarche philosophique pour les autres lecteurs des traités de Sénèque, permettant une parénèse d'autant plus efficace.

Enfin, la figure exemplaire constitue à ce titre un aiguillon pour la pensée qui y reconnaît la marque du sublime : qu'elle soit personnage de tragédie ou « toréador de la vertu[38] », elle symbolise l'expérience humaine universelle de la nature perçue comme une énigme, qui suscite d'abord une émotion indémontrable par la raison - ce qui la contraint à l'humilité - et qui doit ensuite être dépassée par l'étude rationnelle du cosmos.

---

37 Voir aussi Sénèque Fr. 27 (HAASE) : [...] « *Una, inquit, res est uirtus quae nos immortalitatem donare possit et pares diis facere* » / « La vertu est la seule chose qui puisse nous accorder l'immortalité et nous rendre semblables aux dieux » (trad. pers.).

38 Pour citer F. Nietzsche parlant de Sénèque dans *Le Crépuscule des idoles*: « *Seneca : oder der Toreador der Tugend* » (F. NIETZSCHE, *Œuvres*, J. LACOSTE [éd.], Paris, 1993, T. II, p. 991).

Deuxième partie

La figure mythique et son rôle de passeur vers le monde divin

La figure exemplaire n'est pas seulement une construction alliant éléments historiques et dimension allégorique. Elle joue aussi, bien souvent, le rôle de passeur, ouvrant aux hommes une voie nouvelle leur permettant d'accéder au monde divin. Des figures mythiques, comme Hercule, Orphée ou Pythagore, et des figures de l'Ancien Testament, comme les prophètes, ont pu jouer ce rôle, et les discours religieux, polythéiste ou chrétien, se rejoignent pour attribuer ce statut d'intermédiaire entre hommes et dieu(x) aux figures exemplaires.

Catherine Notter et Igor Yakoubovitch montrent que le thème des travaux et exploits d'Hercule est lié à celui de sa divinisation, motif central dans les occurrences du personnage : dans la littérature flavienne, l'accès du demi-dieu au ciel est vaillamment conquis par sa *uirtus*, et non garanti par le seul fait d'être le fils de Jupiter. L'image donnée d'Hercule fait donc de lui une figure exemplaire, un modèle pour les empereurs. La question de l'adéquation des émules d'Hercule à leur modèle est posée avec acuité. Hercule apparaît ainsi comme un « passeur » dont l'enseignement est plus ou moins bien mis en œuvre par ses différents disciples.

Les figures d'Orphée et Pythagore sont analysées par Mina Tasseva Bencheva dans les témoignages sur les « discours sacrés » de la période impériale. Il ne s'agit pas de discours au sens rhétorique du terme, mais plutôt de récits dont l'objectif est didactique : permettre à l'homme de s'élever à partir de ses connaissances. Orphée et Pythagore deviennent, par leur maîtrise du savoir et leurs connaissances sur le divin, des symboles de sagesse et d'autorité, dont les auteurs juifs et chrétiens ont hérité, et qu'ils ont repris dans leurs propres ouvrages. Toutefois les « discours sacrés » n'ont pas de mythologie commune, et les noms d'Orphée et de Pythagore sont cités dans des récits différents, voire concurrents.

Benoît MOUNIER montre que Jérôme définit le prophète de l'Ancien Testament comme celui qui délivre des signes annonciateurs, des présages. À la différence des devins et augures qui cherchent des signes à interpréter, les prophètes révèlent les mystères divins à venir par les signes qu'ils sont, eux-mêmes, tout entiers. Ils ont donc un rapport à la fois actif et passif aux signes. Selon Jérôme, les prophètes précèdent les événements futurs en tant que signes. Ils sont de fait spectateurs et acteurs, et en tout cas, intermédiaires entre Dieu et les hommes. Dans un système de communication, ils constitueraient le « code » du message divin.

F. C. / J. G. / M. P.-R.

CATHERINE NOTTER
ET IGOR YAKOUBOVITCH

La figure d'Hercule dans la littérature flavienne : aspects et usages d'un modèle

Hercule est une figure présente de longue date dans la religion, la littérature et l'imaginaire romains[1], et son importance n'est plus à démontrer. Si l'Hercule romain n'a pas été immuable et exempt de variations ou d'infléchissements[2], ces vicissitudes n'ont manifestement guère nui à sa fortune littéraire, qui est grande au Ier s. apr. J.-C[3]., à l'époque julio-claudienne, puis à l'époque flavienne, à laquelle notre étude sera consacrée.

La littérature du dernier tiers du Ier s. offre de nombreuses occurrences de la figure d'Hercule, dans des genres littéraires aussi divers que l'encyclopédie de Pline l'Ancien, les épopées de Valérius Flaccus, Silius Italicus et Stace, les *Silves* du même Stace, ou les *Épigrammes* de Martial. À ces œuvres s'ajoute l'*Histoire d'Alexandre le Grand* de Quinte-Curce, que nous avons choisi d'inclure dans le champ de notre étude, en retenant l'hypothèse d'une datation flavienne de cet ouvrage[4]. Quant à l'*Hercule sur l'Œta*, nous ne saurions nous prononcer sur son attribution et sa datation ; aussi nous

---

1 Cf. J. BAYET, *Les origines de l'Hercule romain*, Paris, 1926.
2 Comme l'ont relevé certains savants, Hercule semble avoir été peu mis en avant dans la propagande officielle à l'époque augustéenne et au début de l'époque impériale : cf. R. SCHILLING, « L'Hercule romain en face de la réforme religieuse d'Auguste », dans *Rites, cultes, dieux de Rome* (Études et Commentaires, 92), Paris, 1979, p. 263-289 (= *Revue de philologie*, 16, 1942, p. 31-57) ; M. JACZYNOWSKA, « Le culte de l'Hercule romain au temps du Haut-Empire », *ANRW*, II, 17.2, Berlin / New York, 1981, p. 631-661 (en part. p. 634-635).
3 Cf. M. PIOT, « Hercule chez les poètes du premier siècle après Jésus-Christ », *Revue des études latines*, 43, 1965, p. 342-358, selon qui (p. 342) « le Ier siècle après J.-C. marque l'apogée de sa fortune littéraire ». Sur la présence d'Hercule dans la littérature latine, voir aussi, plus généralement, G. K. GALINSKY, *The Herakles Theme. The Adaptations of the Hero in Literature from Homer to the Twentieth Century*, Oxford, 1972, en part. p. 126-184.
4 Des deux hypothèses de datation le plus souvent retenues, le principat de Claude et celui de Vespasien, la seconde nous paraît plus pertinente. Pour une discussion détaillée sur la datation des *Historiae Alexandri Magni* et l'identité de leur auteur, voir en particulier E. BAYNHAM, *Alexander the Great. The Unique History of Quintus Curtius*, Ann Arbor, MI, 1998, p. 201-219 ; A. BARZANÒ, « Curzio Rufo e la sua epoca », *Memorie dell'Istituto Lombardo*, 38, 1985, p. 72-100 ; J. E. ATKINSON, *Curtius*

Catherine Notter Université de Strasbourg Centre d'analyse des rhétoriques religieuses de l'Antiquité (EA 3094)

Igor Yakoubovitch Université de Strasbourg Centre d'analyse des rhétoriques religieuses de l'Antiquité (EA 3094)

Figures mythiques et discours religieux dans l'Empire gréco-romain, Textes réunis et édités par Frédéric CHAPOT, Johann GOEKEN et Maud PFAFF-REYDELLET, Turnhout, Brepols 2018 (p. 57-70)
Brepols Publishers   10.1484/M.RRR-EB.5.115811

bornons-nous à signaler qu'une datation de cette pièce à l'époque flavienne n'est pas exclue par certains spécialistes[5].

Diverses également sont les modalités selon lesquelles Hercule apparaît dans la littérature flavienne : il est parfois un personnage présent et intervenant directement dans l'œuvre, mais il peut être aussi une figure à laquelle on fait référence (un dieu à qui on dédie des temples ou des statues, un objet de comparaisons, un modèle ou contre-modèle...).

Sans prétendre à une étude exhaustive des nombreuses occurrences d'Hercule à cette époque, nous essaierons de dégager les aspects les plus saillants du demi-dieu dans la littérature flavienne.

Hercule, entre homme et dieu

Les auteurs flaviens ne passent pas complètement sous silence les aspects potentiellement « sombres » ou inquiétants du personnage d'Hercule : son impulsivité et son emportement, ses excès de boisson et son intempérance dans ses amours.

On mentionnera par exemple[6], chez Silius Italicus (III, 420-440), le passage consacré à l'histoire de Pyréné[7], où c'est pris de boisson (III, 423 : *possessus Baccho*) qu'Hercule a violé la fille de son hôte, le roi Bébryx ; or cet accouplement aboutit à la naissance d'un serpent (III, 426-427), puis à la mort de Pyréné, déchirée par des bêtes sauvages (III, 427-433) : quand Hercule découvre les restes de la jeune fille, il est plongé dans l'affliction et crie de désespoir dans les montagnes (III, 433-438).

De même, dans les *Argonautiques*, après l'enlèvement d'Hylas, Hercule est comparé à un taureau furieux (III, 581-584), à un lion blessé (III, 587-589), puis à une lionne privée de ses petits (III, 737-740). Il a perdu l'esprit (III, 576 ; IV, 50 ; cf. aussi III, 676), il est comme embrasé (III, 583, 585, 590, 736 ; cf. aussi III, 676). En proie à une immense colère (*ira* : III, 586) et à la fureur (*furiae* : III, 590 ; *furit* : IV, 5), il déchaîne indistinctement sa violence (III, 591-593) dans la forêt où il recherche désespérément Hylas (III, 593-597, 733-740).

Néanmoins, il importe de préciser que ces manifestations exacerbées de souffrance ne sont que transitoires : au début du chant IV des *Argonautiques*, Valérius Flaccus

---

Rufus. *Histories of Alexander the Great, Book 10. Introduction and Historical Commentary*, Translated by J. C. Yardley, Oxford, 2009, p. 2-14 ; cf. M. Mahé-Simon, J. Trinquier (éd.), *L'histoire d'Alexandre selon Quinte-Curce*, Paris, 2014, p. 20-22.

5 Cf. M. Billerbeck, *Senecas Tragödien. Sprachliche und stilistische Untersuchungen*, Leyde, 1988, p. 171-172 ; F.-R. Chaumartin, *Sénèque. Tragédies. Tome III. [Pseudo-Sénèque] Hercule sur l'Œta, Octavie*, Paris, 1999, p. 5-7.

6 Voir aussi Stace, *Silves*, III, 1, 39, où la prière *pacatus mitisque ueni nec turbidus ira* peut laisser entendre qu'Hercule n'était pas toujours paisible et qu'il était susceptible d'être troublé par la colère.

7 Sur cet épisode, voir notamment A. Augoustakis, « *Lugendam Formae Sine Virginitate Reliquit* : Reading Pyrene and the Transformation of Landscape in Silius' *Punica 3* », *American Journal of Philology*, 124, 2003, p. 235-257, qui l'interprète (voir aussi D. Vessey, « The Dupe of Destiny : Hannibal in Silius, *Punica* III », *Classical Journal*, 77, 1982, p. 320-335, ici p. 331-332) comme faisant allusion à l'*imitatio Herculis* pervertie d'Hannibal.

montre Hylas apparaissant en rêve à Hercule pour l'exhorter à reprendre courage et fermeté et lui annoncer l'apothéose qui l'attend[8]. Le plus souvent, du reste, le goût d'Hercule pour la boisson et ses diverses amours sont mentionnés sous un jour anecdotique[9], voire comme un repos bien mérité après les travaux du héros[10].

La majorité des apparitions d'Hercule dans la littérature flavienne sont ainsi présentées de manière positive : ce sont les aspects les plus valorisants de son parcours - notamment en tant que héros voyageur et civilisateur[11] - et son statut de paradigme héroïque qui sont mis en valeur.

De façon générale, l'Hercule flavien se présente sous des dehors qu'on lui connaît de longue date : arborant d'ordinaire la peau de lion, la massue et l'arc qui sont ses attributs les plus caractéristiques, il se signale par sa force physique hors du commun, et par les travaux et exploits qui ont fait sa renommée et l'ont conduit, selon la tradition, à parcourir de nombreuses contrées du monde connu alors. Les références à Hercule voyageur abondent à l'époque flavienne et constituent un motif important, diversement exploité suivant le type d'œuvres concernées.

Chez Valérius Flaccus, on voit ainsi Hercule prendre part à l'expédition des Argonautes, tandis que, chez Silius Italicus, conformément aux théâtres d'opération de la deuxième guerre punique, c'est surtout à ses voyages dans les contrées occidentales qu'il est fait référence : en Espagne, dans les Alpes, ou encore à Rome. Ailleurs, comme chez Quinte-Curce, l'attention se concentre sur sa présence aux confins de l'Orient[12], jusqu'en Inde[13] ; mais l'historien mentionne aussi le demi-dieu en rapport avec les projets occidentaux du Macédonien, qui souhaite poursuivre ses conquêtes jusqu'aux colonnes d'Hercule à Gadès[14].

Les écrivains flaviens ne manquent pas d'associer les voyages d'Hercule à l'œuvre civilisatrice du héros, présenté comme vainqueur de monstres, pacificateur - c'est-

---

8 Texte cité ci-dessous, n. 23. Sur l'apparition d'Hylas et ses enjeux pour la représentation de la figure d'Hercule dans les *Argonautiques*, voir J. ADAMIETZ, *Zur Komposition der Argonautica des Valerius Flaccus* (Zetemata, 120), Munich, 1976, p. 53-54 ; F. RIPOLL, *La morale héroïque dans les épopées latines d'époque flavienne : tradition et innovation* (Bibliothèque d'Études Classiques, 14), Louvain / Paris, 1998, p. 100-101, 108 et 110-111.
9 Cf. notamment, à propos de ses amours : Martial, *Épigrammes*, VI, 68, 8 ; VII, 15 ; VII, 50, 5-8 ; IX, 25, 7 ; XI, 43, 5-6 ; Stat. *Silv*. II, 1, 113 ; III, 1, 40-43, 162 ; à propos de son penchant pour le vin : Stat. *Silv*. III, 1, 41.
10 Cf. Valérius Flaccus, *Argonautiques*, III, 609-610 ; Stace, *Thébaïde*, VI, 531-534.
11 Sur cet aspect d'Hercule, voir notamment P. M. MARTIN, « Héraklès en Italie, d'après Denys d'Halicarnasse (*A.R.*, I, 34-44) », *Athenaeum*, 50, 1972, p. 252-275 ; L. LACROIX, « Héraklès, héros voyageur et civilisateur », *Bulletin de l'Académie royale de Belgique*, 60, 1974, p. 34-59 ; C. JOURDAIN-ANNEQUIN, *Héraclès aux portes du soir*, Paris, 1989, *passim*.
12 Idée d'égaler les conquêtes d'Hercule à l'Est : cf. Quinte-Curce, *Histoires*, III, 10, 5 ; IX, 2, 29 ; IX, 4, 21.
13 Où il est, à ce titre, associé à Liber Pater (voir ci-dessous, n. 28).
14 Curt. X, 1, 17 : *ibi namque columnas Herculis esse fama uulgauerat* (« car c'est là que se trouvaient les colonnes d'Hercule, selon la rumeur ») : *namque* marque bien l'explication de la volonté d'Alexandre d'aller jusqu'à Gadès.

à-dire bienfaiteur de l'humanité. Cette sollicitude d'Hercule pour les hommes[15] se manifeste par exemple dans la compassion dont il fait preuve envers des cités qui lui sont chères. Dans les *Punica* (II, 475-525), on le voit ainsi tenter de sauver Sagonte et faire pour cela appel à l'aide de *Fides*[16]. De la même manière, dans la *Thébaïde*, Stace montre un Hercule douloureusement tiraillé entre Thèbes et Argos, deux cités auxquelles des liens étroits le rattachent[17].

Les bienfaits d'Hercule envers l'humanité se manifestent également dans sa fonction de libérateur, dont on peut voir par exemple une illustration[18] dans les épisodes de la délivrance d'Hésione (Val. Flac. II, 451-578) et de celle de Prométhée (Val. Flac. V, 154-176) dans les *Argonautiques*. On retrouve cette image du libérateur chez Quinte-Curce, dans la bouche d'Alexandre (III, 10, 5). Nous y reviendrons.

Le thème des travaux et exploits d'Hercule est étroitement lié à celui de sa divinisation qui, qu'elle soit annoncée ou déjà accomplie, constitue un motif central dans les occurrences du personnage fournies par la littérature flavienne.

En effet, conformément aux conceptions contemporaines et notamment à l'influence du stoïcisme[19], il apparaît évident aux yeux des écrivains flaviens que c'est par son mérite que le héros a gagné, de haute lutte, sa place parmi les dieux. Certes, ces auteurs rappellent très fréquemment qu'Hercule est fils de Jupiter[20], mais, loin

---

15 Comme le rappelle notamment RIPOLL, *La morale héroïque...*, p. 136, « la compassion d'Hercule, dieu à demi-humain, pour l'humanité souffrante est un trait traditionnel du personnage ».
16 Sur cet épisode, voir D. VESSEY, « Silius Italicus on the Fall of Saguntum », *Classical Philology*, 69, 1974, p. 28-36.
17 Cf. Stat. *Theb.* X, 890-891 : *Lernam Thebasque rependit / maestus et intento dubitat Tirynthius arcu* (« affligé, le Tirynthien balance entre Lerne et Thèbes et, l'arc tendu, il hésite ») ; sur le tiraillement d'Hercule dans le conflit, cf. RIPOLL, *La morale héroïque...*, p. 135-139, qui met cette représentation des dispositions d'Hercule en rapport avec le thème, central dans la *Thébaïde*, des guerres fratricides et de l'horreur qu'elles suscitent.
18 Cet aspect de la figure d'Hercule s'exprime aussi sur les monnaies, comme en témoigne un denier de Vindex ou Galba daté des guerres civiles, c'est-à-dire pendant les événements qui ont conduit à l'accession de Vespasien au pouvoir. Ce denier porte au droit le buste d'*Hercules Adsertor* (allusion au surnom de Vindex) et représente au revers la Fortune « tenant une couronne et la corne d'abondance, symboles de victoire et de prospérité pour l'État qui doit "refleurir" avec la déchéance de Néron, comme l'exprime la légende remplie d'espérance *Florente Fortuna P. R.* » (J. CHAMPEAUX, *Fortuna. Le culte de la Fortune à Rome et dans le monde romain, II, Les transformations de Fortuna sous la République* [Collection de l'École Française de Rome, 64], Rome, 1987, p. 85, avec références : cf. notamment H. MATTINGLY, E. A. SYDENHAM, *The Roman Imperial Coinage*, I, *Augustus to Vitellius*, Londres, 1923, p. 184, n° 1).
19 Pour l'image d'Hercule dans le stoïcisme, cf. Sénèque, *De la constance du sage*, 2, 2 ; *Des bienfaits*, I, 13, 3 (texte cité ci-dessous, n. 55). Sur le développement de cette conception d'Hercule, cf. O. ZWIERLEIN, *Senecas Hercules im Lichte kaiserzeitlicher und spätantiker Deutung. Mit einem Anhang über « tragische Schuld » sowie Seneca-Imitationen bei Claudian und Boethius* (Abhandlungen der Geistes- und Sozialwissenschaftlichen Klasse, Akademie der Wissenschaften und der Literatur, Jg. 1984, Nr. 6), Wiesbaden, 1984, p. 31-34 ; M. BILLERBECK, « Stoizismus in der römischen Epik neronischer und flavischer Zeit », *ANRW*, II, 32.5, Berlin / New York, 1986, p. 3116-3151 (ici p. 3130-3133). Dans ce volume, voir la contribution de C. MERCKEL.
20 Curt. VIII, 10, 1 (*Ioue genitus*) ; Val. Flac. III, 667 (*magni proles Iouis*)...

de découler automatiquement de cette filiation divine[21], l'accès du demi-dieu au ciel est vaillamment et durement acquis par sa *uirtus*.

Cette conception trouve une expression particulièrement claire dans les paroles que Jupiter adresse à Hercule et aux Dioscures au premier chant des *Argonautiques* (I, 563-567) :

> *Tendite in astra, uiri : me primum regia mundo*
> *Iapeti post bella trucis Phlegraeque labores*
> *imposuit : durum uobis iter et graue caeli*
> *institui. Sic ecce meus, sic orbe peracto*
> *Liber et expertus terras remeauit Apollo*[22].

L'accès aux « astres » (*astra*) promis à Hercule et aux fils de Léda suppose donc l'accomplissement de « travaux » (*labores*) et leur sera donné au terme d'un chemin semé de difficultés[23].

On relève ici que la divinisation d'Hercule n'est pas présentée comme un cas unique : le héros est associé à ses demi-frères Castor et Pollux, et Jupiter évoque comme des précédents son propre parcours et ceux de Liber et d'Apollon. De la même manière, dans les *Punica*, le discours de *Virtus* mentionne lui aussi Liber et les Dioscures, auxquels s'ajoute Romulus (XV, 77-83) :

> *At quis aetherii seruatur seminis ortus,*
> *caeli porta patet. Referam quid cuncta domantem*
> *Amphitryoniaden ? Quid, cui, post Seras et Indos*
> *captiuo Liber cum signa referret ab Euro,*
> *Caucaseae currum duxere per oppida tigris ?*
> *Quid suspiratos magno in discrimine nautis*
> *Ledaeos referam fratres uestrumque Quirinum*[24] *?*

---

21 Cf. les remarques de Ripoll, *La morale héroïque...*, p. 85, à propos, plus généralement, du traitement du thème de la filiation divine dans l'épopée flavienne : « La filiation divine tend dès lors vers l'abstraction symbolique : elle signale une qualification morale et intellectuelle supérieure qui investit le héros d'une fonction régulatrice et ordonnatrice dans le monde, mais il doit apprendre à traduire en actes cette disposition innée au moyen de sa valeur individuelle, sans trop attendre une assistance directe venue de l'Olympe. Le thème mythique de l'ascendance divine est donc réinterprété dans une perspective plus marquée par l'influence stoïcienne, et dans un complexe qui la rattache plus étroitement au paradigme herculéen, à l'éthique du *labor*, et au principe de l'apothéose par la *uirtus*. Une telle filiation offre moins un appui qu'elle n'impose un devoir et une direction : il faut se hisser à la hauteur de ses origines : *tendere in astra* ».

22 « Tendez vers les astres, héros ; la souveraineté ne m'a imposé à l'univers qu'après les combats contre le terrible Japet et après les épreuves de Phlégra : je vous ai préparé un chemin rude et difficile vers le ciel. C'est ainsi, oui, ainsi, que mon cher Liber, après avoir parcouru le monde, et Apollon, après avoir séjourné sur terre, sont retournés au ciel ». Les textes latins sont cités dans la Collection des Universités de France et, sauf mention contraire, les traductions proposées sont personnelles.

23 Dans le même sens, voir aussi les paroles adressées à Hercule par Hylas (Val. Flac. IV, 35-36) : *surge age et in duris haud umquam defice ; caelo / mox aderis teque astra ferent* (« allons, lève-toi, et ne fais jamais défaut dans les difficultés : tu seras bientôt au ciel et les astres te porteront »).

24 « À qui respecte l'origine de son ascendance éthérée, la porte du ciel est ouverte. Dois-je rappeler le fils d'Amphitryon, qui a tout dompté ? Et rappeler Liber, qui, laissant derrière lui Sères et Indiens, rapportait les enseignes arrachées à l'Eurus captif, et dont les tigresses du Caucase tiraient le char de

Ces passages viennent donc rappeler qu'Hercule n'est pas le seul paradigme de divinisation en rapport avec la *uirtus*, puisqu'il est souvent associé dans cette fonction – et cette conception n'est pas propre à l'époque flavienne[25] – à d'autres figures, et notamment à Liber Pater. Chez Quinte-Curce, par exemple[26], au moment où Alexandre tente de faire adopter la cérémonie perse de la proskynèse, qui engage, dans l'esprit des Macédoniens comme dans celui de l'historien, la question de sa divinisation[27], Hercule est associé trois fois à Liber Pater et une fois aux Dioscures[28].

Toutefois, si la figure d'Hercule n'est pas le seul paradigme de divinisation, elle en est un exemple éclatant, et la littérature flavienne semble en faire un usage privilégié. Les références à son apothéose y abondent en effet sans qu'il soit nécessairement cité aux côtés d'autres figures comparables : Stace, par exemple, mentionne lui aussi « les astres qu'il a acquis par sa vertu » (*Silv.* III, 1, 25-26 : *uirtute parata / astra*)[29].

---

ville en ville ? Et rappeler les frères, fils de Léda, à qui s'adressent, quand ils sont en grand péril, les plaintes des marins ? Et votre Quirinus ? ».

25 Cf. Cicéron, *De la nature des dieux*, II, 24, 62 (Hercule, Dioscures, Esculape, Liber, Romulus) ; III, 18, 45 (Hercule, Esculape, Liber, Dioscures) ; *Traité des lois*, II, 8, 19 (Hercule, Liber, Esculape, Dioscures, Romulus) ; *Tusculanes*, I, 12, 27-28 (Romulus, Hercule, Liber, Dioscures) ; Horace, *Odes*, III, 3, 9-16 (Pollux, Hercule, Bacchus, Romulus et évocation de la future divinisation d'Auguste) ; *Épîtres*, II, 1, 5-14 (Romulus, Liber, Dioscures, Hercule) ; Tacite, *Annales*, IV, 38, 5 (Hercule, Liber, Romulus, Auguste).

26 Plus généralement, Hercule et Liber sont volontiers mentionnés conjointement chez les auteurs flaviens, souvent en rapport avec leur statut divin et/ou leurs expéditions aux confins du monde : outre les passages déjà cités ci-dessus, cf. Pline l'Ancien, *Histoire naturelle*, IV, 25 et 39 ; VI, 49 ; VII, 95 ; XI, 52 ; Silius Italicus, *La guerre punique*, XVII, 645-650 ; Stat. *Theb.* VII, 189-191, 601-603, 667-668 ; IX, 424-428 ; X, 886-891, 900-901 ; XI, 224-225 ; *Achilléide*, I, 260-263 ; *Silv.* III, 1, 41 ; IV, 2, 49-50 ; IV, 3, 155 ; IV, 6, 56-57.

27 Curt. VIII, 5, 11. Si, pour certains, les Grecs voyaient dans la proskynèse un geste d'adoration réservé aux statues des dieux (cf. P. Goukowsky, *Essai sur les origines du mythe d'Alexandre [336-270 av. J.-C.]*. I, *Les origines politiques*, Nancy, 1978, p. 47), pour d'autres au contraire, ils avaient parfaitement conscience que cette cérémonie n'était qu'un simple protocole de cour n'impliquant pas la divinité du roi (W. Heckel, « Alexander's Conquest of Asia », dans W. Heckel, L. A. Tritle [éd.], *Alexander the Great. A New History*, Chichester, 2009, p. 26-52 [ici p. 46-47]). En réalité, les Grands Rois de Perse, à l'époque de Darius III Codoman, n'étaient pas des dieux mais des intermédiaires, voire des intercesseurs (M. A. Levi, *Alessandro Magno*, Milan, 1977, p. 138-141). La « confusion » de Quinte-Curce traduit aussi et surtout la visée critique du passage.

28 Liber Pater : VIII, 5, 8 ; 5, 11 et 5, 17 ; Castor et Pollux : VIII, 5, 8. Hercule et Liber Pater sont aussi volontiers associés l'un à l'autre au sujet de la conquête de l'Inde : toutes les occurrences d'Hercule associé à Liber, sauf une (III, 10, 5), surviennent en effet alors qu'Alexandre est *Indiam et inde Oceanum petiturus* (VIII, 5, 1), puis au cours de la conquête de l'Inde (aux trois occurrences liées à la proskynèse s'ajoutent VIII, 10, 1 ; IX, 2, 29 ; 4, 21). Sur l'association, remontant à l'époque hellénistique, de Dionysos à l'Inde et à Alexandre, voir P. Goukowsky, *Essai sur les origines du mythe d'Alexandre (336-270 av. J.-C.)*. II, *Alexandre et Dionysos*, Nancy, 1981.

29 Cette conception de la divinisation d'Hercule est également à l'œuvre dans l'*Hercule sur l'Œta* : cf. notamment les v. 1942-1943 (*iam uirtus mihi / in astra et ipsos fecit ad superos iter*, « désormais ma vaillance m'a ouvert le chemin vers les astres et les dieux eux-mêmes » [trad. F.-R. Chaumartin]) et 1971 (*uirtus in astra tendit, in mortem timor*, « la vaillance tend vers les astres, la crainte vers la mort »).

Hercule, un modèle ambivalent

L'image donnée d'Hercule dans la littérature flavienne – globalement positive, héroïque et liée au thème de la divinisation – est de nature à faire de celui-ci une figure exemplaire, un modèle à divers titres, non sans ambiguïtés parfois.

Hercule est d'abord un modèle au sein du genre épique. Certains personnages s'y réclament ouvertement de lui, tels les soldats tirynthiens qui, dans la *Thébaïde*, sont vêtus d'une peau de lion et armés d'une massue et d'un arc[30], ou, dans les *Punica*, le personnage de Théron[31]. Prêtre du temple d'Hercule à Sagonte, celui-ci arbore une dépouille de lion et, sur son bouclier, une représentation de l'hydre de Lerne (Sil. II, 156-159). Il combat avec une massue (*claua* : II, 155) et tue la guerrière Asbyté (II, 164-205), que Silius avait comparée à une Amazone (II, 73-76).

Dans les *Argonautiques*, Hercule sert en plusieurs passages de comparant à Jason[32], qu'il réprimande d'ailleurs lors de l'épisode de Lemnos pour son manque d'énergie (II, 373-392)[33]. Certains personnages du monde épique s'avèrent du reste peu dignes de ce modèle, comme le montre par exemple le cas d'Agyllée dans la *Thébaïde*[34]. Celui-ci, qui est un rejeton d'Hercule, a beau se vanter de son ascendance (Stat. *Theb.* VI, 837 : *Cleonaeae stirpis iactator* ; voir aussi X, 249-251), il n'a en réalité rien de la vigueur et de la force physique de son géniteur (VI, 840-842).

L'adéquation de ses émules au modèle que constitue Hercule ne va donc pas de soi, et cette question se pose également - avec plus d'acuité encore, peut-être - en dehors de l'épopée. De fait, l'utilisation du modèle d'Hercule dépasse largement l'univers épique. Dans la *Silve* III, 1 de Stace - texte d'ailleurs empli d'échos épiques[35] -, le poète imagine Hercule apparaissant sur le seuil du temple

---

30 Stat. *Theb.* IV, 146-158 ; XI, 45-48 ; cf. A.-M. TAISNE, *L'esthétique de Stace : la peinture des correspondances*, Paris, 1994, p. 69-70.

31 Sur Théron, voir notamment J. KÜPPERS, *Tantarum causas irarum. Untersuchungen zur einleitenden Bücherdyade der Punica des Silius Italicus* (Untersuchungen zur Antiken Literatur und Geschichte, 23), Berlin / New York, 1986, p. 141 et 147-153 ; RIPOLL, *La morale héroïque...*, p. 114-115.

32 Cf. Val. Flac. I, 34-36 ; V, 487-488 ; VII, 622-624 ; VIII, 125-126 et 230-231, avec le commentaire de RIPOLL, *La morale héroïque...*, p. 91-94.

33 Cf. aussi Val. Flac. I, 262-263, où Hercule suscite l'admiration du petit Achille, appelé à devenir lui-même une figure épique de premier plan. Sur ce passage, cf. RIPOLL, *La morale héroïque...*, p. 64, qui relève que « l'admiration d'Achille pour Hercule consacre le statut de paradigme héroïque de ce dernier ».

34 Sur les « faux Hercules » et, à l'inverse, les vrais « héritiers d'Hercule » (nous empruntons ces expressions à F. Ripoll) dans la *Thébaïde*, voir D. VESSEY, *Statius and the Thebaid*, Cambridge, 1973, p. 115 (n. 2), 129 et 313 ; RIPOLL, *La morale héroïque...*, p. 145-159.

35 Cf. H.-J. VAN DAM, « Multiple Imitation of Epic Models in the Silvae », dans R. R. NAUTA, H. J. VAN DAM, J. J. L. SMOLENAARS (éd.), *Flavian Poetry* (Mnemosyne Sup. 270), Leyde / Boston, 2006, p. 185-205 (ici p. 203-205). Les références à l'épopée n'excluent pas, à l'égard du genre épique, une prise de distance qui n'est pas sans incidence sur la manière dont Stace présente la figure d'Hercule dans ce poème : cf. C. NEWLANDS, « Silvae 3.1 and Statius' Poetic Temple », *Classical Quarterly*, 41, 1991, p. 438-452, en part. p. 443-448.

que Pollius Félix lui a construit dans sa villa, pour le féliciter de s'être fait l'émule de ses travaux (v. 166-170) :

> *Macte animis opibusque meos imitate labores,*
> *qui rigidas rupes infecundaeque pudenda*
> *naturae deserta domas et uertis in usum*
> *lustra habitata feris, foedeque latentia profers*
> *numina*[36].

Révélateur également de la prégnance du modèle d'Hercule, mais aussi de l'ambiguïté de ses utilisations, apparaît le cas de la statuette appartenant à Novius Vindex. Cet Hercule *Epitrapezios*[37], attribué à Lysippe, fait l'objet d'une *Silve* de Stace (IV, 6), ainsi que de deux épigrammes de Martial (IX, 43 et 44). Ces poètes évoquent tous deux les précédents propriétaires de la statue qu'auraient été Alexandre le Grand, Hannibal et Sylla, pour les mettre en contraste avec la figure de Novius Vindex, ainsi qu'il apparaît clairement dans l'épigramme IX, 43 de Martial (v. 7-14)[38] :

> *Hoc habuit numen Pellaei mensa tyranni,*
>   *qui cito perdomito uictor in orbe iacet;*
> *hunc puer ad Libycas iurauerat Hannibal aras;*
>   *iusserat hic Sullam ponere regna trucem.*
> *Offensus uariae tumidis terroribus aulae*
>   *priuatos gaudet nunc habitare lares,*
> *utque fuit quondam placidi conuiua Molorchi,*
>   *sic uoluit docti Vindicis esse deus*[39].

---

36 « Sois heureux dans ton cœur et dans tes biens, ô toi qui as imité mes travaux en domptant des rochers escarpés et les affreux déserts d'une nature inféconde, en tirant profit des repaires où habitaient les bêtes sauvages et en mettant en honneur ma divinité qui était honteusement cachée... ».

37 Cf. F. DE VISSCHER, *Héraclès Epitrapezios*, Paris, 1962 ; W. J. SCHNEIDER, « *Phidiae putaui* : Martial und der Hercules Epitrapezios des Novius Vindex », *Mnemosyne*, 54, 2001, p. 697-720 (ici p. 698-699, avec bibliographie antérieure).

38 Cf. aussi Stat. *Silv.* IV, 6, 90-93 : *non aula quidem, Tirynthie, nec te / regius ambit honos, sed casta ignaraque culpae / mens domini, cui prisca fides coeptaeque perenne / foedus amicitiae* (« ce n'est pas, à vrai dire, une cour, ô Tirynthien, ni une pompe royales qui t'entourent, mais le cœur pur et ignorant la faute d'un maître dont la loyauté est antique et pour qui le pacte de l'amitié qu'il a formée est perpétuel ») ; plus loin, Stace affirme que, en composant un poème célébrant les hauts faits d'Hercule, Vindex offrira à ce dernier un hommage que ses précédents propriétaires n'auraient pas pu lui faire (v. 106-108) : *nec te regnator Macetum nec barbarus umquam / Hannibal aut saeui posset uox horrida Syllae / his celebrare modis* (« jamais le souverain de la Macédoine, ni le barbare Hannibal ou la voix sans art du cruel Sylla n'auraient pu te célébrer avec de tels accents »).

39 « Cette puissance divine appartint à la table du tyran de Pella, qui repose, vainqueur, dans un monde bien vite soumis ; c'est par lui qu'Hannibal enfant jura auprès des autels libyens ; c'est lui qui ordonna au féroce Sylla de renoncer à son règne. Irrité des terreurs dont s'enfle une cour changeante, il se réjouit maintenant d'habiter les pénates d'un simple particulier et, de même qu'il fut autrefois le convive du paisible Molorchus, de même il a voulu être le dieu du docte Vindex ».

À la demeure paisible du simple particulier qu'est Vindex (v. 12 : *priuatos... lares*) s'opposent successivement la table d'Alexandre, appelé « tyran de Pella » (v. 7 : *Pellaeus... tyrannus*), l'autel où Hannibal jura d'être toujours l'ennemi des Romains, et le pouvoir absolu (v. 10 : *regna*) qu'exerça Sylla, qualifié de *trux*. Dans ce contexte, il apparaît significatif que l'épigrammatiste présente Hercule comme irrité (v. 11 : *offensus*) de la terreur qui régnait à la cour de ces chefs militaires et politiques : Martial semble prêter ici à Hercule une volonté de se dissocier[40] de ces hommes qui s'étaient pourtant présentés comme ses émules, ce qui peut être interprété comme une critique, ou du moins une prise de distance, à l'égard de l'*imitatio Herculis* telle que l'avaient pratiquée Sylla, Hannibal ou Alexandre.

Or, en ce qui concerne ces deux derniers, d'autres attestations dans la littérature flavienne confirment le caractère problématique de leur rapport au modèle herculéen auquel tous deux avaient prétendu être associés.

Hannibal dans les *Punica* apparaît explicitement comme un imitateur d'Hercule[41]. Devant Sagonte, il se revendique son émule (Sil. I, 509-514) et, à Gadès, il lui fait offrande (III, 14-16) et visite son temple, emplissant ses yeux de la *uirtutis imago* (III, 45) que constituent les travaux et l'apothéose d'Hercule représentés sur les portes du sanctuaire (III, 32-44). Puis l'expédition qu'il mène contre les Romains le conduit sur les traces du demi-dieu, depuis les colonnes d'Hercule[42] jusqu'à l'Italie, en passant par l'épisode fameux de la traversée des Alpes, à propos desquelles Silius rappelle avec insistance qu'Hercule aurait été le premier à les franchir[43]. Mais cette *imitatio Herculis* constitue en réalité une dénaturation et

---

40 Voir aussi Stat. *Silv.* IV, 6, 78-84, où le poète affirme que, à l'époque où il appartenait à Hannibal, l'Hercule *Epitrapezios* « haïssait » (v. 80 : *oderat*) son propriétaire et était affligé d'avoir à l'accompagner dans ses entreprises militaires (v. 81 : *deus castris maerens comes ire nefandis*), surtout lors de la prise de Sagonte.

41 Sur la manière dont Silius présente l'imitation d'Hercule par Hannibal, voir notamment GALINSKY, *The Herakles Theme...*, p. 160-161 ; VESSEY, « The Dupe of Destiny... », *passim* ; AUGOUSTAKIS, « Lugendam Formae... », *passim* (cf. ci-dessus, n. 7). Plus généralement, sur le rapport entre Hannibal et Hercule, voir D. BRIQUEL, « Hannibal sur les pas d'Héraklès : le voyage mythologique et son utilisation dans l'histoire », dans H. DUCHÊNE (éd.), *Voyageurs et Antiquité classique*, Dijon, 2003, p. 51-60 ; L. RAWLINGS, « Hannibal and Hercules », dans H. BOWDEN, L. RAWLINGS (éd.), *Herakles and Hercules : Exploring a Graeco-Roman Divinity*, Swansea, 2005, p. 153-184 ; R. MILES, « Hannibal and Propaganda », dans D. HOYOS (éd.), *A Companion to the Punic Wars*, Malden / Oxford / Chichester, 2011, p. 260-279 (en part. p. 264-273).

42 Mentionnées à plusieurs reprises au cours du poème : cf. I, 142, 199 ; V, 395-396 ; IX, 185 ; X, 174 ; XIV, 147 ; XV, 643 ; XVI, 149 ; XVII, 637-638.

43 II, 356-357 ; III, 91-92, 496-499, 513-514 ; IV, 4, 63-64, 71-72 ; XI, 135-136, 217-218 ; XV, 505-506. Hannibal ne se contente pas d'inscrire ses pas dans ceux de son devancier mais semble chercher à renouveler, voire surpasser son exploit : ainsi, il ordonne à ses soldats de « s'écarter des traces connues du grand Hercule » (III, 513-514 : *uestigia linquere nota/Herculis edicit magni*) pour frayer des chemins inexplorés jusqu'alors (III, 514-517). Sur l'*hybris* d'Hannibal dans son *imitatio Herculis* lors du franchissement des Alpes, voir notamment M. FUCECCHI, « Empietà e titanismo nella rappresentazione siliana di Annibale », *Orpheus*, 11, 1990, p. 21-42 (ici p. 38-40) ; J. ŠUBRT, « The Motif of the Alps in the Work of Silius Italicus », *Listy filologické*, 114, 1991, p. 224-231 (ici p. 229-230).

une perversion : Hannibal détruit Sagonte, ville qui, selon Silius, devait son nom à Zacynthos, un compagnon d'Hercule[44], et, plus généralement, apparaît comme un imitateur dévoyé de ce dernier. Les véritables émules d'Hercule, dans les *Punica*, ne sont pas du côté du Carthaginois, mais résident dans des figures telles que celles de Fabius, descendant d'Hercule de par son appartenance à la *gens Fabia*[45], et de Scipion[46], que sa filiation jovienne[47] et sa *uirtus*[48] rattachent au modèle herculéen[49].

L'Alexandre de Quinte-Curce offre un autre exemple d'usage problématique, ambigu ou dévoyé du modèle herculéen, qui s'inscrit dans le cadre plus général d'une entreprise de démystification de la propagande et du *regnum* du fils de Philippe. Hercule est l'un des modèles favoris du Macédonien, qui le convoque régulièrement pour encourager ses hommes et justifier ses conquêtes (IV, 2, 17 ; IX, 2, 29 ; 4, 21) : il s'agit de suivre ou d'égaler Hercule (III, 10, 5), et même de le dépasser (VIII, 5, 8 ; 11, 2[50]). Le héros guide littéralement le roi : il lui apparaît ainsi en songe pour lui redonner courage face à l'enlisement du siège de Tyr en lui ouvrant la voie, afin qu'il entre dans la ville sous sa conduite (IV, 2, 17). Cette émulation est cependant ambiguë. À la fin du livre III, Alexandre se pose en libérateur et, par là, en émule d'Hercule et de Liber Pater. S'adressant à ses troupes, il leur déclare qu'*illos terrarum orbis liberatores emensosque olim Herculis et Liberi Patris terminos non Persis modo, sed*

---

44 Sur la fondation de Sagonte, cf. I, 273-290 (avec les remarques de F. SPALTENSTEIN, *Commentaire des Punica de Silius Italicus [livres 1 à 8]* [Université de Lausanne, Publications de la Faculté des Lettres, 28], Genève, 1986, p. 48-50). À plusieurs reprises, les murailles de la ville sont désignées comme construites par Hercule ou lui appartenant (I, 273, 369, 507 ; II, 507) et le Sagontin Murrus s'adresse au demi-dieu en l'appelant *conditor Alcide* (I, 505). Plus tard, au moment de la bataille de Cannes, c'est *captae stimulatus caede Sagunti* (IX, 292) qu'Hercule se range du côté des Romains.

45 Sur l'ascendance herculéenne de Fabius et de sa famille, cf. II, 3 (*Fabius, Tirynthia proles*) ; VI, 633-636 ; VII, 35 (*Tirynthia gens*), 43-44 (*penates/Herculei*), 50, 591-592 ; VIII, 216-217 ; RIPOLL, *La morale héroïque…*, p. 118-123.

46 Cf. E. L. BASSETT, « Hercules and the Hero of the Punica », dans L. WALLACH (éd.), *The Classical Tradition. Literary and Historical Studies in Honor of Harry Caplan*, Ithaca, 1966, p. 258-273. Sur le rapport entre Scipion et Hercule, voir aussi A. R. ANDERSON, « Heracles and his Successors : A Study of a Heroic Ideal and the Recurrence of a Heroic Type », *Harvard Studies in Classical Philology*, 39, 1928, p. 7-58 (ici p. 31-37).

47 Cf. notamment IV, 475-476 ; XIII, 615-647 ; XVII, 651-654.

48 Cf. notamment XV, 18-128 : Scipion doit choisir entre la Vertu (*Virtus*) et la Volupté (*Voluptas*), comme Hercule l'avait fait dans l'apologue de Prodicos (cf. Xénophon, *Mémorables*, II, 1, 21-34 ; Cicéron, *Les devoirs*, I, 32, 118).

49 On mentionnera aussi les échos herculéens associés à Regulus (cf. E. L. BASSETT, « Regulus and the Serpent in the *Punica* », *Classical Philology*, 50, 1955, p. 1-20), ainsi qu'au consul Fulvius, qui combat contre trois adversaires comparés à Géryon (XIII, 191-212).

50 Le bruit (*fama*) courait qu'Hercule avait vainement tenté d'assiéger le rocher Aornos : Alexandre, lui, réussit (sur cet épisode, voir notamment F. RIPOLL, « La prise du rocher d'Aornos chez Quinte-Curce [VIII, 11] : déformation historique, transposition épique, démonstration morale », *Vita Latina*, 180, 2009, p. 11-23).

etiam omnibus gentibus inposituros iugum[51] : en réalité, il ne cherche qu'à imposer son joug à la terre entière. L'idée de libération et celle de domination ne sont certes pas contradictoires en soi pour un Romain, tant que cette domination est synonyme de civilisation, de sécurité, de paix et de prospérité. Les conquêtes d'Alexandre et son empire, au contraire, sont synonymes d'insécurité permanente (pour ses ennemis comme pour ses sujets), de guerre perpétuelle et de tyrannie. Prenons l'exemple de Tyr. Le Macédonien fait détruire la ville et massacrer ses habitants à l'issue d'un siège long et difficile (IV, 4, 10-18). Tyr est pourtant placée sous la protection d'Hercule (IV, 3, 22)[52], dont la relation privilégiée avec Alexandre est rappelée à plusieurs reprises dans l'épisode[53]. Surtout, Quinte-Curce souligne l'ancienneté, l'histoire et la puissance passée de la ville, et il oppose à sa destruction par le fils de Philippe sa renaissance sous la tutelle romaine (IV, 4, 19-21[54]) : quand Alexandre impose un joug destructeur (*inpositurus iugum*), Rome, elle, offre une tutelle bienveillante (*sub tutela Romanae mansuetudinis*). Cette opposition entre l'idéal du conquérant *liberator*, incarné par Hercule, et la réalité d'un *iugum* tyrannique et destructeur peut être rapprochée de celle qu'opère Sénèque entre un Hercule *pacator* et un Alexandre *uastator*[55].

Un autre épisode témoigne de l'usage dévoyé qu'Alexandre fait de son modèle : sa tentative d'introduction de la proskynèse. Les flatteurs d'Alexandre, qualifiés d'*urbium suarum purgamenta*[56], ne reculent devant rien : *caelum illi aperiebant, Herculemque et Patrem Liberum et cum Polluce Castorem nouo numini cessuros esse iactabant*[57]. Rendre les honneurs à Alexandre revient donc à anticiper des honneurs divins qui finiront de toute manière par lui être rendus, puisque l'émule dépasse le

---

51   III, 10, 5 : « eux, les libérateurs du monde, un jour, après avoir parcouru les frontières posées par Hercule et Liber Pater, ils imposeraient leur joug non seulement aux Perses, mais à toutes les nations ».

52   On a vu plus haut qu'Hercule accorde une attention toute particulière aux villes auxquelles des liens le rattachent ou dont il est le protecteur : l'émule, ici, est loin du modèle. De même lorsqu'il laisse les Milésiens de son armée solder leur contentieux avec les Branchides en les massacrant, alors qu'il vient de les libérer (VII, 5, 28-35).

53   Alexandre descend d'Hercule (IV, 2, 3) et il en a une sorte d'usage exclusif, ou du moins prioritaire (il ne peut ainsi contenir sa colère lorsque les envoyés tyriens lui refusent l'accès à la ville et donc à son temple, le renvoyant à un temple d'Hercule hors-les-murs : IV, 2, 4). Enfin, nous avons déjà signalé que le héros lui apparaît en songe pour le guider vers la victoire (IV, 2, 17).

54   Spécialement IV, 4, 21 : *nunc tandem longa pace cuncta refouente sub tutela Romanae mansuetudinis adquiescit*, « maintenant enfin que tout est ranimé par une longue paix, elle connaît le repos sous la tutelle bienveillante de Rome ».

55   *De ben.* I, 13, 3 : *Hercules nihil sibi uicit ; orbem terrarum transiuit non concupiscendo, sed iudicando quid uinceret, malorum hostis, bonorum uindex, terrarum marisque pacator ; at hic a pueritia latro gentiumque uastator...*, « Hercule ne vainquit rien pour lui-même ; il traversa le monde, non en cédant à la convoitise, mais en restant juge des cas où il fallait vaincre, se faisant l'ennemi des méchants, le vengeur des bons, le pacificateur de toute la terre et de la mer ; mais l'autre ne fut dès son enfance qu'un brigand et un destructeur de nations » (trad. F. Préchac, modifiée).

56   VIII, 5, 8 : « les rebuts de leurs villes ».

57   VIII, 5, 8 : « ils lui ouvriraient le ciel et lançaient qu'Hercule, et Liber Pater, et Castor avec Pollux, le céderaient à la nouvelle puissance divine ».

modèle. À quoi Callisthène répond sans ambiguïté que même Hercule et Liber Pater n'ont été divinisés qu'après avoir dû vaincre la jalousie de leurs contemporains[58], et après leur mort (VIII, 5, 16-18 : *hominem consequitur aliquando, nunquam comitatur diuinitas. Herculem modo et Patrem Liberum consecratae inmortalitatis exempla referebas. Credisne illos unius conuiuii decreto deos factos ? Prius ab oculis mortalium amolita natura est, quam in caelum fama perueheret. Scilicet ego et tu, Cleo, deos facimus*[59] !) Même Hercule, ce paradigme du héros divinisé, a dû convaincre de sa surhumanité pour voir son immortalité consacrée : la divinisation n'est jamais acquise *a priori*, elle est toujours la récompense *a posteriori* de bienfaits rendus à l'humanité et se gagne de haute lutte.

Si les figures d'Hannibal et d'Alexandre ne sont pas romaines, l'usage qu'en font les auteurs flaviens pose néanmoins la question de possibles allusions contemporaines et romaines, et plus particulièrement à l'empereur régnant. On ne peut exclure que l'Alexandre de Quinte-Curce, par exemple, puisse fournir le prétexte d'allusions à des chefs romains, appartenant à la mémoire collective ou contemporains de l'auteur, ce qui pourrait inclure, dans l'hypothèse d'une datation flavienne, l'empereur Vespasien lui-même.

Il est en tout cas un empereur flavien qui est explicitement associé à Hercule dans la littérature de son temps[60] : il s'agit de Domitien. Dans les *Silves*, Stace fait appel à Hercule (cité aux côtés de Liber Pater) au cours de ses éloges du dernier Flavien[61], et, surtout, plusieurs épigrammes de Martial développent une comparaison flatteuse entre les travaux et la personne d'Hercule, d'une part, et la figure de Domitien, de l'autre[62].

Dans l'épigramme V, 65, Martial établit ainsi un parallèle entre les travaux d'Hercule, qui lui ont valu la divinisation, et les spectacles de l'arène offerts par Domitien, qui sont présentés comme dépassant de loin les exploits du demi-dieu[63]

---

58 VIII, 5, 11 : *ne Herculem quidem et Patrem Liberum prius dicatos deos, quam uicissent secum uiuentium inuidiam : tantum de quoque posteros credere, quantum praesens aetas spopondisset* (« même Hercule et Liber Pater n'avaient pas été consacrés dieux avant d'avoir vaincu la jalousie de ceux qui vivaient avec eux : ce que croyait la postérité au sujet de chacun était proportionnel aux promesses du temps présent »).
59 « La divinisation suit quelquefois la vie d'un homme, mais jamais ne va de pair avec elle. À l'instant, tu nous citais Hercule et Liber Pater comme exemples d'une immortalité octroyée. Crois-tu qu'ils sont devenus dieux par la décision d'un unique banquet ? La nature les a écartés de la vue des mortels avant que la renommée les élevât au ciel. Allons donc ! Toi et moi, Cléon, nous faisons des dieux ! » (trad. H. BARDON, légèrement modifiée).
60 Cf. F. SAUTER, *Der römische Kaiserkult bei Martial und Statius*, Stuttgart / Berlin, 1934, p. 78-84 ; K. SCOTT, *The Imperial Cult under the Flavians*, Stuttgart / Berlin, 1936, p. 141-146.
61 Cf. *Silv*. IV, 2, 49-50 ; IV, 3, 155.
62 L'idée de la supériorité de l'empereur sur Hercule (et Liber) est déjà présente dans la poésie augustéenne : cf. Virgile, *Énéide*, VI, 801-805 (ni Hercule, ni Liber n'ont parcouru autant de pays qu'Auguste). Chez Quinte-Curce, les flatteurs à la solde d'Alexandre affirment quant à eux qu'Hercule, Liber et les Dioscures le céderont à la puissance divine nouvellement attribuée au Macédonien (Curt. VIII, 5, 8 ; voir *supra*).
63 Pour l'idée que des spectacles donnés par l'empereur l'emportent sur les exploits d'Hercule, voir aussi Martial, *Livre des spectacles*, 6b ; 15, 5-6 ; 27 (et cf. 16b).

et qui, dit l'épigrammatiste, vaudront à l'empereur un accès au ciel que le poète lui souhaite, comme il se doit[64], tardif car appelé à survenir au terme d'une longue vie (v. 15-16) :

> *Pro meritis caelum tantis, Auguste, dederunt*
> *Alcidae cito di, sed tibi sero dabunt*[65].

On mentionnera également les trois épigrammes du livre IX (64, 65 et 101 ; cf. aussi IX, 3, 11) que Martial consacre à un temple d'Hercule que Domitien avait fait construire sur la voie Appia[66]. Or ce temple contenait une statue représentant Hercule sous les traits de l'empereur, ce qui fournit à l'épigrammatiste un point de départ commode pour établir une comparaison qui, ici encore, tourne nettement à l'avantage de Domitien : Hercule n'est plus que le « plus petit Alcide, l'Alcide inférieur » (*minor Alcides*), en face du « plus grand Alcide » (*maior Alcides*) qu'est Domitien, auquel il rend d'ailleurs un culte[67], et qui est désormais le récipiendaire des vœux les plus importants des fidèles (IX, 64, 7-8). Hercule, écrit Martial dans l'épigramme IX, 65, n'aurait pas eu à affronter tous ses travaux et épreuves s'il avait porté autrefois les traits de Domitien, et d'ailleurs ses exploits le cèdent largement aux victoires et autres actes de l'empereur (IX, 101).

De tels propos ont parfois été mis au compte de la pure flatterie de cour[68], mais le choix de Domitien de se faire représenter sous les traits d'Hercule ne doit pas, à notre sens, être ravalé trop vite au rang d'un simple caprice de tyran[69] : en tout cas, cette tentative d'inscrire dans l'espace public, aux abords immédiats de Rome, une assimilation entre Hercule et le prince ne restera pas sans postérité.

---

64 Pour l'usage de ce motif, cf. Hor. *Od.* I, 2, 45 : *serus in caelum redeas* ; Ovide, *Métamorphoses*, XV, 868-870 ; *Tristes*, II, 57-58 ; V, 2b, 7-8 ; V, 5, 61-62 ; V, 11, 25-26 ; *Élégies à Mécène*, II, 171 ; Sénèque, *Consolation à Polybe*, 12, 5 ; Calpurnius Siculus, *Bucoliques*, IV, 137-141 ; Lucain, *Pharsale*, I, 45-46. Il se retrouve également à plusieurs reprises, à propos de Domitien, dans la littérature flavienne : cf. Sil. III, 626-627 ; Stat. *Silv.* I, 1, 106-107 ; IV, 2, 22 ; *Theb.* I, 30-31 ; Mart. VIII, 39, 5 ; XIII, 4, 1. On citera aussi la remarque que Quinte-Curce prête à Callisthène dans le discours où celui-ci s'oppose aux partisans de l'introduction de la proskynèse (Curt. VIII, 5, 16) : *ego autem seram inmortalitatem precor regi, et ut uita diuturna sit et aeterna maiestas* (« quant à moi, je souhaite au roi une immortalité tardive, et que sa vie soit longue et éternelle sa majesté »).
65 « Pour de si grands mérites, Auguste empereur, les dieux ont accordé rapidement le ciel à Alcide, mais, à toi, ils l'accorderont tardivement ».
66 Cf. R. H. DARWALL-SMITH, *Emperors and Architecture : A Study of Flavian Rome*, Bruxelles, 1996, p. 133-136.
67 IX, 64, 6 : *maiorem Alciden nunc minor ipse colit* (« plus petit, il honore à présent un plus grand Alcide ») ; IX, 101, 11 : *haec minor Alcides : maior quae gesserit audi* (« tels sont les actes du plus petit Alcide ; écoute ceux qu'a accomplis le plus grand »).
68 Cf. par exemple SCHILLING, « L'Hercule romain… », 1979, p. 282-284 (= 1942, p. 50-52), qui les considère comme participant, en définitive, d'une certaine dévalorisation et d'un certain discrédit de la figure d'Hercule.
69 Sur l'enjeu de ces épigrammes en ce qui concerne l'image que Domitien entendait donner de lui-même et sa représentation par Martial, cf. J. LEBERL, *Domitian und die Dichter. Poesie als Medium der Herrschaftsdarstellung*, Göttingen, 2004, p. 310-317.

Conclusion

Les exemples que nous avons étudiés montrent que, si la figure d'Hercule conserve, dans la littérature flavienne, une part d'ambiguïté qui la caractérise de longue date, les aspects positifs du personnage l'emportent cependant et font de l'Alcide un modèle largement répandu, susceptible d'inspirer les héros épiques comme les empereurs ou les simples particuliers.

Ce modèle n'en donne pas moins lieu à des usages multiples et ambivalents : bien que la référence à Hercule apparaisse généralement comme valorisante, la question de l'adéquation - ou de l'inadéquation - des émules d'Hercule à leur modèle n'en est pas moins posée avec une acuité certaine dans la littérature flavienne. La multiplication des exemples d'instrumentalisation de la figure d'Hercule depuis la fin de la République, l'influence croissante de la pensée stoïcienne, qui récupère le modèle à son profit, et le statut du fondateur de la dynastie flavienne, qui se veut à la fois triomphateur authentique et pacificateur, justifient sans doute cet intérêt, dont témoignera aussi le rapport de Domitien à Hercule. L'époque flavienne peut ainsi apparaître comme un moment de transition avant le règne de Trajan, qui fera d'Hercule un modèle privilégié.

MINA TASSEVA BENCHEVA

Orphée et Pythagore dans les témoignages sur les discours sacrés (*hieroi logoi*) de l'époque impériale

Introduction

Le « discours sacré » (ἱερὸς λόγος) était une forme de parole religieuse polythéiste dont l'existence est attestée par une série de témoignages qui s'étalent chronologiquement du vi^e s. av. J.-C. à la fin de l'Antiquité. Ces textes fournissent des informations sur l'histoire et sur le contenu de discours sacrés dans plusieurs cultes et courants de pensée philosophico-religieux. Parallèlement à ces attestations, il a existé, à l'époque impériale, un emploi de la tournure « ἱερὸς λόγος » qui servait à désigner la Parole sacrée des auteurs monothéistes, juifs ou chrétiens. Durant les premiers siècles de notre ère, ces deux emplois de la formule « discours sacré » (ἱερὸς λόγος) coexistaient dans le cadre du langage commun religieux de l'Empire. Tenant compte de cette coexistence de significations, le présent article se propose d'examiner un dossier de témoignages issus de la période impériale et relatifs aux figures d'Orphée et de Pythagore.

Dans le contexte précis des témoignages, ces deux figures occupaient une place importante parce qu'une tradition ancienne leur attribuait la création des premiers discours sacrés grecs. Sur la base de cette tradition et de son développement, Orphée et Pythagore se sont transformés en symboles de sagesse et d'autorité. Les auteurs juifs et chrétiens, héritant de ces symboles, les ont repris dans leurs ouvrages. La présence des deux figures dans la littérature monothéiste est particulièrement fréquente dans les textes relatifs aux rapports entre les religions.

Cette enquête s'intéresse au cas spécifique de création et de reprise de figures mythiques qui est illustré par le traitement d'Orphée et de Pythagore dans les témoignages disponibles. Elle entend examiner la façon dont ces figures se sont construites, leur rôle et leurs transformations chez les auteurs de traditions religieuses différentes. Les pages qui suivent présentent brièvement la notion de discours sacré, qui se trouve au centre des témoignages, pour passer ensuite à l'étude des figures chez les polythéistes et les monothéistes.

Mina Tasseva Bencheva Université de Strasbourg Centre d'analyse des rhétoriques religieuses de l'Antiquité (EA 3094)

Figures mythiques et discours religieux dans l'Empire gréco-romain, Textes réunis et édités par Frédéric CHAPOT, Johann GOEKEN et Maud PFAFF-REYDELLET, Turnhout, Brepols 2018 (p. 71-77)

Le discours sacré polythéiste

Avant de s'intéresser aux figures d'Orphée et de Pythagore, il convient de présenter la notion de discours sacré dans les religions polythéistes. La définition de cette notion a posé problème dans la recherche moderne en raison de la nature hétérogène des données sur les discours et du nombre restreint de citations conservées de la période archaïque et classique. Pour résoudre cette difficulté, il est nécessaire de considérer l'ensemble des témoignages de l'Antiquité gréco-romaine, y compris ceux d'auteurs de l'époque impériale, qui rapportent des résumés ou proposent leur propres compositions[1]. Cet examen global permet de définir le discours sacré polythéiste comme le récit d'une révélation et des événements qui l'accompagnent, ainsi que l'a suggéré A.-J. Festugière[2]. Il n'est donc pas question de confondre cette sorte de parole avec un autre genre rhétorique ; elle avait une existence autonome et pouvait se présenter en vers ou en prose, avec une longueur plus ou moins importante[3]. Les témoignages de la période impériale permettent d'ailleurs de dégager un plan de ce type de parole qu'il est possible de rapprocher du celui de la narration (διήγησις)[4]. Quant au contenu, les données réunies indiquent qu'il relatait des expériences, des règles et préceptes d'ordre religieux et qu'il avait un objectif didactique et cultuel. Le but commun des discours était la transmission de connaissances pratiques ou spirituelles permettant à l'homme de s'élever à travers elles[5].

Ces détails suffisent à montrer la nature spécifique du discours sacré qui autorisait la description de faits, de situations et de personnages mythiques ou hors du commun. Ainsi, certains témoignages font référence à des épiphanies, d'autres à des pays et

---

1 La brève présentation formulée ici est issue d'une étude complète de l'ensemble des textes contenant l'expression « ἱερὸς λόγος » et ses composés dans toutes les périodes de l'Antiquité (314 textes répertoriés au moyen du *Thesaurus Linguae Graecae*).
2 Cf. A.-J. Festugière, *Personal Religion Among the Greeks*, Berkeley / Los Angeles, 1954, p. 88 et Id., H.-D. Saffrey, *Aelius Aristide. Discours sacrés, rêve, religion, médecine du IIe siècle ap. J.- C.*, Paris, 1986, p. 15 (qui définit la notion comme le « compte rendu de l'apparition d'un dieu ou d'une déesse qui donne une révélation »). Voir, sur ce même point, L. Pernot, « The Rhetoric of Religion », *Rhetorica*, 24, 2006, p. 235-254 = Id., « The Rhetoric of Religion », dans Id. (éd.), *New Chapters in the History of Rhetoric*, Leyde / Boston, 2009, p. 327-346. Sur l'idée de révélation, on observera que, selon Platon, les discours sacrés révèlent (μηνύουσιν) des connaissances sur l'immortalité de l'âme humaine, cf. Platon, *Lettre VII*, 335 a.
3 Sur le risque de confusion avec des discours, cf. E. R. Dodds, *Pagan and Christian in an Age of Anxiety. Some aspects of religious experience from Marcus Aurelius to Constantine*, Cambridge / New York / Pont Chester / Melbourne / Sydney, 1965, p. 40, n. 3. Les discours sacrés en vers sont attestés dans la tradition orphique et pythagoricienne, cf. Clément d'Alexandrie, *Stromates*, I, 21, 131, 5, éd. M. Caster, *Clément d'Alexandrie. Les Stromates. Stromate I*, Paris, 1951 et *Souda, s. v.* Ὀρφεύς, éd. A. Adler, *Suidae lexicon*, 4 vols., Leipzig, 1928-1935.
4 Sur la structure de la narration, voir L. Pernot, *La rhétorique dans l'Antiquité*, Paris, 2000, p. 290-291. Pour des exemples d'un tel plan, voir les discours cités par Jamblique, *Vie de Pythagore*, 146, éd. U. Klein, *Iamblichi De vita Pythagorica liber*, Leipzig, 1937 et Aelius Aristide, XXVIII, 116-117.
5 Plusieurs témoignages font référence à la transmission de connaissances, par exemple : Diodore de Sicile, *Bibliothèque historique*, I, 98, 2 ; Aelius Aristide, XLII, 4 ; Philostrate, *Vie d'Apollonios de Tyane*, V, 43.

peuples détenteurs de savoirs religieux[6] ou encore à des guérisons miraculeuses[7].
Les figures mythiques avaient donc bien une place dans ces textes.

Orphée et Pythagore dans la tradition polythéiste

Selon la tradition polythéiste, Orphée et Pythagore étaient les premiers auteurs de discours sacrés en pays grec[8]. Leurs figures, chargées de valeur religieuse dans la pensée des Anciens[9], étaient associées à la création d'ouvrages intitulés *Discours sacrés* ainsi qu'à l'instauration de cultes et d'écoles diffusant leurs doctrines. Alors que ces actes contribuaient certainement à leur statut de figures mythiques, deux détails biographiques étaient, pensons-nous, particulièrement importants à cet égard, la généalogie d'Orphée et l'enseignement reçu par Pythagore.

Sur le premier point, un passage du traité *De l'astrologie* de Lucien de Samosate (IIe s. apr. J.-C.) indique qu'Orphée était le fils de la Muse Calliope et qu'il répandit l'art de l'astrologie parmi les Grecs au moyen d'une sorcellerie et d'un discours sacré[10]. Cette relation avec Calliope établissait un statut mythique par naissance ; elle procurait, du même coup, un talent musical à Orphée et un moyen d'accès au savoir divin par l'intermédiaire de sa mère. Par sa nature, le poète disposait des deux acquis qui lui permettaient d'accomplir sa tâche et de transmettre l'art de l'astrologie. Ce renseignement biographique, sur lequel nous aurons l'occasion de revenir, était donc essentiel parce qu'il octroyait une place privilégiée au poète.

---

6 Pausanias, *Description de la Grèce*, VIII, 15, 3-4, relate l'histoire d'une apparition de Déméter. Dans les textes sur les discours sacrés, l'Égypte constitue le pays du savoir religieux par excellence : voir A. Henrichs, « *Hieroi Logoi* And *Hierai Bibloi* : The (Un)written Margins Of The Sacred In Ancient Greece », *Harvard Studies in Classical Philology*, 101, 2003, p. 207-266 (en particulier p. 224-227).
7 Sur les guérisons, voir Festugière, Saffrey, *Aelius Aristide*, p. 16-17.
8 Cette tradition tient en partie à un passage d'Hérodote qui indique que les adeptes de l'orphisme et les pythagoriciens respectaient un interdit existant dans un discours sacré égyptien, cf. Hérodote, *Histoires*, II, 81. La plupart des témoignages sur Orphée et Pythagore sont largement postérieurs à la période archaïque, ce qui n'a pas empêché les Anciens d'attribuer très souvent à ces deux personnages la création de discours sacrés : voir, par exemple, Clément d'Alexandrie, *Stromates*, I, 21, 131, 5 et *Souda*, s. v. Ὀρφεύς.
9 Voir sur ce point M.-L. Freyburger-Galland, G. Freyburger, J.-Ch. Tautil, *Sectes religieuses en Grèce et à Rome dans l'Antiquité païenne*, Paris, 1986, p. 111 sqq.
10 Lucien, *De l'astrologie*, 10, éd. M. D. Macleod, Oxford, 1974 : Ἕλληνες δὲ οὔτε παρ' Αἰθιόπων οὔτε παρ' Αἰγυπτίων ἀστρολογίης πέρι οὐδὲν ἤκουσαν, ἀλλὰ σφίσιν Ὀρφεὺς ὁ Οἰάγρου καὶ Καλλιόπης πρῶτος τάδε ἀπηγήσατο, οὐ μάλα ἐμφανέως, οὐδὲ ἐς φάος τὸν λόγον προήνεγκεν, ἀλλ' ἐς γοητείην καὶ ἱερολογίην, οἵη διανοίη ἐκείνου. Πηξάμενος γὰρ λύρην ὄργιά τε ἐποιέετο καὶ τὰ ἱερὰ ἤειδεν (« Les Grecs ne reçurent aucune notion d'astrologie ni des Éthiopiens ni des Égyptiens ; c'est Orphée, fils d'Œagros et de Calliope qui les en instruisit le premier, sans le faire très ouvertement ni produire sa science à la lumière du jour, mais en en faisant une sorcellerie et un discours sacré, conformes à sa tournure d'esprit ; car, ayant construit une lyre, il célébrait des cérémonies et chantait les dogmes sacrés », trad. É. Chambry, Paris, 1932, modifiée). Le mot ἱερολογίη est la forme ionienne du terme ἱερολογία qui est pensé comme un synonyme de ἱερὸς λόγος (emploi rare), cf. E. Sophocles, *Greek Lexicon of the Roman and Byzantine Periods (from BC 146 to AD 1100)*, New York, 1887, s. v. ἱερολογία.

À propos du second point, Diodore de Sicile (1er s. av. J.-C.) explique que Pythagore aurait reçu les connaissances relatées dans son discours sacré auprès des Égyptiens[11]. Diodore admettait donc que la doctrine pythagoricienne s'apparentait à la sagesse égyptienne. Il s'accordait sur ce point avec Hérodote, qui fut le premier à noter les ressemblances entre certaines croyances égyptiennes, décrites dans un discours sacré, et celles des pythagoriciens et des adeptes orphiques[12]. Ce détail biographique contribuait au statut mythique de Pythagore, parce qu'il faisait référence à une source respectée et admirée pour son expertise religieuse[13].

Les passages de Lucien et de Diodore mettent en évidence des mécanismes de la construction des figures mythiques dans les témoignages. Toutefois, il convient de souligner que les discours sacrés n'ont pas eu de « mythologie » commune et que les noms d'Orphée et de Pythagore étaient cités dans des récits différents, voire concurrents. Jamblique (III-IVe s. apr. J.-C.), dans sa *Vie de Pythagore*, relate une version de la création d'un discours sacré orphico-pythagoricien qui fait coexister les deux personnages, en rejetant de cette sorte la version présentée par Diodore[14] :

<Λόγος> ὅδε περὶ θεῶν Πυθαγόρα τῷ Μνημάρχῳ, τὸν ἐξέμαθον ὀργιασθεὶς ἐν Λιβήθροις τοῖς Θρᾳκίοις, Ἀγλαοφάμῳ τελεστᾷ, ὡς ἄρα Ὀρφεὺς ὁ Καλλιόπας κατὰ τὸ Πάγγαιον ὄρος ὑπὸ τᾶς ματρὸς πινυσθεὶς ἔφα, τὰν ἀριθμῶ οὐσίαν ἀΐδιον εἶμεν ἀρχὰν προμαθεστάταν τῶ παντὸς ὠρανῶ καὶ γᾶς καὶ τᾶς μεταξὺ φύσιος, ἔτι δὲ καὶ θείων καὶ θεῶν καὶ δαιμόνων διαμονᾶς ῥίζαν.

Voici le <Discours> sur les dieux de Pythagore, fils de Mnémarchos, que j'ai appris à fond lors de mon initiation à Libèthres en Thrace, quand l'initiant était Aglaophamos : à savoir qu'Orphée, fils de Calliope, disait, pour l'avoir appris de sa mère sur le mont Pangée, que l'essence du nombre est le principe éternel et très plein de prévoyance du ciel entier, de la terre et de la nature intermédiaire ; et en outre qu'il est la racine de la persistance des <hommes> divins, des dieux et des démons.

Ce passage est une citation d'un discours sacré attribué à Pythagore. Sa spécificité tient au fait qu'en inscrivant les deux figures dans un seul et même récit, il crée une nouvelle relation entre elles et en renforce le statut par accumulation : Orphée, instruit par sa mère Calliope, devint maître de Pythagore par l'intermédiaire des initiations. Bien qu'il diverge d'autres témoignages, ce texte ne s'oppose pas au statut des deux figures parce qu'il ne refuse pas d'admettre la généalogie divine du poète ou l'initiation du philosophe. Au contraire, il fait comprendre que la création

---

11 Diodore de Sicile, *Bibliothèque historique*, I, 98, 2 : Πυθαγόραν τε τὰ κατὰ τὸν Ἱερὸν λόγον καὶ τὰ κατὰ γεωμετρίαν θεωρήματα καὶ τὰ περὶ τοὺς ἀριθμούς [...] μαθεῖν παρ' Αἰγυπτίων (« [on dit] que Pythagore apprit des Égyptiens ce qui concerne le *Discours sacré*, ainsi que les théorèmes de géométrie et la doctrine des nombres »).
12 Cf. Hérodote, *Histoires*, II, 81.
13 Sur la réputation de l'Égypte, voir HENRICHS, « *Hieroi Logoi* And *Hierai Bibloi*... ».
14 Jamblique, *Vie de Pythagore*, 146, trad. L. BRISSON, A. Ph. SEGONDS, *Jamblique. Vie de Pythagore*, Paris, 1996 (trad. modifiée).

du discours sacré en question était le fruit du travail conjoint des deux figures dans un contexte mythique.

Les témoignages polythéistes attribuent à Orphée et Pythagore un statut mythique au moyen des renseignements biographiques qu'ils rapportent. Ces détails s'accordent avec la nature des discours sacrés. Les deux figures, dépositaires de savoirs et capables de maîtriser ce savoir, se transforment en exemples de sages et d'autorités religieuses dans le contexte précis des témoignages.

Orphée et Pythagore dans la tradition monothéiste

Dans les conditions de l'Empire, l'échange religieux reposait sur un langage religieux commun employé par l'ensemble des cultes. Les peuples, indépendamment de leurs croyances, désignaient les concepts de dieu, de prière et de sacrifice par les mêmes mots qu'ils appliquaient à des doctrines différentes[15]. Il n'est donc pas frappant de constater que les auteurs chrétiens se servaient de la tournure « ἱερὸς λόγος » pour désigner la doctrine d'Orphée et leur Parole sacrée[16]. Mais, si la reprise terminologique s'est effectuée sans barrières et sans difficultés, celle qui touchait aux figures d'Orphée et de Pythagore a parfois produit des réactions plus fortes.

Clément d'Alexandrie (II-IIIᵉ s. apr. J.-C.) fournit un exemple d'une telle réaction à l'égard d'Orphée dans un passage du *Protreptique* où il mentionne le poète en relation avec un discours sacré[17]. Orphée y est présenté comme une figure connue, à généalogie mythique (seul son père est nommé), et comme dépositaire d'un savoir réel. Mais cette description se fait sur un ton critique et elle est mélangée à des accusations lancées contre les Grecs qui s'étaient montrés, selon Clément, incapables d'atteindre la vérité à laquelle ils avaient pourtant accès. Ce texte illustre un type d'attitude à l'égard des figures des sages polythéistes. Il indique en parti-

---

15 Cf. L. PERNOT, « Au-delà de Babel : le langage de la louange et de la prière », *Millenium. Jahrbuch zu Kultur und Geschichte des ersten Jahrtausends n. Chr. Yearbook on the Culture and History of the Fisrt Millenium C. E.*, 2, Berlin / New York, 2005, p. 63-77.

16 Cf. Clément d'Alexandrie, *Stromates*, I, 21, 131, 5 (à propos du discours sacré attribué à Orphée) ; V, 4, 19, 2-4 (à propos de la Parole sacrée). De manière plus générale, voir l'étude de F. JOURDAN, *Orphée et les chrétiens*, 2 vol., Paris, 2010-2011.

17 Clément d'Alexandrie, *Le Protreptique*, VII, 74, 3-7 52, éd. et trad. C. MONDÉSERT, *Clément d'Alexandrie. Le Protreptique*, Paris, 1941 : Ὁ δὲ Θρᾴκιος ἱεροφάντης καὶ ποιητὴς ἅμα, ὁ τοῦ Οἰάγρου Ὀρφεύς, μετὰ τὴν τῶν ὀργίων ἱεροφαντίαν καὶ τῶν εἰδώλων τὴν θεολογίαν, παλινῳδίαν ἀληθείας εἰσάγει, τὸν ἱερὸν ὄντως ὀψέ ποτε, ὅμως δ' οὖν ᾄδων λόγον [...]. Εἰ γὰρ καὶ τὰ μάλιστα ἐναύσματά τινα τοῦ λόγου τοῦ θείου λαβόντες Ἕλληνες ὀλίγα ἄττα τῆς ἀληθείας ἐφθέγξαντο, προσμαρτυροῦσι μὲν τὴν δύναμιν αὐτῆς οὐκ ἀποκεκρυμμένην, σφᾶς δὲ αὐτοὺς ἐλέγχουσιν ἀσθενεῖς, οὐκ ἐφικόμενοι τοῦ τέλους (« Le Thrace qui était à la fois hiérophante et poète, Orphée, fils d'Œagros, après avoir révélé les mystères et dit la théologie des idoles, introduit la palinodie de la vérité, en entonnant, bien que tard, le discours vraiment sacré [...]. Si, en effet, les Grecs ont recueilli, en mettant les choses au mieux, quelques étincelles du discours divin et ont fait entendre quelques bribes de la vérité, ils témoignent ainsi que la puissance de celle-ci n'était pas cachée ; mais ils se convainquent eux-mêmes de faiblesse, puisqu'ils n'ont pas atteint le but » [trad. modifiée]).

culier que les chrétiens n'ignoraient pas l'existence des révélations divines dans le polythéisme. Mais, cherchant à exposer et à défendre la nouvelle religion, certains auteurs monothéistes préféraient évoquer les figures qui diffusaient ces révélations dans un contexte polémique.

Le dernier texte de ce dossier appartient à l'auteur juif de la période hellénistique, Aristobule de Panéas (IIe s. av. J.-C.). L'œuvre de cet exégète ayant été perdue, nous possédons de lui des fragments inclus dans les écrits d'auteurs chrétiens. Le texte qui nous intéresse fait partie de la *Préparation évangélique* d'Eusèbe de Césarée (III-IVe s. apr. J.-C.) et développe une comparaison entre les doctrines monothéistes et celles du polythéisme, en se servant d'une série de grandes personnalités grecques :

> Δοκοῦσι δέ μοι περιειργασμένοι πάντα κατηκολουθηκέναι τούτῳ Πυθαγόρας τε καὶ Σωκράτης καὶ Πλάτων λέγοντες ἀκούειν φωνῆς θεοῦ, τὴν κατασκευὴν τῶν ὅλων συνθεωροῦντες ἀκριβῶς ὑπὸ θεοῦ γεγονυῖαν καὶ συνεχομένην ἀδιαλείπτως. Ἔτι δὲ καὶ Ὀρφεὺς ἐν ποιήμασι τῶν κατὰ τὸν ἱερὸν λόγον αὐτῷ λεγομένων οὕτως ἐκτίθεται περὶ τοῦ διακρατεῖσθαι θείᾳ δυνάμει τὰ πάντα καὶ γενητὰ ὑπάρχειν καὶ ἐπὶ πάντων εἶναι τὸν θεόν.

> Et à mon avis, dans toutes leurs investigations, Pythagore, Socrate et Platon ont suivi celui-ci [= Moïse], quand ils disent entendre la voix de Dieu : ils considèrent que l'agencement de l'univers a été fait par Dieu dans le détail et qu'il est maintenu sans cesse par Lui. En outre, Orphée dans ses poèmes, qui font partie des discours qu'il tient conformément au discours sacré, expose ainsi la manière dont le Tout est dominé par la puissance divine, celle dont il a été engendré, celle dont Dieu préside à tout[18].

Ce passage met en évidence une position différente de celle qui est adoptée par Clément. L'auteur s'efforce de trouver des points communs entre les doctrines des monothéistes et celles des Grecs, en touchant ainsi aux spéculations philosophico-religieuses attribuées à nos figures mythiques. Aristobule témoigne d'une attitude positive à propos de ces figures et reconnaît leur autorité, car, dit-il, Pythagore suivait Moïse lorsqu'il communiquait avec la voix divine et les conceptions d'Orphée étaient similaires à celle des Juifs. Qui plus est, Orphée et Pythagore figurent dans une liste de grands penseurs grecs, ce qui constitue un signe de reconnaissance de leur importance dans le polythéisme. L'ensemble de personnages dans cette liste est intégré dans un développement cherchant à montrer que les doctrines philosophico-religieuses grecques s'accordaient avec celles de Moïse et remontaient au prophète. Ce développement n'est donc pas autre chose qu'une nouvelle façon d'affirmer le message monothéiste. La présence d'Orphée et de Pythagore dans ce passage pourrait être interprétée comme une sorte d'aboutissement de la transformation de leurs figures

---

18 Eusèbe de Césarée, *Préparation évangélique*, XIII, 12, 4-5, éd. et trad. É. DES PLACES, *La Préparation évangélique. Livres XII-XIII*, Paris, 1983 (trad. modifiée) = Aristobule, *Fragments*, fr. 2, 39-52, éd. A.-M. DENIS, *Fragmenta pseudepigraphorum quae supersunt Graeca* (*Pseudepigrapha veteris testamenti Graece*), vol. 3, Leyde, 1970.

qui, devenues une sorte de référence, au même titre que la notion de discours sacré elle-même, ont mérité leur place dans la liste des grands noms grecs.

Conclusion

Dans le cadre des témoignages sur les discours sacrés, les figures d'Orphée et de Pythagore avaient un statut mythique établi et développé par les récits concernant leurs actes, leur généalogie et leur apprentissage. C'est à travers ce statut que les deux figures furent associées, à date ancienne, à la sagesse et l'autorité. L'image du poète et du philosophe élaborée par les auteurs polythéistes fut ensuite reprise et intégrée dans l'œuvre des auteurs juifs et chrétiens.

Ces deux figures, existant ensemble, séparément ou, plus rarement, accompagnées d'autres autorités, s'illustraient par la maîtrise de savoirs et par la capacité à les transmettre, en créant ainsi des connexions entre les mondes et les individus. Elles participaient, de ce fait, à la diffusion de messages religieux à l'intérieur d'un culte ou entre les religions.

L'examen conjoint des témoignages polythéistes et monothéistes indique qu'il était possible de mobiliser des figures mythiques au service de messages religieux différents. Dans la tradition polythéiste, ces messages étaient généralement liés au contenu des discours sacrés tandis que, chez les monothéistes, les discours et l'autorité pouvaient servir d'appui au développement de critiques ou dans la défense d'une position religieuse. Ce constat montre que les figures, telles des parties de langue, participaient activement au dialogue religieux sous l'Empire. D'autre part, la transformation des figures en outils de communication s'opérait au détriment de leurs personnalités qui devenaient alors figées dans le temps ou pouvaient être incluses dans des listes de noms illustres ou dans un autre groupe thématique.

D'une manière plus générale, l'intérêt pour ces figures durant la période impériale pourrait être mis en rapport avec les réalités politiques, culturelles et religieuses de l'époque. L'Empire était le moment de l'autorité personnelle dans tous les domaines et, en particulier, dans ceux de la parole et de la religion. Car, rappelons-le, ce fut le temps des figures du prophète, de l'« homme divin » (θεῖος ἀνήρ) et du sophiste, trois catégories de personnes qui, comme nos figures mythiques, voyageaient, étaient spécialistes en matière de religion et de communication et se prétendaient parfois d'ascendance divine. Cela vient montrer que les figures d'Orphée et Pythagore, bien qu'issues de la Grèce mythique ou archaïque, restaient d'actualité dans les premiers siècles de notre ère.

BENOÎT MOUNIER

La figure du prophète dans l'œuvre exégétique de Jérôme

Introduction

La découverte et l'étude de la Bible ont déplacé le centre de gravité des lettrés chrétiens dans leur appréhension du monde : elle a nécessité la recherche d'un nouvel équilibre existentiel et intellectuel. Le système de référence culturel de la civilisation gréco-latine d'alors, en grande partie appuyé sur la rhétorique et la philosophie, connaît chez eux ajustements, remises en question, voire exclusion des anciens repères culturels[1].

Dans l'œuvre de Jérôme de Stridon, écrivain latin chrétien du dernier tiers du IVe siècle et du premier quart du Ve siècle, la figure de Platon par exemple connaît un traitement ambivalent : le philosophe devient presque un contre-modèle[2]. À l'école des rhéteurs, Jérôme a acquis des connaissances généralement de seconde main sur les philosophes (Socrate, Platon, Aristote, les stoïciens)[3]. Mais une fois converti à l'ascétisme, Jérôme ne reconnaît plus à Platon cette qualité de modèle. Au contraire, c'est un païen qui n'a pas reçu la vérité, tout sage qu'il fût. Gonflé d'enthousiasme, dans une de ses lettres écrites au désert de Chalcis, il qualifie Platon de « *stultus* »[4]. Par la suite, sa fougue de jeunesse sera tempérée : Jérôme opposera moins violemment savoir profane et vérité divine. Il reconnaîtra le savoir de ces figures païennes, tout en continuant d'affirmer qu'elles n'ont pas eu accès à la vérité. Les philosophes seront d'ailleurs convoqués comme des contre-arguments à l'adresse des païens, pour montrer

---

1 Voir J.-C. FREDOUILLE, « Les Lettrés chrétiens face à la Bible », dans J. FONTAINE, C. PIETRI (éd.), *Le Monde latin antique et la Bible* (Bible de tous les temps, 2), Paris, 1985, p. 25-42, part. p. 32-38 et 42. Dans la même perspective de reprise et métamorphose des modèles païens, voir du même, « Le héros et le saint », dans G. FREYBURGER, L. PERNOT (éd.), *Du Héros païen au saint chrétien, actes du colloque organisé par le C.A.R.R.A. (Strasbourg, 1er-2 décembre 1995)*, Paris, 1997, p. 12-25.
2 P. ROUSSEAU, *Ascetics, Authority, and the Church, in the Age of Jerome and Cassian*, Notre Dame (Indiana), 2010², p. 126-127.
3 Voir P. COURCELLE, *Les Lettres grecques en Occident, de Macrobe à Cassiodore*, Paris, 1948, p. 53-61.
4 Jérôme, *Lettre* 14, 11, à Héliodore (datée de 376/377) (éd. et trad. J. LABOURT, I, p. 45, l. 10-12) : *adducetur et cum suis stultus Plato discipulis ; Aristoteli argumenta non proderunt*, « on amènera aussi cet idiot de Platon avec ses disciples ; les arguties d'Aristote ne lui serviront pas » (trad. LABOURT retouchée).

Benoît Mounier Université de Strasbourg Centre d'analyse des rhétoriques religieuses de l'Antiquité (EA 3094)

Figures mythiques et discours religieux dans l'Empire gréco-romain, Textes réunis et édités par Frédéric CHAPOT, Johann GOEKEN et Maud PFAFF-REYDELLET, Turnhout, Brepols 2018 (p. 79-94)
Brepols Publishers   10.1484/M.RRR-EB.5.115813

que ces derniers critiquent dans l'Histoire sainte ce qui trouve son équivalent dans la philosophie profane, et qui rencontre pourtant leur adhésion[5].

Rarement mises par Jérôme sur le même plan que des figures païennes, les figures bibliques (Ancien comme Nouveau Testament) comme celles d'Abraham, de Moïse, de David ou de Paul, sont l'objet de considérations récurrentes, car porteuses d'enseignements nouveaux[6]. En effet, loin de servir uniquement d'enseignement moral comme Homère, par exemple, interprété allégoriquement par les stoïciens, les figures bibliques ne sont pas autarciques, mais comprises en fonction d'un autre référent, le Dieu des chrétiens, son fils, Jésus Christ, et sa communauté, l'Église. Il y a là une forme de décentrage de l'exemplarité[7]. Les figures bibliques ne sont pas remarquables seulement pour elles-mêmes, mais bien plutôt parce qu'elles sont à suivre sur la voie de la vérité. Loin d'établir une comparaison entre les deux systèmes culturels, Jérôme cherche à en développer un nouveau, à faire connaître le monde de la Bible.

C'est dans ce contexte que la figure du prophète doit être considérée, au sein de l'ensemble de commentaires bibliques de Jérôme que l'on nomme communément son *opus prophetale*[8]. En effet, parallèlement à la traduction de la Bible en latin, la future Vulgate, Jérôme compose une œuvre exégétique abondante, sous forme de lettres ou de commentaire. Il est ainsi le premier Père latin à avoir expliqué tous les livres des Prophètes bibliques, les quatre grands (Isaïe, Jérémie laissé inachevé par sa mort, Ézéchiel, Daniel) ainsi que les douze petits (Osée, Joël, Amos, Abdias, Jonas, Michée, Nahum, Habacuc, Sophonie, Aggée, Malachie, Zacharie)[9].

---

5 Jérôme, *Commentaire sur Osée* (désormais *Com. Os.*), I, 1, 2 (CCSL 76, p. 9, l. 118-132) : *Si quis autem contentiosus, et maxime gentilium, noluerit figuraliter dictum recipere, et irriserit prophetam fornicariae copulatum, opponamus ei illud, quod solet laudare Graecia, et philosophorum scholae concinunt. [...] Cur Socratem ad caelum leuent, qui Phaedonem, ex cuius nomine Platonis liber est, de lupanari, ob crudelitatem et auaritiam domini, multorum libidini seruientem, in Academiam transtulerit ? Et quicquid illi iam de philosophiae magistris responderint, nos ad prophetae defensionem referimus. Haec aduersum ethnicos et eos qui ethnicorum sunt similes, dixerimus*, « Mais si un chicaneur - particulièrement chez les païens - ne voulait pas accepter l'interprétation figurée du propos et se moquait du prophète qui a couché avec une débauchée, nous lui opposerions ce que la Grèce a coutume de louer et que les écoles de philosophes célèbrent. [...] Pourquoi portent-ils aux nues Socrate qui fit passer Phédon (dont le livre de Platon tire son nom) du lupanar, où il était soumis à la concupiscence d'un grand nombre à cause de la cruauté et de la cupidité de son maître, à l'Académie ? Mais tout ce qu'ils pourraient maintenant répondre au sujet des maîtres de la philosophie, nous, nous le porterons à la défense du prophète. C'est ce que nous aurions dit contre les nations et contre ceux qui sont semblables aux nations ».
6 Les innombrables occurrences de ces personnages bibliques dans l'ensemble de son œuvre en témoignent ; voir les citations de ROUSSEAU, *Ascetics...*, p. 117, pour Abraham décrit comme modèle de vie pour les chrétiens.
7 Voir FREDOUILLE, « Le héros... », p. 13, 24-25.
8 D'après l'expression de Jérôme dans la notice 135 qu'il se consacre à lui-même dans son *De Viris illustribus*. Y.-M. DUVAL a décrit synthétiquement cette partie de son œuvre dans Jérôme, *Commentaire sur Jonas*, Paris, 1985, p. 15-24.
9 Outre les références ci-dessus, voir P. JAY, *L'Exégèse de saint Jérôme d'après son* Commentaire sur Isaïe, Paris, 1985, p. 15, et Y.-M. DUVAL, « Jérôme et les prophètes », dans J. A. EMERTON (éd.), *Congress volume, Salamanca 1983*, Leyde, 1985, p. 108.

L'exhaustivité du projet donne à penser que peuvent en être tirées des considérations générales que délivrerait Jérôme sur les Prophètes : loin d'une simple galerie de portraits, se dégageraient ainsi au fil du temps et des commentaires des traits définitoires du prophète de l'Ancien Testament. Nous nous proposons donc ici d'observer la manière dont Jérôme, dans ses commentaires sur les Prophètes, dégage des caractéristiques transversales formant une figure biblique originale à soumettre aux chrétiens.

Prenant appui sur ses commentaires sur les Prophètes composés de 392 à 417 environ, nous souhaitons donner un bref aperçu de l'exégèse de la figure du prophète biblique en général par Jérôme, en considérant les caractéristiques relevées par celui-ci qui tendent à en faire une figure exemplaire (pré-)chrétienne. À la suite de ces analyses, nous avancerons brièvement en appendice une hypothèse sur la relation entre prophète et exégète qu'on décèle dans l'œuvre du Père latin.

Les prophètes : des anti-héros ?

Sans aller jusqu'à faire du prophète un individu marginal au sein de la société hébraïque, l'image qui transparaît d'eux et de leurs écrits est pour le moins ambivalente, et loin des canons de l'exemplarité gréco-latine. Jérôme l'explicite sans fard.

Obscurité

En premier lieu, Jérôme n'a de cesse de répéter que les livres prophétiques ont en commun d'être obscurs, ce qui les rend difficiles à comprendre[10]. C'est une caractéristique topique, tant pour les livres prophétiques en général, que pour des prophètes en particulier comme l'indique l'exégète aussi bien pour Ézéchiel, Osée, Zacharie, que pour Joël, facile au début, plus obscur à la fin[11]. Leur obscurité inhérente semble difficilement compatible avec une large diffusion de leur message et sa bonne compréhension, auprès de tous les chrétiens. Si les livres prophétiques sont marquants, ce serait précisément de manière négative. C'est pourquoi Jérôme souligne l'importance d'être guidé dans la lecture des livres bibliques par un maître, puisque lui-même en avait été découragé dans sa jeunesse[12].

---

10 JAY, *L'Exégèse*..., p. 361-362.
11 Jérôme, *Lettre* 53, 8, à Paulin de Nole (394-396) (éd. et trad. J. LABOURT, III, p. 21, l. 6-9) : ... *tertius (scil. Ezechiel) principia et finem tantis habet obscuritatibus inuoluta ut apud Hebraeos ipsae partes cum exordio Geneseos ante annos triginta non legantur*, « Le troisième possède un début et une fin enveloppés de si grandes obscurités que chez les Hébreux, ces parties avec l'exorde de la Genèse ne peuvent être lues avant l'âge de trente ans » (trad. LABOURT retouchée) ; voir aussi prologue du *Com. Os.* (CCSL 76, p. 1, l. 7-12), prologue du *Commentaire sur Zacharie* (désormais *Com. Zach.*) (CCSL 76A, p. 747, l. 24) et le prologue au livre des Douze de la *Vulgate*.
12 Jérôme, *Lettre* 53, 6, à Paulin de Nole (éd. et trad. J. LABOURT, III, p. 14, l. 23-26) : *Haec a me perstricta sunt breuiter [...] ut intellegeres te in scripturis sanctis sine praeuio et monstrante semitam non posse ingredi*, « J'ai résumé cela brièvement [...] pour que tu comprennes que tu ne peux t'engager sur le chemin des Saintes Écritures sans un guide qui te le montre » (trad. LABOURT retouchée). Jérôme,

Diversité d'origine et de style

Par ailleurs, Jérôme ne cherche pas à présenter les prophètes comme une catégorie d'individus aux traits semblables. Au contraire, il fait bonne mesure de leur diversité d'origine et de style. Il admire particulièrement Isaïe : son expression, mais surtout son œuvre, au point de le qualifier également d'évangéliste et d'apôtre[13]. Amos apparaît quant à lui à l'exact opposé d'Isaïe, sans pour autant être déconsidéré : Jérôme explique naturellement son origine très humble et la rudesse de sa langue, non sans le rapprocher discrètement de Paul[14]. Son humilité constitue précisément un argument pour montrer que les prophètes ne sont ni une fonction instituée, ni issus d'une caste sociale particulière[15]. Ils ne sont donc pas un ensemble d'individus cohérent. Bien au contraire, c'est la diversité qui prime parmi les livres prophétiques, et pourtant tous sont considérés comme Écriture sainte et semblablement expliqués par l'exégète.

Le prophète, un theios anèr?

Ces quelques traits empêchent véritablement d'assimiler le prophète hébreu, le *nabi*, au modèle du *theios anèr*, répandu dans l'Antiquité tardive. En effet, si l'on reprend les principales caractéristiques de cet « homme divin » définies par Ludwig Bieler[16], le prophète biblique a beaucoup de mal à y être assimilé, et constituerait presque un contre-exemple. En effet, le prophète n'est pas forcément issu d'un milieu social élevé, ni d'un lieu réputé, tous n'ont pas reçu d'éducation poussée, leur aspect physique remarquable, « divin », n'est pas mis en avant par Jérôme (au contraire, le serviteur souffrant, image du prophète en Isaïe 53, 2, est décrit comme banal, et dans

---

Lettre 22, 30, à Eustochium (datée de 384) (éd. Labourt, I, p. 144, l. 25-28) : *Si quando in memet reuersus prophetam legere coepissem, sermo horrebat incultus et, quia lumen caecis oculis non uidebam, non oculorum putabam culpam esse, sed solis*, « Si parfois, rentrant en moi-même, je me mettais à lire un prophète, sa langue négligée me hérissait et, parce que mes yeux aveugles ne savaient voir la lumière, ce n'est pas à mes yeux, mais au soleil que j'imputais la faute » (trad. Y.-M. Duval, P. Laurence, Bégrolles-en-Mauge, 2011).

13 Jérôme, *Commentaire sur Isaïe* (408-410) (désormais *Com. Is.*), prologue (*CCSL* 73, p. 1, l. 18-19) : *sicque exponam Esaiam, ut illum non solum prophetam, sed euangelistam et apostolum doceam*, « j'expliquerai Isaïe de façon à montrer qu'il est non seulement un prophète, mais aussi un évangéliste et un apôtre ».

14 Jérôme, *Commentaire sur Amos* (406) (désormais *Com. Am.*), prologue (*CCSL* 76, p. 211, l. 11-12 et 17-22) : *Hic igitur propheta quem nunc habemus in manibus, fuit de oppido Thecue [...] et quia humi arido atque arenoso nihil omnino frugum gignitur, cuncta sunt plena pastoribus ut sterilitatem terrae compensent pecorum multitudine. Ex hoc numero pastorum et Amos propheta fuit, imperitus sermone, sed non scientia* (2 Co 6, 11). *Idem enim qui per omnes prophetas in eo Spiritus sansctus loquebatur*, « Le prophète donc auquel nous nous intéressions était originaire du village de Técoa [...] et parce qu'absolument aucun fruit ne pousse à cause de la sécheresse du sol pierreux, tout est plein de bergers, de sorte que la stérilité du sol est compensée par l'abondance de bétail. Parmi ces bergers, il y avait Amos, peu habile en éloquence, mais non pas en savoir. En effet, comme à travers tous les prophètes, c'est le même Esprit Saint qui parlait en lui ».

15 Voir Jérôme, *Lettre* 14, 9, à Héliodore.

16 L. Bieler, Θεῖος ἀνήρ : *das Bild des göttlichen Menschen in Spätantike und Frühchristentum*, 1. Band, Vienne, 1935.

son explication, Jérôme souligne à dessein son caractère souffrant) ; leur capacité à s'exprimer est variée, rustique pour certains (comme Amos) ; ils sont rejetés (Osée est traité de fou en Os 9, 7, et Amos expulsé avec mépris par les prêtres de Bethel en Am 7, 12-13), et Jérôme explique tout simplement leur rejet comme le fait des méchants et de pécheurs dont ils sont les victimes. En outre, Jérôme ne me semble pas faire mention de thaumaturgie et encore moins de théurgie à leur propos.

Enfin, Jérôme ne les qualifie pas, sous réserve d'inventaire, de *theios anèr*. Cette notion ne semble pas lui être familière, au moins concernant les figures de l'Ancien Testament[17]. De plus, en évoquant Apollonios de Tyane[18] - type même du *theios anèr*, Jérôme le qualifie de *magus* et de *philosophus*, et semble faire peu de cas du personnage - en bonne logique pour un ascète chrétien. Ses vies de moines, en revanche, proposent des portraits plus en conformité avec les caractères du *theios anèr*, mais non pas ses commentaires sur les Prophètes[19].

Les actes paradoxaux des prophètes

Plus que l'état, ce sont souvent les actions d'un personnage (fictif ou réel) qui lui confèrent le statut d'exemple, de modèle. Or, les livres des Prophètes consignent leurs visions étranges ou leurs actes paradoxaux, visions et actes qui deviennent pour ainsi dire leur marque de reconnaissance, catégorielle autant qu'individuelle[20].

Des actes réels ?

Jérôme se confronte à ces passages et doit notamment expliquer des actes qui, au premier abord, peuvent paraître étranges, absurdes ou immoraux. Évidemment, chez un lecteur peu informé ou mal intentionné, l'image des prophètes peut en pâtir, d'où la nécessité de les expliquer.

Ces actes étranges sont fréquents dans les livres prophétiques : on peut citer, entre autres, Isaïe qui se promène nu à travers Jérusalem pendant trois ans (Is 20, 1-6) ; la ceinture de Jérémie qu'il cache au-dehors de la ville, puis qu'il va rechercher et qu'il trouve rongée de pourriture (Jér 13, 1-11) ; Ézéchiel est lui « le champion » des actes prophétiques : muet par ordre divin, il est contraint de rester allongé un très grand nombre de jours sur le même côté, et de se nourrir uniquement d'un pain cuit sur du fumier (Ez 4-5) ou encore, quand il perd son épouse, de ne pas accomplir les

---

17 Dans le même ordre d'idée, le saint chrétien ne peut être entièrement assimilé à un *theios anèr* selon FREDOUILLE, « Le héros… », p. 21-22.
18 Jérôme, *Lettre* 53, 1, à Paulin de Nole.
19 Les vies de Paul de Concordia, de Malchus et d'Hilarion ont été composées respectivement en 376, 388 et avant 392 ; voir Jérôme, *Trois vies de moines (Paul, Malchus, Hilarion)*, par A. DE VOGÜÉ, E. M. MORALES, P. LECLERC, Paris, 2006, p. 15, 19 et 20.
20 Pour une analyse de ces actes des prophètes, voir S. AMSLER, *Les Actes des prophètes*, Genève, 1985.

rituels de deuil (Ez 24). Enfin, Osée doit épouser une femme débauchée, décrite comme une prostituée[21].

Au premier abord, Jérôme ne nie pas que certains actes ont effectivement été accomplis par les prophètes, par exemple quand Ézéchiel s'enferme chez lui ou quand il conçoit un diorama rudimentaire représentant le siège de Jérusalem. Dans ce cas, Jérôme qualifie l'acte par une litote qui prévient le reproche d'absurdité, mais nous le fait entendre *a contrario*[22].

Toutefois, habituellement Jérôme ne souligne pas l'aspect étrange, absurde ou immoral de telle vision ou de tel acte, et s'il le fait, c'est en en montrant immédiatement leur dimension positive. Ainsi, à propos d'Isaïe qui marchait nu dans Jérusalem, acte transgressif déjà à l'époque du prophète, Jérôme fait à nouveau entendre en creux le reproche d'immoralité, mais dépasse le jugement moral pour montrer que l'obéissance à Dieu est une des qualités du prophète en général (sous-entendu par opposition au peuple hébreu rétif)[23]. Mais c'est à propos d'Osée 1, 2, quand le prophète reçoit l'ordre divin d'épouser une *uxor fornicationum*, que Jérôme prend soin de « désamorcer » le caractère immoral de l'acte[24]. C'est l'occasion pour lui de préciser son herméneutique de ce type de passage, à deux longues reprises, de manière véhémente.

Dans le prologue de son *Commentaire sur Osée*, Jérôme exprime le scandale de cet ordre et de son accomplissement avec docilité par le prophète, et évoque les quolibets des païens. Puis il répond à cette difficile question (*difficillimam quaestionem* selon ses propres termes) en divisant le problème en deux volets. Le premier volet

---

21 La question de la réalisation de cet acte et son interprétation a suscité de nombreux écrits. Signalons la monographie de M. C. PENNACCHIO, *Propheta insaniens. L'esegesi patristica di Osea tra profezia e storia*, Rome, 2002 et l'article suggestif d'E. BONS, « Osée 1, 2, un tour d'horizon de l'interprétation », *Revue des sciences religieuses*, 73/2, 1999, p. 207-222. Bien que centré sur Os 1, 2, l'article dresse un *status quaestionis* clair.

22 Jérôme, *Commentaire sur Ezéchiel* (410-414) (désormais *Com. Ez.*), I, 4, 1/2 (*CCSL* 75, p. 43, l. 1201-1202) : *Ex quo quidam uolunt non absurdum esse etiam huius doctrinae habere scientiam*, « À partir de cet acte, certains tiennent qu'il n'est pas absurde que l'on tire un savoir aussi de cet enseignement ».

23 Jérôme, *Com. Is.*, V, 20, 1/6 (*CCSL* 73, p. 201, l. 43-p. 202, l. 48) : *Simulque discimus oboentiam prophetarum quod uir nobilis – tradunt enim Hebraei Esaiam socerum fuisse Manasse filii Ezechiae regis Iuda- non erubuerit nudus incedere sed Dei praeceptis nihil honestius iudicans, deposuerit saccum, quo abiecto nudus fuerit, unam prius habens tunicam et ipsam cilicinam*, « Par la même occasion, nous apprenons que les prophètes sont obéissants, puisqu'un homme de qualité (en effet, les Hébreux rapportent qu'Isaïe était le beau-père de Manassé, fils d'Ézéchias, roi de Juda) n'a pas rougi d'aller nu, mais, considérant qu'il n'y avait rien de plus honnête que les commandements donnés par Dieu, il a enlevé son sac ; après l'avoir enlevé, il fut nu, puisqu'auparavant il ne portait que sa seule tunique, puis son cilice ».

24 Jérôme, *Com. Os.*, prologue (406) (*CCSL* 76, p. 1, l. 14-20) : *Quis enim non statim in fronte libri scandalizetur et dicat : Osee primus omnium prophetarum meretricem accipere iubetur uxorem et non contradicit ? Non saltim nolle se simulat ut rem turpem facere uideatur inuitus, sed exsequitur laetus imperium, quasi optauerit, quasi multo tempore cum pudicitiae uacasse paenitet*, « En effet, qui, dès le début du livre, ne serait pas scandalisé et ne dirait : « Osée, le premier de tous les prophètes, reçoit l'ordre de prendre pour épouse une prostituée et ne s'y oppose pas ? Il ne donne pas même l'apparence d'un refus pour paraître accomplir contre son gré un acte honteux ; au contraire, il obéit avec joie à l'ordre, comme s'il l'avait souhaité, comme s'il regrette d'avoir vécu longtemps dans la continence ».

concerne l'ordre divin : comment Dieu peut-il ordonner un acte immoral ? La réponse de Jérôme est que Dieu ne veut que ce qui est honnête, ce qui implique que cet acte, apparemment honteux, ne l'est pas en vérité. Le second volet concerne la réalisation effective de l'acte : le prophète a-t-il accompli un tel acte ? Pour Jérôme, l'acte a bien été formulé par Dieu auprès du prophète, mais n'a pas été accompli dans les faits. Il est resté à l'état de mots : ils forment une image symbolique, qui va être exploitée par le prophète pour traduire une réalité autre que celle que dénote l'acte[25]. Et pour appuyer son propos, il cite en exemple d'autres actes prophétiques qui ont bien été formulés, mais dont la réalisation n'a pas eu lieu, car elle était tout bonnement impossible. Il s'agit de l'épisode de la ceinture de Jérémie (Jér 13, 1-7) et de l'immobilité contrainte et du pain d'immondices d'Ézéchiel (Ez 4, 6). Selon le Père latin, il est impossible que ces actes aient été réalisés, car dans le premier cas, la situation historique ne permettait pas que le prophète pût sortir de Jérusalem ; dans le second, il y a impossibilité physique[26].

Des signes

Ainsi donc, pour Jérôme, les actes paradoxaux des prophètes ne sont pas comptés à leur détriment ; au contraire, il en fait des actes positifs, en les expliquant tels qu'ils sont définis par la parole divine elle-même : comme des signes.

Le seul Ézéchiel en accomplit un certain nombre : en Ez 4, 1-3, YHWH indique que son acte est signe pour Israël ; en Ez 12, 4-6, il est dit que les paroles et les actes des prophètes sont des signes et des représentations pour Israël ou encore en Ez 24, 15-27, qu'Ézéchiel tout entier est signe pour Israël. Ces signes peuvent s'incarner très concrètement : dans le corps du prophète, toujours en Ézéchiel 4, 7 par exemple[27], par ses gestes et attitudes (comme en Ez 3, 23-24) ; on songe ici aux différentes

---

25   Pour le détail de l'interprétation de l'acte par Jérôme, nous nous permettons de renvoyer à B. Mounier « Femmes légères et mœurs délétères dans le *Commentaire sur le prophète Osée* de saint Jérôme », dans A. Canellis, E. Gavoille, B. Jeanjean (éd.), Caritatis scripta. *Mélanges de littérature et de patristique offerts à Patrick Laurence*, Paris, 2015, p. 269-295.

26   Jérôme, *Com. Os.*, I, 1, 8/9 (*CCSL* 76, p. 14, l. 315-p. 15, l. 326) : *Hoc enim rerum natura non patitur, ut quisquam hominum per trecentos nonaginta dies in uno semper latere dormiat. [...] Si illa et cetera his similia, quae in scripturis sanctis legimus, facta non potuerit approbare, sed aliud quid significare contenderit ; ergo et meretrix ista mulier, et alia adultera mulier, quae aut prophetae iungebantur, aut seruabantur a propheta, non turpem stupri coniunctionem, sed sacramenta indicant futurorum*, « Car la nature s'y oppose : aucun homme ne peut dormir continuellement pendant trois cent quatre-vingt-dix jours sur un seul côté. [...] S'il est impossible d'admettre ces passages et tous les autres qui leur sont semblables et que nous lisons dans les Saintes Écritures, et si l'on prétend qu'ils ont une autre signification, alors aussi bien cette femme prostituée que l'autre, la femme adultère, qui étaient unies au prophète ou entretenues par le prophète, sont l'indice non pas d'un accouplement honteux avec le vice, mais des mystères des temps futurs ».

27   Jérôme, *Com. Ez.*, I, 4, 7 (*CCSL* 75, p. 48, l. 1365-1368) : *Praeparatione uultus opus est ac robore et confirmatione exerti brachii atque nudati ut non solum uoce sed et gestu et habitu prophetantis urbis obsidio demonstretur*, « Il lui faut avoir son visage apprêté, et son bras, libre et saillant, fort et robuste de sorte que c'est non seulement par la voix, mais aussi par le geste et l'attitude que le siège de la ville est représenté ».

manifestations de l'*actio*, détaillées par les rhéteurs[28]. Ou par des objets : ainsi à propos de la bouteille brisée de Jérémie (Jér 19, 1-3), Jérôme relève[29] qu'il s'agit là d'une *consuetudo scripturarum* que de faire passer un message, non seulement par les paroles, mais aussi par la vue, car cette dernière marque davantage l'esprit.

Or, ce message, dont le prophète donne des signes, concerne à un premier niveau la destinée immédiate du peuple d'Israël ; par exemple, le dénuement d'Isaïe (Is 20, 1-6) est qualifié de signe dans le texte biblique, et expliqué comme tel par Jérôme historiquement, d'après la lettre du texte[30]. Il s'agit donc d'un message d'avertissement adressé à Israël.

En somme, passé l'étrangeté initiale, les actes des prophètes se révèlent plein de sens en ce qu'ils sont signes de Dieu pour les hommes à travers un homme en particulier, soumis aux ordres de Dieu, y compris ceux qui paraissent les plus scandaleux ou honteux. Au gré du travail d'exégèse, ces conduites et visions énigmatiques prennent sens, gagnent en clarté et, parallèlement, le prophète prend tout son sens, et gagne l'aspect d'une figure exemplaire, en ce qu'il concrétise la volonté divine en lui, pour s'en faire le passeur.

La typologie

En outre, dans le cadre d'une exégèse chrétienne, les prophètes et leurs actes reçoivent une interprétation bien spécifique. En effet, Jérôme applique une exégèse au moins à deux niveaux, comprenant un sens littéral ou historique et un sens spirituel, qui peut être allégorique ou mystique[31].

Quand il aborde les actes des prophètes, le Père latin explique en quoi il s'agit de signes pour le peuple d'Israël, c'est alors une première étape de l'explication, le sens littéral. Mais, aidé en cela par les nombreuses références aux Prophètes dans le Nouveau Testament (notamment chez Paul), il le complète d'un sens spirituel qui met en lumière les réalités futures du christianisme présentes dans l'Ancien Testament, à savoir l'histoire de Jésus comme Christ, la communauté des Apôtres

---

28 Voir L. Pernot, *La Rhétorique dans l'Antiquité*, Paris, 2000, p. 301 : l'*actio* consiste dans la *uox* et les *corporis motus*, décomposés en *gestus* et *uultus*. Jérôme fut l'élève du grammairien Donat et le rappelle, fièrement, à plusieurs reprises dans son œuvre.

29 Jérôme, *Commentaire sur Jérémie* (414- ?) (désormais *Com. Jér.*), IV, 11, 3 (*CCSL* 74, p. 182, l. 13-16) : *Vult autem scriptura diuina non solum auribus doceri populum sed et oculis ; magis enim ut iam diximus, mente retinetur quod uisu quam quod auditu ad animum peruenit*, « Or l'Écriture veut que les choses divines soient enseignées non seulement par les oreilles, mais aussi par les yeux ; en effet, comme nous l'avons déjà dit, on garde mieux en mémoire ce qui parvient à notre intellect par la vue que ce qui y vient par l'ouïe ».

30 Jérôme, *Com. Is.*, VII, 20, 1/6 (*CCSL* 73, p. 288, l. 7-p. 289, l. 36-39) : *Et dixit Dominus : Sicut ambulauit seruus meus Esaias nudus et discalceatus, trium annorum signum et protentum erit super Aegyptum et super Aethiopiam. [...] Praecipitur autem prophetae ut sacco calceamentisque depositis nudus et discalceatus incedat et in signum sit atque portentum Aegyptiis et Aethiopibus*, « Et le Seigneur dit : "Ainsi marcha Isaïe mon serviteur, nu et déchaussé, il sera un signe et un présage durant trois ans au sujet de l'Égypte et de l'Éthiopie". [...] Or il est prescrit au prophète d'aller nu et déchaussé après avoir enlevé son sac et ses sandales, et d'être donné pour signe et présage aux Égyptiens et aux Éthiopiens »

31 Sur les différents sens de l'exégèse hiéronymienne, voir en particulier Jay, *L'Exégèse...*, et Duval, *Commentaire sur Jonas*, introduction, p. 51-104.

et celle de l'Église[32]. De la sorte, les signes des prophètes ne sont pas exclusivement perçus comme de simples messages à comprendre dans un contexte précis, mais bien comme des annonces messianiques et de la naissance de l'Église[33] : c'est le principe même de la méthode typologique.

De plus, la typologie est à ce point développée chez Jérôme, qu'on peut affirmer qu'il met en application dans ses commentaires une matrice herméneutique : le Christ est au centre des Écritures, il en est la clé[34].

Le christocentrisme est commun à la plupart des exégètes chrétiens, et on le trouve déjà chez Irénée de Lyon et Origène. Néanmoins, chez Jérôme il est appliqué de manière systématique pour expliquer l'Ancien Testament, et il s'agit du cœur de ses commentaires : toute l'explication déployée converge vers ce point de fuite, cet axe, cette figure, non pas exemplaire, mais centrale, cruciale. Jérôme formule ce principe généralement en creux, sous la forme de l'énigme (biblique) du livre scellé : qui pourra l'ouvrir ? Qui en est la clé[35] ? Et c'est dans le *Commentaire sur Isaïe*, son grand œuvre exégétique, que Jérôme répond par cet axiome : *ignoratio scripturarum ignoratio Christi est*, dont la réciproque positive permet d'en comprendre entièrement le sens[36].

Ainsi donc, une figure en filigrane se dégage au sein de l'exégèse des Prophètes par Jérôme : c'est Jésus comme Christ, le *Dominus Salvator* souvent évoqué dans ses commentaires. Or, c'est par rapport à cette figure centrale révélée par l'exégète, car absente explicitement du texte des Prophètes, que va se construire la figure du prophète biblique dans les explications du Père latin.

Jérôme interprète parfois spirituellement certains actes (comme en Ez 37, 15-28), mais beaucoup plus souvent à l'aide de la typologie : les actes et le prophète qui les accomplit sont des figures, des types du Christ, qu'ils annoncent, qu'ils représentent de manière voilée et partielle. Significativement, le principe est exprimé de manière concise dans son dernier commentaire sur les Prophètes[37]. Par exemple, l'union d'Osée à des femmes débauchées permet de bien cerner l'exégèse typologique des

---

32 Jérôme, *Com. Os.*, I, 1, 3/4 (*CCSL* 76, p. 10, l. 148-150) : *Prophetae sic multa post saecula de aduentu Christi et uocatione gentium pollicentur, ut praesens tempus non neglegant, ne concionem ob aliud conuocatam non docere de his quae stant sed de incertis ac futuri sludere uideantur*, « Les prophètes promettent la venue du Christ et l'appel des nations après de nombreux siècles en tenant compte de l'époque qui est la leur : ainsi, leurs enseignements donnent l'impression de porter sur les événements contemporains à une assemblée qui n'est pas réunie dans un autre but, et de ne pas l'égarer en prédictions incertaines portant sur le futur ».

33 Comme le faisait Porphyre pour le livre de Daniel : Jérôme réfute l'interprétation historique de Porphyre dans le prologue du *Commentaire sur Daniel* ; voir R. COURTRAY, *Prophète des temps derniers, Jérôme commente Daniel*, Paris, 2009, p. 30-41.

34 JAY, *L'Exégèse…* , p. 388-389.

35 Pour cette image du Christ qui ouvre le livre scellé et éclaircit les obscurités, voir par exemple dans le *Com. Os.*, le début du prologue ou le commentaire du verset final, Os 14, 10.

36 Jérôme, *Com. Is.*, prologue au livre I (*CCSL* 73, p. 1, l. 11-13) : *qui nescit scripturas nescit Dei uirtutem eiusque sapientiam, ignoratio scripturarum, ignoratio Christi est*, « celui qui ignore les Écritures ignore la vertu de Dieu et sa sagesse ; ignorer les Écritures, c'est ignorer le Christ ».

37 Jérôme, *Com. Jér.*, II, 111, 3 (*CCSL* 74, p. 118, l. 1-5) : *Vt autem nos interpretationis molestia liberemus, illam sequamur regulam quod omnes prophetae in typum Domini saluatoris pleraque gesserint et quicquid iuxta praesens tempus completum sit in Hieremia hoc in futurum de Domino prophetari*, « Mais pour

prophètes par Jérôme. Il affirme que ces unions indiquent des mystères futurs[38], et qu'on doit y voir le type de l'union entre le Sauveur et son Église venue des Nations[39]. Comme « le signe de Jonas », qu'évoque Jérôme également dans le commentaire sur Osée, le mariage de ce prophète constitue un exemple qui illustre parfaitement un autre verset du livret, Os 12, 10[40]. On relève d'ailleurs que Jérôme cite Os 12, 10 presque exclusivement dans ses commentaires sur les Prophètes[41] et exclusivement après avoir expliqué Osée, dans ses commentaires sur Isaïe et Ézéchiel, comme une preuve scripturaire que les prophètes sont *figurae* du Christ.

Cette citation d'Osée nous paraît résumer une seconde dimension exemplaire de la figure du prophète. En effet, celui-ci (re)présente non seulement des événements présents ou proches pour le peuple d'Israël dans le cadre de la relation de YHWH avec son peuple, mais en plus, il se fait la figure annonciatrice du Christ. Il devient en quelque sorte un exemplaire, toutefois partiel, de ce dernier et des réalités qui vont accompagner son incarnation.

Le prophète, un homme privilégié par Dieu

Le prophète devient donc au sein des commentaires de Jérôme une figure cruciale en ce qu'il est l'intermédiaire qui exprime la volonté divine, mais aussi le symbole du Christ, en tant que modèle incomplet de l'original, un « type » au sens herméneutique. La mission du prophète ainsi définie, comment l'exégète cerne-t-il précisément cette figure particulière des Écritures ?

La vocation divine

Tout d'abord, Jérôme présente les prophètes comme des hommes ayant un rapport privilégié avec Dieu, en expliquant leur récit de vocation. En effet, les

---

nous libérer d'une embarrassante explication, suivons ce principe : tous les prophètes ont accompli un grand nombre d'actes pour figurer le Seigneur Sauveur et tout ce qui est accompli à l'époque contemporaine de Jérémie est une prophétie pour le futur, au sujet du Seigneur ».

38 Voir *supra* note 26.
39 Jérôme, *Com. Os.*, I, 1, 2 (*CCSL* 76, p. 9, l. 116-118) : *De Saluatoris et Ecclesiae typo in praefatiuncula diximus, quod sumpserit sibi uxorem fornicariam quae prius idolis seruiebat*, « Dans notre préface, nous avons parlé de la représentation en type du Sauveur et de l'Église, parce qu'il avait pris comme épouse une débauchée qui auparavant était soumise aux idoles ». Cette interprétation, qui fait de la débauchée épousée par Osée le type de l'Église appelée des Nations, est traditionnelle : elle se trouve déjà chez Irénée de Lyon, *Contre toutes les hérésies*, IV, 20, 12 et elle est reprise par Origène dans ses *Homélies sur Josué*, 3, 4.
40 Os 12, 10 *iuxta Vulgatam uersionem* : *Et locutus sum super prophetas et ego uisiones multiplicaui et in manu prophetarum assimilatus sum*, « Et j'ai parlé dans les prophètes et moi, j'ai multiplié les visions et par l'intermédiaire des prophètes j'ai été figuré ».
41 On n'en relève qu'une seule occurrence extérieure aux commentaires, dans la *Lettre 96*, 12. Il s'agit de la traduction par Jérôme de la lettre pascale de l'évêque Théophile d'Alexandrie, de 401. Le verset d'Osée y est cité à des fins polémiques.

prophètes entretiennent des rapports directs avec Dieu, puisque ce dernier leur confie en personne la mission d'être prophète. Ainsi, Dieu parle « à » Osée comme « à travers » Osée, selon l'interprétation donnée des versets 1, 1 et 1, 2[42]. De même, en expliquant les récits de vocation d'Isaïe, de Jérémie et d'Ézéchiel, Jérôme souligne certains traits communs de leur appel.

D'une part, l'idée d'élection par Dieu : Jérémie par exemple est choisi par Dieu pour accomplir sa mission, dès avant sa naissance, comme Paul et Jean-Baptiste[43]. D'autre part, Jérôme souligne, chez les grands Prophètes, le rituel divin et symbolique concernant la bouche, siège de la parole : il explique par exemple longuement la purification des lèvres d'Isaïe à l'aide d'un charbon ardent dans la lettre 18A[44] datant de 381/382, puis dans le *Commentaire sur Isaïe* (de 408-410). Enfin, l'exégète latin rappelle assez fréquemment que les prophètes se montrent parfois timorés ou rétifs face à l'appel de Dieu ou à certains ordres divins. Si Isaïe et Osée exécutent les ordres de YHWH sans contredit et même avec enthousiasme, Jérémie et Ézéchiel hésitent, imitant en cela Moïse[45].

À travers ces exemples, Jérôme souligne la relation particulière des prophètes avec Dieu : ils sont choisis, reçoivent une mission dont la difficulté leur paraît parfois

---

42 Jérôme, *Com. Os.*, I, 1, 2 (*CCSL* 76, p. 7, l. 68-p. 8, l. 71) : *Aliud est autem loqui Dominum in Osee, aliud ad Osee. In Osee, non ipsi loquitur Osee, sed per Osee ad alios ; ad Osee uero loquens, ad ipsum significatur conferre sermonem*, « Mais que le Seigneur parle "en Osée" et "à Osée" sont deux choses différentes. "En Osée" : il parle non pas à Osée lui-même, mais par Osée aux autres ; en revanche, s'il parle "à Osée", cela signifie qu'il adresse son discours à ce dernier-même ».

43 Jérôme, *Com. Jér.*, I, 2, 2 (*CCSL* 74, p. 4, l. 8-15) : *Quod autem sanctificatur in utero iuxta illud Apostoli debemus accipere* : « *postquam autem placuit ei, qui me segregauit de utero matris meae et uocauit per gratiam suam ut reuelaret filium suum in me ut euangelizarem eum in gentibus* ». (Ga 1, 15-16) *Iohannes quoque Baptista sanctificatur in utero et spiritum sanctum accipit et mouetur in uulua et per os matris loquitur*, « Or, le fait qu'il soit sanctifié dans le ventre de sa mère, nous devons le comprendre selon cette parole de l'Apôtre : "Mais, après qu'il a plu à celui qui m'a mis à part depuis le ventre de ma mère et m'a appelé par sa grâce pour révéler son Fils en moi, afin que j'annonce sa bonne nouvelle aux païens". Jean le Baptiste aussi est sanctifié dans le ventre, reçoit l'Esprit Saint, bouge dans le sein de sa mère et parle à travers sa bouche ».

44 Jérôme, *Lettre* 18A, 15 (de 381 ?) (éd. et trad. J. LABOURT, I, p. 70, l. 4-6) : *Interrogantis sunt uerba Domini non iubentis quem debeat mittere et quis sit iturus ad populum, cui facilis propheta respondit* : « *ecce ego, mitte me* », « Les paroles du Seigneur constituent une interrogation, non un ordre : qui doit-il envoyer et qui ira vers le peuple ? Le prophète, complaisant, lui a répondu : "Me voici, envoie-moi" » (trad. LABOURT retouchée).

45 Jérôme, *Com. Os.*, prologue (*CCSL* 76, p. 1, l. 21-p. 2, l. 28) : *Moyses mittitur ad Pharaonem et dux Israelitici populi constituitur ; et tamen non imbecillitate, sed humilitate respondit* : « *prouide alium quem mittas* ». *Hieremias puerum esse se dicit, ne peccantem arguat Hierusalem. Hiezechiel iubetur de omni genere leguminis ac sementis unum subcinericium facere, et coquere illum in humano stercore ; et ait* : « *Nequaquam, domine, quia numquam immundum intrauit in os meum* », « Moïse est envoyé à Pharaon et établi chef du peuple d'Israël ; pourtant, il répond, non par faiblesse, mais par humilité : "Cherche un autre à envoyer". Jérémie dit qu'il est un enfant pour ne pas aller blâmer Jérusalem de son péché. Ézéchiel reçoit l'ordre de se faire un pain cuit sous la cendre à partir de toutes sortes de légumes et de graines et de le préparer sur un tas d'excréments humains ; il dit : "Non, jamais, Seigneur ! Car jamais rien d'impur n'est entré dans ma bouche" ». Voir aussi Jérôme, *Com. Jér.*, I, 3 (*CCSL* 74, p. 5, 1, 6).

décourageante. Le prophète n'est pas un surhomme, il peut hésiter, mais choisi par Dieu, il prend de fait une dimension particulière, il est à part.

Un homme de l'Esprit

En outre, Jérôme développe un autre aspect des prophètes : leur inspiration par l'Esprit Saint. Elle est évoquée en tête des commentaires sur Osée et sur Amos[46] comme une caractéristique commune aux prophètes, par delà leur diversité. L'idée est plus longuement développée dans la lettre à Hédybia[47]. Jérôme s'appuie sur un passage de Joël 2, 28 qui annonce l'effusion de l'Esprit sur les hommes qui prophétiseront sous son impulsion. Dans le Nouveau Testament, ce verset est cité en Actes 2, 16-18, lors précisément de la descente de l'Esprit sur les Apôtres au moment de la Pentecôte : Pierre affirme alors l'accomplissement du verset de Joël au sein de la communauté des Apôtres. C'est en ce sens que l'interprète Jérôme dans le *Commentaire sur Joël*, conformément à son habitude de ne pas interpréter un verset des Prophètes cité dans le Nouveau Testament autrement que selon l'interprétation qu'il y reçoit. Cependant, dans la lettre à Hédybia, remontant en quelque sorte le courant, Jérôme précise que c'est le même Esprit descendu sur les Apôtres qui fit parler les prophètes. L'inspiration fait donc des prophètes des figures parallèles aux Apôtres, autour d'un centre de symétrie, le Christ.

Ainsi, de plus en plus, les prophètes se constituent comme un ensemble remarquable qui trouve des correspondances dans le Nouveau Testament.

Un homme-signe

Enfin, en relevant les occurrences de la citation d'Os 12, 10 au sein des commentaires sur les Prophètes, on observe qu'un autre verset lui est fréquemment associé : Zacharie 3, 8 où il est question de *uiri portendentes* (selon la traduction sur l'hébreu de Jérôme)[48].

Dans son *Commentaire sur Zacharie*, composé à l'automne 406, très peu de temps avant celui sur Osée, si ce n'est immédiatement avant, Jérôme explique que ces *portendentes uiri* ne sont autres, selon le sens historique, que les prophètes,

---

46 Pour Amos, voir *supra*, note 14 ; Jérôme, *Com. Os.*, prologue (CCSL 76, p. 1, l. 1-3) : *Si in explanationibus omnium prophetarum sancti Spiritus indigemus aduentu, sub cuius instinctu scripti sunt, illius reuelatione pandantur*, « Puisque, pour le commentaire de tous les Prophètes, nous avons besoin du secours de l'Esprit Saint, afin de les expliquer grâce à la révélation de celui qui a suscité leur composition ».

47 Jérôme, *Lettre* 120, 9, à Hédybia (407) (Jérôme, *Lettres*, éd. et trad. J. LABOURT, VI, p. 148, l. 6-7 ; 12-13) : *Hic Spiritus sanctus non solum in apostolis sed et in prophetis fuit [...] nec sine Spiritu sancto prophetauerunt prophetae*, « Cet Esprit Saint était non seulement dans les Apôtres, mais dans les Prophètes [...] et ce n'est pas non plus sans l'Esprit Saint qu'ont prophétisé les prophètes ».

48 Zacharie 3, 8 *iuxta Vulgatam uersionem* : *Audi Iesu, sacerdos magne, tu et amici tui qui habitant coram te, quia uiri portendentes sunt*, « Écoute, Josué/Jésus, toi le grand prêtre, toi et tes amis qui habitent autour de toi, parce que ce sont des hommes de présage ».

annonciateurs de l'avenir[49]. Cette interprétation ne doit rien à Didyme l'Aveugle (cité parmi les sources principales de son commentaire par Jérôme), qui ne fait pas le rapprochement dans son propre commentaire sur Zacharie[50]. Or, comme Os 12, 10, le verset de Zacharie connaît par la suite une intense période d'utilisation après sa première explication, dans les grands commentaires sur Isaïe et Ézéchiel. Ce couple de versets pourrait à notre sens constituer pour Jérôme une définition des prophètes, considérés dans leur ensemble : ce sont des *uiri portendentes* (Za 3, 8) représentant Dieu et son Fils (Os 12, 10).

Dans les différentes occurrences de cette citation, Jérôme définit donc le prophète comme celui qui délivre des *portenta*, des signes annonciateurs, des présages. Mais à la différence des devins et augures qui cherchent des signes à interpréter, ils révèlent les mystères divins à venir par les signes qu'ils sont eux, tout entiers. Selon cette définition, le prophète a un rapport à la fois actif et passif aux signes : dans le *Commentaire sur Isaïe*[51], les prophètes sont tout d'abord des observateurs de signes et de présages selon la traduction littérale de Zacharie 3, 8. Jérôme pense ici aux visions dont sont frappés les prophètes : ils sont des « voyants », non pas en ce qu'ils observent des phénomènes extérieurs dont ils tirent un message, mais en ce qu'ils reçoivent des visions fantastiques ou voient la majesté divine intérieurement, en esprit (selon le modèle biblique qu'est Samuel, en 1 Sam 9, 9)[52]. Dans ce même passage d'Isaïe, Jérôme ajoute que les prophètes précèdent les événements futurs en tant que signe : ils sont donc spectateurs et acteurs, en tout cas intermédiaire entre Dieu et les hommes. Dans un schéma de communication, ils constitueraient le code.

L'idée sera clarifiée et répétée à plusieurs reprises dans le *Commentaire sur Ézéchiel*[53] : le prophète annonce par ses actes les événements futurs, il est le support

---

49 Jérôme, *Com. Za.*, I, 3, 8/9 (406) (CCSL 76A, p. 775, l. 183-185) : *Qui igitur Iesum filium Iosedec uolunt esse sacerdotem magnum, amicos eius qui habitant, uel sedent coram eo et qui uiri sunt portendentes, discipulos eius interpretantur et prophetas. Prophetae enim in signum sunt positi futurorum*, « Donc, ceux qui tiennent que le grand prêtre est Jésus/Josué, fils de Josédec, expliquent que ses amis qui habitent, ou sont assis, autour de lui et qui sont des hommes de présage, sont ses disciples et des prophètes. En effet, les prophètes sont établis comme signe d'événements futurs ».

50 Didyme l'Aveugle, *Sur Zacharie*, I, 246-249 (sur Zach 3, 8-9) : Didyme interprète ceux qu'il nomme des « tératoscopes » (« ceux qui observent les signes ») comme des figures des Apôtres, et il ajoute que Moïse et Aaron avaient déjà la même compétence.

51 Jérôme, *Com. Is.*, III, 8, 18 (CCSL 73, p. 118, l. 14-16) : *In Zacharia quoque sancti uiri prophetarumque discipuli teratoskopoi id est portentorum signorumque spectatores appellantur eo quod semper prophetae in signum praecesserint futurorum*, « Dans Zacharie également, les hommes saints et les disciples de prophètes sont nommés "tératoscopes", c'est-à-dire "observateurs des présages et des signes" du fait que les prophètes se sont toujours avancés pour être signe précurseur d'événements futurs ».

52 Jérôme, *Lettre* 53, 4, à Paulin de Nole (éd. et trad. J. LABOURT, III, p. 13, l. 19-21) : *Vnde et prophetae appellabantur uidentes quia uidebant eum quem ceteri non uidebant*, « C'est pourquoi aussi les prophètes étaient appelés "voyants", parce qu'ils voyaient celui qu'aucun autre ne voyait ».

53 Jérôme, *Com. Ez.*, I, 4, 13/15 (CCSL 75, p. 51, l. 1465-1468) : *Prophetas iuxta Zachariam uiros esse portentosos qui suis operibus futura portendant et de quibus loquitur Deus* : « *In manibus prophetarum assimilatus sum* », *in multis locis creberrime legimus*, « Selon Zacharie, les prophètes sont des hommes-signes qui signifient les événements futurs par leurs œuvres et dont Dieu dit : "Par l'intermédiaire des prophètes, j'ai été figuré" (Os 12, 10), en de nombreux passages, très fréquemment, nous l'avons lu ».

des signes révélateurs, il est tout entier signe. Le terme *portendentes* est dérivé du verbe *portendo*, bien attesté en latin classique et abondamment repris par Tertullien, puis par les écrivains chrétiens ultérieurs qui lui forgent une acception chrétienne. Le mot latin lui-même *portendentes* (ou sa variante adjectivale *portentosus* : dans les commentaires, la tradition manuscrite hésite) appliqué à des hommes n'est attesté que pour Zacharie 3, 8 dans la traduction de Jérôme, et dans les passages de ses commentaires qui ont été cités[54]. Les autres occurrences sont des substantivations au neutre. L'expression semble donc originale et propre à Jérôme pour définir les prophètes comme des « hommes-signes ».

Au total, au sein de l'œuvre exégétique de Jérôme, le prophète constitue véritablement une figure particulière, remarquable. Sans nier leur individualité, sans chercher non plus à individualiser chaque prophète, sans en faire des êtres supérieurs, quasi divins ou du moins surhumains, sans néanmoins dissimuler leur fragilité ou leur faiblesse, l'exégète montre qu'ils sont avant tout des signes. Ils parlent pour Dieu, ils parlent pour annoncer un futur à la fois proche et lointain, ils sont des révélateurs, et, dans la perspective chrétienne qu'adopte Jérôme, des précurseurs du Christ. Leur caractéristique ? Un message voilé, mais exprimé par un code global et original : leur corps et leurs actions. Ils sont les figures exemplaires de ce qu'ils annoncent, ils sont tout entiers paroles divines à interpréter.

Le prophète, figure exemplaire de l'exégète

Dans un second temps, il semble exister plus d'une convergence d'état et d'action entre l'objet de l'explication et son agent : dans une certaine mesure, spécifiquement à Jérôme, le prophète deviendrait pour l'exégète qu'il est, une figure exemplaire en particulier[55].

Tout d'abord, on peut comprendre l'*opus prophetale* comme le projet symétrique au commentaire général des épîtres pauliniennes, projet commencé puis abandonné au profit des Prophètes. Les Prophètes et Paul seraient en quelque sorte des figures symétriques par rapport au Christ, et l'exégète créerait donc une forme de triangulation pour relier toutes ces figures qui ont pour point commun d'annoncer Jésus Christ sans jamais l'avoir connu de son vivant.

Ensuite, en rapprochant la figure du prophète biblique de celle de l'exégète chrétien, on pourrait se demander dans quelle mesure Jérôme réactiverait consciemment ou non, dans l'Église de son époque, un mouvement prophétique. Mais il est clair que Jérôme n'a sans aucun doute pas eu la prétention de se considérer comme l'équivalent

---

54 *Thesaurus Linguae Latinae*, X, 2, 1, s.u. Portendo, I. B. *usu christiano*, col. 13. Tertullien use très souvent de ce verbe, montrant que les écrivains chrétiens reprennent un sens bien attesté chez les païens. Mais le verbe comme l'adjectif *portentosus* appliqués à des hommes sont uniquement bibliques et sont attestés par le *T.L.L.* uniquement en Za 3, 8 dans la *Vulgate* et dans le *Com. Ez.* de Jérôme, en retenant la leçon *portentosus* d'autres témoins manuscrits que F. Glorie, l'éditeur du *Com. Ez.* dans la collection *CCSL*, qui lit *portendentes*.

55 Ces hypothèses feront l'objet d'études à venir.

d'un prophète biblique, pour des raisons liées à la fois au canon biblique et à sa foi romaine.

En réalité, que le prophète soit une figure exemplaire ne signifie pas que celui qui le considère comme tel doive se penser dans une relation d'égal à égal. Il faudrait plutôt penser cette exemplarité en terme de points communs, mais tout en pensant le modèle comme étant d'une altérité radicale par rapport à celui qui le regarde comme tel.

Ainsi, il est frappant de constater que Jérôme prend de manière tout à fait significative Isaïe pour modèle, symbole de sa propre « vocation » d'exégète. De plus, dans le cadre des commentaires sur les Prophètes, prophète et exégète peuvent être mis en parallèle par le biais d'une action commune de l'Esprit en faveur du message divin : les Prophètes ne seront lus, compris et expliqués par l'exégète qu'à la condition que ce dernier reçoive la même inspiration qu'eux.

Un dernier rapprochement pourrait être effectué : prophète comme exégète occupent un ministère de la parole, et non pas de la liturgie, et l'Esprit y est l'élément central.

Conclusion

Les contours de la figure du prophète chez Jérôme se dessinent au fil de ses commentaires. Jérôme ne les considérait pas pour eux-mêmes, individuellement : il ne recherchait pas l'homme derrière l'œuvre, mais voulait montrer l'homme de l'Esprit et de la parole divine. Pris dans le contexte de leur mission, les prophètes sont pour Jérôme des figures exemplaires à plusieurs titres.

En premier lieu, en tant qu'hommes-signes, ils modélisent le message de Dieu, l'incarnent de tout leur être. En deuxième lieu, toujours en tant qu'hommes-signes, ils incarnent des exemplaires incomplets de la Révélation à venir. En tant que « types », ils annoncent et représentent par avance Jésus Christ et l'Église. Sous ses deux aspects d'homme-signe, le prophète requiert l'interprétation. Selon Jérôme, l'interprétation n'est possible qu'au chrétien qui aura en partage le même Esprit qui a inspiré les prophètes, c'est l'exégète tel que le conçoit Jérôme. De plus, les liens entre Jérôme exégète des Prophètes et ces derniers sont plus étroits qu'il n'y paraît, et tendrait à expliquer l'accomplissement de l'*opus prophetale*.

Nous finirons en soulignant que dans la littérature chrétienne, à partir du IVe siècle, l'association d'une figure biblique à un écrivain n'est pas exceptionnelle. G. Nauroy a montré qu'Ambroise proposait souvent à ses correspondants la figure d'Aaron, comme figure de l'évêque idéal, dont les qualités semblaient par charité bien ordonnée déjà s'incarner en bonne partie dans l'évêque milanais lui-même[56]. Quand on connaît l'antipathie de Jérôme pour Ambroise, on peut juger du poids qu'acquiert le choix

---

56 G. NAUROY, « Aaron, modèle biblique de l'évêque chez Ambroise de Milan », dans P.-G. DELAGE (éd.), *Les Pères de l'Église et les ministères*, actes du IIIe colloque de La Rochelle, 7-9 septembre 2007, La Rochelle, 2008, p. 183-202.

d'une figure exemplaire voire tutélaire pour les écrivains chrétiens. Là où Ambroise choisit un grand-prêtre, symbole d'une institution divine des pasteurs, mais aussi symbole du pouvoir de cette institution hiérarchique et qui plus est, coupable de péchés envers YHWH, Jérôme lui, jette son dévolu sur les prophètes, ces hommes du commun, ni chefs, ni prêtres, mais obéissant à YHWH, dénonçant les péchés et devenus auprès du peuple organe direct de la parole divine, par la grâce de l'Esprit, leur seule dignité.

TROISIÈME PARTIE

La figure mythique dans son contexte

La figure mythique s'enracine dans un contexte précis qui lui donne son sens. Elle n'existe pas de manière isolée, mais entre en interaction avec d'autres figures, et ce sont ces configurations qui créent un réseau et définissent son rôle, toujours renouvelé. Les réélaborations mythiques successives d'une même figure se doivent seulement de respecter quelques invariants sans lesquels elle ne serait plus reconnaissable. La liberté d'invention est immense, chaque figure étant profondément remodelée par le jeu d'interactions complexe qui se déploie dans le contexte où elle intervient.

Lorsque des listes de figures exemplaires sont établies, il s'agit à la fois de s'intégrer dans la liste pour y acquérir son statut – et la reconnaissance du « temps long » de la tradition – mais aussi, dans un mouvement inverse, de se distinguer au sein de la liste, d'être reconnaissable par des caractéristiques propres, qui se déploient dans le « temps court » du rituel, par exemple.

Anne-Catherine BAUDOIN examine comment la figure de Ponce Pilate se transforme profondément à mesure que ce dernier devient un exemple, un contre-exemple, puis un modèle, s'affranchissant peu à peu du cadre étroit du récit de la Passion. Il acquiert le statut de figure exemplaire quand il n'est plus étudié seulement pour lui-même, pour établir sa culpabilité, mais lorsqu'il devient un type, un modèle de persécuteur ou, de façon plus surprenante, un modèle de fermeté. C'est donc dans un second temps que la figure peut devenir exemplaire, par une mise à distance du texte commenté et l'insertion dans un nouveau contexte. La figure de Pilate révèle différentes facettes, selon les personnages auxquels il est confronté (mouvement analytique). Il peut même endosser la responsabilité d'un acte commis par une figure secondaire, comme lorsqu'il est accusé d'avoir percé de sa lance le flanc du Sauveur (mouvement synthétique).

La figure de Numa et son attribut essentiel, le bouclier sacré qu'il reçoit de Jupiter, permettent aussi d'analyser l'importance du contexte dans lequel s'inscrit la figure mythique, et ce qu'il advient d'elle lorsqu'elle est intégrée à une liste, appelée à devenir canonique.

Giovanna LATERZA analyse la place de Numa dans le « catalogue des héros » du chant VI de l'*Énéide*, célèbre mise en série de figures exemplaires. Le roi Numa permet de poser tous les cadres, spatiaux et temporels, de la liste, et ce, paradoxalement, parce qu'il est Sabin : c'est une figure extérieure, employée pour incarner des éléments essentiels de l'identité romaine. Il s'agit alors pour Énée de reconnaître Numa : il n'y a pas de figure exemplaire « en soi », mais il faut la construire, puis savoir la lire et interpréter ses attributs, par la mise en réseau au sein de la liste.

Maud PFAFF-REYDELLET montre qu'Ovide construit la figure de Numa en la confrontant à celle de Pythagore, dans les *Métamorphoses*, et à celles d'Aristée et d'Orphée, dans les *Fastes*. Comparer les deux mises en scène permet de comprendre que la figure mythique possède des invariants qui constituent le cœur du paradigme, décliné ensuite selon le contexte. L'attribut essentiel de Numa, l'ancile, bouclier tombé du ciel et gage de souveraineté, s'inscrit lui aussi dans une série de boucliers célèbres, d'Homère à Ovide en passant par Virgile.

Sylvia ESTIENNE s'attache elle aussi à une liste célèbre, celle des *pignora imperii*, évoquée par Servius dans son commentaire au livre VII de l'*Énéide*. Ce qui lui paraît intéressant dans la liste de Servius, c'est moins son aspect canonique que son écart par rapport aux traditions conservées par ailleurs sur les *pignora urbis*. Chacun des objets de la liste n'est pas présenté par Servius en lien avec un lieu, mais en relation avec une figure (cendres d'Oreste, voile d'Hélène). Ce sont donc les figures mythiques qui suscitent l'évocation des errances d'Énée et justifient la centralité de Rome.

F. C. / J. G. / M. P.-R.

ANNE-CATHERINE BAUDOIN

Exemple, contre-exemple, modèle : plasticité de la figure de Pilate dans la rhétorique patristique

Introduction

La présence de Pilate dans les textes littéraires antiques relève souvent du genre du commentaire : les auteurs expliquent un passage dans lequel il est question de la Passion et sont amenés à évoquer le rôle de Pilate dans le procès et la condamnation à mort de Jésus. Pilate est alors un élément du texte A, le texte commenté ; le texte B, le métatexte, est assez souvent identifiable par son titre : commentaire sur l'évangile de Matthieu, de Luc ou de Jean ; homélies pascales... Ce n'est cependant pas nécessairement le cas, et la caractéristique générique du texte B peut ne pas être le commentaire : il peut s'agir par exemple d'exposés dogmatiques expliquant les formules des confessions de foi, dans lesquelles apparaissent très tôt le nom de Pilate. Néanmoins il s'agit toujours d'un texte B, construisant la figure de Pilate, qui se greffe sur un texte A, évoquant directement Pilate ou la Passion, par une relation particulière de l'intertextualité – la métatextualité, le commentaire.

Dans le cas du commentaire, la figure de Pilate construite par un auteur repose sur des textes. Elle n'a pas nécessairement à voir avec la personne historique, dont nous ne savons presque rien[1] ; les auteurs des évangiles ont construit une première figure de Pilate, la seule à laquelle nous puissions avoir accès. Si les exégètes modernes distinguent quatre figures de Pilate, selon les intentions de chacun des auteurs canoniques[2], les exégètes anciens, en revanche, ne considèrent généralement qu'une seule figure, comme en témoigne leur recours par exemple à l'évangile de Luc quand ils commentent Matthieu, selon le principe exégétique de l'indispensable complémentarité des évangiles. Les commentaires anciens cherchent ainsi à éclairer cette proto-figure de Pilate quand ils expliquent la Passion et éclaircissent le rôle de Pilate dans le procès, qu'il s'agisse pour eux d'y voir un gouverneur qui remplit ses fonctions, un juge qui condamne contre sa conscience ou un Romain qui préfigure

---

[1] La synthèse de référence est l'ouvrage de J.-P. LÉMONON, *Pilate et le gouvernement de la Judée : textes et monuments*, Paris, 1981 ; 2ᵉ éd. *Ponce Pilate*, Paris, 2007.

[2] On peut se reporter par exemple à H. K. BOND, *Pontius Pilate in History and Interpretation*, Cambridge, 1998.

Anne-Catherine Baudoin École normale supérieure – Paris

Figures mythiques et discours religieux dans l'Empire gréco-romain, Textes réunis et édités par Frédéric CHAPOT, Johann GOEKEN et Maud PFAFF-REYDELLET, Turnhout, Brepols 2018 (p. 97-110)

les Nations[3]. L'élaboration d'une figure a pour caractéristique une mise à distance par rapport au texte commenté : il s'agit pour le personnage de départ, qu'il soit mythique ou historique, de « figurer » une idée ou une réalité plus vaste que lui. Comme cela a été défini notamment par Erich Auerbach, la *figura* marque un écart par rapport à ce qui constitue réellement la personne[4] : elle est constituée par les traits sur lesquels le commentateur choisit de mettre l'accent.

Dans un second temps, Pilate est devenu une figure exemplaire : le convoquer dans un exposé permettait d'expliquer une situation – c'est-à-dire que ce n'était plus Pilate lui-même qui était l'objet d'une explication. La figure de Pilate a progressivement acquis une certaine autonomie et a cessé d'émerger seulement dans le contexte des commentaires de la Passion ou d'un livre biblique. À partir du moment où Pilate est devenu un élément culturel familier, il a pu apparaître dans des situations dont le commentaire, pour un esprit chrétien, sollicitait une comparaison avec la Passion alors même qu'elles n'avaient pas de relation immédiate avec celle-ci. C'est ce type de phénomène qui est étudié ici dans la littérature chrétienne grecque et latine. L'utilisation de Pilate comme figure exemplaire est d'autant plus intéressante qu'elle est circonscrite : il n'est pas fréquent que Pilate soit convoqué en dehors de commentaires, continus ou ponctuels, de la Passion. On peut identifier trois cas très différents : la référence à Pilate comme juge dans les contextes de procès ; la description d'un personnage comme étant « pire que Pilate » ; et l'érection de Pilate en modèle. Il s'agit donc dans les trois cas de figures exemplaires : être un exemple de quelque chose – en l'occurrence de juge –, être un contre-exemple ou être un modèle.

L'imitation du Christ par les martyrs : la figure de Pilate comme juge dans les contextes de procès

La construction de la figure de Pilate se fonde dans un premier temps sur sa caractéristique de gouverneur : il est le représentant de l'autorité à l'époque de la mort de Jésus. À partir du IIIe siècle, époque des premiers commentaires suivis des évangiles, avec Origène, l'attention se déplace sur un autre trait, celui de juge : Pilate est celui devant qui Jésus est déféré.

Le procès de Jésus, type du procès

Origène utilise dans des passages relatifs à Pilate deux expressions pour décrire la façon dont il est typologiquement présent dans les textes : la première est celle de παράδειγμα (« paradigme ») et elle concerne les lectures de l'Ancien Testament, où

---

3 Que le lecteur me permette de lui indiquer A.-C. BAUDOIN, « Gouverneur, juge et Romain : la figure de Pilate chez les auteurs patristiques », dans J.-M. VERCRUYSSE (éd.), *Ponce Pilate*, Artois Presses Université, 2013, p. 41-56.
4 E. AUERBACH, « *Figura* », *Archivum Romanicum*, 22, 1938, p. 436-489 (= *Figura*, trad. M.-A. BERNIER, Paris, 1993).

Pilate est préfiguré, par exemple, par l'homme prêt qui mène au désert le bouc qu'il va sacrifier[5]. La seconde, qui retient l'intérêt ici, est celle de τύπος τῶν μελλόντων (« type des événements à venir ») : Pilate, dans la Passion, préfigure des événements postérieurs. Ainsi, dans l'homélie 14 sur Jérémie, Origène présente Jésus devant Pilate comme la réalisation (le παράδειγμα) de l'« homme mis en jugement » (Jr 15, 10a) annoncé dans une prophétie, mais aussi comme le τύπος des martyrs à venir, annoncés par l'expression « sur toute la terre » (Jr 15, 10b) : « Vois donc les martyrs partout *mis en jugement* (Jr 15, 10), dans chaque église traduits devant le juge, et tu verras de quelle manière en chacun des martyrs Jésus Christ est *mis en jugement*[6] ». Dans le passage, le nom de Pilate n'est pas prononcé ; il disparaît derrière le terme de « juge ». Origène n'insiste pas sur la façon dont Pilate préfigure les juges qui font comparaître les chrétiens, mais il rend possible cette compréhension par sa lecture spirituelle de la Passion.

L'absence du nom de Pilate fait basculer dans le domaine de l'allusion : la figure de Pilate est présente en filigrane. Il est naturellement plus évident de la repérer quand le nom est cité. Ainsi, Grégoire de Nysse, dans le discours *De sancto Theodoro*, qui rappelle l'histoire de ce soldat chrétien martyrisé au début du IVe siècle pour avoir incendié le temple de Cybèle à Amasée, compare les autorités qui ont condamné Théodore à Pilate et à Hérode :

> Comme siégeait ce vil tribunal, le gouverneur et le taxiarque s'étant réunis en un même groupe (ὅ τε ἡγεμὼν καὶ ὁ ταξίαρχος εἰς ταὐτὸ συνελθόντες), comme autrefois Hérode et Pilate, ils soumirent le serviteur du crucifié à un jugement identique à celui de son Maître[7].

Le terme ἡγεμών est celui qui désigne Pilate dans le Nouveau Testament, mais aussi le gouverneur du IVe siècle ; le terme de taxiarque, ou commandant de l'unité, relève uniquement de l'affaire Théodore. L'expression εἰς ταὐτὸ συνελθόντες est à mon sens une allusion au Psaume 2, commenté dès les Actes des Apôtres (Ac 4, 26-27) dans le sens de l'union entre Hérode et Pilate dans la condamnation à mort de Jésus. Ceux-ci deviennent ainsi, dans le *De sancto Theodoro*, le type des juges et des officiels qui président au jugement des martyrs.

Dans le monde latin, Augustin utilise Jn 19, 11 (« Tu n'aurais aucun pouvoir sur moi s'il ne t'avait été donné d'en haut ») pour expliquer que le témoignage des martyrs ne consiste pas seulement en l'endurance de la souffrance et la mort au nom du Christ, mais en la reconnaissance du pouvoir de Dieu qui se déploie : ce qui permet de

---

5 Origène, *In Leuiticum homiliae* XVI, homélie 10, 2, sur Lv 16, 10, éd. M. BORRET, Paris, 1982, p. 134-137.
6 Origène, *Homiliae in Ieremiam* 14, 7, éd. P. NAUTIN, *Origène. Homélies sur Jérémie (12-20)*, Sources chrétiennes, 238, Paris, 1977, p. 80-81 : Ἐὰν ἴδῃς μοι τοὺς πανταχοῦ μάρτυρας δικαζομένους, καθ' ἑκάστην ἐκκλησίαν παρισταμένους τοῖς δικασταῖς, ὄψει τίνα τρόπον Ἰησοῦς Χριστὸς ἐν ἑκάστῳ τῶν μαρτύρων δικάζεται.
7 Grégoire de Nysse, *De sancto Theodoro*, éd. J. P. CAVARNOS, dans G. HEIL, J. P. CAVARNOS, O. LENDLE, F. MANN *Gregorii Nysseni opera*, 10.1, Leyde / New York / Cologne, 1990, p. 65 : Ὡς γὰρ ἐκάθισε τὸ πονηρὸν ἐκεῖνο δικαστήριον, ὅ τε ἡγεμὼν καὶ ὁ ταξίαρχος εἰς ταὐτὸ συνελθόντες, ὡς Ἡρώδης ποτὲ καὶ Πιλᾶτος, τὸν δοῦλον τοῦ σταυρωθέντος, εἰς κρίσιν ὁμοίαν τοῦ Δεσπότου κατέστησαν.

comprendre que Dieu se trouve même à l'origine du pouvoir de celui qui met à mort les martyrs, c'est la mort de son Fils qui, au moment de sa condamnation, explique à Pilate cette origine divine du pouvoir qu'il détient[8]. Pour Cyrille d'Alexandrie, ce verset est ce que dit la Jérusalem céleste, l'Église, au monde qui la persécute, ainsi préfiguré par Pilate dans la Passion[9]. Dans toutes ces allusions patristiques, la figure de Pilate est au second plan ; l'accent du commentaire porte sur l'attitude du chrétien ou de l'Église qui imite le Christ. Pilate n'est présent que comme interlocuteur de Jésus et disparaît derrière la figure du juge. C'est le contexte du procès qui justifie sa présence. Un développement particulier de ce thème, chez Ambroise de Milan, mérite toutefois de retenir l'attention.

De l'allusion au procès à l'allusion à Pilate

Ambroise de Milan est un auteur important pour la construction de la figure de Pilate dans la littérature patristique : il est en effet le premier à se poser la question de l'iniquité du jugement porté par Pilate. Un juge qui condamne celui qu'il déclare innocent, quelle sorte de juge est-ce là ? C'est chez Ambroise que le lavement des mains est pour la première fois considéré de façon critique, comme un geste inefficace, car on ne saurait se laver les mains tout en se salissant la bouche d'une condamnation. La figure de juge inique qui apparaît chez Ambroise dans les commentaires sur Luc et sur les Psaumes connaît une utilisation particulière dans le commentaire du Psaume 61. On pourrait parler ici de présence de Pilate au troisième degré : le premier degré est le commentaire du Psaume 61 ; le second est la lecture d'Ambroise qui voit dans la mention de la « soif » (Ps 61, 5) la soif de sang de l'usurpateur Maxime faisant tuer l'empereur Gratien en 383 – relecture du psaume à la lumière d'un événement

---

8 Augustin d'Hippone, *Contra Faustum manichaeum* 22, 20, éd. J. Zycha (*CSEL* 25 [6, 1]), p. 609 : *Quasi uero non diuersis mortium generibus prostrata sint martyrum milia aut hoc reuera persecutores in potestate haberent, nisi eis desuper data esset ab illo, qui dixit : Non parcam nec iusto nec peccatori, cum ipse Dominus martyrum, quia filio proprio non pepercit, apertissime Pilato dicat :* Non haberes in me potestatem, nisi data tibi esset desuper, « Comme si des milliers de martyrs n'avaient pas été soumis à des morts de toutes sortes ou si leurs persécuteurs n'avaient réellement tenu cela en leur autorité que parce qu'elle leur avait été donnée d'en haut par celui qui a dit : "Je n'épargnerai ni le juste ni le pécheur", alors que le Seigneur des martyrs lui-même, parce qu'il n'a pas épargné son propre fils, dit très clairement devant Pilate : *"Tu n'aurais pas d'autorité sur moi si elle ne t'avait été donnée d'en haut"* (Jn 19, 11) » ; cf. *Sermo* 313d, 4, éd. D. G. Morin, *Miscellanea Agostiniana*, t. 1 : *Sancti Augustini sermones, post Maurinos reperti*, Rome, 1930, p. 534-535.

9 Cyrille d'Alexandrie, *Commentarius in XII prophetas minores, In Zachariam*, sur Za 12, 3, éd. P. E. Pusey, Oxford, 1868, réimpr. Bruxelles, 1965, p. 478 : Τούτῳ παραπλήσιον ἐκεῖνο οἶμαί ἐστι τὸ διὰ τῆς τοῦ Σωτῆρος φωνῆς εὖ μάλα σαφῶς εἰρημένον πρὸς Πιλᾶτον *Οὐκ εἶχες οὐδεμίαν ἐξουσίαν κατ'ἐμοῦ, εἰ μὴ ἦν δεδομένον σοι ἄνωθεν* φαίη δ'ἂν εἰκότως ἡ νοητὴ πάλιν Ἱερουσαλήμ, τουτέστιν ἡ Ἐκκλησία, τῷ διώκοντι κόσμῳ *Οὐκ εἶχες κατ'ἐμοῦ ἐξουσίαν οὐδεμίαν, εἰ μὴ ἦν δεδομένον σοι ἄνωθεν*, « Est proche de cela, je pense, ce qui est bien dit par la voix du Sauveur, en toute sagesse, à Pilate : *"Tu n'aurais aucune autorité sur moi si elle ne t'avait été donnée d'en haut"* (Jn 19, 12) ; ce serait là encore, clairement, la Jérusalem spirituelle, c'est-à-dire l'Église, qui dirait au monde qui la persécute : *"Tu n'aurais aucune autorité sur moi si elle ne t'avait été donnée d'en haut"* (Jn 19, 12) ».

récent[10] ; le troisième est la comparaison des meurtriers de Gratien avec les acteurs de la Passion.

Ambroise fait d'abord intervenir Judas, parce qu'il semblerait que Gratien ait été assassiné au cours d'un banquet, de même que Judas a trahi pendant le repas. Filant la comparaison avec la Passion, Ambroise en évoque alors trois autres personnages principaux, Pilate, Hérode et Joseph d'Arimathée, toujours avec la même formule d'introduction, *nec defuit* : dans cette affaire, « il n'a pas manqué » d'un homme qui se lavât les mains en disant : *"Je suis innocent du sang de ce juste"* (Mt 27, 24) » mais qui en réalité

> jura pour se parjurer, se lava les mains alors qu'il touchait l'évangile, afin que rien ne manquât à l'exemple (*ne quid deesset exemplo*), lava ses mains dans l'eau, afin de les souiller d'une manière plus criminelle dans le sang de l'innocent[11].

Ambroise poursuit :

> N'a pas manqué non plus un Hérode (*nec Herodes defuit*) à qui un second Pilate (*alter Pilatus*) a pensé qu'il se rendrait aimable s'il lui envoyait le prince prisonnier[12].

Pour la question de la sépulture de Gratien, il en vient à ajouter un passage autobiographique dans lequel il se met en scène en Joseph d'Arimathée :

> N'a donc pas manqué non plus celui qui réclamait la sépulture (*nec petitor* [...] *sepulturae defuit*), même si le Joseph que l'on disait juste a, lui, manqué. Mais Maxime plus cruel (*saeuior*) a pendant longtemps dénié ce que Pilate lui-même n'a pas pu écarter[13].

Notons que lorsqu'il se compare à Joseph d'Arimathée, par modestie, Ambroise n'en reprend que la fonction, *petitor sepulturae*, sans s'attribuer la qualité de « juste » (Lc 23, 49). Il fait allusion au fait qu'il s'est lui-même rendu auprès de Maxime pour lui demander officiellement la dépouille mortelle du jeune empereur afin que celle-ci reçoive à Milan les honneurs funèbres qui lui revenaient. Dans ce dernier passage Maxime est explicitement comparé à Pilate, le premier étant qualifié de *saeuior* – il faut en effet concéder à Pilate d'avoir immédiatement remis à Joseph d'Arimathée le corps de Jésus, alors que Maxime s'est fait prier longtemps.

---

10 Les références des récits de l'événement par les historiens anciens (notamment Zosime, Socrate de Constantinople et Sozomène) se trouvent dans F. PASCHOUD, *Cinq études sur Zosime*, Paris, 1975, note 4 p. 82.
11 Ambroise de Milan, *Explanatio Psalmorum XII, In Psalmum LXI* 25, sur Ps 61, 5, éd. M. PETSCHENIG (*CSEL*, 64), 2ᵉ éd. M. ZELZER, 1999, p. 393 : *Nec defuit qui manus lauaret dicens : Innocens sum a sanguine iusti huius* (Mt 27, 4) ; *in quo se Pilatus non diluit, sed inquinauit et implicauit, non exuit.* [...] *iurauit, ut periuraret, lauit manus, cum euangelium tangeret, ne quid deesset exemplo, lauit aqua manus, ut sceleratius inquinaret innocentis sanguine.*
12 Ambroise de Milan, *Explanatio Psalmorum XII, In Psalmum LXI* 25 (*CSEL* 64), p. 393 : *Nec Herodes defuit, cui alter Pilatus se placiturum credidit, si captum principem destinasset.*
13 Ambroise de Milan, *Explanatio Psalmorum XII, In Psalmum LXI* 26 (*CSEL* 64), p. 394 : *Nec petitor igitur sepulturae defuit, etsi Ioseph ille qui iustus dicebatur defuit. Sed longe Maximus saeuior denegabat quod Pilatus ipse auferre non potuit.*

Si donc on peut poser dans ce paragraphe une équivalence entre Maxime et Pilate, où l'usurpateur l'emporte en cruauté, il n'est pas évident que cette équivalence soit pertinente tout au long du passage : en effet, les historiens mentionnent dans cette affaire le rôle de Maxime et celui de son homme de main, Andragathios – c'est-à-dire deux personnages historiques, alors qu'Ambroise les compare aux trois figures que sont Judas, Hérode et Pilate. Toutes les tentatives pour poser des équivalences strictes entre les acteurs de la mort de Gratien et ceux de la Passion rencontrent des limites. Il me semble donc qu'il faut prendre le passage dans son ensemble et voir dans le récit de la mort de Gratien une réécriture de la Passion dans laquelle les acteurs du IVe siècle sont comparés non aux personnages liés à la mort de Jésus mais à des figures : le traître, le coupable qui cherche à se laver les mains mais renforce par ses paroles sa culpabilité, le dirigeant à qui est livré l'innocent, l'homme de pouvoir qui peut rendre ou non le cadavre. Chacun des personnages peut refléter tel ou tel trait d'une des figures. La figure de Pilate, considérée dans les trois moments que sont le lavement des mains et la déclaration d'innocence (Mt 27, 24), l'envoi de Jésus à Hérode (Lc 23, 7-12) et le don du corps à Joseph d'Arimathée (Mt 27, 58 et parallèles), est présentée successivement comme coupable de parjure et de meurtre (*iurauit ut periuraret* […] *sceleratius inquinaret innocentis sanguine*), comme servile flatteur envoyant le prévenu à Hérode (*se placiturum credidit si captum principem destinasset*) et enfin comme un homme malgré tout moins cruel que Maxime : le portrait en creux des assassins de Gratien s'en trouve d'autant plus assombri.

Le passage du commentaire du psaume 61 qui convoque les acteurs de la Passion pour les rapprocher des assassins de l'empereur Gratien à partir d'une lecture typologique de Ps 61, 5 témoigne donc non plus de l'élaboration mais de l'utilisation d'une figure négative de Pilate : revenant sur les circonstances de la mise à mort de Gratien, Ambroise souligne les parallèles avec la condamnation du Christ.

Pire que Pilate : la violence des persécuteurs

L'émergence d'une figure de Pilate chez Ambroise pouvant être utilisée pour tracer une comparaison entre la Passion et une situation contemporaine s'achève sur la description du personnage contemporain, Maxime, comme plus cruel (*saevior*) que Pilate. Curieusement, cette thématique des personnages « pires que Pilate » connaît un certain succès dans la période patristique. Le succès est relatif, certes, car les convocations de la figure de Pilate pour servir de comparaison sont rares ; mais c'est toujours à l'avantage de Pilate, car les persécuteurs auxquels les auteurs font allusion sont toujours plus violents que lui.

Chez Athanase d'Alexandrie

À ma connaissance, on trouve deux exemples de comparaison de personnages avec Pilate dans le monde grec. Le premier est légèrement antérieur à Ambroise et il n'est aucunement question d'influence de l'un sur l'autre : Athanase d'Alexandrie, à la différence d'Ambroise de Milan, s'intéresse très peu au rôle de Pilate dans la Passion quand il est amené à commenter cet épisode. En revanche, il utilise à plusieurs reprises la figure de Pilate comme modèle de persécuteur.

En 339, dans la lettre encyclique, Athanase dénonce l'attitude de Grégoire de Cappadoce, nommé évêque d'Alexandrie par le concile d'Antioche réuni autour de Constance II, et relate la violence des événements qui l'ont contraint à quitter son siège épiscopal[14]. Dans son installation à Alexandrie, l'arien Grégoire est en effet soutenu par le préfet Philagrios, et la présence du prêtre associé à l'homme de pouvoir amène une comparaison avec la Passion :

> Ces événements se déroulaient au cours même de la sainte Quarantaine qui précède la Pâque, quand, alors que nos frères jeûnaient, le fameux Grégoire, adoptant l'attitude de Caïphe avec Pilate le gouverneur (τὸν Καιάφα τρόπον ἀναλαβὼν μετὰ Πιλάτου τοῦ ἡγεμόνος) contre ceux qui vénèrent le Christ, s'enivrait. Entrant en effet un vendredi dans une des églises avec le gouverneur et des païens, comme il vit les gens se détourner de son entrée violente, il fit fouetter (μαστίξαι) par le très cruel gouverneur, pendant une heure, en public, trente-quatre vierges, épouses et hommes de bonne naissance, et les fit jeter en prison[15].

L'évêque Grégoire est comparé au grand-prêtre Caïphe et le préfet Philagrios au gouverneur Pilate ; l'association des deux dignitaires dans la Passion semble se rejouer dans les actes sacrilèges commis contre les chrétiens orthodoxes à Alexandrie. Comme dans le procès de Jésus, c'est le prêtre qui réclame et obtient du gouverneur qu'il fasse donner le fouet. La comparaison ne met pas Pilate au premier plan mais dessine les traits d'une figure noire, marquée par la soumission aux Juifs et par la cruauté. Les deux noms de Caïphe et de Pilate ainsi que la mention des coups de fouet – avec le verbe μαστίζειν repris à Jn 19, 1 – se retrouvent dans l'*Historia arianorum*, écrite en 357-358[16]. Dans la dernière partie de ce dernier ouvrage, consacrée aux persécutions en Égypte, Constance est à son tour comparé à Pilate :

> Il arriva que, alors que les évêques étaient bannis, certains autres aussi reçurent, sur des chefs d'accusation de meurtre, de rébellion ou de vol, une condamnation selon la nature du chef d'accusation ; et ces gens, après quelques mois, comme on

---

14 A. MARTIN, *Athanase d'Alexandrie et l'Église d'Égypte au IVe siècle (328-373)*, Rome, 1996, p. 403-409.
15 Athanase d'Alexandrie, *Epistula encyclica* 4, 3-5, éd. H. G. OPITZ, Berlin, 1940, p. 173 : Ταῦτα δὲ ἐγίνετο ἐν αὐτῇ τῇ ἁγίᾳ τεσσαρακοστῇ περὶ τὸ πάσχα, ὅτε οἱ μὲν ἀδελφοὶ ἐνήστευον, ὁ δὲ θαυμαστὸς Γρηγόριος τὸν Καιάφα τρόπον ἀναλαβὼν μετὰ Πιλάτου τοῦ ἡγεμόνος κατὰ τῶν εἰς Χριστὸν εὐσεβούντων ἐνεπαροίνει. Ἐν παρασκευῇ γοῦν εἰσερχόμενος εἰς μίαν τῶν ἐκκλησιῶν μετὰ τοῦ ἡγεμόνος καὶ τῶν ἐθνικῶν δήμων ὡς ἀποστρεφομένους εἶδε τοὺς λαοὺς τὴν βιαίαν εἴσοδον αὐτοῦ, ἐποίησε τὸν ὠμότατον ἡγεμόνα ἐν μιᾷ ὥρᾳ τριάκοντα καὶ τέσσαρας παρθένους καὶ ὑπάνδρους καὶ εὐγενεῖς ἄνδρας μαστίξαι δημοσίᾳ καὶ εἰς τὸ δεσμωτήριον ἐμβαλεῖν. En 356, l'investissement d'Alexandrie par Constance II désireux de placer de nouveau Grégoire de Cappadoce sur le siège épiscopal est aussi l'occasion de troubles violents dans lesquels le sous-diacre Eutychios trouve la mort en martyr (cf. MARTIN, *Athanase d'Alexandrie...*, p. 492). Le caractère semblable des faits est sans doute la source de la confusion entre 339 et 356 et de la citation de ce passage d'Athanase dans la notice consacrée à Eutychios dans les *Acta Sanctorum*, éd. J. BOLLAND et G. HENSCHEN, Venise, 1736, mars t. 3, 26 mars, p. 620.
16 Athanase d'Alexandrie, *Historia arianorum* 41, 2-3, éd. H. G. OPITZ, Berlin, 1940, p. 206.

l'en priait, il les relâcha, comme Pilate avait relâché Barabbas (cf. Mt 27, 16), mais les serviteurs du Christ, il ne les libéra pas : au contraire, plus impitoyablement, il leur fit subir des condamnations dans leurs lieux d'exil, devenant pour eux le mal immortel. Des premiers, par sa façon d'être, il était l'ami ; mais des orthodoxes, à cause de leur piété envers le Christ, il se trouvait l'ennemi. De cela, n'est-il pas manifeste pour tout le monde qu'autrefois les Juifs, réclamant Barabbas et crucifiant le Seigneur, étaient tels que le sont aujourd'hui ceux qui avec Constance combattent le Christ (χριστομάχοι) ? Et peut-être ce bandit est-il plus cynique que Pilate : celui-ci se lava en contemplant l'injustice commise (cf. Mt 27, 24), alors que celui-là grince encore davantage des dents en exilant les saints[17].

Dans cette partie, Athanase récapitule les conséquences du choix de Constance, l'arianisme, en montrant comment la persécution est mise par cet empereur au service de l'hérésie, ce qui la rend plus terrible que celles qui furent l'œuvre des païens. Il accumule contre Constance les « injures théologiques[18] » en le comparant aux figures royales les plus négatives de l'Écriture : Constance est pire qu'Achab (1 R 21) qui a eu peur face à Élie et s'est repenti ; il est plutôt comme Pharaon dont le cœur s'endurcit à chaque malheur. Athanase le compare à Pilate pour avoir relâché des coupables mais condamné des innocents, tel Barabbas au détriment de Jésus. Constance atteint cependant un degré de perversion supérieur à celui de Pilate : si les images du parallélisme final ne sont pas tout à fait claires, on peut toutefois y reconnaître l'idée que le lavement des mains est une tentative pour Pilate de se distancer de la condamnation prononcée, alors que Constance s'obstine dans le mal.

Pilate apparaît ainsi dans trois passages de l'œuvre d'Athanase d'Alexandrie comme une figure de persécuteur ; dans son association avec Caïphe lui sont comparés Philagrios, préfet d'Égypte, avec Grégoire de Cappadoce, et les évêques Ursace et Valens ; seul, il est une des figures négatives desquelles est rapproché Constance comme « christomaque ». Dans ces trois contextes, la persécution est alliée à l'hérésie, mais au moment de la comparaison c'est sur la première plutôt que sur la seconde qu'Athanase met l'accent.

En outre, par deux fois, Athanase compare directement des gestes de Pilate avec des attitudes des ariens, dans la lettre adressée aux évêques d'Égypte et de Libye, où l'attitude des ariens, persécuteurs des chrétiens orthodoxes mais espérant ne pas être condamnés eux-mêmes, rappelle à Athanase le lavement des mains de Pilate[19], et à

---

17 Athanase d'Alexandrie, *Historia arianorum* 68, 2-3, AW 2.1, p. 220 : Τῶν γὰρ ἐπισκόπων ἐξοριζομένων συνέβαινε καὶ ἄλλους τινὰς δι' ἐγκλήματα φόνου ἢ στάσεως ἢ κλοπῆς κατὰ τὴν τοῦ ἐγκλήματος ποιότητα λαμβάνειν τὴν καταδίκην, καὶ τούτους μὲν μετὰ μῆνας ὀλίγους ἀξιούμενος ὡς τὸν Βαραββᾶν Πιλᾶτος ἀπέλυε, τοὺς δὲ τοῦ Χριστοῦ δούλους οὐκ ἠφίει, ἀλλὰ καὶ μᾶλλον ἀνηλεῶς κατεδίκαζεν ἐν τοῖς ἐξορισμοῖς ἀθάνατον κακὸν γιγνόμενος εἰς αὐτούς. Τῶν μὲν γὰρ διὰ τὸν τρόπον φίλος ἦν, τῶν ὀρθοδόξων δὲ διὰ τὴν εἰς Χριστὸν εὐσέβειαν ἐχθρὸς ἐτύγχανεν. Ἆρ'οὖν οὐ πᾶσιν ἐκ τούτου λευκῶς ἐδείκνυεν ὅτι καὶ τότε οἱ Ἰουδαῖοι τὸν μὲν Βαραββᾶν αἰτησάμενοι, τὸν δὲ κύριον σταυρώσαντες τοιοῦτοι ἦσαν, οἷοι καὶ νῦν οἱ μετὰ Κωνσταντίου χριστομάχοι; Καὶ τάχα πικρότερος οὗτος ἢ Πιλᾶτος. Ὁ μὲν γὰρ κἂν ἐνίψατο συνορῶν τὴν ἀδικίαν, οὗτος δὲ καὶ μᾶλλον τρίζει τοὺς ὀδόντας ἐξορίζων τοὺς ἁγίους.
18 Martin, *Athanase d'Alexandrie...*, p. 513.
19 Athanase d'Alexandrie, *Epistula ad episcopos Aegypti et Libyae* 6, 2, éd. K. Metzler, Berlin, 1996, p. 45.

la fin de l'apologie à Constance, où la comparaison avec Pilate s'accompagne d'une surenchère, comme plus haut dans le rapprochement entre Pilate et l'empereur ; il est question de l'attitude des ariens envers les vierges, que même les païens respectent :

> Pilate, lui, pour plaire aux Juifs de son temps, perça de la lance un des côtés du Sauveur ; eux surpassent encore la folie de Pilate (τὴν μανίαν Πιλάτου) : ce n'est pas un seul mais les deux côtés qu'ils ont frappés : les membres des vierges sont en effet, de manière remarquable, les propres membres du Sauveur[20].

La perversité des ariens est supérieure à celle de Pilate. Athanase impute hâtivement à Pilate la responsabilité du coup de lance (Jn 19, 34) et décrit ensuite son attitude comme une μανία, un terme que, parmi les rares auteurs qui l'emploient à propos de Pilate, il est le premier à utiliser. Même si la violence du comportement de Pilate est atténuée par la surenchère concernant les ariens, selon un procédé hérésiologique classique, la figure de Pilate chez Athanase apparaît assez noire pour qu'un geste de violence dont il n'est pas l'auteur, le coup de lance, soit considéré comme étant de son fait.

Ainsi Athanase d'Alexandrie est-il le seul auteur à utiliser la figure de Pilate pour des comparaisons avec des personnages négatifs, persécuteurs hérétiques ; ceux-ci, selon lui, agissent comme Pilate ou sont pires que lui. Toutefois, dans la plupart des passages, Athanase reporte l'essentiel de la faute qu'est la condamnation de Jésus non pas sur Pilate lui-même mais sur les Juifs ; Pilate agit avec eux – dans les passages qui mentionnent Caïphe – ou sur leur requête. Quand il est question de Pilate seul, c'est qu'Athanase fait allusion à deux actes qui lui sont propres, non la condamnation elle-même, mais la libération du coupable Barabbas et le lavement des mains – et encore précise-t-il dans l'*Historia arianorum* que ce sont les Juifs qui réclament la libération du brigand. La noirceur de la figure de Pilate convoquée par Athanase est donc atténuée, dans l'étude du contexte, par la présence des Juifs : le comportement de Pilate est condamné mais le personnage n'est pas présenté comme le responsable des souffrances et de la mort du Christ.

Chez Grégoire de Nazianze : le persécuteur se fait christoctone comme Pilate

Dans le même sens qu'Athanase, Grégoire de Nazianze utilise lui aussi la figure de Pilate avec le groupe plus vaste des acteurs de la Passion. Dans l'ensemble de son œuvre, il parle rarement de Pilate, et seulement dans ses discours, mais il le dépeint en des traits précis et très contrastés. Deux passages dressent un portrait particulièrement violent. Dans le quatrième discours, la première invective contre Julien, dont la date n'est pas connue – il peut avoir été composé du vivant de Julien ou après sa mort en

---

20 Athanase d'Alexandrie, *Apologia ad Constantium* 33, éd. J.-M. SZYMUSIAK, Paris, 1958, p. 168-169 :
Πιλᾶτος μὲν οὖν, καθηκεύων τοῖς τότε Ἰουδαίοις, λόγχῃ μίαν πλευρὰν τοῦ Σωτῆρος ἔνυξεν· οὗτοι δὲ καὶ τὴν μανίαν Πιλάτου νενικήκασιν, ὅτι μὴ μίαν ἀλλ'ἀμφοτέρας ἔξεσαν· τὰ γὰρ μέλη τῶν παρθένων ἐξαιρέτως ἴδια τοῦ Σωτῆρός ἐστι (traduction légèrement modifiée).

363[21] – Grégoire semble s'adresser directement à l'empereur à qui il reproche d'être entré en guerre contre l'héritage du Christ :

> Tu te fais persécuteur (διώκτης) à la suite d'Hérode, traître (προδότης) à la suite de Judas, mais sans te pendre comme l'a fait celui-ci pour montrer son repentir ? Tu te fais meurtrier du Christ (χριστοκτόνος) à la suite de Pilate et ennemi de Dieu à la suite des Juifs[22] ?

Les trois noms cités dans cette liste plus longue d'invectives à Julien sont ceux d'Hérode, de Judas et de Pilate, tous les trois présentés comme de vils personnages. Ce passage doit être éclairé par le discours 36, prononcé en 380[23], dans lequel Grégoire vilipende l'envie, cause de bien des maux, notamment des médisances selon lesquelles il convoiterait le siège de Constantinople. Dans une énumération des méfaits de l'envie, Grégoire écrit :

> L'envie a révélé en Judas un traître (προδότην) qui mérite la corde après avoir été séduit par un peu d'argent (cf. Mt 26, 14-16 ; 27, 5) ; l'envie a fait d'Hérode le meurtrier des enfants (παιδοκτόνον, cf. Mt 2, 16) et de Pilate le meurtrier du Christ (χριστοκτόνον, cf. Mt 27, 24[24]) ; l'envie secoua Israël au van et le dispersa (cf. Am 9, 9), et les Israélites n'ont pas encore mis fin à cette faute ; l'envie nous a suscité le tyran apostat[25].

Les deux passages désignent Judas par le terme de προδότης, qui n'est pas surprenant. La caractérisation d'Hérode comme διώκτης dans le discours 4, ajoutée au fait qu'il est mentionné en premier, et éclairée par l'appellation de παιδοκτόνος dans le discours 36, laisse comprendre qu'il s'agit, dans les deux discours, d'Hérode le Grand, et du massacre des innocents, plutôt que d'Hérode Antipas. La véritable originalité réside dans l'appellation de χριστοκτόνος pour Pilate : les seuls emplois de ce terme pour qualifier Pilate dans la littérature grecque sont en effet dus à Grégoire de Nazianze ; cet adjectif ou le substantif χριστοκτονία renvoient habituellement à l'événement ou aux acteurs de la mort du Christ, sans préciser leur identité ou en spécifiant qu'il s'agit des Juifs[26]. Chez Grégoire de Nazianze, le terme résume le rôle de Pilate dans la Passion ; c'est en tant qu'assassin du Christ que Pilate est utilisé pour la comparaison avec Julien.

---

21 Cf. J. BERNARDI, *Grégoire de Nazianze. Discours 4-5*, Paris, 1983, p. 21.
22 Grégoire de Nazianze, *Contra Iulianum imperatorem 1 (orat. 4)*, 68, éd. J. BERNARDI, p. 178-179 : Μετὰ Ἡρώδην διώκτης καὶ μετὰ Ἰούδαν προδότης, πλὴν ὅσον οὐκ ἀγχόνῃ τὴν μετάνοιαν ἔδειξας ὥσπερ ἐκεῖνος, καὶ χριστοκτόνος μετὰ Πιλᾶτον καὶ μετὰ Ἰουδαίους μισόθεος.
23 P. GALLAY, *Grégoire de Nazianze. Discours 36*, Paris, 1985, p. 40.
24 Le renvoi dans l'édition à Mt 26, 16 doit être une inadvertance de l'annotateur (p. 253).
25 Grégoire de Nazianze, *De seipso et ad eos qui ipsum cathedram Constantinopolitanam affectare dicebant (orat. 36)*, 5, éd. P. GALLAY, p. 252-253 : Οὗτος [ὁ φθόνος] καὶ Ἰούδαν προδότην ἀνέδειξεν, ἀργυρίῳ μικρῷ κλαπέντα, τὸν ἀγχόνης ἄξιον· καὶ Ἡρώδην παιδοκτόνον, καὶ χριστοκτόνον Πιλᾶτον ἐδημιούργησεν. Οὗτος καὶ τὸν Ἰσραὴλ ἐλίκμησε καὶ διέσπειρεν, ἐξ ἧς οὔπω καὶ νῦν ἀνανεύουσιν ἁμαρτίας. Οὗτος καὶ τὸν ἀποστάτην ἡμῖν ἐπανέστησε τύραννον.
26 Cf. K. SUNDERMANN, *Gregor von Nazianz: der Rangsterit zwischen Ehe und Jungfräulichkeit (Carmen 1, 1, 1, 215-732), Einleitung und Kommentar*, Paderborn / Munich / Vienne / Zurich, 1991, p. 147.

Pilate comme modèle

Pilate apparaît ainsi comme une figure d'identification négative : il est la référence convoquée par les auteurs patristiques quand ceux-ci se trouvent amenés à commenter le rôle d'un personnage investi d'une autorité officielle faisant un mauvais usage de son pouvoir. Pourtant, de la même manière qu'Ambroise désignait Maxime comme « plus cruel » que Pilate et qu'Athanase disait que les ariens avaient surpassé la folie de Pilate, Grégoire de Nazianze, alors même qu'il désigne Pilate comme « christoctone », va jusqu'à recommander d'imiter Pilate. Ce passage est à mettre en parallèle avec une lettre citée par Théodoret de Cyr, dans laquelle ce sont des empereurs eux-mêmes qui se placent sous le patronage de Pilate ; ces exemples sont à ma connaissance uniques dans la littérature antique.

Pilate modèle de fermeté

Dans un discours sur le baptême prononcé à Constantinople vers 380 au moment de la fête du baptême du Christ[27], Grégoire de Nazianze évoque l'attitude inflexible qui est celle de Pilate en Jn 19, 22, refusant de changer un mot du *titulus* (*quod scripsi, scripsi*) : le chrétien doit se comporter de la même façon pour conserver intacte la confession de foi reçue à son baptême.

Si tu es dans ces dispositions, si c'est le bon texte qu'on a écrit en toi, garde, je t'en prie, ce qui a été écrit (τὰ γεγραμμένα), et, au milieu de circonstances changeantes (ἐν καιροῖς τρεπτοῖς), reste inchangé (ἄτρεπτος), à l'égard de ce qui est inchangeable (ἀτρέπτου). Imite – mais en mieux – Pilate qui écrivait une chose défectueuse (κακῶς γράφοντα), tandis qu'on a écrit en toi ce qui est bien (καλῶς γεγραμμένος) ; dis à ceux qui essaient de te faire changer d'avis : « *Ce que j'ai écrit, je l'ai écrit* (Jn 19, 22)[28] ».

Grégoire de Nazianze insiste sur l'importance d'acquérir et de conserver une profession de foi doctrinalement valide. Pour exprimer l'acquisition par le néophyte de ces formules, il emploie la métaphore de l'écriture : ce qui est écrit dans l'âme du futur baptisé ne doit pas changer d'un iota. La répétition des termes de la famille de γράφω appelle la référence à Ponce Pilate. Curieusement, son action est désignée par la participiale κακῶς γράφοντα ; or aucun auteur patristique ne critique les mots de Pilate, soulignant toujours la justesse du titre de roi (Jésus de Nazareth, roi des Juifs) décerné à Jésus. Peut-être faut-il comprendre l'adverbe κακῶς comme renvoyant à la figure négative de Pilate telle qu'elle apparaît ailleurs dans l'œuvre de Grégoire de Nazianze : ce qui est jugé κακῶς est sans doute plus évocateur, pour Grégoire, de son

---

27   Cf. P. GALLAY, C. MORESCHINI, *Grégoire de Nazianze. Discours 38-41* Paris, 1990, p. 11.
28   Grégoire de Nazianze, *In sanctum baptisma* (orat. 40), 44, p. 302-303 : Εἰ δὲ οὕτως ἔχεις, καὶ καλοῖς ἐνεσημάνθης τοῖς γράμμασι, φύλασσέ μοι τὰ γεγραμμένα, ἐν καιροῖς τρεπτοῖς ἄτρεπτος μένων περὶ ἀτρέπτου πράγματος. Μίμησαι τὸν Πιλᾶτον ἐπὶ τὸ κρεῖττον, κακῶς γράφοντα, καλῶς γεγραμμένος. Εἰπὲ τοῖς μεταπείθουσί σε· Ὃ γέγραφα, γέγραφα.

attitude générale que de ce qu'il écrit précisément. Cela s'oppose ainsi au καλῶς qui désigne l'attitude du néophyte qui doit persévérer dans la vraie foi. Ce n'est pas tant l'imitation de Pilate que propose Grégoire que l'imitation de l'attitude de fermeté résumée par les mots de Jn 19, 22 : il joue sur l'adjectif τρεπτός, utilisé dans l'expression ἐν καιροῖς τρεπτοῖς et repris ensuite sous la forme ἄτρεπτος, puis ἀτρέπτου. Peut-être la mention de Pilate est-elle explicable aussi par le contexte baptismal, puisque dans la confession de foi se trouve l'expression « crucifié sous Ponce Pilate ».

Cette exhortation à « imiter Pilate en mieux » (μίμησαι τὸν Πιλᾶτον ἐπὶ τὸ κρεῖττον) est un exemple unique d'une telle valorisation de la figure de Pilate, alors même que la désignation de l'écriture du *titulus* par Pilate, κακῶς γράφοντα, renvoie aux éléments négatifs soulignés dans les autres discours.

Pilate modèle des empereurs pour le lavement des mains

Le dernier document étudié ici est d'une nature différente, mais requiert de prendre un certain nombre de précautions. Il s'agit du premier élément d'un dossier de trois pièces sur un synode occidental en Illyricum, en 375 : une lettre impériale précède la profession de foi et la déclaration synodale des évêques d'Illyricum. L'ensemble est transmis dans l'*Historia ecclesiastica* de Théodoret de Cyr, et les débats sur l'authenticité de cet événement, et donc de ces documents, sont importants, notamment parce que Théodoret est le seul à les mentionner et à les citer[29]. La lettre est attribuée aux trois empereurs de 375, Valentinien, Valens et Gratien, qui font de Pilate un modèle :

> Aussi bien, puisque nous voulons nous garder purs de votre contagion – comme Pilate, lorsqu'il interrogeait le Christ au temps de sa vie parmi nous, alors qu'il ne voulait pas le faire mourir, pour que souffrît † celui qui en avait été prié[30] †, se tournant vers les régions orientales et demandant *de l'eau sur ses mains*, *se lava les mains en disant* : « *Je suis innocent du sang de ce juste* » (Mt 27, 24) – de même

---

29 Cf. G. BARDY, « Sur un synode de l'Illyricum (375) », *Bulletin d'ancienne littérature et d'archéologie chrétienne*, 2, 1912, p. 259-274, p. 274 (contre l'existence du synode) ; R. GRYSON, *Maximinus (et Palladius). Scolies ariennes sur le concile d'Aquilée*, introduction, Paris, 1980, p. 109 (« aucune raison de récuser le témoignage de Théodoret ») ; Y.-M. DUVAL, « La présentation arienne du concile d'Aquilée de 381. À propos des "Scolies ariennes sur le concile d'Aquilée" par R. Gryson », *Revue d'histoire ecclésiastique*, 76, 1981, p. 317-331, p. 325-326 (sans doute y a-t-il eu une réunion, mais elle n'est pas à l'origine des textes transmis par Théodoret) ; A. MARTIN, dans J. BOUFFARTIGUE, P. CANIVET, A. MARTIN, *Théodoret de Cyr. Histoire ecclésiastique*, Paris, 2009, introduction, p. 39 (la cohérence du dossier et la date du synode restent débattues, mais il ne serait pas anormal que Valentinien ait cautionné la foi nicéenne en Occident).

30 Reprenant l'hypothèse selon laquelle il s'agirait de la traduction grecque d'un texte latin, à la suite de L. PARMENTIER, G. C. HANSEN, *Theodoret Kirchengeschichte,*, Berlin, 1998³, p. 222, apparat critique, Bouffartigue propose de voir dans le participe passif παρακληθέντα une traduction maladroite du participe latin déponent *hortatus* (notes philologiques, note p. 66-67). À mon sens, dans la mesure où le sens passif de *hortor* est attesté en latin d'époque impériale, on pourrait aussi comprendre les deux participes comme des passifs renvoyant au Christ et traduire « pour que souffrît celui que l'on réclamait » et « souffrir à la suite de celui qui a été réclamé », avec le sens tardif de μεταξύ comme équivalent de μετά.

aussi notre pouvoir a-t-il partout ordonné de ne pas persécuter, ni accabler, ni jalouser ceux qui cultivent le champ du Christ, ni de chasser les serviteurs du Grand Roi (Mt 5, 35) [...][31].

Comme Pilate, les empereurs auteurs de cette lettre refusent de prendre sur eux le sang de ces justes que sont les évêques orthodoxes. La valeur positive de la figure utilisée dans la comparaison retient l'attention : le lavement des mains de Pilate préserve sa pureté, au point que les empereurs puissent prendre le gouverneur de Judée comme modèle. Cette figure n'a donc rien à voir avec celle à laquelle Athanase d'Alexandrie compare l'empereur Constance. Il est d'autant plus remarquable de la trouver ici qu'elle est associée à Gratien, qui est une figure christique dans le commentaire d'Ambroise de Milan sur le Psaume 61, où ce sont ceux qui mettent à mort Gratien qui sont comparés à Pilate. Il faut par ailleurs noter que cette utilisation de la figure de Pilate s'intègre parfaitement dans l'œuvre de Théodoret de Cyr, qui souligne à plusieurs reprises la réticence de Pilate à condamner Jésus et l'efficacité du geste du lavement des mains, et soutient que la juste sentence rendue par Pilate, qui a déclaré l'innocence de Jésus, a été corrompue par le tribunal inique des Juifs.

Conclusion

Pilate devient ainsi une figure exemplaire : on fait appel à lui en dehors du commentaire de la Passion, quand on évoque des situations qui sollicitent une comparaison avec cet épisode. C'est donc bien dans un second temps que la figure peut devenir exemplaire, une fois que son contexte d'origine est connu. L'utilisation d'une figure exemplaire nécessite évidemment des références communes entre le locuteur et l'auditeur ou le lecteur : la figure de Pilate n'est ainsi utilisée dans l'Antiquité que par des auteurs chrétiens ; forgée par des chrétiens et pour des chrétiens, elle s'inscrit dans un héritage autoréférencé : Pilate n'est jamais comparé aux rois païens, par exemple, ni même aux rois bibliques, mais les hommes de pouvoir de l'époque des auteurs peuvent être comparés à Pilate, quand des épisodes sont rapprochés du moment exemplaire qu'est la Passion, un des événements fondateurs du christianisme. Les récits de la Passion sont eux-mêmes écrits en référence notamment à Isaïe 53, la péricope de la Persécution du Juste, et cette identification est à la base de la vie chrétienne :

---

31 Théodoret de Cyr, *Historia ecclesiastica* 4, 8, 5, p. 208-209 : Ἡμεῖς μέντοι καθαροὺς ἑαυτοὺς ἀφ'ὑμῶν εἶναι θέλοντες, ὡς καὶ Πιλᾶτος ἐπὶ τῆς ἐξετάσεως τοῦ ἐν ἡμῖν πολιτευομένου Χριστοῦ, μὴ θέλοντος αὐτὸν ἀνελεῖν, καὶ ὑπὲρ τοῦ παθεῖν τὸν † παρακληθέντα † ἐπιστραφεὶς ἐπὶ τὰ τῆς Ἀνατολῆς μέρη καὶ αἰτήσας ὕδωρ ἐπὶ χειρῶν, ἐνίψατο αὐτοῦ τὰς χεῖρας λέγων· Ἀθῷός εἰμι ἀπὸ τοῦ αἵματος τοῦ δικαίου τούτου. Οὕτως καὶ τὸ ἡμέτερον κράτος διὰ παντὸς ἐνετείλατο μὴ διώκειν μήτε ἐπικλύζειν μήτε ζηλοῦν τοὺς ἐργαζομένους τὸ χωρίον τοῦ Χριστοῦ, μήτε τοὺς διοικητὰς ἀπελαύνειν τοῦ μεγάλου βασιλέως [...] (traduction modifiée). Un éditeur a proposé la correction de θέλοντος en θέλων, ce qui permettrait de faire disparaître le curieux génitif absolu de la première phrase, dont les traducteurs en *Sources chrétiennes* n'ont pas tenu compte. Je propose que ce soit sinon une glose, du moins une influence de Ac 3, 13 selon le texte occidental, ἐκείνου ἀπολύειν αὐτὸν θέλοντος.

puisque chacun doit vivre comme le Christ, fût-ce au point d'être persécuté pour la justice (Mt 5, 10), il y a donc aussi des persécuteurs, dont la figure est Ponce Pilate.

Cette figure a néanmoins aussi une plasticité peu commune. Elle est surtout négative, avec deux limites : quand un gouvernant est comparé à Pilate, il est pire que Pilate, mais quand un dirigeant se compare à Pilate, comme dans la lettre des empereurs, la figure est positive. Cette figure chrétienne a la particularité d'être encore utilisée aujourd'hui, dans un contexte culturel déchristianisé ; la persistance de l'expression « s'en laver les mains » fait de Pilate une figure exemplaire même sans référence à la Passion. Le nom propre a accédé à la dignité de paradigme, au sens platonicien du terme, c'est-à-dire que, comme Judas, Casanova ou Don Juan, Pilate est devenu un mythe qu'il faut connaître pour le reconnaître.

GIOVANNA LATERZA

Fabriquer l'exemplarité : la figure de Numa dans l'*Énéide*, VI, 808-812

Lire une figure exemplaire : approches théoriques

L'analyse du Numa virgilien permet d'aborder la question complexe de la construction des figures exemplaires à partir d'un cas d'étude précis. Avant de nous plonger dans le texte virgilien, nous souhaitons présenter brièvement les postulats théoriques qui fondent notre examen critique. Soulignons d'abord que l'exemplarité ne doit pas être considérée comme une qualité intrinsèque d'un personnage spécifique : elle apparaît plutôt comme le résultat d'un processus de fabrication discursive. Par conséquent, notre ambition est de relever les modalités de construction littéraire qui sous-tendent la représentation de Numa dans l'*Énéide*, VI, 808-812. Pour ce faire, on utilisera une série de notions stratégiques abstraites, issues du travail critique de Lyons[1], spécialiste de l'exemplarité dans la Renaissance italienne et française. En effet, Goldschmidt[2] a très récemment démontré que ces concepts peuvent aider à saisir le fonctionnement du catalogue de figures exemplaires du sixième livre de l'*Énéide*, dont Numa fait partie. En effet, ces notions permettent de définir trois niveaux d'analyse complémentaires : la figure exemplaire doit être étudiée en tenant compte de sa caractérisation singulière (*excess, rarity*), de la place relative qu'elle occupe dans le réseau d'exemples contextuels (*iterativity, undecidability*) et de ses multiples histoires possibles (*discontinuity*). Enfin, on doit s'interroger sur le public auquel s'adressent ces figures artificielles. Roller[3], qui a longuement étudié l'exemplarité à Rome, considère que les figures exemplaires sont caractérisées par la mise en scène spectaculaire d'une ou plusieurs actions, destinées à un public double. L'image spectaculaire s'adresse en même temps à un personnage du récit (*primary audience*) et à un destinataire extérieur au texte (*secondary audience*). On est alors tenu de se demander comment ces deux publics interagissent dans le cadre de la présentation du roi sabin. Pour résumer, l'étude d'une figure exemplaire exige la prise en compte des attributs qui la caractérisent, de la place relative qu'elle occupe dans son contexte

---

1 J. D. Lyons, *Exemplum. The rhetoric of example in early modern France and Italy*, Princeton, 1989.
2 N. Goldschmidt, *Shaggy crowns : Ennius' Annales and Virgil's Aeneid*, Oxford, 2013, p. 174.
3 M. B. Roller, « Exemplarity in Roman culture : the cases of Horatius Cocles and Cloelia », *Classical Philology*, 99, 2004, p. 1-56.

Giovanna Laterza Université de Strasbourg / Albert-Ludwigs-Universität Freiburg
Centre d'analyse des rhétoriques religieuses de l'Antiquité (EA 3094)

d'insertion, de la sélection qui est opérée sur son histoire mythique et enfin, des publics auxquels elle s'adresse.

Numa dans *l'Énéide*, VI, 808-812

> *Quis procul ille autem ramis insignis oliuae*
> *sacra ferens ? Nosco crinis incanaque menta*
> *regis Romani, primam qui legibus urbem*
> *fundabit, Curibus paruis et paupere terra*
> *missus in imperium magnum.*

Én. VI, 808-812

Mais qui paraît là-bas, si imposant, paré de rameaux d'olivier, portant des objets saints ? Je reconnais la chevelure et le menton chenu du roi romain par qui, premier, notre ville sera fondée sur des lois, de la petite Cures, de son pauvre domaine en un grand empire envoyé.

(traduction J. PERRET 1989[4])

Pour créer un exemple, il faut choisir un aspect spécifique qui le caractérise (*excess*[5]). C'est cette caractéristique singulière qui définit l'exceptionnalité sociale du personnage exemplaire (*social rarety*[6]). Dans cette perspective, nous remarquons que Virgile choisit de ne pas citer explicitement le nom de Numa au cours de sa présentation. En effet, c'est aux lecteurs et, par anticipation, à Énée de reconnaître (*nosco*) le personnage sur la base des attributs qui le caractérisent (*insignis*). Le rameau d'olivier et les *sacra* présentent tout de suite Numa comme une figure religieuse[7]. Le *ramus*, symbole de la paix[8], insiste doublement sur la religiosité de Numa, dans la mesure où la stipulation de la *pax* relève, à Rome, à la fois du droit et du rite[9]. Ensuite, le passage cite d'autres

---

4 Pour l'*Énéide*, nous utilisons systématiquement la traduction de J. PERRET dans la Collection des Universités de France, Paris, 1981, 1987, 1989 (2ᵉ éd.).
5 LYONS, *Exemplum*..., p. 34 : « to make an example of an object is to account for only one limited aspect of that object ».
6 LYONS, *Exemplum*..., p. 32. Sur le concept de *social rarity* : « One face of the concept is that certain individuals act in a way far above or far below average achievement » ; Lyons parle aussi de « rareté textuelle », en se référant à l'existence d'exemples très peu cités.
7 Ces deux objets sont attribués au cours de l'*epos* virgilien à d'autres figures religieuses. Pour les *sacra*, voir Énée (*Én.*, VIII, 85, *sacra mactat ferens*). Pour le rameau d'olivier, voir Énée (*Én.*, V, 774, *caput tonsae foliis euinctus oliuae*), Umbro (*Én.*, VII, 750-751, *sacerdos … / comptus oliua*) et Calybe (*Én.*, VII, 418, *cum uitta crinis, tum ramum innectit oliuae*). Voir aussi Servius, *ad Aen.*, VI, 808 : *hic etiam item propter sacerdotium ramis insignis oliuae*.
8 Pour l'association de l'olivier à la paix à l'époque augustéenne, voir les monnaies *RIC* I. 2, 253 et *RIC* I. 2, 252. Pour Numa comme artisan de la paix, voir aussi *Én.*, VI, 814-815 (*desueta triumphis / agmina*, « les troupes déjà déshabituées du triomphe »).
9 Sur la *pax* comme concept politique, religieux et juridique, voir F. SINI, *Bellum Nefandum*, Sassari, 1991, en particulier p. 235-280.

éléments qui symbolisent la vertu : la barbe et la chevelure blanches, signes d'*auctoritas*, ainsi que l'origine humble de Numa (*paruis, paupere*), en contraste avec la grandeur de l'empire naissant (*imperium magnum*). Ces deux qualités encadrent la tâche principale de Numa, définie par la relative *qui legibus urbem fundabit* : le roi sabin sera appelé à refonder la ville par la loi. Ce fait implique nécessairement, dans un contexte archaïque, l'exercice d'une autorité religieuse[10]. Dans cette perspective, Numa nous apparaît comme un vieillard issu du monde italique archaïque, dont l'exemplarité se fonde sur l'association de la religiosité, d'une mission pacificatrice et de compétences juridiques.

L'image de Numa comme homme de religion, de paix et de loi se développe en contrepoint du portrait de Romulus (*Én*. VI, 777-780)[11], archétype du guerrier, promoteur d'une conquête territoriale militarisée et traditionnellement peu soucieux du respect rigoureux de la loi[12]. Ces deux figures exemplaires s'articulent progressivement l'une par opposition à l'autre. De façon significative, Virgile choisit de positionner Auguste entre ces deux personnages archétypaux : grâce à cet anachronisme, il caractérise le prince à la fois comme roi *sacerdos* et roi guerrier. La description d'Auguste (*Én*. VI, 788-805) porte les traces intertextuelles de cette double analogie. Avec Romulus, Auguste partage essentiellement deux choses : la légitimation par une naissance divine, et la volonté d'élargir l'espace géographique de l'empire par l'acquisition de nouveaux territoires. Romulus, fils de Mars (*Én*. VI, 777 *Mauortius*), veut étendre l'empire romain sur toute la surface terrestre (*Én*. VI, 782 *imperium terris animos aequabit Olympo* : « [Rome] égalera son empire à l'univers, son courage à l'Olympe ») ; Auguste est apostrophé comme *diui genus* (*Én*. VI, 792) et a pour objectif de soumettre au contrôle romain les zones les plus éloignées (*Én*. VI, 794-795 *super et Garamantas et Indos / proferet imperium* : « plus loin que les Garamantes et les Indiens il dilatera notre empire »).

En même temps, Auguste partage avec Numa la volonté de refonder l'Empire sur le plan législatif, dans un esprit de pacification et de stabilité. Au livre VI, le prince est présenté comme le promoteur d'un nouvel âge d'or dans le Latium, autrefois gouverné par Saturne (*Én*. VI, 792-793 *aurea condet / saecula qui rursus Latio regnata per arua / Saturno quondam* : « il rouvrira ce siècle d'or qu'au Latium jadis Saturne conduisit par les champs »). La terminologie employée ici renvoie directement aux vers 324-325 du livre VIII de l'*Énéide* (*Aurea quae perhibent, illo sub rege fuere / saecula* : « L'âge d'or, comme on l'appelle, se place sous son règne »). Dans ce passage, Évandre est engagé dans la narration de l'histoire du territoire italien et mentionne la figure d'un Saturne législateur[13]. Ici, le père des dieux est le double divin du personnage de

---

10 Sur l'interconnexion entre *religio* et *lex*, voir C. ANDO, J. RÜPKE, *Religion and Law in Classical and Christian Culture*, Stuttgart, 2006.
11 G. DUMÉZIL, *Mitra-Varuna. Essai sur deux représentations indo-européennes de la souveraineté*, Paris, 1948 (5ᵉ éd.), p. 54-75, consacre des pages intéressantes à l'antithèse de ces deux personnages.
12 Pensons par exemple à l'épisode mythique de l'enlèvement des Sabines (Tite-Live, *Hist. Rom.*, I, 9).
13 *Én.*, VIII, 319-327 : *Primus ab aetherio venit Saturnus Olympo, / arma Iovis fugiens et regnis exsul ademptis. / Is genus indocile ac dispersum montibus altis / composuit legesque dedit Latiumque vocari / maluit, his quoniam latuisset tutis in oris. / Aureaque perhibent illo sub rege fuere / saecula : sic placida populos in pace regebat, / deterior donec paulatim ac decolor aetas / et belli rabies et amor successit*

Numa : il impose des lois (*Én.* VIII, 322 *legesque dedit*, cf. Numa, *Én.* VI, 810-811 *qui legibus urbem / fundabit*) et promeut une période de paix (VIII, 325 *in pace regebat*; cf. Numa, VI, 814-815 *desueta triumphis / agmina*). Le rapprochement intertextuel d'Auguste et de Numa se fait ainsi par le biais de Saturne. Ce triangle mythique légitime la caractérisation du prince comme législateur et pacificateur. Lui-même se définira dans les *Res Gestae*, 8, 5, comme *legibus nouis me auctore*[14] et rappellera qu'il est à l'origine de la re-fermeture du temple de Janus (*RG*, 13). En somme, Numa contrebalance la figure de Romulus-guerrier en mettant en avant l'image d'un gouvernant doté d'une compétence juridico-religieuse : Auguste est le médiateur entre ces deux archétypes. Nous avons ici la confirmation du fait qu'une figure exemplaire ne fonctionne jamais de manière isolée, mais s'insère toujours dans un réseau d'exemples plus large (principe de l'*iterativity*[15]) : l'interprétation de Numa doit se faire par la définition de la place relative qu'il occupe dans le réseau exemplaire constitué par Romulus, Auguste et Saturne.

Il faut cependant rappeler que la mise en série cohérente de plusieurs figures exemplaires peut toujours être déstabilisée par la présentation d'un contre-exemple (principe de l'*undecidability*[16]). Dans le cas de Numa, le contre-exemple le plus évident est représenté par la mention de Brutus en *Én.*, VI, 817-823. Brutus est le fondateur légendaire de la République (*Én.*, VI, 819 *consulis imperium hic primus*), au nom de laquelle il décide de mettre à mort ses deux fils, impliqués dans une conjuration royaliste[17]. Son exemple est dérangeant, surtout à cause des raisons qui l'animent. L'exécution publique volontaire de ses propres fils vise à démontrer la primauté de l'intérêt public et du respect de la loi comme une règle sans exception. Malgré cela, il faut remarquer que Brutus n'est pas animé exclusivement par un légitime amour de la patrie (*Én.*, VI, 823 *amor patriae*) ; il se laisse aussi séduire par un illégitime désir de gloire (*Én.*, VI, 823 *laudumque immensa cupido*[18]), en anticipant l'attitude de son homonyme, assassin de César. L'ambiguïté de Brutus, dernier représentant dans la liste des fondateurs, nous amène à revenir sur les autres figures de la série avec un

---

habendi. « Le premier qui vint fut Saturne, descendu de l'Olympe éthéré, fuyant les armes de Jupiter, exilé, déchu de sa royauté. Il réunit ces hommes indociles et dispersés sur les hautes montagnes, il leur donna les lois et choisit pour le pays le nom de Latium parce qu'il avait sur ces bords trouvé une retraite sûre. L'âge d'or, comme on l'appelle, se place sous son règne, si calme était la paix qu'il maintenait parmi ses peuples, jusqu'aux temps où peu à peu succéda un âge moins bon, dégradé, avec les fureurs de la guerre et l'amour des richesses ».

14   Pour Auguste législateur, voir N. HORSFALL, *Virgil Aeneid 6, a commentary*, Berlin / Boston, 2013, p. 552 qui cite Suétone, *Vie d'Auguste*, 34, Horace, *Odes*, III, 24, 35-36 et IV, 5, 21-22, *Épîtres*, II, 1, 1-3. Consulter aussi M. F. WILLIAMS, « Lawgivers and the rule of law in the *Aeneid* », dans C. DEROUX (éd.), *Studies in Latin literature and Roman history*, Bruxelles, 2003, p. 208-243.

15   LYONS, *Exemplum*..., p. 26 : « one stated instance alludes to a whole network of such instances ».

16   LYONS, *Exemplum*..., p. 33 : « in attempting to close the holes of an argument from example, numbers of examples are introduced to create a preponderance in favor of a certain pattern ; yet the possibility of a single counterexample destroying the pattern always lurks, threatening the exemplary system ».

17   *Én.*, VI, 820-821 (*natosque pater bella noua mouentis / ad poenam pulchra pro libertate uocabit*; « ses fils qui soulevaient nouvelles guerres, il les appellera au supplice, lui, le père, pour la sainte liberté. »).

18   Pour une discussion complète du passage (histoire de sa ponctuation, interprétation philosophique et comparaisons intertextuelles), voir M. LEIGH, « *Vincet amor patriae laudumque immensa cupido* : Vergil, *Aeneid* 6, 823 », *Athenaeum*, 100, 2012, p. 281-290.

regard déstabilisé. En effet, si on lit le passage de Numa une deuxième fois, on peut retrouver une série d'éléments qui tissent, en filigrane, une image bien différente du personnage. Les vers 808-812 du livre VI présentent des éléments structurels et intertextuels qui renvoient à la comédie. La phrase interrogative initiale fonctionne comme un hexamètre, mais aussi comme *senarius*[19] ; l'adjectif rare *incana* (*Én.*, VI, 809) rappelle un vers de Plaute (*Rudens*, 125 *ecquem tu hic hominem crispum incanum uideris, malum, periurum, palpatorem* : « aurais-tu vu ici un individu aux cheveux blancs, crépus, un malfaiteur, un parjure, un enjôleur[20] ? ») ; le syntagme *incanaque menta* est repris dans les *Géorgiques* pour décrire les poils des boucs habitant l'Arcadie (*G.*, III, 311-312 *nec minus interea barbas incanaque menta / Cinyphii tondent hirci* : « sans compter que l'on coupe la barbe qui blanchit le menton du bouc de Cynips[21] »). Il est intéressant de souligner ici que Michèle Lowrie a déjà démontré que la référence explicite au concept de *lex* peut, dans le contexte poétique, évoquer le système des règles littéraires, propres à un genre spécifique[22]. Dans cette perspective, la mention de la loi mentionnée en VI, 811 (*legibus*) pourrait faire allusion, par transparence, au défi littéraire que l'auteur s'impose à lui-même, en insérant dans un contexte épique une série d'éléments comiques[23]. Ce fait ne discrédite pas à nos yeux la portée du rôle de Numa dans la liste des fondateurs : l'auteur suggère simplement, avec ces allusions comiques, que le rôle d'un exemple n'est jamais attribué de façon définitive ; il pointe ainsi l'artificialité de sa propre technique de composition. Le roi *sacerdos* pourrait aisément devenir un personnage comique en adoptant simplement une stratégie de focalisation narrative différente. C'est la convergence des plusieurs éléments (le contexte narratif, la place dans le catalogue, la valorisation de son aspect religieux) qui le codifie comme un homme exemplaire plutôt que comme un vieillard comique.

Il reste désormais à analyser une dernière stratégie de construction de l'exemplarité : la délicate opération de la sélection mythique. En effet, pour rendre l'exemple efficace, l'auteur doit choisir dans l'histoire mythique ramifiée du personnage la branche qui s'adapte le mieux au contexte d'insertion final (principe de discontinuité[24]). Pensons

---

19 R. G. AUSTIN, *Aeneidos liber sextus*, Oxford, 1986, p. 249.
20 A. ERNOUT (éd. et trad.), Paris, 1938.
21 E. DE SAINT-DENIS (éd. et trad.), Paris, 1956.
22 M. LOWRIE, *Writing, performance, and authority in Augustan Rome*, Oxford / New York, 2009, p. 333.
23 Ajoutons que Sénèque met l'expression virgilienne *legibus urbem fundauit*, qui se réfère à Numa, dans la bouche de l'empereur Auguste. Celui-ci intervient de façon parodique dans la discussion concernant l'apothéose de l'empereur Claude dans l'*Apocoloquintose*, 10 : *In hoc terra marique pacem peperi ? Ideo ciuilia bella compescui ? Ideo legibus urbem fundaui, operibus ornaui, ut – quid dicam P.C. non inuenio : omnia infra indignationem uerba sunt. Confugiendum est itaque ad Messalae Coruini, disertissimi uiri, illam sententiam* : « *pudet imperii* » ; « Est-ce pour en arriver là que j'ai rétabli la paix sur terre et sur mer ? Si j'ai réprimé les guerres civiles, si j'ai raffermi les lois de Rome, si je l'ai ornée de monuments, était-ce pour que ... Je ne trouve pas de mots pour m'exprimer, Pères conscrits ; toute parole est au-dessous de mon indignation. Tout ce que je puis faire est de reprendre ici l'expression si éloquente de Messalla Corvinus : "Le pouvoir me fait honte" », R. WALTZ (éd. et trad.), Paris, 1934.
24 LYONS, *Exemplum...*, p. 31 : « All examples are chosen, isolated from a context and placed into a new context within which they are visible precisely because this discontinuity fits into the rhetorical / discursive exteriority ».

ici au fait que, entre le 1er siècle avant et le 1er siècle après J.-C., l'histoire italique de Numa se développe en parallèle d'une tradition qui le considère comme un disciple de Pythagore[25]. Comme le remarque Humm[26], cette tradition est connue de Cicéron[27], Tite-Live[28] et Denys d'Halicarnasse[29], mais elle est considérée comme peu fiable, en raison des difficultés chronologiques. Ces sources accréditent l'histoire italique de Numa et décrédibilisent ses relations avec la Grèce, pour des raisons politiques : le lien entre Pythagore et Numa qui avait, dans le passé, renforcé le prestige de l'élite romaine[30], est relu dans le contexte augustéen comme le signe d'une dépendance trop étroite entre la culture romaine et la culture grecque. On le comprend à la lecture des passages de Cicéron[31] et de Tite-Live[32] qui justifient l'autonomie culturelle de Rome par l'affirmation de l'origine italique de Numa.

Dans les vers de l'*Énéide* que nous analysons, Virgile fait un choix similaire : il souligne les origines italiques de Numa (*Curibus paruis et paupere terra*), bien que le cadre du catalogue des âmes destinées à la transmigration fournisse l'occasion optimale de valoriser ses rapports avec Pythagore. Numa apparaît dans l'*Énéide* comme l'archétype du « voisin-étranger » (*uicinus quidem sed tunc externus*[33]) : il représente l'altérité, tout en étant proche de Rome. Son assimilation à la communauté romaine permet de transférer à cette dernière les qualités exemplaires des Sabins (principe de

---

25 Sur ce point, consulter A. Storchi, *Numa e Pitagora : Sapientia constituendae civitatis*, Naples, 1999.
26 M. Humm, « Numa et Pythagore : vie et mort d'un mythe », dans P. A. Deproost, A. Meurant (éd.), *Images d'origines, origines d'une image : hommages à Jacques Poucet*, Louvain-la-Neuve, 2004, p. 126.
27 Scipion, en parlant de la relation entre Numa et Pythagore (Cic., *Rep.*, II, 28), dit : *falsum est enim, Manili, inquit, id totum neque solum fictum sed etiam inperite absurde fictum* ; « ce n'est pas seulement une invention, c'est une invention due à l'ignorance et contredite par les faits », E. Bréguet (éd. et trad.), Paris, 1980.
28 Tite-Live, *Histoire Romaine*, I, 18, 2 : *Auctorem doctrina eius, quia non exstat alius, falso Samium Pythagoram edunt* ; « Son maître aurait été Pythagore de Samos, à ce que l'on prétend, faute d'en connaître un autre, et d'ailleurs à tort », J. Bayet (éd.) et G. Baillet (trad.), Paris, 1940.
29 Denys d'Halicarnasse, *Antiquités Romaines*, II, 59 : πολλοὶ μὲν γάρ εἰσιν οἱ γράψαντες ὅτι Πυθαγόρου μαθητὴς ὁ Νόμας ἐγένετο καὶ καθ' ὃν χρόνον ὑπὸ τῆς Ῥωμαίων πόλεως ἀπεδείχθη βασιλεὺς φιλοσοφῶν ἐν Κρότωνι διέτριβεν, ὁ δὲ χρόνος τῆς Πυθαγόρου ἡλικίας μάχεται πρὸς τὸν λόγον ; « En effet, nombreux sont ceux qui ont écrit que Numa était le disciple de Pythagore et qu'au moment où il fut désigné roi de Rome, il s'occupait de philosophie à Crotone. Mais l'époque où vécut Pythagore est en contradiction avec cette affirmation », V. Fromentin et J. Schnäbele (trad.), Paris, 1990.
30 L. Piccirilli, « Introduzione », dans M. Manfredini, L. Piccirilli (éd.), *Le vite di Lucurgo e di Numa*, p. xxxii-xxxiv.
31 Cicéron, *De Republica*, II, 15, 29 : *Ac tamen facile patior non esse nos transmarinis nec importatis artibus eruditos sed genuinis domesticisque* ; « Mais je m'y résigne pourtant aisément en pensant que notre culture nous est venue, non de disciplines importées d'outre-mer, mais des vertus propres à notre race », E. Bréguet (éd. et trad.), Paris, 1980.
32 Tite-Live, *Hist. Rom.* I, 18, 4 : *suopte igitur ingenio temperatum animum uirtutibus fuisse opinor magis instructumque non tam peregrinis artibus quam disciplina tetrica ac tristi ueterum Sabinorum, quo genere nullum quondam incorruptius fuit* ; « Je crois plutôt qu'il était dans la nature de Numa d'avoir une âme gouvernée par la vertu, et qu'il fut formé moins par une méthode étrangère que par l'éducation sévère et austère des vieux Sabins, le peuple le plus pur dans les mœurs de toute l'Antiquité », J. Bayet (éd.) et G. Baillet (trad.), Paris, 1940.
33 CIL XIII, 1668, col. 1.

l'*exteriority*[34]). L'insistance sur l'origine sabine de Numa correspond à une stratégie identitaire précise : le but de cette opération est de promouvoir la contamination éthique de trois groupes ethniques différents, les Troyens, les Romains et les Italiques[35].

L'exemple virgilien de Numa met ainsi en lien trois contextes distincts : l'Italie archaïque de Cures, l'expérience troyenne et l'*imperium magnum* d'Auguste. Il s'adresse aussi bien à Énée qu'au lecteur augustéen[36], et assume à leurs yeux une valeur différente. Plus précisément, Énée regarde Numa de façon prospective, en lui attribuant le rôle de garant de l'existence d'une communauté future. Le lecteur, qui est en revanche engagé dans une commémoration rétrospective de la puissance romaine, le voit comme le représentant d'un passé mythique fondateur. Dans ce contexte, on voit clairement comment le sens attribué à une même figure exemplaire peut changer selon le public de référence.

Conclusion

Pour conclure, on observe qu'au fil de cette analyse, le personnage virgilien de Numa se codifie à nos yeux comme le fruit d'un processus de fabrication poétique soigné qui se développe sur trois axes : d'abord, le poète associe la figure exemplaire à des attributs spécifiques reconnaissables (les *sacra*, le rameau, la puissance pacificatrice et législative) ; puis il la caractérise progressivement, par rapprochement, opposition et comparaison avec le réseau d'exemples contextuels (Auguste, Saturne, Romulus et Brutus) ; ensuite, il valorise un aspect choisi de l'histoire mythique du personnage, selon ses nécessités narratives. Ces stratégies poétiques simultanées construisent le Numa virgilien comme une figure exemplaire qui participe à la fois à l'imagination des Troyens et à la commémoration des lecteurs augustéens.

En somme, le cas d'étude du Numa virgilien nous semble bien démontrer que l'exemplarité d'une figure spécifique n'a jamais une valeur absolue et se construit plutôt par l'interaction constante avec son contexte d'insertion : « Examples, in short, do not happen ; they are made[37] ».

---

34 Lyons, *Exemplum*..., p. 31 : « in other words [...] example requires the speaker / writer to adopt or bring closer something that may come from far away ».
35 La volonté de fusionner les deux peuples est évidente chez Plutarque, *Vie de Numa*, 3, 6, qui soutient que le nom de Quirites peut être associé étymologiquement à l'ancienne ville de Cures, localité natale de Numa : Ἦν δὲ πόλεως μὲν ὁ Νομᾶς ἐπιφανοῦς ἐν Σαβίνοις τῆς Κύριτων, ἀφ' ἧς καὶ Κυρίτας Ῥωμαῖοι σφᾶς αὐτοὺς ἅμα τοῖς ἀνακραθεῖσι Σαβίνοις προσηγόρευσαν ; « Numa était de Cures, ville principale des Sabins, d'où les Romains, après leur réunion avec ce peuple, prirent le nom de Quirites ». R. Flacelière, E. Chambry, M. Juneaux (éd. et trad.), Paris, 1957.
36 En effet, sur la base de la célèbre apostrophe d'*Én.* VI, 851 (*Tu regere imperio populos, Romane, memento* ; « à toi de diriger les peuples sous ta loi, Romain, qu'il t'en souvienne »), nous savons que le catalogue qui héberge notre roi sabin sollicite explicitement Énée comme le lecteur augustéen par excellence (*Romane*).
37 Lyons, *Exemplum*..., p. 33.

MAUD PFAFF-REYDELLET

La figure de Numa chez Ovide et ses « déclinaisons » : façons romaines de penser l'exemplarité[1]

Cette séquence du colloque se propose d'appréhender les figures exemplaires dans leur contexte d'énonciation. Il s'agit de souligner qu'une figure mythique se définit non comme une entité isolée, mais par rapport à d'autres figures, et que c'est la place qu'elle occupe dans la série qui permet de délimiter ses caractéristiques. Dans une paire, chaque figure se conçoit par opposition à l'autre, et dans cette perspective antagoniste et complémentaire, chacune est tout ce que l'autre n'est pas. Dans un réseau plus vaste, les figures exemplaires s'organisent en une lecture sérielle : elles se répondent, s'opposent et se complètent. De plus, elles ne sont pas toutes mises sur le même plan : certaines paraissent subordonnées à d'autres, dont elles viennent révéler certaines dimensions. Souvent, un cortège de figures mythiques secondaires vient entourer une figure principale, comme pour en dévoiler certaines facettes[2]. Il existerait donc non seulement une morphologie, mais aussi une syntaxe des figures exemplaires, capables de s'organiser en un discours.

Citons à titre d'introduction G. B. Conte[3] : « Pour les poètes, le mythe est comme un mot rangé dans le dictionnaire : quand il quitte le dictionnaire pour entrer dans leur texte, il ne conserve qu'un seul de ses sens possibles. Le mythe aussi, comme un mot, doit être modifié par des "déclinaisons" et des "conjugaisons" pour se conformer à la signification globale du discours : sa fonction est déterminée par son contexte. Chaque poète se sent autorisé à intervenir dans la tradition et à "conjuguer" librement le paradigme mythique ». La figure s'inscrit donc dans une interaction avec d'autres

---

1 Ce sous-titre fait référence à l'article fondamental de J. SCHEID, « Hiérarchie et structure dans le polythéisme romain. Façons romaines de penser l'action », *Archiv für Religionsgeschichte*, 1, 1999, p. 184-203, repris dans l'ouvrage *Quand faire, c'est croire. Les rites sacrificiels des Romains*, Paris, 2005, p. 58-83.
2 De manière comparable, J. Scheid souligne que dans le polythéisme romain, une divinité principale est entourée d'un cortège de divinités secondaires, dont chacune correspond à un aspect de la puissance divine du grand dieu. Voir SCHEID, *Quand faire, c'est croire…*, p. 82 : « Le processus du morcellement progressif des personnalités divines met en lumière l'importance que revêt dans la théologie romaine le problème de l'action et de la relation entre fonction, capacité et effet ».
3 G. B. CONTE, « Aristeus, Orpheus, and the *Georgics*. Once again », dans S. SPENCE (éd.), *Poets and critics read Vergil*, New Haven, 2001, p. 44-63, en particulier p. 52.

Maud Pfaff-Reydellet Université de Strasbourg Centre d'analyse des rhétoriques religieuses de l'Antiquité (EA 3094)

Figures mythiques et discours religieux dans l'Empire gréco-romain, Textes réunis et édités par Frédéric CHAPOT, Johann GOEKEN et Maud PFAFF-REYDELLET, Turnhout, Brepols 2018 (p. 119-137)

figures, qui actualisent une facette de sa signification, tandis que d'autres aspects ne seront pas révélés.

On s'interrogera sur la façon dont Ovide construit la figure mythique de Numa, dans les *Métamorphoses* et dans les *Fastes*, une épopée et une élégie écrites en parallèle, qu'il est donc pertinent de rapprocher[4]. Alors que la place du second roi de Rome est assez discrète dans la littérature de la fin de la République et du Principat, Ovide semble lui confier un rôle important. Après avoir examiné dans quelles configurations apparaît Numa, c'est-à-dire à quelle(s) autre(s) figure(s) il est associé dans les deux poèmes, on tentera de comprendre, en comparant les mises en scène, quelles facettes de la figure Ovide choisit de mettre en valeur. On s'attachera ensuite à un attribut essentiel de Numa, l'ancile, bouclier tombé du ciel et gage de souveraineté, pour constater qu'il s'insère, lui aussi, dans une série, et que son statut s'établit par comparaison avec d'autres boucliers célèbres de la tradition mythique. Enfin, on soulignera que le contexte d'énonciation d'une figure n'est pas seulement littéraire : si Ovide s'empare du modèle virgilien pour mieux le détourner, c'est aussi et surtout pour faire écho à la façon dont le prince, dans les monuments publics, construit son propre réseau de figures exemplaires, pour légitimer et renforcer son pouvoir.

Dans les *Métamorphoses*, une paire de figures, l'élève et le maître

Au livre XV des *Métamorphoses*, le roi Numa est présenté comme l'élève de Pythagore, avide, comme son maître, de découvrir les secrets de la nature. Malgré l'anachronisme patent de cette tradition (*ferunt*, v. 480), Pythagore étant né un siècle après la mort de Numa, Ovide construit une paire de figures mythiques, maître et élève, et la disposition qu'il adopte montre sa volonté de les associer étroitement[5]. Pressenti pour exercer le pouvoir dès l'ouverture du livre XV (v. 3-4), Numa ne l'acceptera qu'après avoir suivi l'enseignement de Pythagore à Crotone. Il faut donc attendre la conclusion du discours de Pythagore, véritable morceau de bravoure de plus de 400 vers, pour en revenir à Numa et apprendre qu'il devient roi (v. 480-481). Ce dernier a bien assimilé les leçons de son maître (*instructo pectore*, v. 479),

---

4 Sur cette question, voir M. GARANI, « The figure of Numa in Ovid's *Fasti* », dans M. GARANI, D. KONSTAN (éd.), *The Philosophizing Muse. The Influence of Greek Philosophy on Roman Poetry*, Cambridge, 2014, p. 128-160, en particulier p. 129, note 8, qui renvoie notamment à S. GREEN, *Ovid, Fasti I, A commentary*, Leyde / Boston, 2004, p. 16, note 5. Voir aussi S. HINDS, *The Metamorphosis of Persephone. Ovid and the self-conscious Muse*, Cambridge, 1987, p. 10-11, p. 42-44 et p. 77.

5 Tite-Live, au contraire, rejette cette tradition d'un Numa pythagoricien, démontrant l'impossibilité matérielle d'une telle rencontre. Il invoque l'argument chronologique, mais aussi l'éloignement de la Grande Grèce et l'obstacle linguistique. Voir sur ce point M. SIMON, *Le rivage grec de l'Italie romaine. La Grande Grèce dans l'historiographie augustéenne*, Rome, 2011, p. 406-409.

l'enseignement semble donc avoir porté ses fruits, malgré les inquiétudes exprimées en introduction au discours.

> M. XV, 73-74 : [...] *primus quoque talibus ora
> docta quidem soluit, sed non et credita, uerbis*[6].
>
> Le premier, il ouvrit la bouche pour dire ces mots – il parla savamment, certes, mais sans être cru.

Numa occupe une place très restreinte au livre XV, avec seulement deux séquences de 10 vers chacune, v. 1-8 et 479-490. Pourtant, il n'intervient pas uniquement comme faire-valoir de son maître Pythagore. Ses deux apparitions ne forment pas un simple cadre ornemental du morceau de bravoure que constitue le très long discours du philosophe grec. En effet, c'est Numa, et non Pythagore, qui ouvre le livre XV, dont les deux premiers vers rappellent explicitement la fin du prologue de *l'Énéide*.

> M. XV, 1-2 : *Quaeritur interea quis tantae pondera molis
> sustineat tantoque queat succedere regi*
>
> Cependant, on cherche quelqu'un qui soit capable de supporter le poids d'un si grand fardeau et de succéder à un si grand roi.
>
> Cf. Én. I, 33 : *Tantae molis erat Romanam condere gentem*
>
> C'était un tel fardeau que de fonder la nation romaine.

La question de savoir ce qu'il adviendra de Rome, notamment si sa grandeur sera éternelle, est au cœur du projet des *Métamorphoses*, et le discours de Pythagore accorde une grande place à cette question, en évoquant la succession des empires (v. 420-422) et la façon dont Troie vaincue remporte finalement la victoire, grâce à la fondation de Rome (v. 451-452).

> M. XV, 451-452 : [...] *cognataque moenia laetor
> crescere et utiliter Phrygibus uicisse Pelasgos*
>
> Je suis heureux que ces murailles apparentées aux nôtres grandissent, et que les Pélasges aient remporté une victoire qui a tourné au profit des Phrygiens.

Ainsi, les deux figures, l'élève et le maître, sont présentées dans une disposition ternaire, et Pythagore, placé au centre, semble de prime abord occulter complètement Numa (400 vers contre 20), mais ces deux figures se répondent bien plus qu'elles ne s'opposent, et Numa apparaît comme le garant de l'accomplissement, en Italie, des leçons du philosophe, qui semblaient condamnées, sans lui, à former

---

6 Les textes latins sont cités dans la Collection des Universités de France et les traductions sont personnelles.

une parenthèse stérile, certes admirable, mais sans conséquences tangibles dans l'histoire de Rome[7].

Dans les *Fastes*, un réseau de figures mythiques hérité des *Géorgiques*

Dans les *Fastes*, Numa apparaît brièvement à plusieurs reprises, et la séquence la plus longue qui lui est consacrée appartient au livre III. Aux calendes de mars, le poète s'interroge sur l'origine des boucliers portés par les prêtres saliens et de leur chant en l'honneur de Mars (v. 259-260). C'est d'abord vers la nymphe Égérie, épouse de Numa, qu'il se tourne pour l'interroger (v. 261-276), mais le roi Numa entre en scène v. 277, et devient le personnage principal du récit étiologique à partir du v. 288 (*Rex pauet*). Grâce aux conseils d'Égérie, Numa parvient à contraindre Picus et Faunus, divinités rustiques, à attirer sur terre Jupiter en personne, pour que le maître des dieux lui révèle, dans un entretien seul à seul, comment conjurer la foudre. Cet épisode qui consiste à désarmer le maître des dieux[8] figure logiquement au cœur d'un poème élégiaque chantant la restauration religieuse menée par le prince, plutôt que ses faits d'armes.

F. I, 13 : *Caesaris arma canant alii, nos Caesaris aras*

Que d'autres chantent les combats de César, moi, je chante les autels de César.

Or la structure narrative de cet épisode spectaculaire correspond exactement à celle d'un épisode des *Géorgiques* de Virgile : à la fin du chant IV, l'apiculteur Aristée parvient, grâce à l'aide de sa mère, la nymphe Cyréné, à contraindre le dieu marin Protée de lui révéler pourquoi toutes ses abeilles ont brusquement péri. Aristée apprend de la bouche de Protée que son destin est lié à celui d'Orphée, car il a causé involontairement la mort d'Eurydice, qu'Orphée venait d'épouser. Ovide emprunte ainsi à Virgile, dans cet épisode des *Fastes*, un réseau de figures mythiques, un schéma de relations entre elles. Ce qui est frappant, c'est que ce schéma semble transposable

---

7 Sur le statut du discours de Pythagore, sa place au livre XV et dans la composition d'ensemble, les critiques s'affrontent. Voir notamment D. LITTLE, « The Speech of Pythagoras in *Metamorphoses* 15 and the structure of the *Metamorphoses* », *Hermes*, 98, 1970, p. 340-360, en particulier p. 359-360, F. BÖMER, *P. Ovidius Naso, Metamorphosen, Buch XIV-XV, Kommentar*, Heidelberg, 1986, p. 268-273, Ph. HARDIE, « The speech of Pythagoras and Ovid's empedoclean epos », *Classical Quarterly*, 45, 1995, p. 204-214, repris et révisé dans *Lucretian receptions : History, the Sublime, Knowledge*, Cambridge, 2009, p. 136-152, en particulier p. 146-151, K. GALINSKY, « The speech of Pythagoras at Ovid *Metamorphoses* », *Leeds International Latin Seminar*, 10, 1998, p. 313-336, en particulier p. 330-336, et M. BEAGON, « Ordering wonderland : Ovid's Pythagoras and the Augustan Vision », dans Ph. HARDIE (éd.), *Paradox and the marvellous*, Oxford, 2009, p. 288-309, en particulier p. 306-309.

8 Voir l'étude fondamentale de S. HINDS, « Arma in Ovid's *Fasti* », parue en deux articles consécutifs, « Part 1 : Genre and Mannerism », *Arethusa*, 25, 1992, p. 81-112, en particulier p. 89-91 et p. 93-96, et « Part 2 : Genre, Romulean Rome and Augustan Ideology », *Arethusa*, 25, 1992, p. 113-153, en particulier p. 119-120.

d'un récit mythique à l'autre, donc applicable à d'autres figures. Dès lors, le lecteur semble invité à mesurer non seulement les ressemblances, mais aussi les écarts entre l'épisode des *Géorgiques* et celui des *Fastes*.

Numa et l'enracinement dans le sol italien

Ces deux configurations différentes de la figure de Numa, dans les *Métamorphoses* et dans les *Fastes*, invitent le lecteur à comparer la façon dont Ovide « conjugue », dans deux œuvres écrites en parallèle, le paradigme du second roi de Rome. Selon certains critiques, le roi ouvrant le livre XV des *Métamorphoses*, élève docile de Pythagore, serait un Numa grec[9], tandis que celui des *Fastes*, inspiré par la nymphe Égérie, son épouse, et victorieux de Picus et Faunus, dieux du Latium, serait bien plus romain[10]. Or il semble que l'enjeu des deux derniers livres des *Métamorphoses* soit précisément l'enracinement dans le Latium[11], de même que, dans les *Fastes*, les mythes grecs sont étroitement entrelacés aux rites du calendrier romain. Les mythes se définissant par leur contexte d'énonciation plutôt que par leur origine[12], ils sont, chez Ovide, les matériaux de construction d'une mythologie bien romaine[13].

Le livre XV des *Métamorphoses* s'ouvre sur Numa le Sabin, quittant sa patrie pour Crotone et y rencontrant Pythagore, l'homme de Samos exilé en Italie du sud. La tension entre Grèce et Rome s'exprime à propos de Crotone, fondée par des colons grecs sur le sol de l'Italie.

> M. XV, 9-10 : *Graia quis Italicis auctor posuisset in oris / moenia quaerenti*
>
> Il demanda qui avait construit ces murailles grecques sur les rivages italiens.
>
> M. XV, 58-59 : *Talia constabat certa primordia fama*
> *esse loci positaeque Italis in finibus urbis*
>
> Voici quelles origines on reconnaissait, selon une tradition certaine, à ce lieu et à cette ville construite sur le territoire italien.

Au livre III des *Fastes*, ce sont deux divinités rustiques enracinées dans le paysage du Latium, Picus et Faunus, dieux des bois et des pâturages, qui offrent un pendant romain au devin grec Protée, dieu marin issu de l'*Odyssée* d'Homère.

---

9 V. Buchheit, « Numa – Pythagoras in der Deutung Ovids », *Hermes*, 121, 1993, p. 77-99, en particulier p. 92 et p. 99.
10 G. Cipriani, « Numa e l'esame di latino », *Latina didaxis*, 11, 1996, p. 127-150, en particulier p. 129-130 et p. 145.
11 K. S. Myers, *Ovid, Metamorphoses, Book XIV*, Cambridge, 2009, p. 6-8.
12 D. Feeney, *Literature and religion at Rome. Cultures, contexts, and beliefs*, Cambridge, 1998, p. 57-67.
13 On peut comparer les constructions mythologiques d'Ovide avec les constructions rituelles romaines analysées par J. Scheid dans son article « *Graeco ritu* : a typically Roman way of honouring the gods », *Harvard Studies in Classical Philology*, 97, 1995, p. 15-31.

> *F.* III, 291-292 : *Sed poterunt ritum Picus Faunusque piandi*
> *tradere, Romani numen utrumque soli.*
>
> Mais Picus et Faunus pourront te transmettre le rituel d'expiation, étant tous les deux des divinités du sol romain.

Le lieu dans lequel Numa parvient à capturer Picus et Faunus, sur les conseils d'Égérie, est un bois sacré empreint d'une présence divine[14], comme le site de Pallantée, au livre VIII de l'*Énéide*.

> *F.* III, 295-296 : *Lucus Auentino suberat niger ilicis umbra,*
> *quo posses uiso dicere :* « *Numen inest* ».
>
> Au pied de l'Aventin, il y avait un bois sacré, obscurci par l'ombre des yeuses - à sa vue, on pourrait dire : un dieu se tient là.

> *Én.* VIII, 351-353 : « *Hoc nemus, hunc* », inquit « *frondoso uertice collem*
> *(quis deus, incertum est) habitat deus ; Arcades ipsum*
> *credunt se uidisse Iouem.* »
>
> Ce bois sacré, cette colline au sommet couvert de feuillage, dit-il, un dieu y habite (quel dieu ? on ne sait pas) ; mes Arcadiens croient y avoir vu Jupiter en personne.

Néanmoins, au cœur du sombre bois sacré se révèle, dans les *Fastes*, un *locus amoenus*, un paysage enchanteur, avec une prairie et une source. On reviendra sur ce que révèle au lecteur conscient de l'écart avec Virgile cette description d'un cadre idyllique.

Selon R. J. Littlewood[15], Numa représente la source de la religion sur le site de Rome, et comme fondateur des cultes romains, il ouvre la voie à Camille, qui refuse de quitter le site lors de l'invasion gauloise, et à Auguste lui-même, restaurateur des temples. Ainsi paraît-il trop schématique d'opposer chez Ovide un Numa grec, qui serait celui des *Métamorphoses*, au Numa romain qui apparaîtrait dans les *Fastes*[16]. On proposera plutôt de rapprocher ces deux « déclinaisons » de Numa pour analyser comment Ovide construit la figure mythique du roi, par strates successives.

---

14 *F.* III, 309 : *di nemorum* ; *F.* III, 315 : *di sumus agrestes et qui dominemur in altis / montibus*.
15 R. J. Littlewood, « *Imperii pignora certa*. The role of Numa in Ovid's *Fasti* », dans G. Herbert-Brown (éd.), *Ovid's Fasti*, Oxford, 2002, p. 175-197, en particulier p. 180.
16 Selon A. Deremetz, « Numa in Augustan Poetry », dans J. Farrell, D. Nelis (éd.), *Augustan Poetry and the Roman Republic*, Oxford, 2013, p. 228-243, en particulier p. 238, le nom même de Numa a deux étymologies complémentaires : *nomos* (loi) et *nemos*, cf. latin *numus* (bois). Situé entre le monde grec (avec Pythagore) et le monde romain (avec Égérie), Numa est donc la figure paradigmatique du *tertium genus*, qui a les qualités complémentaires de la science grecque et de la vertu romaine.

Les invariants caractéristiques de Numa et les modèles virgiliens sous-jacents

Pour construire différentes « déclinaisons » de la figure de Numa, Ovide travaille à partir des caractéristiques fondamentales de la figure du roi, ses invariants, sans lesquels il ne serait plus reconnaissable. Numa est défini par tous les auteurs comme le roi antithétique de Romulus, avec lequel il forme une paire[17] : il est âgé quand il accède au trône, il instaure la paix à Rome, et il enseigne au peuple romain le respect des dieux et du droit.

C'est bien ainsi que Numa est implicitement opposé à son prédécesseur Romulus au livre XV des *Métamorphoses*[18] :

> *M.* XV, 482-484 : *Coniuge qui felix nympha ducibusque Camenis*
> *sacrificos docuit ritus gentemque feroci*
> *assuetam bello pacis traduxit ad artes.*

> Heureux dans son mariage avec une nymphe et sous la direction des Camènes, il a enseigné les rites sacrificiels et il a converti aux arts de la paix une nation habituée à la guerre féroce.

Numa apparaît ici comme le roi instaurateur de la paix. Elle semble découler du respect des rites religieux, *sacrificios ritus*, donc du pacte noué avec les dieux. Il est qualifié de bienheureux, *felix*, car des divinités féminines veillent sur lui, une nymphe (son épouse Égérie) et des Camènes (l'équivalent latin des Muses grecques). Il transmet cette chance et cette protection divine au peuple romain qu'il dirige. *Traduxit* évoque d'ailleurs une transformation profonde et irréversible, une métamorphose. La même idée apparaît au livre III des *Fastes*.

> *F.* III, 281-284 : *Exuitur feritas armisque potentius aequum est*
> *et cum ciue pudet conseruisse manus ;*
> *atque aliquis, modo trux, uisa iam uertitur ara*
> *uinaque dat tepidis farraque salsa focis.*

> On dépouille la sauvagerie, le droit est plus fort que les armes, on a honte d'en venir aux mains entre concitoyens ; plus d'un, jadis brutal, se transforme à la vue d'un autel et répand sur le foyer encore tiède le vin et l'épeautre salé.

L'opposition des adverbes *modo / iam* et des verbes *exuitur / uertitur* signalent au lecteur l'accomplissement d'une métamorphose. Grâce à Numa, le peuple romain

---

17 Voir LITTLEWOOD, « *Imperii pignora certa* », p. 175-176, et G. DUMÉZIL, *La religion romaine archaïque*, 2ᵉ éd. revue et corrigée, Paris, 1987, p. 208-209. Jeune roi guerrier sans foi ni loi, instaurateur du rapt des Sabines, et représenté, sur le Forum d'Auguste, chargé des premières dépouilles opimes, Romulus instaure la souveraineté par la force.

18 Remarquons ici que le règne de Romulus est évoqué brièvement au livre XIV des *Métamorphoses*, et que c'est par une formule législative, étonnante à propos du premier roi, qu'Ovide choisit de résumer son règne : *M.* XIV, 805-806 : *populisque aequata duobus, / Romule, iura dabas*...

passe de la sauvagerie (*feritas*) au règne du droit et de la religion. Il est donc adouci (*molliri placuit*), comme un fauve qu'on aurait domestiqué.

> *F.* III, 277-278 : *Principio nimium promptos ad bella Quirites molliri placuit iure deumque metu.*
>
> À l'origine, les Quirites étaient trop prompts à la guerre, il décida de les adoucir par le respect du droit et la crainte des dieux.

Face aux différentes déclinaisons du paradigme, il s'agit en premier lieu de reconnaître les invariants de la figure, afin de pouvoir l'identifier avec certitude. Numa apparaît comme un sage vieillard qui pose les fondements du droit et de la religion, et permet ainsi à Rome de connaître la paix. Les poètes indiquent explicitement que la reconnaissance du paradigme est au cœur de leur construction. Citons les vers consacrés à Numa dans le discours d'Anchise, au livre VI de L'*Énéide* :

> *Én.* VI, 808-812 : *Quis procul ille autem ramis insignis oliuae sacra ferens ? Nosco crinis incanaque menta regis Romani…*
>
> Mais qui est cet homme imposant là-bas, remarquable à ses rameaux d'olivier, portant des objets saints ? Je reconnais les cheveux et le menton chenus du roi romain…

Trois signes distinctifs, les rameaux d'olivier, les objets sacrés, les cheveux et la barbe de couleur blanche permettent à Anchise de reconnaître Numa : *nosco*, v. 809. La construction d'Ovide, quant à elle, se fonde, dans les *Métamorphoses* comme dans les *Fastes*, sur la reconnaissance par le lecteur, non seulement des invariants de la figure, mais aussi et surtout d'un modèle virgilien, à la fois cité et détourné. Les verbes qui marquent la reconnaissance et le souvenir (*nosco*, *memini*) sont souvent révélateurs d'un hommage à un prédécesseur, associé à un profond remaniement du modèle, comme l'ont montré les travaux fondateurs de G. B. Conte et de S. Hinds[19].

Au livre XV des *Métamorphoses*, c'est la *Fama* qui destine à l'empire l'illustre Numa, et elle est qualifiée de « messagère avant-coureuse de vérité », *praenuntia ueri*, XV, 3. Ovide renverse ainsi la description terrifiante de *Fama* au livre IV de l'*Énéide*, présentée par Virgile comme un monstre horrible, immense, composite, et comme une figure de duplicité, « aussi tenace à transmettre ce qu'elle invente ou déforme que messagère de vérité », *tam ficti prauique tenax quam nuntia ueri*, IV, 188. Après la mention de *Fama*, Ovide cite explicitement (XV, 6) le titre du poème de Lucrèce : Numa aspire à découvrir, grâce à son maître Pythagore, la nature des choses, comme Lucrèce le propose à Memmius, grâce à son maître Épicure. Le

---

19 Voir G. B. Conte, *The Rhetoric of Imitation. Genre and Poetic Memory in Virgil and Other Latin Poets*, Ithaca, 1986, p. 57-59 et S. Hinds, *Allusion and intertext. Dynamics of appropriation in Roman poetry*, Cambridge, 1998, p. 10-16.

texte des *Métamorphoses* est donc saturé de réminiscences, ce qui ne simplifie pas les relations entre les figures mythiques évoquées[20].

Comme souvent chez Ovide, le modèle virgilien est au cœur du discours de Pythagore[21], et ce, malgré la présence importante de Lucrèce. Ainsi, des vers 154 à 164, le Pythagore d'Ovide fait-il allusion à deux reprises à l'*Énéide*.

> *M*. XV, 154-155 : *Quid Styga, quid tenebras et nomina uana timetis, materiem uatum falsique pericula mundi ?*
>
> Pourquoi redoutez-vous le Styx et pourquoi ses ténèbres, vains noms, matière à poésie, dangers d'un monde imaginaire ?

Cette exclamation de Pythagore évoque certes l'insistance lucrétienne à vouloir débarrasser les hommes de la crainte de la mort, mais aussi et surtout la descente aux Enfers, morceau de bravoure virgilien au cœur de l'*Énéide*, résumé ici en deux mots dédaigneux : *materiem uatum*.

> *M*. XV, 160-164 : *Ipse ego (nam memini) Troiani tempore belli*
> *Panthoides Euphorbus eram [...]*
> *Cognoui clipeum, laeuae gestamina nostrae,*
> *nuper Abanteis templo Iunonis in Argis.*
>
> Moi-même (je m'en souviens), au temps de la guerre de Troie, j'étais Euphorbe, fils de Panthous [...] Récemment, à Argos, cité d'Abas, j'ai reconnu, dans le temple de Junon, le bouclier que porta mon bras gauche.

Dans cette réminiscence appuyée (*memini, cognoui*), le Pythagore d'Ovide fait allusion à la fois à Homère et à Virgile, et instaure une série de boucliers exemplaires : celui du Troyen Euphorbe, dédié à Héra dans son temple d'Argos par Ménélas (*Iliade*, XVII, 43), celui du Grec Abas, qu'Énée dédie à Apollon dans son temple d'Actium (*Énéide*, III, 288), mais aussi, pour prolonger cet effet d'écho, le bouclier le plus célèbre de l'*Énéide*, qu'Énée reçoit de sa mère Vénus au chant VIII, et le *clipeum uirtutis* qu'Octavien reçoit en 27 av. J.-C., lorsqu'il devient Auguste. Le bouclier que Numa reçoit de Jupiter au livre III des *Fastes*, l'ancile sacré, est appelé à s'inscrire dans cette série, comme on le verra plus loin[22].

La réminiscence du modèle virgilien est aussi au cœur de la séquence des *Fastes*, qui peut se lire comme une variation sur la séquence consacrée à Aristée, Protée et Cyrène au livre IV des *Géorgiques* – cette scène étant elle-même une réécriture du chant IV de l'*Odyssée*. Ovide propose une surenchère face au modèle virgilien. Tandis que Protée, une fois ligoté, livrait son oracle à Aristée, Picus et Faunus, pour être

---

20 GARANI, « The figure of Numa », p. 130-133, explique que le lecteur est confronté à une inversion textuelle : comme le Pythagore d'Ovide est informé, de façon indirecte, par Lucrèce et par le poète qui fut son prédécesseur, Empédocle, Pythagore devient chez lui l'élève d'Empédocle (alors qu'Empédocle fait souvent, dans ses écrits, l'éloge de son maître Pythagore). Le lecteur est pris au dépourvu par cette nouvelle confusion chronologique.
21 Voir BUCHHEIT, « Numa – Pythagoras », p. 89.
22 Voir LITTLEWOOD, « *Imperii pignora certa* », p. 185-186.

délivrés, promettent à Numa de faire descendre du ciel, grâce à leurs incantations magiques, Jupiter en personne. C'est à lui que le roi aura affaire, dans un entretien en tête à tête qui n'a pas d'équivalent dans la poésie de la République et du Principat[23]. On ne saurait imaginer une épiphanie plus spectaculaire.

À partir de la définition minimaliste de Numa, obtenue par contraste avec Romulus, dans une perspective binaire, vont se déployer, au fil des constructions ovidiennes, d'autres facettes de la figure. Un nouveau visage de Numa se révèle alors, dans les *Métamorphoses* comme dans les *Fastes*, celui de l'initié.

Numa sur le chemin de l'initiation

Comme on l'a dit, la place de Numa au livre XV des *Métamorphoses* peut paraître très restreinte, avec seulement deux développements de dix vers chacun, v. 1-10 et v. 479-487. Numa a toutefois le rôle essentiel d'introduire Pythagore, dont il devient l'élève et qui forme son esprit. Le discours de Pythagore n'est donc pas resté lettre morte, malgré une introduction qui semblait lui interdire toute portée pratique à Rome. On découvre dans les *Métamorphoses* une nouvelle facette de Numa : il se passionne pour les secrets de la nature, comme Pythagore lui-même, ce qui explique qu'il devienne le disciple du philosophe, malgré l'anachronisme.

> *M. XV, 5-6 :* […] *animo maiora capaci / concipit et, quae sit rerum natura, requirit.*
>
> Par son vaste génie, il conçoit de plus grands objets ; il recherche quelle est la nature des choses.

Les termes employés par Ovide font explicitement allusion au titre du poème de Lucrèce.

Pythagore apparaît comme seul susceptible de répondre à cette soif de connaissance sur la nature des choses, car il se rapproche des dieux par la force de sa pensée.

> *M. XV, 62-64 :* […] *isque, licet caeli regione remotus,*
> *mente deos adiit et, quae natura negabat*
> *uisibus humanis, oculis ea pectoris hausit.*
>
> Si éloigné qu'il fût des espaces célestes, il s'éleva jusqu'aux dieux par son intelligence ; ce que la nature refusait aux regards des hommes, il le découvrit avec les yeux de la pensée.

---

23 Voir M. Pasco-Pranger, « A varronian vatic Numa ? Ovid's *Fasti* and Plutarch *Life of Numa* », dans D. S. Levene, D. Nelis (éd.), *Clio & the Poets. Augustan Poetry & the Traditions of Ancient Historiography*, Leyde / Boston / Cologne, 2002, p. 291-312. Elle suppose, p. 309-310, que Varron a raconté le mythe de Picus et Faunus dans un de ses ouvrages sur la poésie, en lien avec l'explication du terme *uates*, et que sa version du mythe a constitué un précédent important pour les poètes augustéens.

À nouveau, les termes rappellent ceux de l'éloge d'Épicure :

> DRN I, 69-71 : […] *sed eo magis acrem*
> *inritat animi uirtutem, ecfringere ut arta*
> *naturae primus portarum claustra cupiret.*

> Mais cela ne fit que stimuler davantage l'ardeur de son courage, et son désir de forcer le premier les barrières étroitement closes de la nature.

Toutefois, comme le remarque V. Buchheit[24], le Pythagore d'Ovide ne voit pas dans la *ratio sagax* la seule source de vérité, comme Lucrèce (*DRN* I, 130), mais s'approche des dieux par sa *mens*, et déchiffre grâce à eux la *rerum natura*. Ovide souligne que Pythagore tient son savoir des dieux (*M*. XV, 63), ce qui l'éloigne de l'Épicure de Lucrèce.

Numa fait donc figure de savant, initié par un sage capable de repousser les limites de la condition humaine. C'est seulement après avoir acquis cette connaissance des lois du monde qu'il accepte d'exercer le pouvoir à Rome (*M*. XV, 479-481) et qu'il opère la métamorphose de la cité, de la sauvagerie à la civilisation.

Ayant parfaitement assimilé les leçons de son maître, Numa montre, par la métamorphose qu'il impose au peuple romain, que cet enseignement philosophique peut se traduire concrètement. C'est un désaveu des interprétations qui dénoncent le caractère de parenthèse stérile du discours, qui serait un simple morceau de bravoure refermé sur lui-même et sans conséquence dans le contexte romain. Le discours de Pythagore s'accomplit grâce à Numa. L'élève rehausse ainsi le statut du maître. En ce sens, les deux courtes séquences ont une importance bien plus grande que ce que leurs modestes dimensions laissaient supposer.

Au livre III des *Fastes*, Numa suit les conseils de la nymphe Égérie, et parvient ainsi à ligoter Picus et Faunus, dieux des bois, pour qu'ils lui révèlent comment attirer sur terre Jupiter. Le récit étiologique connaît alors une ellipse, car le savoir auquel Numa, l'initié, accède, grâce à ces divinités secondaires, est interdit aux autres mortels.

> *F*. III, 323-326 : *Emissi laqueis quid agant, quae carmina dicant*
> *quaque trahant superis sedibus arte Iouem,*
> *scire nefas homini. Nobis concessa canentur*
> *quaeque pio dici uatis ab ore licet.*

> Ce qu'ils font une fois libérés de leurs liens, quelles incantations ils disent, par quel art ils attirent Jupiter hors des demeures célestes, il est défendu aux hommes de le savoir. Moi, je chanterai seulement ce qui est permis, ce qu'un poète a le droit de dire d'une bouche pieuse[25].

---

24 BUCHHEIT, « Numa – Pythagoras », p. 87.
25 Voir D. FEENEY, « *Si licet et fas est* : Ovid's *Fasti* and the Problem of Free Speech under the Principate », dans A. POWELL (éd.), *Roman Poetry and Propaganda in the Age of Augustus*, Bristol, 1992, p. 1-25, en particulier p. 15-19, et LITTLEWOOD, « *Imperii pignora certa* », p. 188-189.

Le livre IV des *Géorgiques* fournit à Ovide toute la configuration des figures mythiques dans un contexte d'initiation, comme si le schéma de leurs relations était transposable, adaptable à un autre récit étiologique. Ce réseau - avec une nymphe bienveillante, apparentée au héros qu'elle va initier, une ou deux divinités secondaires qu'il faut capturer par la ruse et contraindre par la violence à révéler leurs secrets, et enfin, un oracle final qu'il s'agit de décrypter, car il transmet un savoir surhumain - invite à comparer le statut de Numa chez Ovide à celui d'Aristée et à celui d'Orphée, chez Virgile.

Rappelons les principaux acquis de la démonstration de G. Conte : le récit étiologique de la fin du livre IV présente l'histoire d'Orphée comme enchâssée dans celle d'Aristée, mais cette construction invite en fait à comparer les deux figures, plutôt qu'à les opposer. Tous deux sont des héros civilisateurs, l'un, Orphée, étant le prototype du poète musicien, l'autre, Aristée, celui du cultivateur éleveur. Or l'importance du mythe d'Orphée dans la culture antique est bien supérieure à celle d'Aristée, et Virgile a donc utilisé avec partialité la figure d'Orphée, quand il en a fait un personnage de sa poésie. Il a dû réduire les traits caractéristiques d'Orphée, il en a activé certains aux dépens d'autres, et les a adaptés à son propre texte. Il montre qu'Orphée connaît un échec et Aristée, un succès. Orphée est enfermé dans une perspective individualiste, tandis qu'Aristée est un fondateur, qui œuvre pour une communauté[26].

Le Numa d'Ovide est visiblement placé dans la même position que l'Aristée de Virgile. Ovide reprend toute la grammaire virgilienne des figures, la forme du récit étiologique avec son réseau complexe, pour conjuguer, à son tour, un paradigme mythique : Numa est un initié, capable d'accéder à un savoir auquel les humains ne peuvent d'ordinaire pas prétendre. Comme l'explique Molly Pasco-Pranger[27], cette inspiration divine est un élément important de la figure du *uates*, le poète idéal tel qu'on le conçoit à la fin de la République et sous le Principat d'Auguste[28]. Numa apparaît non seulement comme un modèle de dirigeant avisé, qui accède, par l'initiation, à un savoir dont il fait bénéficier tout le peuple romain, mais aussi comme une figure du poète, capable de converser avec les dieux et de ramener à ses concitoyens des révélations interdites aux mortels.

---

26 Conte, « Aristeus, Orpheus… », p. 53-54 : Aristée connaît le succès grâce à sa ténacité, une vertu humble, mais efficace. Il sait persévérer dans une tâche difficile, avec confiance et obstination, et respecte scrupuleusement les ordres des dieux. Orphée, au contraire, échoue, parce qu'il ne respecte pas les conditions rigoureuses imposées par les dieux. Il est possédé par son amour, qui le rend fou, au point d'oublier la loi dictée par Proserpine.

27 Pasco-Pranger, « A varronian vatic Numa », p. 296.

28 Sur l'émergence de la figure du *uates* inspiré par les dieux, qui énonce des vérités essentielles et profitables à toute la communauté civique, et dont la parole poétique a un poids politique, voir Ph. Le Doze, *Le Parnasse face à l'Olympe. Poésie et culture politique à l'époque d'Octavien / Auguste*, Rome, 2014, p. 478-479. Même si la poésie d'Ovide se caractérise par sa *leuitas* et son humour, il faut accepter l'idée qu'il se présente en *uates*, comme l'ont fait avant lui Virgile, Horace et Properce, et ne pas vider *a priori* le terme de tout son sens quand il apparaît chez lui (*contra* Ph. Le Doze, *Le Parnasse face à l'Olympe*…, p. 473-474).

Le face à face entre Numa et Jupiter, orchestré par Ovide au cœur des *Fastes*, constitue un des épisodes les plus spectaculaires de l'élégie étiologique, faisant pendant à la descente aux Enfers d'Énée, morceau de bravoure situé au centre de l'épopée virgilienne. Cette rencontre en tête à tête entre le roi de Rome et le maître des dieux pourrait avoir un caractère solennel, majestueux et terrifiant. Or le *lucus* dans lequel ils se rencontrent n'est nullement hérissé de broussailles sauvages ni terrifiant, comme celui du chant VIII de l'*Énéide*, c'est bien plutôt un *locus amoenus* empreint d'alexandrinisme. L'étude de Stephen Hinds[29] est ici fondatrice, notamment quand il souligne qu'Ovide introduit, dans la description du bois, une « note en bas de page » de dimension autobiographique, v. 274.

> *F.* III, 273-275 : *Defluit incerto lapidosus murmure riuus :*
> *saepe sed exiguis haustibus inde bibi.*
> *Egeria est quae praebet aquas, dea grata Camenis.*
>
> Un ruisseau y coule sur les cailloux, dans un murmure ténu. J'y ai souvent bu, mais à petites gorgées. C'est Égérie qui fournit ces eaux, la déesse chère aux Camènes.

Molly Pasco-Pranger prolonge ici l'analyse de Stephens Hinds en soulignant que Numa apparaît à la fois comme *doctus* (*F.* III, 153) et *deductus* (*F.* III, 151), c'est-à-dire qu'il incarne parfaitement l'élégie étiologique des *Fastes*, à la fois savante et ténue[30].

La séquence consacrée aux Saliens est empreinte de légèreté, de familiarité et d'humour, et le duel oratoire se termine par un grand éclat de rire de Jupiter, lorsqu'il s'avoue vaincu par Numa. Le roi maîtrise toutes les ressources du langage, ce qui lui permet de manipuler les rites afin de redéfinir les termes du contrat avec les dieux. Il sait jusqu'où il peut aller dans la négociation, et par son audace, il fait figure de Prométhée qui a réussi[31].

Un Numa rusé, capable de négocier avec Jupiter, à l'avantage des hommes

Dans la deuxième partie de la séquence des *Fastes*, Ovide s'éloigne soudain de son modèle virgilien[32] : Numa se révèle capable de parler seul à seul avec Jupiter et de lui tenir tête dans la joute oratoire, alors qu'Aristée n'avait pas su interpréter l'oracle de Protée, que sa mère Cyréné avait dû traduire pour lui en prescriptions

---

29 HINDS, « Arma in Ovid's *Fasti* », Part 2, p. 119-120.
30 PASCO-PRANGER, « A varronian vatic Numa », p. 292-293. Voir aussi MYERS, *Ovid's Causes*, p. 4-5.
31 Je remercie Corinne Bonnet pour la discussion que nous avons eue à ce sujet lors du colloque.
32 Voir LITTLEWOOD, « *Imperii pignora certa* », p. 185, qui souligne l'écho entre *F.* III, 313, *magna petis*, et *G.* IV, 454, *magna luis*. Elle note aussi, p. 188, que quand Faunus commence à parler, en citant les mots de Protée, Ovide abandonne son intertexte virgilien, qui a désormais rempli son rôle.

rituelles[33]. Au contraire, Numa s'émancipe des conseils de la nymphe Égérie et affronte Jupiter en tête à tête.

> F. III, 337-344 : *Adnuit oranti sed uerum ambage remota*
> *abdidit et dubio terruit ore uirum.*
> « *Caede caput* », *dixit; cui rex :* « *Parebimus* », *inquit,*
> « *caedenda est hortis eruta cepa meis* ».
> *Addidit hic :* « *Hominis* » *;* « *Sumes, ait ille, capillos* ».
> *Postulat hic animam; cui Numa :* « *Piscis* », *ait.*
> *Risit et :* « *His* », *inquit,* « *facito mea tela procures,*
> *o uir colloquio non abigende deum !* »

Jupiter exauça sa prière, mais il dissimula la vérité sous une énigme obscure et il terrifia Numa par l'ambiguïté de sa parole. « Coupe une tête » dit-il ; le roi répondit « J'obéirai ; il faudra couper la tête d'un oignon arraché dans mon jardin ». Le dieu précise : « Je veux de l'homme » ; le roi répond : « Tu prendras ses cheveux » ; mais le dieu exige une vie ; Numa réplique : « La vie d'un poisson ». Le dieu se mit à rire et dit : « Par ces offrandes, tâche de conjurer mes traits, ô mortel qui n'est pas indigne de converser avec les dieux ».

La mise en scène de Numa au livre III des *Fastes*, où il parvient à refuser à Jupiter, pour expier la foudre, le sacrifice humain et à le remplacer par trois offrandes dérisoires, en procédant par jeux de mots, ellipses et associations d'idées, montre que le roi maîtrise parfaitement les codes rhétoriques et tous les pièges du langage obscur des dieux (*ambage remota*), comme l'a montré Georges Dumézil[34]. Cette capacité à s'imposer dans la négociation, au profit de son peuple, en fait le modèle du parfait souverain, comme un miroir tendu au prince.

Dans les *Métamorphoses*, cette dimension de roi bienfaiteur de son peuple n'apparaît pas aussi nettement, sauf avec l'allusion, en XV, 485-487, au fait que sa mort est pleurée par les matrones, le peuple et le Sénat, donc par l'ensemble de la communauté civique.

---

33 Aristée se caractérise, chez Virgile, par sa soumission entière aux conseils de sa mère la nymphe, qui occupent une grande place dans le récit. Le texte virgilien mime cette obéissance scrupuleuse, en répétant, lors de l'accomplissement des rites (G. IV, 548-558) les mêmes mots que ceux employés par Cyréné quand elle décrypte l'oracle de Protée (G. IV, 537-546).

34 Dumézil, *La religion romaine archaïque*, p. 57 : « c'est, entre Jupiter et Numa, un marchandage qui est en même temps un examen, par lequel le dieu vérifie que le roi sait l'importance du vocabulaire et de la syntaxe ». Voir aussi J. Scheid, « La parole des dieux. L'originalité du dialogue des Romains avec leurs dieux », *Opus*, 6-8, 1987-1989, p. 126-132, et G. Cipriani, « Numa e l'esame di latino », p. 128 et p. 140.

Numa et le miroir du bon prince. La mise en série des boucliers

Au livre III des *Fastes*, après avoir remporté la victoire dans sa joute oratoire contre Jupiter, Numa attend du maître des dieux un gage de souveraineté, qui lui est envoyé dès le lendemain, en présence de tout son peuple : il s'agit d'un bouclier tombé du ciel.

> F. III, 370-378 : *Credite dicenti : mira sed acta loquor.*
> *A media caelum regione dehiscere coepit.*
>   *Summisere oculos cum duce turba suo.*
> *Ecce leui scutum uersatum leniter aura*
>   *decidit : a populo clamor ad astra uenit.*
> *Tollit humo munus caesa prius ille iuuenca,*
>   *quae dederat nulli colla premenda iugo,*
> *idque ancile uocat, quod ab omni parte recisum est*
>   *quaque notes oculis, angulus omnis abest.*

Ajoutez foi à ce que je vais dire : je parle d'un événement miraculeux, mais réel. Le ciel commença à s'ouvrir en son milieu. La foule leva les yeux en même temps que son chef. Voici que descend un bouclier tournoyant doucement sous une brise légère : le peuple pousse une clameur qui va jusqu'aux étoiles. Le roi soulève du sol le cadeau, après avoir sacrifié une génisse dont aucun joug n'avait encore pressé le cou, et il l'appelle ancile, parce qu'il est taillé de tous côtés, et que partout où on le regarde, il est dépourvu d'angle.

C'est le récit d'un *mirum*, dont le peuple romain est témoin en même temps que son roi. Alors que les rites permettant à Picus et Faunus d'attirer Jupiter ne pouvaient être transmis aux simples mortels (d'où l'ellipse du récit, v. 323-326), Numa fait ici figure de passeur, instaurant un pacte avec les dieux pour sa communauté.

C'est, dans les *Fastes*, l'un des très rares épisodes merveilleux qui ne reposent pas sur un récit grec[35]. On peut le rapprocher du miracle qui permet à Claudia Quinta, injustement accusée par la rumeur publique, de tirer sans effort le vaisseau de la Mère des dieux, embourbé, à Ostie, dans le lit du Tibre[36]. Survenu, lui aussi, en présence du peuple romain tout entier (IV, 293-296), ce miracle est annoncé par Ovide de façon tout aussi spectaculaire :

> F. IV, 326-328 : *Mira sed et scaena testificata loquar.*
> *Mota dea est sequiturque ducem laudatque sequendo.*
>   *Index laetitiae fertur ad astra sonus.*

---

35 Je remercie Jean-Christophe Jolivet pour la discussion que nous avons eue sur ce point.
36 Voir M. PFAFF-REYDELLET, « Théorie et pratique du récit des origines : l'arrivée de Cybèle dans le Latium (Ovide, *Fastes* IV, 247-348) », dans G. Abbamonte, F. Conti Bizzarro, L. Spina (éd.), *L'ultima parola. L'analisi dei testi : Teorie e pratiche nell'antichità greca e latina*, Naples, 2004, p. 261-272, en particulier p. 268-269.

Je vais dire un miracle, mais il est attesté au théâtre. La déesse s'ébranle, elle suit sa guide et en la suivant, elle la justifie. Signe de joie débordante, la clameur s'élève jusqu'aux étoiles.

La formule d'introduction *mira, sed...* (*F.* III, 370 et IV, 326) et les cris de joie du peuple qui montent jusqu'au ciel en conclusion (*F.* III, 374 et IV, 328) se font écho, invitant à rapprocher ces deux scènes de « miracles ».

Par ailleurs, l'ouverture du ciel en son milieu (*dehiscere*) pour laisser apparaître, comme dans une épiphanie, un bouclier parfaitement rond (*angulis omnis abest*) présente sans doute une dimension cosmique[37]. En effet, la forme circulaire du bouclier en fait une image de la voûte céleste, donc de l'ordre du monde, comme l'a révélé l'analyse fondatrice de Ph. Hardie[38] à propos du bouclier d'Énée au chant VIII de l'*Énéide*. Énée charge ce lourd bouclier rond sur son épaule, tel un nouvel Atlas supportant la voûte céleste et garantissant la stabilité du monde. Du chaos émergera un cosmos, et des guerres menées en Italie, une nouvelle Troie. On a déjà souligné l'importance, chez Ovide, du modèle virgilien, placé au cœur de ses constructions, pour mieux le détourner. Si l'ancile que Numa reçoit de Jupiter est parfaitement rond, contrairement à ce que laisse attendre l'étymologie transmise par Varron[39], c'est certainement pour faire référence au bouclier qu'Énée reçoit de Vénus. On ne s'étonnera pas du fait que cet *imperii pignus*, signe et garant de la souveraineté de Rome sur le monde, présente une dimension cosmique, et on rappellera que Numa est, dans les *Fastes*, le roi qui se préoccupe des phénomènes célestes, tandis que Romulus, lui, ne s'intéresse qu'aux armes[40].

Or l'expression apparaît au pluriel dans les *Fastes*, *imperii pignora certa dabo* (III, 346), comme si l'ancile reçu de Jupiter appelait la mise en série, comme s'il ne prenait tout son sens que dans cette configuration. C'est au lecteur qu'il revient de construire des séries de boucliers, comme pour révéler toutes les facettes de l'ancile de Numa.

On remarque que le bouclier offert par Jupiter ne tombe pas brutalement du ciel, mais que la légèreté de sa chute est notée à deux reprises : *Ecce leui scutum uersatum leniter aura* (*F.* III, 373). Ballotté par une brise légère, tournoyant sur lui-même (*uersatum*), il tombe comme une plume, et c'est un paradoxe pour un objet qui incarne, a priori, la *grauitas* de l'épopée, surtout si l'on songe au bouclier d'Énée, au livre VIII de l'épopée virgilienne : résumant l'histoire de Rome, il constitue un lourd fardeau sur l'épaule d'Énée, incapable de comprendre tout le poids de ce qu'il endosse.

---

37 Le verbe *dehiscere* apparaît notamment, chez Virgile, dans les *Géorgiques*, I, 479 (*terraeque dehiscunt*), dans la description des prodiges qui accablent Rome à la mort de César, et dans l'*Enéide*, I, 106 (*unda dehiscens*), lorsque la tempête s'abat sur la flotte d'Énée. Dans les deux cas, il s'agit de scènes de chaos, comme en témoigne le mélange contre-nature des quatre éléments.
38 Ph. HARDIE, *Virgil's Aneneid. Cosmos and imperium*, Oxford, 1986, p. 374-375.
39 Varron, *De Lingua Latina*, 7, 43, décrit l'ancile en ces termes : *arma ab utraque parte incisa*, « un bouclier échancré des deux côtés », donc en forme de 8.
40 Ovide renouvelle et enrichit ainsi, en introduisant le savoir relatif aux étoiles, l'opposition traditionnelle entre Romulus et Numa exposée plus haut. (*F.* III, 29 : *Scilicet arma magis quam sidera, Romule, noras...*).

Én. VIII, 730-731 : [...] *rerumque ignarus imagine gaudet
attolens umero famamque et fata nepotum*

Ignorant la réalité, il prend plaisir à en voir l'image, chargeant sur son épaule la gloire et les destins de ses descendants.

Selon Ph. Hardie, la particularité du bouclier d'Énée au chant VIII de l'*Énéide* est que le contexte cosmique et le sujet précis, à savoir l'histoire de Rome, ne font plus qu'un. La cité est ainsi associée à l'Empire[41]. De même, dans les *Fastes*, Numa est le roi qui se soucie enfin des étoiles, et qui ajoute deux mois à l'année romaine. Réformer le calendrier, c'est rétablir la correspondance entre le temps de la cité et les rythmes de l'univers. La dimension cosmique de l'ancile est ainsi bien affirmée. Par comparaison, Romulus apparaît comme un roitelet cantonné à un tout petit territoire, comme le montre la célèbre comparaison entre lui et Auguste.

F. II, 135-138 : *Te Tatius paruique Cures Caeninaque sensit,
   hoc duce Romanum est solis utrumque latus.
Tu breue nescio quid uictae telluris habebas,
   quodcumque est alto sub Ioue Caesar habet.*

Toi, ce sont Tatius, les petites villes de Cures et de Caenina qui ont senti ton pouvoir, mais sous sa domination, du levant au couchant, le monde est romain. Toi, tu possédais je ne sais quel lopin de terre conquise, mais César possède tout ce qui s'étend sous le ciel de Jupiter.

Rappelons à présent que dans le discours de Pythagore, au livre XV des *Métamorphoses*, il est aussi question d'un bouclier, que Pythagore reconnaît comme le sien. C'est celui d'Euphorbe, héros troyen vaincu par Ménélas. Le roi grec dédia alors le bouclier à Héra, dans son sanctuaire d'Argos, comme un trophée de victoire. Pythagore se souvient[42] qu'il était Euphorbe dans une vie antérieure, dans la longue chaîne de ses métempsychoses.

M. XV, 160-164 : *Ipse ego (nam memini) Troiani tempore belli
Panthoides Euphorbus eram* [...]
*Cognoui clipeum, laeuae gestamina nostra,
nuper Abanteis templo Iunonis in Argis.*

Moi-même, je m'en souviens, au temps de la guerre de Troie, j'étais cet Euphorbe, fils de Panthous, [...] Récemment, à Argos, cité d'Abas, j'ai reconnu, dans le temple de Junon, le bouclier que porta mon bras gauche.

Or au livre III de l'*Énéide*, évoquant son retour de Troie, Énée raconte son geste solennel devant le temple d'Apollon à Actium, qui préfigure les dédicaces d'après la bataille d'Actium.

---

41 HARDIE, *Virgil's Aeneid*, p. 364-365.
42 Voir J. F. MILLER, « The Memories of Ovid's Pythagoras », *Mnemosyne*, 47, 1994, p. 473-487, en particulier p. 474-475.

Én. III, 286-288 : *aere cauo clipeum, magni gestamen Abantis,*
postibus auersis figo et rem carmine signo :
Aeneas haec de Danais uictoribus arma.

J'avais un bouclier de bronze creux, que porta le grand Abas, je le fixe aux montants de la porte de la façade, et je grave ce vers sur l'objet : Énée dédie cette arme, qu'il prit aux Danaens vainqueurs.

La scène ovidienne inverse donc le modèle virgilien[43] : la dédicace par un Troyen, Énée, du bouclier d'un guerrier grec, devient, chez Ovide, l'offrande grecque (par Ménélas) d'un bouclier troyen conquis (celui d'Euphorbe). Dans le discours de Pythagore, le souvenir du bouclier d'Euphorbe fait allusion à Énée et à Actium, dans une scène où, chez Virgile, la dédicace de trophées représente un tournant de la fortune troyenne, et préfigure la victoire décisive d'Octave. Plusieurs temporalités se rejoignent et se superposent, dans l'attribut d'une figure exemplaire de prince protecteur : les boucliers d'Euphorbe, d'Énée et d'Auguste entrent ainsi en résonance.

R. J. Littlewood souligne qu'Ovide transforme le texte virgilien et construit un réseau d'allusions à l'iconographie augustéenne[44] : selon elle, Numa figure Auguste dans les années d'après Actium, protégeant son peuple en instaurant la restauration des temples et le renouveau de la religion romaine. Il est exact que le bouclier tombé du ciel est un objet rituel, garantissant, en tant qu'*imperii pignus*, la domination de Rome sur le monde, et non une arme de guerre[45]. Et il est certain que le prince lui-même, à cette époque, est occupé à mettre en scène, notamment sur son Forum, des séries de figures exemplaires qui convergent vers sa propre image, présentée comme point d'aboutissement et *exemplum* ultime, centre du dispositif architectural et incarnation de toutes les attentes d'une époque[46]. Toutefois, l'iconographie des monuments du principat repose sur la confrontation entre Romulus et Énée (plutôt que Numa), notamment sur l'Ara Pacis et au temple de Mars Ultor[47]. Remarquons que les autels et les temples du Principat ne racontent pas des mythes qui seraient représentés par épisodes successifs, mais présentent plutôt des scènes statiques, énonçant, par la disposition hiérarchisée des images, des relations d'interdépendance entre les figures mythiques[48].

Or le projet poétique d'Ovide dans les *Fastes* ne consiste pas à créer pour le prince des configurations de figures exemplaires qui seraient prêtes à l'emploi, directement exploitables dans les monuments publics, et ce n'est pas non plus ainsi qu'il faut lire la poésie de Virgile ou d'Horace, malgré les échos manifestes entre l'*Énéide* ou le *Chant séculaire* et l'Ara Pacis. Les poètes de la fin de la République et du début du Principat construisent des réseaux de figures mythiques pour contribuer à la refondation de leur cité, dans une dimension politique, religieuse et morale, autant que littéraire.

---

43 Voir MILLER, « The Memories of Ovid's Pythagoras », en particulier p. 480-481.
44 LITTLEWOOD, « *Imperii pignora certa* », p. 185-188.
45 LITTLEWOOD, « *Imperii pignora certa* », p. 181.
46 P. ZANKER, *Augustus und die Macht der Bilder*, Munich, 1987, 3ᵉ éd. 1997, p. 192-198.
47 ZANKER, *Augustus…*, p. 204-213.
48 Voir ZANKER, *Augustus…*, p. 177-184 et G. SAURON, *L'histoire végétalisée. Ornement et politique à Rome*, Paris, 2000, p. 34-35.

Pour autant, ils ne sont pas les porte-paroles de la voix d'un maître qu'il s'agirait de diffuser parmi les élites romaines[49]. Les configurations qu'ils proposent sont des mises en scène, donc des mises en questions, du nouveau pouvoir qui est en train de se constituer à Rome, des miroirs tendus au prince et aux élites. Les réseaux de figures ainsi constitués sont des invitations à la réflexion, des pistes proposées pour les actions à venir. Si le Prince a choisi de faire écho, dans plusieurs grands complexes architecturaux du Principat, à certaines configurations proposées par Virgile ou Horace, cela montre l'importance de ces figures mythiques dans l'espace public, et leur dimension d'exemplarité pour les contemporains. En mettant en scène Numa et ses « déclinaisons », Ovide propose à ses concitoyens une réflexion théologique et politique, et ni la légèreté de la mise en scène, ni le ton humoristique ne doivent conduire à minimiser l'impact de sa parole poétique.

Conclusion

L'exemple de Numa chez Ovide montre que les figures mythiques sont intégrées à un réseau qui contribue à construire leur sens. Le roi se définit par les figures qui gravitent autour de lui, et ne sont pas toutes mises sur le même plan. Les figures de Pythagore et d'Égérie, certes, mais aussi celles d'Énée, d'Aristée et d'Orphée, dans les intertextes virgiliens, jouent un rôle essentiel dans la déclinaison du paradigme. Selon R. J. Littlewood[50], Numa est « le personnage le plus sympathique des *Fastes* d'Ovide, c'est une icône exemplaire de dirigeant sage et scrupuleux, à ranger parmi les *summi uiri* du Forum d'Auguste ». Or Numa n'est pas seulement, chez Ovide, la figure exemplaire du bon prince. Ses pirouettes rhétoriques font rire Jupiter, qui s'écrie : *O uir colloquio non abigende deum !* C'est un bel éloge, et le roi devient un modèle pour le poète lui-même, engagé dans une enquête étiologique qui le conduit souvent à « interviewer » les dieux en tête à tête. Tandis qu'Orphée a connu l'échec chez Virgile, le Numa d'Ovide, dans les *Fastes*, incarne les principes poétiques de l'enquête étiologique, et sa maîtrise de toutes les ressources du langage le conduit à une victoire dont profite la communauté civique. La victoire de Numa sur Jupiter est celle de tous les Romains. C'est aussi la victoire d'Ovide, parvenu, par la maîtrise des codes rhétoriques et des réseaux de figures, à se mettre en scène comme l'interlocuteur des dieux. Cette situation privilégiée n'est donc pas réservée au prince.

---

49 Voir A. BARCHIESI, « Mars Ultor in the Forum Augustum. A Verbal Monument with a Vengeance », dans G. HERBERT-BROWN (éd.), *Ovid's Fasti. Historical readings at its bimillenium*, Cambridge, 2002, p. 1-22. A. Barchiesi refuse, p. 7-9, l'idée qu'Ovide devrait fournir une interprétation officielle du complexe architectural. La voix d'un poète est résolument singulière, et si Ovide est conscient de tous les rouages du discours augustéen, le fait qu'il les mette en lumière avec acuité ne signifie pas qu'il s'en fasse le porte-parole servile. Voir aussi Le Doze, *Le Parnasse face à l'Olympe*, p. 602-604.
50 LITTLEWOOD, « *Imperii pignora certa* », p. 196.

SYLVIA ESTIENNE

Des boucliers sacrés aux cendres d'Oreste, variations autour des *pignora imperii*

Le *Commentaire à l'Énéide* de Servius recèle bien des notices érudites, vestiges de traditions perdues, qui ont acquis le statut de *doxa* établies. C'est notamment le cas d'un passage, au lemme 188 du chant VII : alors que les Troyens arrivent au palais de Latinus, le poète décrit longuement la galerie de portraits des rois latins qui ornent le vestibule[1]; l'évocation du roi Picus, vêtu de la trabée et porteur d'un bouclier archaïque, l'*ancile*, offre au commentateur l'occasion d'une notice sur les *ancilia*, boucliers fameux, envoyés par Jupiter à Numa et conservés dans la *Regia*[2]. Dans certains manuscrits, cette notice est complétée par une liste de « sept gages qui assurent le maintien de l'empire romain », *septem [...] pignora, quae imperium Romanum tenent*; à côté d'antiques *pignora imperii* bien attestés par des traditions antérieures, comme les *ancilia* et le Palladium, une vénérable effigie d'Athéna réputée originaire de Troie, on en trouve d'autres plus récents, comme le quadrige de terre-cuite qui ornait le faîte du Capitole primitif ou l'idole de la Mater Magna transférée à Rome en 204 av. J.-C[3].; sont également énumérés des gages dont nulle tradition ne vient confirmer l'existence, comme le sceptre de Priam ou le voile d'Ilionè. Enfin, les cendres d'Oreste, qu'une tradition latine reliait au sanctuaire de Diane à Aricie, font, elles, écho à différents mythes grecs qui associent les

---

1 Virgile, *Énéide*, VII, 177-191.
2 Servius, *Commentaire à l'Énéide*, VII, 188 : ANCILE *scutum breve. regnante Numa caelo huius modi scutum lapsum est, et data responsa sunt, illic fore summam imperii, ubi illud esset. Quod ne aliquando hostis agnosceret, per Mamurium fabrum multa similia fecerunt : cui et diem consecrarunt, quo pellem virgis feriunt ad artis similitudinem*, « Ancile bouclier court. Sous le règne de Numa, un bouclier de ce type tomba du ciel et un oracle fut rendu : la tête de l'empire serait là où il se trouvait. Afin qu'il ne puisse pas un jour être reconnu par un ennemi, ils en firent faire de nombreuses copies par un artisan, Mamurius; ils lui ont même consacré le jour où l'on frappe la peau avec des verges pour imiter son art ». Sur l'origine des *ancilia*, cf. Ovide, *Fastes*, III, 351-392 ; Paulus-Festus, p. 117 éd. LINDSAY.
3 Sur le Palladium et les *ancilia* comme *pignora*, Cicéron, *Pour Scaurus*, 48 ; Tite-Live, V, 52, 7 et XXVI, 27, 14 ; Ovide, *Fastes*, III, 345-346 et VI, 445 ; Florus, I, 2, 3. Sur le prodige qui concerne le quadrige de terre-cuite, présage de puissance pour la cité qui l'abritera, Festus, p. 340 éd. LINDSAY ; Plutarque, *Publicola*, 13, 3-5 ; Pline l'Ancien, *Histoire naturelle*, XXVIII, 16. Sur la pierre de Pessinonte, garante de la puissance de Rome, Hérodien, I, 11.

Sylvia Estienne ENS-PSL University research UMR 8210 AnHIMA

Figures mythiques et discours religieux dans l'Empire gréco-romain, Textes réunis et édités par Frédéric CHAPOT, Johann GOEKEN et Maud PFAFF-REYDELLET, Turnhout, Brepols 2018 (p. 139-149)
Brepols Publishers   10.1484/M.RRR-EB.5.115817

restes du héros à la pérennité de la cité qui les possède[4]. Cette liste tout à la fois familière et intrigante ne pouvait que susciter la curiosité ; plusieurs ouvrages érudits, d'innombrables articles lui ont été consacrés, et elle a inspiré jusqu'aux émules de Dan Brown[5] ! Elle tient également une place non négligeable dans les débats historiographiques plus récents sur le rôle des lettrés païens à la fin du IVe et au début du Ve siècle apr. J.-C. C'est ainsi qu'on a pu y voir un écho indirect au supposé transfert du Palladium à Constantinople[6].

Cependant la relecture des manuscrits faite par G. Ramires à l'occasion de sa nouvelle édition du livre VII du commentaire servien de l'*Énéide* conduit à revoir l'établissement du texte et par là même à remettre en cause le sens et le statut de cette liste ; il convient dès lors de s'interroger sur la place de cette notice dans le réseau complexe des traditions mythologiques.

Une relecture nécessaire

La confrontation des deux éditions de référence, celle de G. Thilo[7] et celle de G. Ramires[8], permet de mesurer quelques-uns des problèmes posés par l'établissement même du texte.

Édition Thilo	Édition Ramires
septem fuerunt pignora, quae imperium Romanum tenent : † aius matris deum, quadriga fictilis Veientanorum, cineres Orestis, sceptrum Priami, uelum Ilionae, palladium, ancilia.	*septem fuerunt paria, quae imperium Romanum tenent : acus matris deum, quadriga fictilis Veientorum, cineres Orestis, sceptrum Priami, uelum Ilionae, palladium, ancilia*

Une première difficulté porte sur le statut même de la notice ; après le lemme proprement servien sur les *ancilia*, la liste des sept gages de l'empire est généralement attribuée au *Servius Danielis*, c'est-à-dire à une tradition du commentaire distincte, jointe dans quelques manuscrits au commentaire de Servius et recueillie dans l'édition de l'humaniste P. Daniel en 1600. Toutefois, G. Ramires, qui donne la priorité à la

---

4 Sur les liens d'Oreste avec Aricie, Hygin, *Fables*, 261 ; Serv., *Aen.*, II, 116. Sur les mythes entourant les restes d'Oreste, Hérodote, I, 67 ; Pausanias, III, 3, 5-7.

5 Sans souci d'exhaustivité ni de genre, la bibliographie va de la dissertation érudite de F. CANCELLIERI, *Le sette cose fatali di Roma antica*, Rome, 1842 au roman de L. SPERDUTI, *I 7 arcani del Vaticano*, Rome, 2013, en passant par l'ouvrage de référence, K. GROSS, *Die Unterpfänder der römischen Herrschaft*, Berlin, 1935.

6 L. CRACCO RUGGINI, « Costantino e il Palladio », dans *Roma, Costantinopoli, Mosca* (Da Roma alla terza Roma, Studi, 1), Naples, 1983, p. 241-251 ; A. PELLIZZARI, *Servio. Storia, cultura e istituzioni nell'opera di un grammatico tardoantico*, Florence, 2003, p. 49-60. *Contra* A. CAMERON, *The Last pagans of Rome*, Oxford / New York, 2011, p. 613.

7 G. THILO (éd.), *Maurus Servius Honoratus. In Vergilii carmina commentarii. Servii Grammatici qui feruntur in Vergilii carmina commentarii*, recensuerunt Georgius Thilo et Hermannus Hagen, II, Leipzig, 1881, p. 141.

8 G. RAMIRES (éd.), *Servio. Commento al libro VII dell'Eneide di Virgilio, con le aggiunte del cosidetto Servio Danielino*, Bologne, 2003, p. 31.

collation des manuscrits, propose de réintégrer cette notice dans le commentaire proprement servien, en s'appuyant sur plusieurs manuscrits qui forment ce qu'il appelle la classe α[9]. Il ne s'agit ici ni de trancher sur ce point complexe de la tradition manuscrite, ni d'entrer dans la *vexata quaestio* de l'identification du *Servius Danielis* et de la nature de ces ajouts[10], mais de souligner d'emblée combien il est difficile d'assigner une source et une datation certaines à cette notice, et donc la fragilité de toute argumentation historique ; si le texte est proprement servien, il doit être examiné en cohérence avec le reste du commentaire ; s'il appartient au *Servius Danielis*, il est plus difficilement datable et s'inscrit dans une tradition mythographique plus riche et plus complexe.

Une deuxième difficulté oblige à reconsidérer le statut des objets formant cette liste. À la suite de S. Ferri[11], G. Ramires retient en effet, en début de cette liste, la lecture *paria* (« il y a eu sept objets semblables »), leçon qui figure dans tous les manuscrits, mais qui a été corrigée par G. Thilo en *pignora* : « il y a eu sept gages » à la suite d'une glose de Preller[12]). Cette dernière correction ne semble pas nécessaire pourtant, puisque le terme *paria* est complété par une proposition subordonnée (« qui assurent le maintien de l'empire romain ») précisant la caractéristique commune sur laquelle est établie la comparaison ; en revanche, le terme *pignora* appelle en général un génitif, on devrait alors lire plutôt : *pignora imperii Romani*. G. Ramires reprend également une lecture *difficilior* pour le premier objet de la liste, en retenant *acus Matris deum*, « la pointe » ou « l'aiguille de la Mère des dieux » ; sur la plupart des manuscrits, on lit en effet *aius*, le passage étant visiblement corrompu[13] ; la leçon *acus*, présente dans quelques manuscrits, paraît certes cohérente d'un point de vue paléographique, mais fait difficilement sens : le terme n'est jamais employé pour désigner la pierre de Pessinonte rapportée à Rome et pose donc un problème

---

9 Sur l'apport de ces manuscrit pour notre passage, voir RAMIRES, *Servio... Libro VII*, Introduzione, p. XXXIV-XXXV ; ID., « Il Servius Danielis prima di Pierre Daniel. L'edizione di Robert Estienne (*Stephanus*) e i manoscritti della classe alpha », *Eruditio Antiqua*, 4, 2012, p. 176. Les manuscrits constituant la classe a pour Ramires sont le *Parisinus 7961* et le *Leidensis* Voss. Lat. F 25. Pour une discussion sur le classement de ces manuscrits, G. RAMIRES, « Il valore delle aggiunte dei mss. α nella costituzione del testo dei *Commentarii* virgiliani di Servio », dans F. STOK (éd.), *Totus scientia plenus. Percorsi dell'esegesi virgiliana antica*, Pise, 2013, p. 231-255 ; *contra* C. E. MURGIA, « Why is the APA/Harvard Servius ? Editing Servius », *Classical Papers*, Department of Classics UCB, 2004 (http://escholarship.org/uc/item/89p134jb).
10 Voir en dernier lieu la synthèse proposée par D. VALLAT dans *Le Servius Danielis : bilan et perspectives*, « Introduction », *Eruditio Antiqua*, 4, 2012, p. 89-99.
11 S. FERRI, « Esigenze archeologiche e ricostruzione del testo, III », *Studi Classici e Orientali*, 6, 1957, p. 233-234.
12 L. PRELLER, *Römische Mythologie*, Berlin, 1883, p. 544.
13 D'autres conjectures ont été proposées comme *lapis* (PRELLER, *Mythologie*, p. 544-545), *currus* (R. B. STEELE, « Notes on Servius », *American Journal of Philology*, 21, 1900, p. 176) ou [*n*]*auis* (FERRI, « Esigenze... », p. 233). Pour la défense d'*acus*, RAMIRES, *Servio... Libro VII*, Introduzione, p. XXXV, qui y voit une allusion à la forme pointue de la pierre ; le *Thesaurus Linguae Latinae*, I, p. 469, s. v. acus, donne le sens de « parure féminine ».

d'interprétation[14]. Il s'agit sans doute d'une correction de copiste plutôt que du texte original.

La lecture de l'apparat critique montre également qu'un autre passage de la liste pose problème : là où G. Ramires comme G. Thilo proposent, par prudence, de lire *sceptrum Priami, velum Ilionae*, « le sceptre de Priam, le voile d'Ilionè », tous les manuscrits conservés mentionnent soit *sceptrum Priami veilione*, soit *sceptrum Priami vel ilione*, « le sceptre de Priam ou d'Ilionè » ; toutefois, si l'on retient cette lecture, la liste ne comporte plus sept, mais seulement six objets… Il faut donc supposer une altération du texte original[15]. Deux passages de l'*Énéide* peuvent être convoqués pour l'éclairer : au chant I, les objets emportés de Troie qu'Énée fait apporter à Didon comportent le sceptre d'Ilionè, la fille aînée de Priam, mais aucun voile ne lui est nommément attribué ; en revanche il est fait mention d'un *velamen*, d'une robe, d'Hélène[16] ; au chant VII, Ilionée, ambassadeur des Troyens, remet à Latinus quelques présents arrachés aux ruines de Troie, dont le sceptre et le vêtement (*vestes*) de Priam[17]. Si la mention d'un « sceptre de Priam ou d'Ilionè » peut donc faire sens aux yeux d'un copiste familier de Virgile, la restitution d'un « sceptre de Priam » et d'un « voile d'Ilionè » repose en revanche sur une conjecture[18]. K. Latte proposait de corriger non pas en *velum Ilionae*, mais en *velum Hesionae*[19] : il s'appuyait pour cela sur un épisode rapporté par Apollodore, selon lequel la fille de Laomédon aurait racheté son frère, le futur Priam, grâce au voile dont elle se couvrait le visage[20]. La solution paraît ingénieuse, mais on notera qu'un autre passage du

---

14 *Lapis* chez Tite-Live, XXIX, 11, 7 ; la description la plus précise de cette pierre, petite, noire et brute, se trouve chez Arnobe, *Contre les gentils*, VII, 49 : *lapis quidam non magnus, ferri manu hominis sine ulla impressione qui posset, coloris furui atque atri, angellis prominentibus inaequalis, et quem omnes hodie ipso illo uidemus in signo oris loco positum, indolatum et asperum et simulacro faciem minus expressam simulatione praebentem*.

15 G. Ramires reprend ces questions dans un article en préparation, dont il m'a donné la primeur. Les lignes qui suivent lui doivent beaucoup, qu'il en soit chaleureusement remercié.

16 *Énéide*, I, 647-655 : *Munera praeterea, Iliacis erepta ruinis, / ferre iubet, pallam signis auroque rigentem, / et circumtextum croceo uelamen acantho, / ornatus Argiuae Helenae, quos illa Mycenis, / Pergama cum peteret inconcessosque hymenaeos, / extulerat, matris Ledae mirabile donum : / praeterea sceptrum, Ilione quod gesserat olim, / maxima natarum Priami, colloque monile / bacatum, et duplicem gemmis auroque coronam*.

17 *Énéide*, VII, 245-247 : *Dat tibi praeterea fortunae parua prioris/ munera, reliquias Troia ex ardente receptas. / Hoc pater Anchises auro libabat ad aras ; / hoc Priami gestamen erat, cum iura uocatis / more daret populis, sceptrumque sacerque tiaras / Iliadumque labor uestes*.

18 Tout au plus peut-on rappeler que le personnage d'Ilionè était familier pour les lecteurs romains, puisque Pacuvius lui avait consacré une tragédie qui rencontra un certain succès, si l'on en juge par les citations de Cicéron et Horace, mais le résumé présenté par Hygin, *Fables*, CIX, et les rares fragments conservés ne permettent pas de savoir si un voile y jouait un rôle fondateur ; seul le sceptre est cité (fr. 158 Schierl), comme chez Virgile, cf. P. SCHIERL, *Die Tragödien des Pacuvius. Ein Kommentar zu den Fragmenten mit Einleitung, Text und Übersetzung*, Berlin / New York, 2006, p. 312-341.

19 K. LATTE, *Römische Religionsgeschichte (Handbuch der Altertumswissenschaft)*, Munich, 1960, p. 292.

20 Apollodore, *Bibliothèque*, II, 6, 4 : ἡ δὲ πιπρασκομένου τὴν καλύπτραν ἀφελομένη τῆς κεφαλῆς ἀντέδωκεν· ὅθεν Ποδάρκης Πρίαμος ἐκλήθη, « ainsi paya-t-elle son rachat avec le voile qui lui couvrait le visage, et depuis ce moment Podarcès fut appelé Priam ».

commentaire servien tient la version d'Apollore pour *fabulosa*[21]. On pourrait alors préférer restituer *velum* ou *velamen Helenae*, en s'appuyant sur le passage du chant I de l'*Énéide*, mais il faut bien avouer que rien dans les commentaires de Virgile ou les récits mythologiques ne vient corroborer cette lecture. D'autres corrections tout aussi hypothétiques ont pu être proposées, comme *velum Iliae*, « le voile d'Ilia », en référence à Rhéa Silvia[22]. Si la restitution du texte paraît donc hasardeuse et un peu désespérée, la cohérence de la liste oblige néanmoins à supposer un cinquième objet, vraisemblablement associé à une figure féminine, entre le sceptre de Priam et le Palladium.

Pignora imperii romani : enjeux et limites

Les difficultés posées par l'établissement du texte nous invitent donc à la prudence sur la notion même de *pignora imperii* et la composition d'une liste canonique. Les principaux commentateurs ont très tôt souligné les incohérences de la liste servienne[23]. À côté de *sacra* troyens (outre le Palladium lui-même, le sceptre de Priam et l'éventuel voile d'Ilionè, auquel on peut ajouter l'*acus* de la Mère des dieux, réputée d'origine troyenne), on trouve en effet des éléments propres à des traditions étrusques et latines, au sens large (les *ancilia*, le char des Véiens, voire les cendres d'Oreste, s'il s'agit bien d'une version aricienne de la geste d'Oreste). Certains objets ont *a priori* disparu depuis longtemps, comme le quadrige des Véiens, remplacé au IIIe s. av. J.-C. par un autre ornement faîtier[24] ; plus généralement, la liste, composée de strates successives, semble refléter l'élargissement progressif des ambitions impérialistes de Rome, depuis Véies jusqu'à l'Orient grec[25]. Tous les objets retenus dans cette liste ne peuvent être par ailleurs expressément qualifiés de *pignora imperii*, comme les cendres d'Oreste, tandis que des monuments ou des objets attestés comme *pignora imperii* ne sont pas repris par Servius : ainsi le Capitole, le feu de Vesta ou encore

---

21 Servius, *Aen.*, I, 619 : *tunc Hercules Priamum quoque redemptum a vicinis hostibus in paterno regno locavit : unde et Priamus dictus est ἀπὸ τοῦ πρίασθαι, id est emi. ceterum quae de liberata dicuntur Hesiona constat esse fabulosa*, « Hercule plaça sur le trône de son père Priam qu'il avait également racheté à des ennemis voisins : de là vient qu'il est appelé Priam du verbe *priasthai*, c'est-à-dire être acheté. Par ailleurs ce qu'on raconte à propos de la libération d'Hésionè relève à l'évidence de la fable ».
22 Cf. M. SORDI, « Lavinio, Roma e il Palladio », dans ID. (éd.), *Politica e religione nel primo scontro tra Roma e l'Oriente*, Milan, 1982, p. 75.
23 Voir, par exemple, avec des explications différentes, SORDI, « Lavinio, Roma e il Palladio » ; CAMERON, *Last Pagans*, p. 613 ; A. HARTMANN, *Zwischen Relikt und Reliquie: Objektbezogene Erinnerungspraktiken in antiken Gesellschaften*, Berlin, 2010, p. 545-547.
24 Nos sources témoignent néanmoins de la vitalité du mythe se rapportant à ce quadrige comme *pignus imperii*, de l'époque augustéenne (Verrius Flaccus repris par Festus, p. 342 éd. LINDSAY), à l'époque flavienne (Pline, *Histoire naturelle*, XXVIII, 16) ou antonine (Plutarque, *Publicola*, 13, 3-5). HARTMANN, *Zwischen Relikt und Reliquie*…, p. 547, met cela en lien avec la redécouverte, à l'occasion de la reconstruction du temple au Ier siècle av. J.-C., des *favisae capitolinae*, ces « caves du Capitole » dans lesquelles, selon Varron, étaient entreposées les statues archaïques hors d'usage (cf. Aulu-Gelle, *Nuits Attiques*, II, 10).
25 Cf. SORDI, « Lavinio, Roma e il Palladio », p. 68-76.

les livres sibyllins auraient-ils pu prendre légitimement place dans une telle liste[26]. Loin d'être une liste canonique, la notice servienne ne met pas en œuvre directement la notion de *pignora imperii*, mais se présente comme une compilation éclectique en apparence autour d'une définition assez restrictive de la valeur « talismanique » accordée à des objets sacrés.

Dans quelle mesure la notion de *pignora imperii* peut-elle néanmoins se révéler opératoire ? Cette question, à partir du cas bien documenté du Palladium, a déjà suscité une abondante littérature, je ne reprendrai donc ici que quelques points. L'attestation la plus ancienne se trouve sous la plume de Cicéron et concerne le « fameux Palladium, confié à la garde de Vesta, comme gage pour ainsi dire de notre salut et de l'empire »[27]. Étroitement associée au culte de Vesta, cette antique effigie d'Athéna concentre en effet l'essentiel des références aux *pignora imperii* de la fin de la République à la fin de l'Empire[28] ; dans ces différentes sources, le Palladium apparaît comme l'élément le plus emblématique d'un ensemble plus ample de *sacra* troyens conservés dans l'*aedes Vestae*, que leur seule « sacralité » suffit parfois à connoter[29]. Le terme de *pignus imperii* n'est pas le seul utilisé pour rendre leur dimension symbolique : la notion de destin, *fatum*, leur est également très fréquemment associée : *pignora fatalia*, « gages du destin », protégeant Rome chez Tite-Live et Ovide, ils deviennent chez Augustin *illa sacra fatalia*, symboles de la fatale destinée de Rome et de l'impuissance des dieux traditionnels[30]. Sans doute le regain d'intérêt pour ce type de symboles de la part des contemporains de Servius s'inscrivait-il dans l'air du temps, et plus particulièrement dans les débats entre lettrés païens de Rome et intellectuels chrétiens attachés aux cercles impériaux. D'autres lieux, marqués par la présence d'objets sacrés, sont également associés au destin de l'empire : la Regia, avec

---

26 Sur le Capitole qualifié de *pignus imperii*, Tacite, *Histoires*, III, 72 ; sur le feu de Vesta, Tite-Live, V, 52, 7 et XXVI, 27, 14 ; Florus, I, 2, 3 (*custos imperii*) ; plus tardive, la mention des livres sibyllins, *pignora fatalia* chez Rutilius Namatianus, *De reditu*, II, v. 50-56. A. HARTMANN, *Zwischen Relikt und Reliquie*…, p. 545-546, évoque également les cornes d'une génisse conservées dans le temple de Diane sur l'Aventin : Tite-Live, I, 45, 4-7 et Plutarque, *Questions romaines*, 4.

27 Cicéron, *Pour Scaurus*, 48 : *Palladium illud quod quasi pignus nostrae salutis atque imperii custodiis Vestae continetur*.

28 Outre Cicéron, Tite-Live, V, 52, 7 et XXVI, 27, 14 ; Ovide, *Fastes*, III, 345-346 et VI, 445 ; Florus, I, 2, 3 ; *Histoire Auguste, Heliogabal*, 3, 4 ; *Contra Paganos*, v. 1-3, p. 6 éd. MANGANARO ; Prudence, *Contre Symmaque*, I, 194-195 et II, 966-968. Sur les enjeux de cette construction à l'époque républicaine, SORDI, « Lavinio, Roma e il Palladio » ; P. ASSENMAKER, « *Pignus salutis atque imperii*. L'enjeu du Palladium dans les luttes politiques de la fin de la République », *Les Études Classiques*, 75, 4, 2007, p. 381-412 ; pour l'époque tardive, outre les références citées à la n. 6, A. BAUDOU, « Le vol du Palladium, Servius et les événements du IVe siècle après J.-C. », *Latomus*, 68, 2009, p. 981-996 et A. FRASCHETTI, *La conversione. Da Roma pagana a Roma cristiana*, Bari, 1999, p. 42-47 et p. 65-66.

29 Voir par exemple Denys d'Halicarnasse, II, 66, 4 ; Pline l'Ancien, *Histoire naturelle*, VII, 45. Sur l'ensemble du dossier, A. DUBOURDIEU, *Les origines et le développement du culte des Pénates à Rome*, Paris, 1989, p. 460-507.

30 Augustin, *Cité de Dieu*, III, 18 : *Cuius impetu exterritae uirgines sacra illa fatalia, quae iam tres, in quibus fuerant, presserant ciuitates, cum ab illo incendio liberare non possent*, « épouvantées de sa fureur, les vierges ne peuvent dérober aux flammes les objets sacrés d'une fatale destinée qui a déjà dévoré trois villes qui l'avaient abritée ».

les fameux boucliers tombés du ciel, le Palatin, avec l'effigie de la Mère des dieux, le Capitole avec le quadrige des Véiens. Plus que les objets en eux-mêmes, c'est leur inscription dans le paysage sacré de Rome qui doit être mise en avant ; comme l'a montré C. Ando à propos du Palladium, l'efficience spécifique de ce type d'objets est liée à la sacralisation des lieux et participe d'une culture partagée entre païens et chrétiens[31]. C'est d'ailleurs à la même époque que se dégage progressivement l'usage chrétien du terme *pignora* pour désigner les reliques des saints[32].

Plus précisément, toutefois, c'est autour de la translation du cœur de l'empire de Rome à Constantinople que se sont focalisés les commentateurs modernes, à partir d'un réseau ténu, mais assez convaincant de références. On retrouve ainsi une liste similaire à celle de Servius, moins complète toutefois, dans la biographie d'Élagabal incluse dans l'*Histoire Auguste*, qui contient des allusions implicites au règne de Constantin ; l'empereur d'origine orientale fait ainsi transférer dans le nouveau temple de son dieu, Héliogabale, les principaux objets sacrés de Rome : la statue de la Mère des dieux, le feu de Vesta, le Palladium et les boucliers[33]. Certes l'idée d'un transfert supposé du Palladium lui-même depuis Rome jusque dans la nouvelle capitale n'est attestée que par des sources plus tardives, du VIe siècle après J.-C. comme Jean Malalas ou Procope, à une époque où se multiplient également les allusions aux reliques chrétiennes transférées depuis Jérusalem[34]. La statue de Constantin, au cœur de son forum, statue au pied de laquelle le Palladium aurait été enterré, est ainsi réputée contenir un morceau de la croix[35]. Si aucune source contemporaine de Servius, ni Servius lui-même, ne fait explicitement allusion à ce transfert, dont A. Fraschetti a remis en question l'historicité, il n'en reste pas moins que plusieurs textes de la fin du IVe et du début du Ve siècle après J.-C., païens comme chrétiens, font allusion de façon significative au Palladium et aux *sacra* conservés dans le temple de Vesta[36]. A. Pellizzari et L. Cracco Ruggini ont ainsi cru discerner dans l'insistance des sources sur la démultiplication du *Palladium* et des *ancilia*, destinée à tromper les voleurs et les empereurs mal intentionnés, une réponse implicite de

---

31 Voir C. ANDO, « The Palladium and the Pentateuch », *Phoenix*, 55, 2001, p. 369-410, repris dans ID., *The Matter of the Gods, Religion and the Roman Empire*, Berkeley, 2008, p. 149-197 ; cf. ID., « Praesentia numinis. Part I : the Visibility of Roman Gods », *Asdiwal*, 5, 2010, p. 45-73. L'auteur cherche à démontrer que les statues et autres objets sacrés du culte romain traditionnel ne fonctionnent pas sur un mode iconique, ils ne représentent pas les dieux, mais sont pourvus d'une efficience propre qui leur permet de mettre les hommes en contact avec le divin ; ce mode d'*agency* lui paraît également perceptible dans les sources chrétiennes, chez Augustin en particulier.

32 Sur la question de l'évolution sémantique du mot *pignus* dans l'Antiquité tardive, voir un article à paraître de J. Soler, que je remercie vivement pour m'avoir permis de lire une version préparatoire de son travail.

33 *Histoire Auguste, Heliogabal*, 3, 4 : *Heliogabalum in Palatino monte iuxta aedes imperatorias consecrauit eique templum fecit, studens et Matris typum et Vestae ignem et Palladium et ancilia et omnia Romanis ueneranda in illud transferre templum et id agens, ne quis Romae deus nisi Heliogabalus coleretur.*

34 Voir Malalas, *Chronographie*, XIII, 7 ; Procope, *Guerre contre les Goths*, I, 15, 8-14. Sur les transferts de reliques de saints, voir par ex. Paulin de Nole, *Poèmes*, XIX, 334-371.

35 Sur ces questions, voir CRACCO RUGGINI et PELLIZZARI, cités *supra* n. 6. Déjà S. MAZZARINO, *Antico, tardoantico ed era costantiniana*, I, Bari, 1974, p. 123-124 se montrait plus sceptique.

36 Cf. les références citées n. 28 et 31.

l'aristocratie romaine aux prétentions de la cour impériale et la volonté de prévenir les revendications de *translatio* des *sacra*[37].

Toutefois ces rapprochements restent partiels et ne permettent pas d'expliquer pleinement l'originalité de la notice de Servius. Dans l'un de ses derniers ouvrages, A. Cameron utilise ainsi la nouvelle édition du commentaire de Servius au livre VII de l'*Énéide* dans un sens tout à fait opposé. Il cherche en particulier à démontrer que les commentaires tardifs de Virgile, ceux de Donat, de Servius ou de Macrobe, ne peuvent être lus comme une réponse à une polémique chrétienne ; il interprète le déploiement de leur érudition comme l'indice même d'une retraite dans un monde nostalgique, celui des lettres. Dans cette perspective, il voit dans notre notice une simple compilation érudite, dans lequel il discerne l'héritage d'un Varron[38]. Pour excessive que soit sa réaction, elle a le mérite de nous obliger à replacer cette notice dans une perspective tout aussi fondatrice, celle de la tradition érudite proprement virgilienne.

Le commentaire de Virgile, les errances d'Énée et les destinées de Rome

La liste des « sept objets semblables qui assurent le maintien de l'empire romain » n'est pas sans rappeler celle des *fata troiana*, les « destins de Troie », recensée par Servius dans son commentaire au livre II de l'*Énéide* : « Selon Plaute, il y en a trois : la vie de Troïlos, la sauvegarde du Palladium, et la préservation du tombeau de Laomédon, qui se trouvait sur la porte Scée, comme on le lit dans les *Bacchides* ; mais, selon d'autres sources, il y en a davantage : la participation d'un descendant d'Éaque (c'est pourquoi Pyrrhus fut amené encore enfant à la guerre), le vol des chevaux de Rhésos, l'intervention des flèches d'Hercule, que lança Philoctète, puisque lui-même, déjà mort, n'avait pas pu les apporter »[39]. Comme en miroir des sept *sacra* qui protègent le destin de Rome, on trouve donc six objets, lieux ou personnages héroïques qui n'ont pas pu protéger Troie de son destin fatal. M. Béjuis-Vallat, qui en a récemment repris l'étude, a montré l'extraordinaire richesse et foisonnement de ces traditions mythologiques depuis le VIIIe siècle av. J.-C. jusqu'à l'époque de Servius, qu'elle explique non seulement par l'engouement pour la mythologie et la place de l'*Iliade* dans la culture antique, mais aussi par un motif plus idéologique ; ces traditions, qui insistent sur l'aveuglement des Troyens, incapables d'entendre les avertissements délivrés par les oracles, permettent de légitimer l'attitude d'Énée

---

37 Dans l'*Histoire Auguste*, *Héliagabal*, VI, 8, l'empereur cherchant à s'emparer du véritable Palladium est trompé par la grande vestale.
38 CAMERON, *Last Pagans*, p. 613.
39 Serv., *Aen.*, II, 13 : *Secundum Plautum tribus, uita scilicet Troili, palladii conseruatione, integro sepulcro Laomedontis, quod in Scaea porta fuit, ut in Bacchidibus lectum est ; secundum alios uero pluribus : ut de Aeaci gente aliquis interesset, unde Pyrrhus admodum puer euocatus ad bellum est ; ut Rhesi equi tollerentur ; ut Herculis interessent sagittae, quas misit Philoctetes, cum ipse non potuisset adferre morte praeuentus.* Trad. M. BÉJUIS-VALLAT.

lors de la chute de Troie, ce qui justifie l'intérêt des commentateurs de Virgile[40]. L'attention portée par Servius aux récits mythologiques liés au destin de Rome peut s'inscrire dans cette même perspective : les *fata* jouent un rôle essentiel dans l'épopée virgilienne et la construction de la figure d'Énée.

La logique du récit virgilien et de son commentaire nous conduit donc à porter plus d'intérêt aux figures mythiques qu'à l'inventaire, plus ou moins historiquement connoté, des « talismans ». Comme le notait déjà S. Ferri, l'originalité de la notice servienne sur les prétendus *pignora imperii* repose sur l'association d'un objet avec une figure divine ou mythique ; aussi proposait-il de la compléter, en associant le *Palladium* à Athéna et les *ancilia* à Mars, ou plus exactement à *Marmar*, figure archaïque de Mars invoquée par les Saliens[41]. Il n'est pas certain qu'il faille aller jusque-là pour compléter un texte déjà assez elliptique ; mais on peut de se demander en effet si cette notice n'associe pas, comme dans le cas de *fata troiana*, plusieurs courants de traditions progressivement stratifiées autour du commentaire virgilien.

En effet, l'étroite association des *ancilia* et du *Palladium* donne lieu à d'intéressants développements mythologiques dans d'autres parties du commentaire servien, notamment au lemme 166 du livre II, particulièrement fourni. Il ne s'agit pas de faire ici une exégèse complète de ce texte, mais de voir comment le commentaire utilise les références mythologiques, faisant des objets et des personnages un fil conducteur autour duquel viennent s'articuler différentes traditions. Partant de la mention du Palladium, Servius évoque d'abord les *fata troiana*, les destins de Troie, et la figure d'Hélénos, qui révèle la prophétie aux Grecs, leur permettant de s'emparer du Palladium, et donc de Troie ; le *Servius Danielis* propose une version différente du même épisode[42] ; Servius évoque ensuite le vol du Palladium par Ulysse et Diomède ; puis, suivant une version varronienne, il met ensuite en scène Diomède en Italie (en Calabre selon le *Servius Danielis*) tentant de remettre le Palladium à Énée, mais celui-ci étant occupé à sacrifier, c'est Nautès qui le reçoit, fondant ainsi des liens privilégiés entre la *gens Nautia* et le culte de Minerve[43]. Puis le commentateur

---

40 M. BÉJUIS-VALLAT, « Servius et la tradition des *fata troiana* », *Eruditio Antiqua*, 1, 2009, p. 87-104.

41 FERRI, « Esigenze... », p. 233-234.

42 Serv., *Aen.*, II, 166, l. 1 sqq (en caractères romains le texte de Servius, en italiques celui du *Servius Danielis*) : Helenus apud Arisbam captus a Graecis est et indicavit coactus fata Troiana, in quibus etiam de Palladio. [...] *alii dicunt Helenum non captum, sed dolore, quod post mortem Paridis Helena iudicio Priami non sibi, sed Deiphobo esset adiudicata, in Idam montem fugisse, atque exinde monente Calchante productum de Palladio pro odio prodidisse*, « Hélénos fut capturé par les Grecs près d'Arisba ; et sous la contrainte, prophétisa les destins de Troie, et, entre autres, celui qui avait trait au palladium. [...] Certains disent qu'Hélénos ne fut pas capturé, mais qu'en raison de la douleur qu'il ressentit, du fait qu'après la mort de Pâris, Priam attribua Hélène non à lui-même, mais à Déiphobe, il s'enfuit sur le mont Ida, et que, sorti de sa retraite sur les indications de Calchas, c'est mû par la haine qu'il fit des révélations sur le palladium ». Trad. M. BÉJUIS-VALLAT ; pour le commentaire, voir ID., « Servius et la tradition des *fata troiana* », p. 93-95 et p. 103.

43 *Ibid.* : hoc cum postea Diomedes haberet, *ut quidam dicunt*, quod et Vergilius ex parte tangit, et Varro plenissime dicit : credens sibi non esse aptum, propter sua pericula, *quibus numquam cariturum responsis cognoverat, nisi Troianis Palladium reddidisset*, transeunti *per Calabriam* Aeneae offerre conatus est. sed cum se ille velato capite sacrificans convertisset, Nautes quidam accepit simulacrum : unde Minervae sacra non Iulia gens habuit, sed Nautiorum, « Alors que, par la suite, il [le Palladium]

donne une version concurrente et romaine du transfert du Palladium à Rome à travers l'évocation de sa découverte par des soldats romains lors de la destruction d'Ilion, pendant la première guerre contre Mithridate, en 85 av. J.-C[44]. ; il opère alors un rapprochement implicite avec les *ancilia* en attribuant la duplication de la statue au légendaire Marmurius, dont le nom apparaît également dans la notice du lemme VII, 188 comme étant celui de l'artisan chargé par Numa de recopier les fameux boucliers de Jupiter[45]. Le rapprochement entre ces deux objets, les *ancilia* et le Palladium, sert alors de fil conducteur implicite : le commentateur retient que le *Palladium*, selon un mythe athénien, était tombé du ciel (comme les boucliers donc)[46]. Le *Servius Danielis* résume enfin les différentes traditions liées au transfert du Palladium : « Mais ce Palladium athénien fut transporté à Ilion par de vieux Troyens. [...]. D'autres disent que lorsqu'Ilion fut fondée par Ilus, c'est ce Palladium troyen qui tomba du ciel. D'autres enfin assurent qu'il y a eu plusieurs Palladia, mais que celui-ci fut volé par Diomède et Ulysse »[47].

D'autres passages du commentaire servien pourraient être rapprochés de notre notice initiale, révélant la logique interne au texte et les mécanismes propres au fonctionnement des figures mythiques dans le commentaire de Virgile. À partir de

---

était en la possession de Diomède, comme le disent certains - une version à laquelle Virgile se rattache partiellement et que Varron exprime dans son intégralité -, celui-ci, croyant que le Palladium n'était pas fait pour être en sa possession, en raison des dangers sans nombre qu'il encourrait toujours, comme le lui avaient appris des oracles, s'il ne le rendait aux Troyens, entreprit de l'apporter à Énée, qui traversait alors la Calabre. Mais comme celui-ci, en train d'effectuer un sacrifice la tête voilée, s'était détourné, c'est un certain Nautès qui reçut la statue : c'est pourquoi le culte de Minerve ne fut pas aux mains de la famille des Iulii, mais des Nautii ». Trad. P. ASSENMAKER ; pour le commentaire et les références, voir ID., « Pignus salutis atque imperii », p. 392-393. Une autre version est donnée par Denys d'Halicarnasse, *Antiquités romaines*, VI, 69, 1.

44 *Ibid.* : *quamquam alii dicant, simulacrum hoc a Troianis absconditum fuisse intra extructum parietem, postquam agnoverunt Troiam esse perituram : quod postea bello Mithridatico dicitur Fimbria quidam Romanus inventum indicasse : quod Romam constat advectum. Et cum responsum fuisset, illic imperium fore, ubi et Palladium, adhibito Mamurio fabro multa similia facta sunt. Verum tamen agnoscitur hastae oculorumque mobilitate*, « Pourtant, d'autres disent que cette statue fut cachée par les Troyens à l'intérieur d'un mur qu'ils avaient construit après qu'ils comprirent que Troie allait périr ; par après, durant la guerre contre Mithridate, un Romain du nom de Fimbria, dit-on, annonça l'avoir trouvée. C'est un fait certain qu'elle fut amenée à Rome. Et alors qu'un oracle avait répondu que la souveraineté serait là où se trouverait le Palladium, on fit appel à l'artisan Mamurius, qui en réalisa de nombreuses copies. Le vrai, cependant, se reconnaît à la mobilité de la lance et des yeux ». Trad. P. ASSENMAKER ; pour le commentaire et les références, voir ID., « Pignus salutis atque imperii », p. 394-400, avec les autres sources *ad loc.*

45 Cf. *supra* n. 2.

46 *Ibid.* : *dicunt sane alii, unum simulacrum caelo lapsum, apud Athenas tantum fuisse*, « d'autres disent qu'il n'y a eu qu'une seule statue tombée du ciel chez les Athéniens ». Voir L. CRACCO RUGGINI, « Oggetti caduti dal cielo nel mondo antico : valenze religiose e politiche », dans A. MONACI CASTAGNO (éd.), *Sacre impronte e ogetti non fatti da mano d'uomo nelle religioni. Atti del Convegno Internazionale, Torino, maggio 2010*, Alessandria, 2011, p. 95-111.

47 *Ibid.* : *sed hoc Atheniense Palladium a veteribus Troianis Ilium translatum alii, cum ab Ilo Ilium conderetur, hoc Troianum caelo lapsum dicunt : alii a Dardano de Samothracia Troiam translatum : alii multa fuisse Palladia, sed hoc a Diomede et Ulixe furto ablatum tradunt.*

celles-ci, le commentaire peut être extrêmement condensé, comme c'est le cas dans le lemme 188 du commentaire du livre VII de l'*Énéide*, ou pleinement développé, comme dans le lemme 166 du commentaire du livre II. Servius reste parfois le seul témoin permettant de reconstruire les connexions entre ces différentes traditions. Il en va ainsi de la plus mystérieuse mention de notre notice, celle des cendres d'Oreste, *cineres Orestis*. Les mythes grecs liés à la possession des ossements d'Oreste, disputés entre Spartes et Tégée, sont en effet connus par Hérodote et Pausanias ; les sources latines relient de façon souvent elliptique la figure d'Oreste au culte de Diane à Aricie, mais seul Servius, commentant le vers 116 du livre II de l'*Énéide*, permet de faire le lien avec Rome : le lemme, suscité par la mention de sacrifices humains, passe de la figure d'Iphigénie à celle d'Oreste, en suivant le transfert de l'Artémis de Tauride en Italie, jusqu'à Aricie, et se clôt par l'évocation « des ossements d'Oreste transportés d'Aricie à Rome et enterrés devant le temple de Saturne, qui est devant la montée du Capitole, à côté du temple de la Concorde[48] ». Cette *translatio* du héros apaisé, sans doute datable de la période augustéenne, révèle en filigrane le motif qui a sans doute présidé à la confection de notre liste, celui des objets qui accompagnent le cheminement d'Énée d'Orient vers l'Occident et en légitiment la venue.

---

[48] Pour le volet grec, voir Hérodote, I, 67 et Pausanias, III, 3, 5-7 ; sur les liens entre Diane et Oreste à Aricie, voir par exemple Ovide, *Métamorphoses*, XV, 489 ; Servius, *Aen.*, II, 116, en particulier : *Orestis vero ossa Aricia Romam translata sunt et condita ante templum Saturni, quod est ante clivum Capitolinum iuxta Concordiae templum*. Sur la geste d'Oreste en Italie, R. Piettre, « Oreste, un héros grec dans la religion romaine », dans Ch. Batsch, M. Vârtejanu-Joubert (éd.), *Manières de penser dans l'Antiquité méditerranéenne et orientale. Mélanges offerts à Francis Schmidt par ses élèves, ses collègues et ses amis*, Leyde / Boston, 2009, p. 239-268 ; à Aricie en particulier, C. M. C. Green, *Roman Religion and the Cult of Diana at Aricia*, Cambrige, 2007, p. 34 sqq ; Hartmann, *Zwischen Relikt und Reliquie...*, p. 548. Sur le rôle d'Auguste, dont la mère était originaire d'Aricie, dans ce transfert, A. Delcourt, « Entre légende et histoire : Oreste et le prince », *Les Études Classiques*, 66, 1998, p. 61-72.

Quatrième partie

Plasticité de la figure mythique

Les figures mythiques sont mises en œuvre comme des outils rhétoriques et polémiques d'une efficacité redoutable, en raison de leur profonde plasticité, qui leur permet de s'adapter au contexte précis dans lequel elles sont convoquées. Cette dimension de l'élaboration littéraire des figures est essentielle pour comprendre le rôle décisif qu'elles peuvent tenir dans la conduite de l'argumentation. Nullement réduites au statut d'ornements du discours, les figures mythiques sont des *exempla*, des types, des prosopopées qui peuvent devenir des armes de persuasion.

Avec Claudien, on retrouve cet usage rhétorique et polémique des personnifications, comme le montre Marco Fucecchi dans le petit poème sur Gildon. L'apparition de Rome et d'Afrique revêt une valeur qui va au-delà de l'allégorie, pour assumer une signification historico-politique et le caractère d'un véritable défi littéraire : la réflexion sur la destinée de Rome et sur ses relations conflictuelles avec l'Afrique se révèle être dans le sillage de Lucain, pour mieux montrer combien la situation a changé au Ve siècle. Le mythe païen finit par représenter une sorte de langage spécialisé, qui filtre les échos de l'actualité historique et, en même temps, garantit au moins l'apparence d'une continuité. L'inscription dans la tradition du « temps long » permet aussi de mesurer, paradoxalement, la fragilité des modèles.

Chez un même auteur, l'usage des figures peut d'ailleurs se révéler très différent selon les contextes, sans qu'il faille y voir une marque d'inconséquence. Céline Urlacher-Becht analyse deux lectures opposées du combat d'Hercule contre Antée, chez Ennode de Pavie. L'écrivain chrétien est libre de choisir l'usage qu'il veut faire des figures mythiques transmises par la tradition, et Ennode adopte alternativement, selon le contexte d'énonciation des textes qu'il compose, l'éthos de l'aristocrate ou la posture du clerc. En effet, il n'est pas plus attaché aux valeurs chrétiennes qu'aux valeurs traditionnelles de sa classe aristocratique, érigées, dans le contexte historique troublé du début du VIe siècle, en « symbole identitaire ». Il en va de l'identité de la classe sénatoriale et de celle de la *Romanitas* même, dont les fondements ont été ébranlés par les invasions barbares et la chute de l'Empire romain d'Occident.

La plasticité littéraire des figures apparaît aussi dans l'analyse de Christiane Voigt, qui étudie la traduction arabe du *Roman d'Alexandre* du pseudo-Callisthène à l'époque abbasside, après le déplacement de la cour des califes de Damas à Bagdad. En Orient, cet ouvrage d'une qualité littéraire assez modeste a été considéré comme une véritable source historique et il a suscité un vif intérêt. Une fascination particulière pour la figure d'Alexandre le Grand se révèle dans une discussion qui remonte aux débuts de l'exégèse coranique : est-ce bien lui qui apparaît dans la *Sourate de la Caverne* du *Coran* ? Cette présence s'expliquerait par une réminiscence littéraire du *Roman d'Alexandre*, car la composition du *Coran* s'est fondée sur un grand nombre de légendes juives et chrétiennes qui avaient circulé oralement à travers la péninsule arabique dans l'Antiquité tardive. Les figures exemplaires issues de l'Antiquité gréco-latine étaient donc malléables et réutilisables dans un tout autre contexte historique et religieux.

F. C. / J. G. / M. P.-R.

MARCO FUCECCHI

Entre littérature, religion et politique : quelques réflexions sur le rôle des prosopopées divines chez Claudien

Introduction

La présence des personnifications de principes moraux et d'autres concepts abstraits divinisés caractérise déjà la poésie latine du 1er siècle, mais sa diffusion connaît une poussée ultérieure dans l'Antiquité tardive. Ce phénomène accompagne, en particulier, l'évolution encomiastique de l'épopée, toujours plus directement compromise avec le discours sur le pouvoir et la représentation « surhumaine » de ceux qui le détiennent, c'est-à-dire les empereurs. La prolifération de figures intermédiaires, situées entre les anciennes divinités de l'Olympe et les « nouvelles » divinités qui règnent sur les hommes, sert à réduire ultérieurement les distances entre le ciel et la terre, à combler des « lacunes » dans le système de représentation du divin, à négocier des espaces de légitimation pour la mythologie païenne : une telle prolifération peut donc être considérée comme un signe de la vitalité, au moins relative, du modèle culturel qui l'a produite.

Après que la poésie épique, surtout à l'âge flavien, eut accueilli l'entrée en grande pompe de *Virtus, Fides, Pietas*, etc., interprètes des valeurs fondamentales du système moral romain, quelques siècles plus tard les poèmes de Claudien, Prudence, puis de Rutilius, de Sidoine, mirent sous les feux de la rampe une variété d'autres figures. L'évolution géopolitique favorise en particulier la représentation anthropomorphique de grandes entités territoriales : Rome[1] en premier, qui toutefois n'est plus désormais que la capitale d'une moitié de l'Empire ; puis la *Roma altera*, Aurore, allégorie de la *pars Orientis*, mais aussi de provinces très importantes (et disputées), comme l'Afrique.

---

1 Sur l'image de Rome dans la poésie tardo-antique, cf. les titres recueillis dans la note de M. DEWAR, *Claudian. Panegyricus de sexto consulatu Honorii*. Edited with Introduction, Translation and Commentary, Oxford, 1996, p. 266-267 (*ad* Claud. *VI cons.Hon.* 356-425), à qui il faut ajouter au moins : M. ROBERTS, « Rome Personified, Rome Epitomized : Representations of Rome in the Poetry of the Early Fifth Century », *The American Journal of Philology*, 122, 2001, p. 533-565 ; V. ZARINI, « Rome au miroir de son passé chez les poètes latins de l'antiquité tardive », texte d'une conférence prononcée pour l'Associazione di Studi Tardoantichi à Naples, le 19 avril 2010 (cf. http://www.studitardoantichi.org/einfo2/ file/1275558170-ZARINI.pdf).

Marco Fucecchi Università degli Studi di Udine

Figures mythiques et discours religieux dans l'Empire gréco-romain, Textes réunis et édités par Frédéric CHAPOT, Johann GOEKEN et Maud PFAFF-REYDELLET, Turnhout, Brepols 2018 (p. 153-165)
Brepols Publishers   10.1484/M.RRR-EB.5.115818

En fait, la prosopopée de la « Patrie » avait été déjà introduite par Cicéron dans le premier discours contre Catilina : Rome y est représentée en train de prononcer une âpre réprimande contre le projet criminel visant à bouleverser l'État et les institutions républicaines[2]. Quelques décennies après, la première apparition de la même figure dans l'épopée (une apparition tout aussi fugace que pathétique) se situe au début du *Bellum ciuile* de Lucain, quand elle se présente, en larmes et tremblante, devant César pour l'empêcher de traverser la frontière du Rubicon avec son armée[3].

À la fin du IVe et au début du Ve siècle, *Roma* est devenue une interlocutrice directe et privilégiée des empereurs et de leurs généraux, auxquels elle s'adresse désormais d'une façon presque familière et pas du tout exceptionnelle : selon les circonstances, elle leur parle avec l'orgueil d'une mère ou avec la passion d'une maîtresse, parfois déçue, parfois suppliante. En quelque sorte, le long parcours achevé par la prosopopée de Rome peut être résumé de façon emblématique par le rapport particulier qui semble s'instaurer justement entre sa première attestation épique, à l'âge néronien, et le début du dernier de ses discours dans l'œuvre de Claudien : le discours qu'elle adresse à Honorius dans le poème, apparenté au genre épique, en honneur du VIe consulat de l'empereur, un poème où Rome est la seule déesse qui prend la parole, vu l'absence complète des divinités traditionnelles. À l'archétype lucanien de la patrie tremblante qui avait inutilement tenté d'arrêter la marche de Jules César, Claudien oppose ici l'image de Rome incitant l'empereur à traverser le Rubicon pour la rejoindre :

> *Dissimulata diu tristes in amore repulsas / uestra parens, Auguste, queror. Quonam usque tenebit / praelatus mea uota Ligus, uetitumque propinqua / luce frui, spatiis discernens gaudia paruis, / torquebit Rubicon uicino numine Thybrim ? [...] Hunc ciuis dignare chorum conspectaque dudum / ora refer, pompam recolens ut mente*

---

2 Cicéron, *Premier discours contre Catilina*, 18 (éd. H. BORNECQUE, trad. E. BAILLY, Paris, 1926) : *Nullum iam aliquot annis facinus exstitit, nisi per te ; nullum flagitium sine te ; tibi uni multorum ciuium neces, tibi uexatio direptioque sociorum impunita fuit ac libera ; tu non solum ad neglegendas leges et quaestiones, uerum etiam ad euertendas perfringendasque ualuisti.* [...] *Quam ob rem discede atque hunc mihi timorem eripe ; si est uerus, ne opprimar, sin falsus, ut tandem aliquando timere desinam*, « Depuis des années, pas un forfait commis sinon par toi ; pas un scandale sans toi ; toi seul as pu, librement et impunément, égorger une foule de citoyens, molester et rançonner nos alliés ; toi seul es venu à bout de mépriser et lois et tribunaux, ou mieux de les renverser et de les annihiler [...]. Aussi va-t'en ; ôte-moi cette crainte : si elle est fondée, pour que je ne périsse point ; si elle est illusoire, pour que je cesse enfin de craindre ». Cf. M. DEWAR, *Claudian...*, p. 264-265.

3 Lucain, *La Pharsale* I, 185-193 (éd. et trad. A. BOURGERY, Paris, 1976) : *Vt uentum est parui Rubiconis ad undas, / ingens uisa duci patriae trepidantis imago / clara per obscuram uoltu maestissima noctem / turrigero canos effundens uertice crines / caesarie lacera nudisque adstare lacertis / et gemitu permixta loqui : « Quo tenditis ultra ? / Quo fertis mea signa, uiri ? Si iure uenitis, / si ciues, huc usque licet »*, « Quand on vint sur les bords étroits du Rubicon, le chef crut voir le fantôme gigantesque de la patrie en émoi ; brillant dans l'obscurité de la nuit, le regard affligé, elle avait répandu autour de son front couronné de tours ses cheveux blancs épars dont elle arrachait les mèches ; elle se dressait les bras nus et disait ces mots entrecoupés de sanglots : "Où allez-vous encore, où portez-vous vos enseignes, soldats ? Si vous marchez avec le droit pour vous, en citoyens, c'est jusque-là que vous pouvez venir" ».

priorem, quem tenero patris comitem susceperat aeuo, / nunc duce cum socero iuuenem te Thybris adoret[4].

Trop longtemps ignorée, Auguste, moi, votre mère, je viens exprimer mes plaintes devant vos tristes dédains. Jusqu'à quand le Ligure préféré détiendra-t-il ce que j'ai souhaité ? Jusqu'à quand le Rubicon, qui sépare d'un si court espace le Tibre de la source de sa joie, le tourmentera-t-il par la proximité de ta divinité, l'empêchant de bénéficier de ta lumière tout proche ? [...] Qu'un citoyen comme toi daigne entrer dans ce chœur et présente ce visage qu'on a contemplé si longtemps, afin que le Tibre, qui t'avait reçu, à ton âge tendre, comme compagnon de ton père, se souvenant de ce premier triomphe, t'adore aujourd'hui comme un jeune homme sous la conduite de ton beau-père.

Le rapport entre les deux textes est connu depuis longtemps[5], mais à mon avis son importance n'a pas été suffisamment soulignée jusqu'à présent. Il s'agit d'un cas exemplaire d'allusion « antiphrastique », selon le style de Lucain : il porte sur le changement paradoxal de statut et de fonction du Rubicon. Le même fleuve qui avait représenté une faible ligne de frontière de l'État romain au déclenchement de la guerre civile entre Jules César et Pompée (le vrai acte de naissance de l'empire de Rome) est devenu maintenant, au début du Ve siècle, une barrière apparemment infranchissable, qui empêche le souverain de rejoindre la ville éternelle. Tout cela, justement, doit susciter la question suivante à l'esprit du lecteur : « Comment est-il possible que le Rubicon, qui n'avait pu opposer la moindre résistance au passage de l'armée de Jules César, puisse aujourd'hui représenter un obstacle à l'accomplissement d'un désir légitime du souverain, qui veut revoir l'ancien *caput mundi* ? ». L'aimable provocation (la patrie demande finalement à l'empereur : « Est-ce que tu as vraiment envie de te rendre chez moi, à Rome ? ») se révèlera efficace et Honorius ne tardera pas à l'écouter.

Le discours de la prosopopée de Rome relève ainsi, de plus en plus, du rôle que la poésie encomiastique alexandrine, puis latine impériale, avait attribué à des divinités d'importance différente. En suivant, entre autres, le modèle de l'*Hymne à Délos* de Callimaque ou de l'*Idylle 17* de Théocrite, à l'époque flavienne les *Silvae* de Stace avaient introduit des personnages divins qui s'adressaient imaginairement à l'empereur en le tutoyant et en le traitant déjà comme un des leurs : ils étaient surtout des « outsiders » de l'Olympe, comme l'ancien Janus et le dieu-fleuve Volturne, ou bien une femme qui prête habituellement sa voix au grand dieu Apollon, la Sibylle de Cume[6]. L'usage de ce schéma rhétorique s'était répandu, jusqu'à caractériser l'épopée

---

4 Claudien, *Panégyrique en l'honneur du 6e consulat d'Honorius*, 361-365 et 422-425 (éd. M. DEWAR).
5 Il a été signalé pour la première fois par K. A. MÜLLER, *Claudians Festgedicht auf das sechste Consulat des Kaisers Honorius*, Diss. Heidelberg, 1938 *ad loc.*
6 Par ex. Stace, *Silves*, 4, 1, 17-19 (éd. H. FRÈRE, trad. H. J. IZAAC, Paris, 1944) : *Salue, magne parens mundi, qui saecula mecum / instaurare paras, talem te cernere semper / mense meo tua Roma cupit*, « Salut, père tout-puissant du monde, qui t'apprêtes à renouveler avec moi les siècles, c'est ainsi que ta Rome voudrait te voir toujours au mois qui m'appartient », et 31-33 : *Ter Latio deciesque tulit labentibus annis / Augustus fasces, sed coepit sero mereri : / tu iuuenis praegressus auos...*, « Treize fois, au cours des

contemporaine aussi : Silius Italicus, dans ses *Punica*, avait pourtant choisi pour célébrer l'empereur rien de moins que la voix de Jupiter, le souverain de l'Olympe[7].

Ailleurs, quand il s'agit plutôt de proposer le *remake* d'un « classique » du genre comme le conseil des dieux, *Roma* et les autres prosopopées se trouvent interagir directement avec les habitants traditionnels du royaume céleste, Jupiter en tête. La matrice littéraire d'une telle opération fait passer au second plan la composante religieuse. Le mythe païen finit par représenter une sorte de langage spécialisé, qui filtre les échos de l'actualité historique et en même temps garantit au moins l'apparence d'une « continuité dans la tradition ». Les réélaborations précieuses, parfois cérébrales, de scènes et de situations typiques pourvoient aux « déficits narratifs » des poèmes tardo-antiques et confèrent de la substance à chacun des tableaux qui composent leur structure. La rhétorique a sans aucun doute joué un rôle déterminant dans la diffusion des abstractions personnifiées, mais une contribution tout aussi décisive est venue de l'imitation créative, de la réflexion auto-consciente des poètes sur le répertoire de la tradition. Et c'est justement à un exemple tiré de l'œuvre d'un poète comme Claudien, qui pratique une intertextualité « à 360° » (c'est-à-dire non seulement de genre mais aussi « intergénérique »), que je voudrais dédier le reste de mon intervention.

Le *Bellum Gildonicum* (carm. 15)

Le petit poème en hexamètres composé et récité à la cour de Milan par Claudien en 398, un mois après la défaite du rebelle africain Gildon, pose une série de problèmes préliminaires que l'on peut seulement effleurer ici. L'évident caractère d'ébauche, d'inachevé de ce que j'appelle par commodité *Bellum Gildonicum*, continue à alimenter le débat sur son statut générique. Je n'ai pas l'intention de passer en revue les raisons qui pourraient nous conduire à le considérer comme un exemple d'épopée historique et célébrative, ou d'invective, de satire, etc. Je voudrais plutôt partir de la constatation

---

années, Auguste imposa au Latium les faisceaux, mais il ne commença que tard à les mériter : toi, tu as dès ta jeunesse dépassé tes ancêtres » ; *Silves*, 4, 3, 72-75 : *Camporum bone conditor meorum, / qui me uallibus auiis refusum / et ripas habitare nescientem / recti legibus aluei ligasti*, « Généreux bienfaiteur de mes plaines, qui, tandis que je me répandais sur des vallées impraticables sans avoir appris à demeurer entre mes berges, m'as assujetti aux lois d'un chenal régulier ». Sur le sujet, voir notamment K. COLEMAN, « Mythological Figures as Spokespersons in Statius' Silvae », dans F. DE ANGELIS, S. MUTH (éd.), *Im Spiegel des Mythos. Bilderwelt und Lebenswelt, Lo specchio del mito. Immaginario e realtà*, Wiesbaden, 1999, p. 67-80.

7 Silius Italicus, *La Guerre punique*, 3, 606-607 (éd. et trad. P. MINICONI, G. DEVALLET, Paris, 1979) : *At tu transcendes, Germanice, facta tuorum, / iam puer auricomo praeformidate Batavo*, « Mais toi, vainqueur de la Germanie, tu surpasseras les prouesses de ta famille ; dès ton enfance, tu seras la terreur du Batave aux cheveux dorés », et 625 sq. : *Tunc, o nate deum divosque dature, beatas / imperio terras patrio rege*, « Alors, ô fils des dieux, qui donneras au monde d'autres dieux, gouverne, pour son bonheur, la terre sous ton autorité parternelle ». J'ai discuté ce passage dans M. FUCECCHI, « Epica, filosofia della storia e legittimazione del potere imperiale : la profezia di Giove nel libro III dei *Punica* (e un'indicazione di percorso per l'epos storico) », dans Th. BAIER (éd.), *Götter und menschliche Willensfreiheit. Von Lukan bis Silius Italicus*, Munich, 2012, p. 235-254.

objective de sa nature de réponse aux exigences de l'occasion : une réponse qui – pour être efficace – doit être forcément rapide, mais qui, précisément pour cette raison, ne peut être que « partielle ». En tant qu'exemple de poétique de l'*impromptu*, l'œuvre se place sur une ligne inaugurée par les élégies ovidiennes de l'exil, poursuivie à l'âge néronien par la nouvelle bucolique de Calpurnius, et culminant à l'époque flavienne dans les *Silvae* de Stace et les épigrammes célébratives de Martial[8].

Après un prologue (v. 1-16) qui, *a posteriori*, annonce avec enthousiasme le succès obtenu et la fin du danger, le *Bellum Gildonicum* revient en arrière, à l'évocation du passé et de la crise récemment affrontée. La structure du reste du poème devient bipartite, en s'appuyant sur la distinction entre le niveau céleste et le niveau terrestre. La première partie (v. 17-212) consiste en une assemblée divine très particulière, où les deux prosopopées – *Roma* (v. 23-128) et *Africa* (v. 139-200) – prennent la parole, l'une après l'autre, devant Jupiter. À la fin, le souverain de l'Olympe redonne à Rome la vigueur de sa jeunesse, qui lui permettra de se venger de Gildon[9]. Le thème du rajeunissement de Rome, qui avait été déjà exploité à la fin du Ier siècle (encore dans l'épopée de Silius)[10], redevient d'actualité. Il sera repris quelques années après (en 402) dans le livre II *Contra Symmachum* de Prudence (2, 655 sqq.), mais avec une évidente inflexion chrétienne qui offre une véritable « réponse » au *Bellum Gildonicum*, ainsi bien sûr qu'à la plus ancienne *relatio* de Symmaque (3, 9 ; cf. aussi Ambroise, *Lettres*, 18, 7)[11].

La deuxième partie se passe sur terre, même si l'on compte parmi ses protagonistes des figures « intermédiaires » : les esprits des deux *Theodosii*, envoyés par les dieux de l'Olympe pour solliciter la réaction d'Arcadius et Honorius. La présence quasi constante de l'Auguste d'Occident constitue un facteur de connexion entre les trois sections de cette partie : a) la visite des *Theodosii* aux empereurs (v. 213-349) ; b) le dialogue entre Honorius et Stilicon (v. 350-414) ; c) les préparatifs de l'expédition

---

8   Sur la poétique de l'*impromptu* à l'âge flavien, on peut voir maintenant G. ROSATI, « The Silvae : Poetics of Impromptu and Cultural Consumption », dans W. J. DOMINIK, C. NEWLANDS et K. GERVAIS, *Brill's Companion to Statius*, Leyde / New York, 2015, p. 54-72 ; et aussi E. MERLI, *Dall'Elicona a Roma. Acque ispiratrici e lima poetica nell'Ovidio dell'esilio e nella poesia flavia di omaggio*, Berlin, 2013.

9   Claudien, *La Guerre contre Gildon*, 208-212 (éd. et trad. J.-L. CHARLET, Paris, 2000) : *Dixit et adflavit Romam meliore iuventa. / Continuo redit ille vigor seniique colorem / mutavere comae. Solidatam crista resurgens / erexit galeam clipeique recanduit orbis / et levis excussa micuit rubigine cornus*, « Il dit et insuffla à Rome une jeunesse bien meilleure. Aussitôt revient sa vigueur ; ses cheveux ont changé leur couleur de vieillesse. Son aigrette dressée relève son casque raffermi et l'orbe de son bouclier reluit ; la rouille tombe et, allégée, sa lance brille ».

10 Cf. R. MARKS, *From Republic to Empire. Scipio Africanus in the* Punica *of Silius Italicus*, Francfort / Berlin, 2005, p. 11 sqq. (« Reinvigoration and Rejuvenation » est le titre du chapitre I de la première partie).

11 Chez Prudence, la prosopopée de Rome salue joyeusement ses deux *duces*, Honorius et Stilicon, unis dans le culte de Jésus-Christ : grâce à leur œuvre elle a vu blondir à nouveau ses cheveux blancs et ses membres reprendre vigueur. Et c'est exactement cela le tournant crucial de la question. Rome peut recevoir finalement les honneurs mérités, c'est-à-dire être vénérée à juste titre (*Contre Symmaque*, II, 662 [éd. et trad. M. LAVARENNE, revues par J.-L CHARLET, Paris, 1992] *nunc merito dicor uenerabilis et caput orbis*), parce qu'elle adore Dieu (665 *armata Deum sine crimine caedis adoro*).

(qui comprennent le discours d'Honorius aux v. 427-466) et le départ pour l'Afrique avec la petite halte en Sardaigne où le texte s'arrête (v. 415-526).

Le prologue du poème dégage le thème central du rétablissement de la concorde entre les deux royaumes « frères[12] ». Cela est présenté comme une conséquence de la réunification de la Libye à l'Europe[13]. En effet, la victoire remportée sur Gildon a surtout manifesté la volonté de la *pars Occidentis* de réaffirmer le contrôle sur l'Afrique. Avec une pointe de fausse ingénuité, le narrateur se demande quel dieu a pu rendre possible ce résultat extraordinaire, mais en même temps il réprime une question bien plus inquiétante : sur quelles bases se fonde cette *concordia* ? et combien de temps durera-t-elle ? La victoire sur le rebelle africain a éloigné le problème, mais l'équilibre précaire des rapports diplomatiques entre les deux moitiés de l'Empire laisse désormais craindre l'éventualité d'un conflit fratricide. Les nombreux renvois verbaux et iconographiques au motif de la guerre intestine sont souvent soulignés par l'influence consistante de Lucain[14].

La concorde est donc restaurée, même s'il ne s'agit que d'un résultat partiel : subsiste l'impression que les problèmes ne tarderont pas trop à se présenter encore. Claudien vise, toutefois, à effacer pour le moment les inquiétudes sur l'incertitude de l'avenir. Cela est démontré, entre autres, par la scène symbolique insérée dans la deuxième partie du poème (la section qu'on peut qualifier de terrestre) et dont on vient de parler, la visite des deux *Theodosii* à Arcadius et Honorius (v. 215-218) :

> *Iam duo diuorum proceres, seniorque minorque*
> *Theodosii, pacem laturi gentibus ibant,*
> *qui Iovis arcanos monitus mandataque ferrent*
> *fratribus et geminis sancirent foedera regnis.*

> Déjà deux grands parmi les dieux, Théodose l'Ancien, Théodose le Jeune, allaient porter la paix aux nations : ils devaient apporter aux frères les avis et ordres secrets de Jupiter et sceller l'alliance entre les deux royaumes.

Il s'agit de la relecture « positive » d'une situation typique de la tradition épico-tragique. Les deux frères souverains ne sont pas tout à fait les héritiers d'Étéocle et Polynice, poussés vers la lutte fatale par les malédictions d'Œdipe et, le premier en particulier, par l'intervention de l'ombre de Laius[15]. Au contraire, les exhortations du père et du grand-père leur rappellent l'importance de l'harmonie réciproque,

---

12 Claudien, *La Guerre contre Gildon*, 4-5 : *Concordia fratrum / plena redit*, « La concorde des frères retrouve plénitude ».

13 Claudien, *La Guerre contre Gildon*, 1 : *Redditus inperiis Auster*, « L'Auster est rendu à l'Empire », c'est-à-dire Rome a repris le contrôle de l'Afrique ; 4 *iunximus Europen Libyae*, « Nous avons réuni l'Europe à la Libye ».

14 L'influence de Lucain sur le *Bellum Gildonicum* est bien analysée par C. WARE, *Claudian and the Roman Epic Tradition*, Oxford, 2012, en particulier aux p. 128-134 et 157-162 (« Gildo and the shadow of Lucan »).

15 Dans la *Thébaïde* de Stace, après la malédiction lancée par Œdipe contre ses fils-frères (Stace, *Thébaïde*, I, 56-87), on assiste à la visite nocturne de l'ombre de Laius à Étéocle (II, 89 sqq.), qui rappelle l'apparition de l'ombre de Tantale au début du *Thyeste* de Sénèque.

même si, parmi les deux, Arcadius, le souverain de la *pars Orientis*, est sans doute celui qui nécessite une réprimande plus sévère. Le discours de l'ombre de son père, l'empereur Théodose I, s'étend sur presque cent vers (v. 225-320) et il est riche en allusions polémiques et en reproches, alors que l'ombre du grand-père, Théodose le Vieux, n'adresse au neveu Honorius que des exhortations, sans reproche particulier, et sans s'attarder longtemps.

De toute façon, comme la suite nous le montrera, la guerre fratricide, que l'on arrive à éviter entre les deux frères souverains, peut devenir elle-même une arme qui permet de détruire un ennemi de Rome sans trop se salir les mains. C'est l'intention de Stilicon, lorsqu'il suggère à Honorius de mettre à la tête de l'expédition punitive Mascezel, dont les enfants avaient été tués par son frère Gildon qui voulait lui faire payer son passage du côté des Romains (v. 389 sqq.).

Gildon apparaît comme la racine de tous les problèmes, une racine qui doit être extirpée pour permettre finalement à la *concordia* de briller. Mais la caractérisation du tyran maure ainsi que la vitesse de sa défaite suscitent des doutes sur la consistance effective de ce problème. Gildon est un pillard et un affameur[16], mais il ne peut pas être considéré comme un digne héritier d'Hannibal :

> *Scilicet ut domitis frueretur barbarus Afris,*
> *muro sustinui Martem noctesque cruentas*
> *Collina pro turre tuli ? Gildonis ad usum*
> *Carthago ter victa ruit ?*
>
> C'est sans doute pour qu'un barbare jouît de l'Afrique soumise que de mes murs j'ai soutenu l'assaut de Mars et supporté des nuits de sang devant la tour Colline ? C'est pour le profit de Gildon que Carthage vaincue trois fois a succombé[17] ?

Son caractère cruel et sanguinaire pourrait en faire tout au plus un descendant d'Atrée. Sa folie lui donne le potentiel destructeur d'un Phaéton. Mais, chemin faisant, Gildon se transforme en une figure dont la substance épico-tragique tend à s'estomper, en prenant une nuance grotesque. La critique parodique utilise – surtout dans la situation du banquet – les armes de la satire macabre et empoisonnée de Juvénal. Parfois il semble même voir affleurer l'image, menaçante et velléitaire, d'un… dieu : le souverain des enfers Hadès, comme le représentent Pétrone dans le *Bellum civile* d'Eumolpe, Stace au début du livre VIII de la *Thébaïde*, ou encore Claudien lui-même dans le *De raptu Proserpinae*. Bien avant Gildon, tyran de l'Afrique (v. 161-162 *pars*

---

16 Cf. en part. Claudien, *La Guerre contre Gildon*, 70-76 : *Pascimur arbitrio Mauri nec debita reddi, / sed sua concedi iactat gaudetque diurnos / ut famulae praebere cibos uitamque famemque / librat barbarico fastu uulgique superbit / fletibus et tantae suspendit fata ruinae. / Romuleas vendit segetes et possidet arva / uulneribus quaesita meis*, « Ma pâture dépend des caprices d'un Maure : il se vante non de payer un dû, mais d'octroyer son bien ; content de fournir comme à une esclave des rations journalières, avec la morgue d'un barbare il met en balance ma vie, ma faim ; il tire orgueil des pleurs du peuple et fait peser le sort fatal d'une si grande ruine. Il vend le blé de Romulus et possède des champs acquis par mes blessures ».

17 Claudien, *La Guerre contre Gildon*, 84-87.

tertia mundi / unius praedonis ager « Et la tierce partie du monde est la terre d'un seul pillard »), le souverain « de la tierce partie du monde » est, par antonomase, le roi de l'outre-tombe. On peut rappeler les mots de Vénus qui, au début de l'épisode de Proserpine au livre V des *Métamorphoses*, incite Cupidon à transpercer Hadès en faisant aussi de lui une victime du pouvoir universel d'Éros, ainsi que la récrimination de Cérès devant Jupiter[18]. Une telle comparaison implicite sert aussi à relativiser le problème. Mais la joie devant la défaite de Gildon ne doit pas faire oublier d'autres menaces plus graves, comme celle d'une bataille finale avec la *Roma altera*. Pour le moment, on peut célébrer la victoire : le spectre de la faim était terrible (v. 127 *cuncta fame leuiora mihi*, « Tout m'est plus léger que la faim »), mais il a finalement disparu : *nunc est edendum* !

Rome et Afrique : le retour de la concorde

Maintenant, revenons un peu en arrière. L'apparition de Rome et d'Afrique revêt une valeur qui va au-delà de l'allégorie, pour assumer une signification historico-politique et le caractère d'un véritable défi littéraire. Les deux anciennes rivales non seulement ont acquis un degré acceptable de compatibilité, mais sont aussi pleinement solidaires l'une de l'autre. À la fin Jupiter les rassure : toutes deux seront vengées et Afrique servira à nouveau Rome et Rome seulement. S'il ne s'agit pas là de la concrétisation incroyable d'un *adynaton*, peu s'en faut (v. 204-207) :

> *Nec te, Roma, diu nec te patiemur inultam,*
> *Africa. Communem prosternet Honorius hostem.*
> *Pergite securae : uestrum vis nulla tenorem*
>   *separat et soli famulabitur Africa Romae.*

> Rome, ni toi, ni toi, Afrique, nous ne supporterons longtemps de vous voir sans vengeance. Honorius terrassera votre ennemi commun. Allez sans crainte : aucune force ne sépare votre union et l'Afrique n'aura d'autre maître que Rome.

Regardons donc d'un peu plus près les deux discours. Au début, *Roma* se présente comme une vieille femme flétrie et émaciée (21 sqq., en part. 22-23 : *fugere genae ; ieiuna lacertos / exedit macies*, « ses joues s'en sont allées et la maigreur du jeûne lui a rongé les bras »). Face à Jupiter, elle retrouve toutefois son esprit combattif, qui peut rappeler, au moins en général, les angoisses, les inquiétudes, mais aussi les récriminations manifestées par Vénus au livre I de l'*Énéide* et au livre III des *Punica* de Silius[19]. Dès son entrée en scène, Rome dénonce sa condition de victime de la faim

---

18 Ovide, *Métamorphoses*, V, 366 sqq., part. 371-372 (éd. et trad. G. LAFAYE, Paris, 1980) : *Cur non matrisque tuumque / imperium profers ? Agitur pars tertia mundi*, « Pourquoi n'agrandis-tu pas l'empire de ta mère, qui est aussi le tien ? C'est un tiers de l'univers qui est en jeu » ; V, 521-522 : *neque enim praedone marito / filia digna tua est*, « car ta fille ne doit pas avoir un brigand pour mari ».

19 Virgile, *Énéide*, I, 228-253 et Silius Italicus, *La Guerre punique*, III, 557-569.

et la répète plusieurs fois à travers une série d'expressions paradoxales[20] : elle s'est « consumée » pour rassasier la colère des dieux et du destin (36 *satiauimus iram*) et depuis longtemps elle n'a pu « avaler » autre chose que de la douleur, autrement dit elle a dû boire ses propres larmes (37-38 *lugenda… et flenda / hausimus*). L'abondance de nourriture de jadis, quand la Libye et l'Égypte rivalisaient pour remplir ses *naues onerariae* (v. 55-56), n'est plus qu'un souvenir : le tyran a une emprise totale sur la vie de l'*Vrbs* (v. 70 *pascimur arbitrio Mauri*).

Rome, toutefois, ne se limite pas à rappeler à Jupiter ses promesses (v. 28-29 ; v. 104-105). Elle montre aussi une conscience très claire des causes de la crise (v. 44-51) :

> *Ei mihi, quo Latiae uires Vrbisque potestas*
> *Decidit! In qualem paulatim fluximus umbram !*
> *Armatis quondam populis patrumque vigebam*
> *consiliis ; domui terras hominesque reuinxi*
> *legibus : ad solem uictrix utrumque cucurri.*
> *Postquam iura ferox in se communia Caesar*
> *Transtulit, elapsi mores desuetaque priscis*
> *artibus in gremium pacis seruile recessi.*

Hélas pour moi, où sont tombées les forces du Latium et la puissance de la Ville ! En quelle ombre à mesure avons-nous chu ! Puissante jadis par mon peuple en armes, par le conseil des Pères, j'ai dompté la terre et enchaîné les hommes par mes lois. J'ai couru, victorieuse, au levant, au couchant. Après que César, dans sa morgue, eut transféré sur lui les droits de tous, dans la décadence des mœurs, n'ayant plus l'habitude des anciennes vertus, je me suis retirée au sein d'une servile paix.

Ce langage rappelle l'analyse sallustéenne de la maladie de la société romaine à la fin de la République[21]. Mais il nous fait penser aussi aux mots avec lesquels, encore chez Silius, Jupiter stigmatise la décadence du peuple romain dès avant la guerre contre Hannibal : « Cette race endurcie aux armes et qui se jouait de la fatigue se détache peu à peu des vertus qui illustraient ses aïeux. Ce peuple, issu de nous, qui, pour acquérir la gloire, ne fut jamais ménager de son sang et qui toujours eut soif de renommée,

---

20 Claudien, *La guerre contre Gildon*, 34-35 : *Nunc pabula tantum / Roma precor. Miserere tuae, pater optime, gentis, / extremam defende famem*, « Et maintenant, moi, Rome, je ne demande que pâture ; pitié pour ton peuple, ô Père très bon. Écarte une famine extrême ».

21 Par exemple Salluste, *La conjuration de Catilina*, 12, 1-2 (éd. et trad. A. ERNOUT, Paris, 1962⁵) : *Postquam diuitiae honori esse coepere et eas gloria, imperium, potentia sequebatur, hebescere uirtus, paupertas probro haberi, innocentia pro maliuolentia duci coepit. Igitur ex diuitiis iuuentutem luxuria atque auaritia cum superbia inuasere : rapere, consumere, sua parui pendere, aliena cupere, pudorem, pudicitiam, divina atque humana promiscua, nihil pensi neque moderati habere*, « Lorsque la richesse fut en honneur, qu'elle s'accompagna de la gloire, des commandements, de la puissance politique, bientôt la vertu s'émoussa, la pauvreté devint une honte, l'intégrité, de la malveillance. Aussi à la suite de la richesse, l'amour des plaisirs, l'avarice, accompagnés de l'orgueil envahirent la jeunesse : et de piller, de dépenser, de mépriser son propre bien, de convoiter celui d'autrui, de confondre dans un même mépris honneur, pudeur, lois divines et humaines, sans respect ni retenue ».

passe son temps dans d'obscurs loisirs et laisse ses jours s'écouler sans bruit et sans éclat, dans l'inertie, et le doux poison de l'oisiveté étouffe et fait peu à peu (*paulatim*) décliner sa valeur, qui vieillit (*senescit*)[22] ». Le motif de la « paix corruptrice », qui ouvre la route aux guerres civiles, est lui aussi un corollaire de la théorie sallustéenne du *metus hostilis* (disparu avec la fin de Carthage), et après l'âge augustéen se retrouve dans l'épopée ou bien dans la satire impériale, par exemple chez Juvénal : *Nunc patimur longae pacis mala*, « Nous souffrons aujourd'hui des maux d'une longue paix[23] ». Rome, en somme, semble dire à Jupiter : je suis prête, redonne-moi mes forces et mes ennemis d'autrefois (un nouvel Hannibal, même indigne de l'original), de sorte que je puisse redevenir celle que j'étais et me réapproprier ce qui m'a été enlevé.

Reprendre l'Afrique signifierait donc la soustraire au contrôle et à l'exploitation de la « Rome jumelle[24] » (*par Roma*), *Aurora* (v. 61), qui n'a jamais rien fait pour jouir de tels bénéfices et qui a tiré profit de la trahison de Gildon[25]. Pour le moment, comme nous l'avons dit, la polémique semble diplomatiquement neutralisée au nom de la *concordia* retrouvée. Mais un an plus tard (399), à la fin du livre I de l'invective *In Eutropium* (I, 373 sqq.), la prosopopée de Rome critiquera de façon bien autrement explicite la stratégie du *discors Oriens*[26]. La *pars Orientis* – qui est désormais une émanation de la Perse, comme le démontre le luxe effréné de ses banquets – est accusée d'avoir incité Gildon à la trahison, tout cela afin de compromettre l'harmonie qui règne en Occident entre *gener* et *socer*, Honorius et Stilicon.

L'entrée en scène d'*Africa* nous laisse, à première vue, imaginer un discours d'une teneur opposée au précédent. Au contraire, le deuxième protagoniste d'un *concilium deorum* aussi particulier renforce, pour sa part, les arguments de celui qui l'a précédé[27]. Non seulement les deux *rheseis* s'intègrent réciproquement au niveau

---

22 Silius Italicus, *La Guerre punique*, III, 575-581 (trad. P. MINICONI, G. DEVALLET retouchée) : *Gens ferri patiens ac laeta domare labores / paulatim antiquo patrum dissuescit honori ; / atque ille, haud umquam parcus pro laude cruoris / et semper famae sitiens, obscura sedendo / tempora agit, mutum uoluens inglorius aeuum, / sanguine de nostro populus, blandoque ueneno / desidiae uirtus paulatim euicta senescit.*
23 Juvénal, *Satires*, 6, 292 (éd. et trad. P. DE LABRIOLLE, F. VILLENEUVE, Paris, 1921).
24 Claudien, *La guerre contre Gildon*, 60 ; cf. 113.
25 En plus, en ce qui concerne l'approvisionnement en blé, la *pars Orientis* peut déjà s'appuyer sur l'Égypte ; Claudien *La guerre contre Gildon*, 60-61 : *Cum subito par Roma mihi diuisaque sumpsit / aequales Aurora togas, Aegyptia rura / in partem cessere nouae*, « Quand tout à coup une autre Rome égale m'a pris avec l'Orient séparé prit toge égale, les champs d'Égypte échurent en partage à la nouvelle Rome », et 113 : *Nunc quid agam ? Libyam Gildo tenet, altera Nilum*, « Que faire maintenant ? Gildon tient la Libye, l'autre Rome le Nil ».
26 Claudien, *Contre Eutrope*, I, 396 s. (éd. J. B. HALL, Leipzig, 1985) : *Sed quid agam ? Discors Oriens felicibus actis / inuidet atque alio Phoebi de cardine surgunt / crimina, ne toto conspiret corpore regnum*, « Mais que dois-je faire ? L'Orient hostile est jaloux de mes succès ne suscitent que sa jalousie et, de l'autre côté du ciel de Phoebus, de nouveaux crimes surgissent pour empêcher l'empire de jouir d'une concorde universelle ». Cf. aussi la définition *praetumidus Oriens* (« l'Orient arrogant ») dans l'*Éloge de Stilicon*, III, 81.
27 À ce propos, on peut remarquer que le « *cum* inversum » introduit ici seulement un écart de registre et non pas un vrai changement de perspective : du reste, l'aspect d'*Africa* n'est pas vraiment mieux que celui de Rome ; *La guerre contre Gildon*, 134-135 : *Cum procul insanis quatiens ululatibus axem / et contusa genas mediis apparet in astris / Africa : rescissae uestes et spicea passim / serta iacent ; lacero*

des contenus, mais elles sont aussi caractérisées par des styles complémentaires. Après les lamentations de Rome, dont le ton est grave et empreint d'inflexions nostalgiques, l'invective d'Afrique contre Gildon a un développement rapide et dénote une contamination de genres différents (épopée, tragédie, satire, etc.). Afrique veut à tout prix se soustraire au caprice du pillard maure et, pour cela, se déclare prête à subir n'importe quel genre de supplice : au début elle demande à être engloutie par un nouveau déluge (142 *mergi prima peto*, « j'implore d'être engloutie la première »), alors que, tout de suite après, elle suggère à Jupiter de faire d'elle un immense désert où règnent les serpents avec leurs venins et où il n'y a pas de champ de blé (148-151 *Crescat zona rubens […]. Melius deserta iacebo / uomeris inpatiens : […] dominentur […] dipsades et sitiens attollat gleba cerastas*[28] !). Ces mots nous rappellent, d'abord, les lamentations de *Tellus* dans l'épisode de Phaéton chez Ovide : la déesse préférerait recevoir la punition de Jupiter, plutôt que d'être dévastée par la chaleur insoutenable du Soleil[29]. Mais ce souvenir se mêle à celui d'un autre passage, très célèbre, de la *Pharsale*, où Lucain décrit le désert libyque et ses innombrables races des serpents[30].

La véritable nouveauté est qu'*Africa* ne demande plus à se venger de Rome : ce sera, au contraire, à Rome elle-même de la venger et de la faire revenir à son service. Le dernier mot de Jupiter établit la conclusion paradoxale de son jugement : un jugement qui, cette fois, sera accepté très volontiers par Afrique (207 *et soli famulabitur Africa Romae*, « l'Afrique n'aura d'autre maître que Rome »). Le souverain des dieux reconnaît ainsi la « complémentarité » de Rome et d'Afrique, qui ont un besoin vital l'une de l'autre : un exemple de *concordia* nécessaire, en somme, qui résonne comme une invitation à trancher également l'autre litige, celui entre Rome et la *Roma altera*.

À la fin du livre II *In Eutropium* (II, 525-601), la « Rome jumelle », *Aurora*, prend la parole, comme l'avait fait la prosopopée de l'Afrique dans le *Bellum Gildonicum*, et son discours, comme celui d'Afrique, ne veut pas contredire les mots de Rome, mais plutôt les intégrer. La figure de la *pars Orientis* offre une véritable rétractation : elle demande d'une voix suppliante le pardon, implore le retour de Stilicon, qu'elle regrette comme une *relicta*, et en même temps renie le perfide Eutrope : *Patricius consul maculat quos uendit honores ; / plus maculat, quos ipse gerit. Iam signa tubaeque / mollescunt ; ipsos ignauia fluxit in enses*[31], « Comme patrice, comme consul, il salit les

---

crinales uertice dentes / et fractum pendebat ebur, « Quand apparaît l'Afrique au milieu des étoiles, les joues meurtries, qui avec ses cris fous secoue le ciel de loin : ses vêtements sont en lambeaux, sa couronne d'épis gît çà et là ; de son chef lacéré pend l'ivoire de sa coiffure, brisé avec les dents ».

28 Claudien, *La Guerre contre Gildon*, 148-151 : « Que croisse la zone torride […]. Il vaut mieux m'étendre déserte, rebelle au soc : que règnent les dipsades […] et que de ma glèbe assoiffée s'élèvent des cérastes ! ».

29 Ovide, *Les Métamorphoses*, II, 279-280 : *Si placet hoc meruique, quid o tua fulmina cessant, / summe deum ? liceat periturae viribus ignis / igne perire tuo clademque auctore levare*, « Si tel est ton arrêt et si je l'ai mérité, pourquoi ta foudre reste-t-elle oisive, ô souverain des dieux ? Si je dois périr par le feu, qu'il me soit permis de périr par le tien et d'alléger mon infortune en songeant que tu en es l'auteur ».

30 Lucain, *La Pharsale*, 9, 850-851 (éd. et trad. A. BOURGERY, M. PONCHONT, Paris, 1974) : *pro Caesare pugnant / dipsades et peragunt civilia bella cerastae*, « ce sont des dipsades qui combattent pour César, des cérastes qui achèvent la guerre civile ».

31 Claudien, *Contre Eutrope*, II, 561-563.

honneurs qu'il vend, il salit plus encore ceux qu'il assume lui-même. Désormais les enseignes et les trompettes militaires se relâchent ; les épées elles-mêmes sont envahies par la débauche ». L'auto-accusation se poursuit dans le portrait de la dépravation de la cour de Byzance (583 sqq.) et se conclut avec le souhait de revenir sous l'égide de Stilicon, le grand général qui apparaît maintenant au centre du programme célébratif de Claudien bien plus explicitement que dans le *Bellum Gildonicum* (601 *clipeus nos protegat idem*, « que le même bouclier nous protège »). En tant que victimes des tyrans, *Aurora* et *Africa* se plaignent donc également de leur condition : toutefois, le poète regarde la première d'une façon moins empathique et solidaire. La supplique d'*Aurora* paraît tardive, presque utilitariste et dictée par la nécessité, par la peur de faire les frais des méfaits de ses gouvernantes.

C'est alors le *Bellum Gildonicum* qui offre le meilleur exemple de complémentarité. Rome et Afrique n'engagent pas un de ces duels verbaux qui agitent les assemblées divines et obligent le roi de l'Olympe à faire un choix difficile, comme par exemple celui entre Arès et Pallade au livre V de l'*Iliade*, ou entre Junon et Vénus au livre X de l'*Énéide*. De façon analogue, la situation représentée ici contredit explicitement le schéma de la bataille dialectique entre deux personnifications allégoriques, tel qu'on le voit réalisé par exemple dans l'anecdote d'Héraclès au croisement des routes, entre *Aretè* et *Kakia* (selon les *Mémorables* de Xénophon), ou *Virtus* et *Voluptas* (selon le *De officiis* de Cicéron). Le contraste laisse la place à la solidarité : l'effet de surenchère qui se produit souligne le thème de la *concordia* et, surtout, l'importance de l'objectif commun de l'*utilitas*. Ainsi le poète démontre comment résoudre une impasse politico-diplomatique en utilisant les armes de la littérature.

Avant de tirer quelques conclusions, il me reste peut-être un peu d'espace pour lancer une petite « provocation » herméneutique, qui concerne toujours la solidarité inédite entre *Roma* et *Africa*. Le récit du mythe d'Érysichthon au livre VIII des *Métamorphoses* d'Ovide contient, peut-être, une des possibles matrices iconographiques du défi entrepris par Claudien. Après le sacrilège accompli par le protagoniste, Cérès – traditionnellement couronnée d'épis de blé, les *spicea serta*, comme l'*Africa* de Claudien – décide de déchaîner contre Érysichthon la furie de *Fames*[32]. Une nymphe des montagnes est envoyée comme messagère à la maison de cette dernière, parce que Cérès ne peut pas se rendre personnellement chez un monstre semblable[33]. Claudien semble donner une valeur métalittéraire à cet interdit religieux, qui exprime la nature inconciliable des deux déesses : en même temps il tente d'enfreindre cet interdit, en créant les conditions (extrêmes, tragiques) d'une rencontre entre elles, et même d'une collaboration[34]. Dans ce but, il imagine deux transpositions particulières : malgré son aspect décrépi et émacié, Rome est une

---

32 Ovide, *Les Métamorphoses*, X, 433 ; *Fastes*, IV, 616 ; Claudien, *La Guerre contre Gildon*, 136 sqq.
33 Ovide, *Les Métamorphoses*, VIII, 785-786 (éd. et trad. G. LAFAYE, revues par H. LE BONNIEC, Paris, 2000) : *neque enim Cereremque Famemque / fata coire sinunt*, « les Destins ne permettent pas que Cérès et la Faim se rencontrent ».
34 Ovide, *Les Métamorphoses*, 8, 814-815 : *dicta Fames Cereris, quamvis contraria semper / illius est operi, peragit*, « La Faim, quoique toujours contraire à l'œuvre de Cérès, exécute ses ordres ».

Fames noble et digne[35] ; Afrique est, au contraire, une Cérès flétrie, « possédée » et en désordre : elle ressemble à la fois à *Tellus*, qui chez Ovide se plaint de la maladresse de Phaéton (cf. ci-dessus), et à Cérès elle-même qui se présente toute bouleversée à Jupiter après l'enlèvement de sa fille[36]. L'impitoyable Gildon devient le correspondant, lui aussi très particulier, d'Érysichthon. Avant d'être victime de sa propre avidité, le tyran est un affameur des autres : c'est de cette notion que provient le développement « satirique » du portrait du personnage.

Conclusion

On discute encore sur la façon de classer le petit poème de Claudien sur Gildon : une ébauche d'épos historique, un panégyrique, ou une invective, une satire, etc. Le sens de cette opération se joue sur le fil du rapport entre religion, culture et politique, autrement dit sur la conscience (de la part du poète et de son public) de la nature artificielle et symbolique d'un scénario audacieusement moderne malgré son « inactualité ». Tout conspire à la représentation d'un renversement miraculeux : une Rome vieille et décharnée se transforme en une Rome jeune et vigoureuse, capable de se venger et de venger « son » Afrique en éliminant (sans trop de fatigue) l'affameur perfide. En même temps, l'intention de célébration profite également de la contribution d'un sourire affable, fruit d'orgueil et de complaisance. Le présent, on le sait bien, n'est pas digne du passé : Gildon n'est qu'une caricature d'Hannibal. Pourtant, cela ne veut pas dire que Stilicon est une pâle copie de Scipion l'Africain. Les temps ont changé, c'est tout. Les vrais dangers sont tout autres, comme Claudien, Stilicon et Honorius lui-même le savent bien.

Dans un tel cadre, la présence croissante des prosopopées divines enrichit le panthéon littéraire, apporte une nouvelle source vitale à l'apparat de la mythologie traditionnelle et témoigne de l'effort de la culture païenne pour négocier un espace de légitimité à l'intérieur d'un modèle de société impériale où la religion chrétienne a désormais la primauté. Le phénomène se spécialise dans la représentation symbolique de thèmes purement politiques et collabore dans ce domaine à la perpétuation d'un langage et d'une imagerie « classiques ».

Le rajeunissement de la Rome chrétienne chez Prudence – quelques années après le *Bellum Gildonicum* – répondra à la métamorphose de la vieille Rome de Claudien, presque pour lui soustraire un fondement de vérité, comme s'il s'agissait d'indiquer le vrai sens d'une telle métamorphose. Face à l'œuvre du poète de cour capable de « rajeunir » les formes de la littérature latine, grâce surtout à sa réélaboration personnelle du répertoire des auteurs classiques, la culture chrétienne manifeste ainsi son aspiration à endosser de nouvelles et de plus amples fonctions, à occuper des espaces toujours plus larges et importants, comme le domaine traditionnellement romain de la propagande politique.

---

35 Claudien, *La Guerre contre Gildon*, 21 sqq. ; Ovide, *Les Métamorphoses*, VIII, 800 sqq.
36 Ovide, *Les Métamorphoses*, V, 509 sqq.

CÉLINE URLACHER-BECHT

Hercule vainqueur d'Antée :
deux lectures de ce « combat fameux » dans les
œuvres d'Ennode de Pavie

Ennode de Pavie est l'auteur d'une œuvre abondante et variée, qui date principalement de son diaconat à Milan (502-513). Elle comprend près de 500 écrits – principalement des écrits d'occasion –, qu'on répartit, depuis le classement par « genres » institué par Jacques Sirmond au début du XVIIe siècle[1], en quatre ensembles qui tendent à occulter ses œuvres d'inspiration chrétienne : 1) des lettres d'art (surtout des billets d'amitié) ; 2) des opuscules divers (un panégyrique, une autobiographie spirituelle, deux vies de saints, deux bénédictions de cierge…) ; 3) des *dictiones* qui témoignent du grand intérêt d'Ennode pour l'éducation des jeunes aristocrates, que ce soit en célébrant par des *dictiones* dites *scholasticae* des événements liés à leur scolarité ou en offrant des modèles de *controuersiae* et de *dictiones ethicae* semblables à celles que composaient alors les étudiants chez le rhéteur[2] ; 4) des poèmes raffinés des plus variés (épithalame, itinéraires, *genethliacon*, hymnes, épitaphes, épigrammes littéraires…). Et, de fait, ces *opera*, écrits dans un style très maniéré, ont été jugés très sévèrement jusqu'au début de ce siècle, car ils sont apparus comme l'œuvre d'un « mauvais chrétien » qui n'avait pas su sacrifier, lors de son entrée dans les

---

1 J. Sirmond, *Magni Felicis Ennodii episcopi Ticinensis Opera in ordinem digesta, multisque locis aucta emendauit ac notis illustrauit*, Paris, 1611. Le classement proposé par J. Sirmond pour tenter de pallier le désordre apparent de la tradition manuscrite a été repris à la fin du XIXe s. par W. von Hartel dans son édition des *Opera* (CSEL 6, Vienne, 1882). En dépit de l'édition de référence de F. von Vogel (MGH AA 7, Berlin, 1885), conforme à l'ordonnancement des manuscrits (qui correspondrait, peu ou prou, à l'ordre de composition des *opera*), il continue, par la médiation de l'édition de Hartel, d'être cité de manière quasi systématique dans les études consacrées à Ennode, car il facilite grandement l'identification du type d'écrits évoqués (*epist., opusc., dict.* ou *carm.*), cf. la mise au point sur la tradition éditoriale d'Ennode proposée par D. di Rienzo, « Ennodius », dans P. Chiesa, L. Castaldi (éd.), *Te.Tra I : La trasmissione dei testi latini del Medioevo*, I, Florence, 2004, p. 66-73. Nous suivrons cet usage, tout en précisant entre parenthèses, pour chaque œuvre citée, son numéro de classement dans l'édition de Vogel.
2 Cette typologie trouve, là encore, sa source dans l'édition de J. Sirmond : voir, sur son fondement, les observations critiques de L. Pirovano, « La Dictio 28 di Ennodio : un'etopea parafrastica », dans M. Gioseffi (éd.), *Uso, riuso e abuso dei testi classici*, Milan, 2010, p. 16 sqq.

Céline Urlacher-Becht Université de Haute Alsace - Mulhouse Archéologie et histoire ancienne : Méditerranée–Europe (UMR 7044)

Figures mythiques et discours religieux dans l'Empire gréco-romain, Textes réunis et édités par Frédéric Chapot, Johann Goeken et Maud Pfaff-Reydellet, Turnhout, Brepols 2018 (p. 167-177)

ordres, la rhétorique et ses thèmes traditionnels, dont la mythologie[3]. On a ainsi maintes fois noté et déploré, suivant l'expression de Stéphane Gioanni, « l'attitude ambiguë du clerc à l'égard de la culture profane que le diacre de Milan condamne et cultive à la fois[4] », notamment dans ses *carmina* et ses *dictiones*. La publication de la monographie de Stefanie Kennell, intitulée *Magnus Felix Ennodius : A Gentleman of the Church*[5], a amorcé la réévaluation progressive de cet homme d'Église. Comme l'indique le sous-titre, cette réévaluation se fonde sur la prise en compte des origines aristocratiques d'Ennode, issu de la noble lignée des *Anicii* : cet aristocrate chrétien n'était pas moins attaché aux valeurs chrétiennes qu'aux valeurs traditionnelles de sa classe, érigées, dans le contexte historique fort troublé du début du VIe siècle, en « symbole identitaire » : il en allait de l'identité de la classe sénatoriale et, avec elle, de celle de la *Romanitas* même, dont les fondements avaient été ébranlés par les invasions barbares et la chute de l'Empire romain d'Occident[6].

Nous avons montré, dans nos derniers travaux sur Ennode[7], que l'ambiguïté relevée par S. Gioanni n'en est pas vraiment une dans le cas des poèmes[8]. Si l'on prend en considération la « scène d'énonciation[9] » de ces textes, il s'avère qu'Ennode n'y tient pas le même discours suivant qu'il s'exprime dans la posture du clerc ou de l'aristocrate. Cette analyse se vérifie-t-elle si l'on considère la manière dont sont reçues les figures mythologiques dans ses écrits religieux et mondains ? Pour faciliter la confrontation de ces deux contextes d'énonciation et déterminer quels ajustements discursifs ils requièrent, nous avons retenu, comme c'est souvent possible chez Ennode, deux textes qui traitent d'un même sujet, mais d'un point de vue radicalement différent.

---

3   Parmi les nombreux exemples possibles, on citera notamment ce jugement emblématique de G. BARDY, « Saint Ennode de Pavie », dans J. R. PALANQUE (éd.), *Le Christianisme et l'Occident barbare*, Paris, 1945, p. 241 sq. : « Parmi les poèmes d'Ennodius, certains sont tout à fait déconcertants, tellement leur inspiration est d'allure païenne. Relisons surtout l'épithalame de Maxime, un de ses jeunes amis, qui devait parvenir au consulat en 523. On ne saurait rien imaginer de plus profane. Les Muses et Phébus sont invités à la fête ; Vénus elle-même y apparaît sans voiles ; puis c'est Amour qui s'avance et qui lance ses flèches aux deux époux ; cette mythologie vieillie est traduite en un langage qui n'a rien de chaste et s'attarde aux descriptions des plus risquées ».
4   S. GIOANNI, c. r. de « Schröder, Bianca-Jeanette, *Bildung und Briefe im 6. Jahrhundert. Studien zum Mailänder Diakon Magnus Felix Ennodius* », *Revue de l'IFHA*, Mis en ligne le 01 janvier 2008 : http://ifha.revues.org/1658 (consulté le 27 mars 2015).
5   Ann Arbor, 2000.
6   Cf. S. A. H. KENNELL, « Ennodius and the pagan gods », *Athenaeum*, 80, 1992, p. 236-242 et S. ROTA, « Motivi mitologici e antichità romane in Ennodio », dans M. ROTILI (éd.), *Memoria del passato, urgenza del futuro. Il mondo romano fra V e VII secolo*, Naples, 1999, p. 125-134 : nous avons examiné leurs thèses respectives sur la place de la mythologie chez Ennode dans *Ennode de Pavie, chantre officiel de l'Église de Milan*, Paris, 2014, p. 31-32.
7   Voir, outre notre monographie sur *Ennode de Pavie, chantre officiel...*, notre article « Ennode de Pavie, diacre et auteur d'épigrammes profanes », dans M.-F. GUIPPONI-GINESTE, C. URLACHER-BECHT (éd.), *La renaissance de l'épigramme dans la latinité tardive*, Paris, 2013, p. 283-301.
8   Il en va autrement dans les lettres, cf. nos observations à ce sujet dans *Ennode de Pavie, chantre officiel...*, p. 66-67.
9   L'expression est empruntée au linguiste Dominique Maingueneau ; nous nous sommes largement appuyée sur ses théories de l'énonciation pour confronter la scène d'énonciation des poèmes profanes et religieux d'Ennode, cf. *Ennode de Pavie, chantre officiel...*, p. 68 sqq.

Il s'agit des deux versions données, dans l'*epist.* 1, 9 (= 13 Vogel) et la *dict.* 27 (= 436 Vogel), du « combat fameux » qui opposa Hercule à Antée. La légende raconte qu'Hercule s'est heurté, alors qu'il cherchait à se rendre au jardin des Hespérides, à ce géant conçu par Gaïa, la Terre-Mère, en Libye. Ce dernier avait l'habitude de contraindre les étrangers qui passaient sur son territoire à lutter avec lui : lorsqu'ils étaient épuisés, il les tuait. Antée n'était pas facile à vaincre, car il reprenait des forces au contact de la Terre. Hercule comprit néanmoins la manœuvre quand il vit Antée se jeter volontairement sur le sol, sans qu'il l'y eût projeté : il le souleva alors de terre et le maintint en l'air jusqu'à ce qu'il expirât.

Nous examinerons successivement ces deux textes, en nous efforçant de les resituer dans leur contexte d'énonciation ; nous déterminerons ainsi la « véritable » place des figures mythologiques dans les « discours » religieux d'Ennode.

Étude de l'*epist.* 1, 9 (= 13 Vogel) : le discours affiché de l'homme d'Église

Le premier texte où il est question d'Hercule et d'Antée est une épître adressée par Ennode à son ami Olybrius, un orateur de renom et une personnalité politique de premier plan[10]. On comprend, à la lecture de l'épître, qu'Olybrius avait adressé à Ennode une composition[11] dans laquelle il se proposait, à travers l'exemple d'Hercule et d'Antée, de célébrer leur amitié (probablement en assimilant l'un des deux héros à son ami, l'autre à lui-même[12]). Ennode commence par y célébrer « l'éloquence suave » de son ami : « Pendant que tu prononçais des paroles suaves et que, dans les demeures de cire de ton éloquence, avec le nectar de l'élément liquide, tu fabriquais des rayons de miel, tu as versé sur mes lèvres la saveur nouvelle d'une riche nourriture, en faisant mention de la lutte d'Hercule et des chutes triomphales d'Antée[13] ». Le propos perd néanmoins vite sa douceur, et dévoile la « morsure » qu'a, en réalité, suscitée l'évocation de ce combat : « Cependant, je l'avoue, je n'aurais pas voulu être piqué par le rappel de ce combat fameux, à ce qu'on dit[14] ». Et Ennode d'inciter son ami à rejeter les fables antiques, du moins à en faire un « autre usage » : « Que cessent les inventions de vieilles femmes, celles des poètes ! Répudions les fables de l'Antiquité ! Que l'état d'innocence ne soit en aucune façon mêlé à la ruine d'un

---

10 Voir, sur Olybrius, S. Gioanni (éd.), *Ennode, Lettres* I-II, Paris, 2006, p. 115 sq, n. 1 (à propos du livre I, « Lettre 9 »). Le texte et la traduction reproduits *infra* sont ceux de l'édition de la CUF précitée.
11 S'agissait-il d'une composition poétique ou rhétorique ? Le propre exemple d'Ennode, qui a adressé à Olybrius un *carmen* où il s'identifie lui-même à Phaéton, et son ami au Soleil, pour récuser habilement une requête que lui avait adressée Olybrius nous incite à penser qu'il devait plutôt s'agir d'une composition poétique : voir, sur le *carm.* 1, 8 (= 27 Vogel), notre étude dans *Ennode de Pavie, chantre officiel...* , p. 46-50.
12 Cf. l'emploi d'*exempla* au § 4 cité *infra*.
13 § 1 : *Dum fauos loqueris et per domos cereas eloquentiae nectare liquentis elementi mella conponis, peregrinum labiis meis saporem epuli diuitis infudisti, Herculei certaminis et triumphalium Anthei casuum faciens mentionem.*
14 § 2 : *Sed noluissem, fateor, illius, ut aiunt, pugnae commemoratione morderi.*

autre. Pour nous, si nous voulons rappeler les exemples des anciens pour en faire un usage nouveau, il convient de nous souvenir plutôt de la bienveillance et de la loyauté de Pylade et Oreste, de Nysus et Euryale, de Pollux et Castor, si toutefois l'indécence d'actes clandestins ne leur enlève rien. L'égale concorde de leurs cœurs les attacha si fortement que, lorsqu'ils étaient deux à réclamer la joie de mourir avec leurs amis, l'un des deux apportait la vie à son ami au prix de sa propre mort. Voici qui est digne de mémoire[15]... ».

L'intérêt de cette épître dans la perspective d'une réflexion sur les figures exemplaires est évident, puisque la critique d'Ennode se fonde, justement, sur l'usage blâmable qu'a fait, à ses yeux, Olybrius des « exemples des anciens ». On considère d'ordinaire, sur la base de la véhémente condamnation des proverbiales « inventions de vieilles femmes » et « des poètes », puis des topiques « fables de l'Antiquité[16] », qu'Ennode condamne, dans cette épître, la mythologie en général, du moins qu'il y proscrit, suivant l'expression de S. Gioanni, « tout "usage" [de la culture païenne] qui ne soit pas soumis à la finalité chrétienne[17] ». En refusant que « l'état d'innocence [...] soit mêlé [...] à la ruine de l'autre », Ennode opposerait en effet « l'état du chrétien à celui du païen, pécheur » ; quant au *nouellus usus* des *maiorum exempla* auquel l'auteur incite son destinataire, il consisterait à faire un « bon usage de la culture profane », en subordonnant l'utilisation de la mythologie à « l'enseignement de la morale chrétienne[18] ». Cette lecture demande cependant à être précisée, car elle ne suffit pas à rendre compte des véritables enjeux du texte, qu'il convient, comme souvent chez Ennode, de lire à plusieurs niveaux.

Les réflexions consacrées par Stéphane Gioanni à cette épître se limitent en effet au premier niveau lecture : la critique faite, par l'homme d'Église, d'un épisode mythologique indigne des idéaux chrétiens. Si rien ne renvoie explicitement à la morale chrétienne dans les deux déclarations interprétées dans ce sens par S. Gioanni, la critique – bien précise – du récit mythologique choisi par Olybrius se fonde, en revanche, sur plusieurs références chrétiennes. « La chose est assurément ingénieuse à rapporter, mais indigne du dessein qui inspire les amitiés. [...] Les secrets communs de nos cœurs doivent nous faire vivre plutôt que nous faire

---

15 § 4-5 : *Cessent anilium commenta poetarum, fabulosa repudietur antiquitas. Status innocens ruinae nequaquam misceatur alterius. Nobis, si placet in nouellum usum maiorum exempla reuocare, potius Pyladis et Orestis, Nisi et Euryali, Pollucis et Castoris, si nihil his clandestinorum actuum decerpit obscenitas, conuenit gratiae meminisse uel fidei. Quos inter se ita concors animorum deuinxit aequalitas, ut horum, dum duos expetitus cum amicis iuuaret interitus, alter amico uitam pretio suae mortis adferret. Ista sunt digna memoria, quotiens inter nouos concordiae nexus, udo, ut ita dixerim, animorum libro caespitibus ualidis fetura nobilis iuncta maritatur.*

16 Cf. P.-A. Deproost, « *Ficta et facta*. La condamnation du "mensonge des poètes" dans la poésie latine chrétienne », *Revue des études augustiniennes*, 44, 1998, p. 101-121 et, dans les actes de ce colloque, la contribution de Régis Courtray.

17 S. Gioanni, *Lumière de l'Église. Édition, traduction et commentaire de la Correspondance d'Ennode de Pavie (livres 1 et 2)*, Thèse présentée à Lyon en juillet 2004, p. 119, cf., dans Id., *Ennode, Lettres I-II*, l'idée que « la mythologie apparaît [...] comme un réservoir d'histoires dans lequel il est permis de puiser à condition qu'elles servent l'enseignement de la morale chrétienne » (p. LX).

18 Gioanni, *Ennode, Lettres I-II*, p. LX.

mourir puisque nous sommes liés par l'assistance de notre mère l'Église dont le sein nourricier nous nourrit l'un et l'autre, à dire vrai, du lait de la foi[19] ». Ennode y combine deux motifs topiques dans la littérature chrétienne – l'*ecclesia mater* et le lait de la foi –, pour proposer une alternative plus estimable à la figure maternelle au centre du combat d'Hercule et d'Antée ainsi qu'à sa nourriture, réservée à sa seule progéniture : comme y insiste Ennode, le « sein nourricier » de l'Église « nourrit », lui, aussi bien l'auteur que son ami (*utrosque*) du « lait de la foi ». La portée religieuse de sa critique ne fait aucun doute et autorise, à un premier niveau, une lecture chrétienne de l'ensemble des accusations formulées, y compris de celles qui sont dirigées contre la mythologie en général, du moins son utilisation à des fins non religieuses.

Cette lecture polémique ne manque pas de pertinence, si l'on confronte cette prise de position théorique à la propre pratique d'Ennode dans ses écrits religieux : dans la continuité des grands maîtres chrétiens du IVe siècle, tels Hilaire, Ambroise ou Augustin, l'homme d'Église y fait un usage raisonné des richesses de la culture profane, en la subordonnant à l'expression de son message religieux. De fait, si l'on fait abstraction des vocables de coloration mythologique qui faisaient alors partie de la *koinè* poétique (comme *Olympus* pour le ciel), il est notable qu'aucune figure mythologique ne soit invoquée de manière explicite dans ses écrits religieux. Pour en rester à l'exemple caractéristique d'Hercule, on n'entrevoit sa figure qu'à une occasion, dans l'hymne dédiée par Ennode à la célébration de la Vierge-Mère. Ennode y applique de manière fort significative au Christ l'expression *proles uera* employée, par Virgile, dans l'hymne à la gloire d'Hercule, pour célébrer le moment où le héros vint accroître le nombre des dieux[20]. Cet exemple (qui n'est pas dénué de toute intention polémique[21]) reste néanmoins isolé, et n'est d'ailleurs pas sans précédent, puisque deux poètes antérieurs à Ennode avaient déjà appliqué ce tour au Christ[22] : l'allusion reste donc discrète et somme toute conventionnelle. Et de fait, quand Ennode se réfère, dans ses écrits religieux, à des figures exemplaires, c'est généralement pour défendre sa conception d'une rhétorique chrétienne, que certains genres (en particulier la poésie) et certaines pratiques littéraires (en particulier la *recitatio*) exposaient aux critiques – bien dans l'air du temps – des partisans d'une consécration totale des hommes d'Église à l'œuvre de Dieu ; il tend alors à privilégier les figures religieuses, en particulier l'exemple des prophètes ou celui d'Ambroise, qui constituait une autorité incontestable à Milan[23].

---

19 § 2-3 : *Res scilicet daedala memoratu, sed amicitiarum indigna proposito. [...] Nobis per communia pectorum secreta uiuendum potius quam obeundum est, matris ecclesiae ope sociatis, quae utrosque, ut uera loquamur, fidei ubere lacte pascit altrici.*
20 *Carm.* 1, 19 (= 350 Vogel), v. 25 : *et uera proles emicat*, cf. Virgile, *Énéide* 8, 301 *Salue, uera Iouis proles, decus addite diuis.*
21 Cf. *Ennode de Pavie, chantre officiel...*, p. 342.
22 Pseudo-Hilaire, *Euangelium* 24 *Salue, uera Dei proles, puer aethere missus* et Merobaudes, *Laus Christi* 20, 1 *Proles uera Dei cunctisque antiquior annis.*
23 Voir, à cet égard, nos réflexions sur « Les pratiques littéraires mondaines du clergé » dans *Ennode de Pavie, chantre officiel...*, p. 113-123.

Il reste que l'*epist.* 1, 9 (= 13 V.) n'est pas une épître religieuse, ni, comme le soutient S. Gioanni, « le lieu d'un enseignement théorique[24] » sur le bon usage des lettres profanes. Ses circonstances de composition montrent en effet qu'elle faisait partie d'un échange privé, étroitement lié à une pratique emblématique du *modus uiuendi* de l'aristocratie sénatoriale dans l'Antiquité tardive : l'échange de compositions poétiques ou rhétoriques dans le cadre de l'*otium litteratum*. Il convient, dès lors, de reconsidérer l'objet véritable de la critique d'Ennode qui n'est pas, selon nous, celui qu'il paraît.

Si on lit attentivement l'épître, on y entend, à un second niveau, la voix d'un ami déçu par l'objet de la composition reçue, car abstraction faite de sa forme "mielleuse", son fond avait visiblement heurté la haute idée que se faisait Ennode de l'amitié, et que visait précisément à cultiver la composition en question. Comme il y insiste, le sujet choisi par Olybrius était « indigne du dessein qui inspire les amitiés » : le combat d'Hercule et d'Antée consiste en une lutte à mort, qui s'achève, de fait, par la mort du vaincu. Or Ennode et Olybrius étaient liés par une relation « cordiale » et rivalisaient « de loyauté ». Le récit narré donnait donc une représentation bien erronée de leur *concordia*. Ce gauchissement de la réalité est, nous semble-t-il, la véritable cible de l'accusation de mensonge qui traverse l'ensemble du texte, et trouve son point d'orgue dans l'accusation topique contre « les inventions de vieilles femmes » et « celles des poètes ».

Il convient, de la même manière, de relire sous un autre angle les deux déclarations dont sont parties ces réflexions. De fait, « l'état d'innocence » qu'il ne s'agit, en aucun cas, de « mêler à la ruine d'un autre », peut renvoyer à l'innocence de la relation d'Ennode et d'Olybrius, qu'on ne saurait assimiler à la « ruine » à laquelle aboutit l'épisode légendaire relaté ; cette interprétation est accréditée par un emploi comparable de *ruina* dans la *dict.* 27[25]. Quant au *nouellus usus* fait des *maiorum exempla*, il peut tout simplement s'agir, si Ennode et Olybrius étaient bel et bien assimilés aux deux héros du mythe, des utilisations faites de ces exemples pour évoquer des situations « récentes »[26] : c'est là, en effet, l'une des acceptions de *nouellus* qui n'a, justement, pas la même signification que *nouus*.

Sous couvert d'une accusation aux accents religieux dirigée contre la mythologie en général, la critique porterait donc, en réalité, sur le mythe choisi par Olybrius, car son évocation ne convenait guère à la célébration de l'amitié qui le liait à Ennode. Bref, ce dernier ferait un usage pour le moins intéressé des critiques topiques évoquées : il se serait retranché derrière son *habitus* religieux pour ménager les susceptibilités de son destinataire. En ce sens, ce texte n'est pas moins instructif sur l'usage très intéressé qu'a pu faire Ennode de certains arguments religieux dans un contexte profane, surtout quand il s'adressait, comme c'est le cas ici, à un proche qui le fréquentait à titre de clerc : il n'est que de songer à cet extrait d'un échange postérieur entre les deux hommes, où Ennode célèbre justement, en développant une métaphore agricole comparable à celle sur laquelle s'achève l'*epist.* 1, 9 (= 13 V.), la concorde qui unit un clerc (lui-même) à

---

24 S. GIOANNI, *Lumière de Rome...*, p. 120.
25 (À propos d'Antée) *Stat propriis magnus uiribus, sed erit maximus per ruinam*, cf. *infra*.
26 Ennode lui-même a ainsi actualisé le mythe de Phaéton dans le *carm.* 1, 8 (= 27 VOGEL), cf. *supra*.

un homme exerçant une très haute fonction (Olybrius) : « Quant à moi, comme de la production d'un bon arbre, je cueille, en propriétaire consciencieux, les fruits de notre affection mutuelle. […] Lorsque je considère, en moi, la vocation religieuse et, en vous, la très haute noblesse de la fonction, j'estime que les prémices de notre relation ont atteint, entre nous, la réalisation de la concorde[27] ».

Étude de la *dict.* 27 (= 436 V.) : le discours de l'aristocrate (dans son rôle d'éducateur, de *tutor*[28] ?)

L'étude du second texte où il est question du fameux combat qui a opposé Hercule et Antée va illustrer, d'une autre manière, l'importance des occasions qui ont présidé à la composition des écrits d'Ennode, ainsi que l'absence de scrupules avec laquelle Ennode s'est plié, dans un contexte mondain, aux codes des genres littéraires pratiqués. Il s'agit de la *dict.* 27 (= 436 VOGEL) qui fait partie des *dictiones* dites *ethicae*, autrement dit des éthopées de l'auteur, au nombre de cinq au total[29]. On sait la grande fortune que connaissait encore dans l'Antiquité tardive ce type de compositions, notamment – mais non exclusivement – dans un contexte scolaire, où elles étaient pratiquées dans le cadre des traditionnels *progymnasmata*. Outre

---

27 *Epist.* 2, 4 (= 37, 1-2 VOGEL) : … *ego tamquam de bonae arboris reditu, ita de caritate mutua idoneus carpo poma possessor.* […] *Ego in me religiosi, in uobis nobilissimi consideratione propositi ad effectum inter nos concordiae aestimo peruenisse quae coepta sunt*, cf. la fin de l'*epist.* 1, 9 (= 13, 5 VOGEL) : *Ista sunt digna memoria, quotiens inter nouos concordiae nexus, udo, ut ita dixerim, animorum libro caespitibus ualidis fetura nobilis iuncta maritatur. Illae mentes promittunt poma concordiae quae quid in cultura sudoris sit opus agnoscunt*, « Voici qui est digne de mémoire quand, parmi les liens d'une concorde nouvelle, ce que j'appellerais l'écorce humide des cœurs permet à un noble rejeton de s'unir au robuste terreau et de l'épouser. Voici les esprits qui promettent les fruits de la concorde, ce sont ceux qui reconnaissent ce que la culture exige de sueur ». Le texte et la traduction cités sont ceux de GIOANNI, *Ennode, Lettres*, I-II.

28 Voir, sur le rôle de *tutor* joué à maintes reprises par Ennode auprès de jeunes aristocrates, B.-J. SCHRÖDER, « Ennodius als *tutor* », dans *Bildung und Briefe im 6. Jahrhundert : Studien zum Mailänder Diakon Magnus Felix Ennodius*, Berlin / New York, 2007, p. 115-118.

29 Cf. *dict.* 24 (= 208 VOGEL) DICTIO EX TEMPORE QVAM IPSE DEVTERIVS INIVNXIT ; *dict.* 25 (= 220 VOGEL) VERBA THETIDIS CVM ACHILLEM VIDERET EXTINCTVM ; *dict.* 26 (= 414 VOGEL) VERBA MENELAI CVM TROIAM VIDERET EXVSTAM ; *dict.* 27 (= 436 VOGEL) VERBA IVNONIS CVM ANTEVM VIDERET PAREM VIRIBVS HERCVLIS EXTITISSE ; *dict.* 28 (= 446 VOGEL) NEC TIBI DIVA PARENS GENERIS. En dehors de la *dict.* 28 (cf. l'article de PIROVANO, « La *Dictio* 28 di Ennodio… »), ces textes ont peu retenu l'attention à ce jour. On signalera la traduction sommairement annotée d'A. LÓPEZ KINDLER, *Obra miscelánea declamaciones*, Madrid, 2007 ainsi que le mémoire inédit de Master 2 d'A. HUARD (dir. V. Zarini), *Traduction et commentaire des* dictiones ethicae *d'Ennode de Pavie*, présenté à l'Université de la Sorbonne en 2013 : nous remercions son auteur de nous avoir communiqué son travail. Sur les *dictiones* en général, voir L. NAVARRA, « I componenti letterarie e concettuali delle *Dictiones* di Ennodio », *Augustinianum*, 12, 1972, p. 465-478 et B.-J. SCHRÖDER, « Charakteristika der *Dictiones Ethicae* und der *Controuersiae* des Ennodius », dans B.-J. SCHRÖDER, J.-P. SCHRÖDER (éd.), *Studium declamatorium. Untersuchungen zu Schulübungen und Prunkreden von der Antike bis zur Neuzeit. Joachim Dingel zum 65. Geburtstag*, Berlin / Munich, 2003, p. 251-274.

l'exemple de Dracontius et d'un poème de l'*Anthologie latine*[30], on a notamment le témoignage d'Augustin qui se repent, dans le premier livre des *Confessions*, de s'être adonné à cette pratique scolaire : « Permettez-moi, mon Dieu, de dire aussi un mot de mes dons d'esprit [...] et des niaiseries où je les gaspillais ! [...] Il s'agissait de faire parler Junon, sa colère, sa douleur de "ne pouvoir détourner de l'Italie le roi des Troyens". Ces plaintes, je savais bien que Junon ne les avait jamais proférées. Mais on nous obligeait à nous égarer sur la piste de ces fictions poétiques, et à formuler en prose ce que le poète avait dit en vers. Et celui-là emportait le plus de compliments qui, gardant au personnage décrit toute sa dignité, savait mettre en un plus frappant relief son courroux, sa douleur, et revêtir ces sentiments des phrases les mieux appropriées[31] ».

Ce texte, bien connu d'Ennode qui l'a imité dans un passage fameux de son autobiographie spirituelle[32], apporte un éclairage précieux sur le jugement très sévère que les chrétiens portaient sur ce type de compositions : il s'agissait, de toute évidence, d'un type d'écrits jugés particulièrement indignes d'un chrétien, *a fortiori* d'un clerc. Pour paraphraser les propres critiques d'Ennode telles qu'elles sont exprimées dans l'*Eucharisticon*, ce n'étaient là que des bagatelles (*ineptiae*), mues par un désir de vaine gloire, qui menaçaient d'enfermer leur auteur dans le domaine du mensonge et de le détourner du culte de Dieu. L'aristocrate n'eut cependant pas les mêmes scrupules que l'homme d'Église à se prêter à l'exercice dans un contexte difficile à appréhender, mais qui se rattache, de toute évidence, à la tradition scolaire évoquée, et que rien ne permet de lier, dans ce cas précis, à ses obligations religieuses[33].

Peut-être pour offrir un modèle aux jeunes aristocrates dont il suivait avec attention les études et auxquels il ne s'est jamais lassé de prodiguer ses conseils, Ennode s'est en effet plié aux exigences du genre dans la *dict.* 27 (= 436 Vogel). Il a ainsi composé un discours qui sied parfaitement à la figure mythologique au centre de la *dict.* 27 : l'intraitable Junon, qui voulait le malheur d'Hercule, car elle ne supportait pas qu'il fût le fils de son mari infidèle – il n'est que de songer au désir de vengeance exprimé par Junon dans le monologue liminaire de l'*Hercule furieux* de Sénèque. Il adapte par ailleurs ce discours aux circonstances dans lesquelles il aurait pu être prononcé. Quelles sont-elles ? Comme dans l'exemple cité par Augustin, cette éthopée trouve sa source dans une œuvre poétique, en l'occurrence dans ces vers extraits du livre

---

30 Cf. Dracontius, *Romulea* 4 VERBA HERCVLIS CVM VIDERET HYDRIAE SERPENTIS CAPITA PVLLARE POST CAEDES et *Anthologie latine* 198 R.² VERBA ACHILLIS IN PARTHENONE CVM TVBAM DIOMEDIS AVDISSET.

31 *Confessions* I, 17, 27, éd. P. DE LABRIOLLE, Paris, 1977 (1925) : *Sine me, Deus meus, dicere aliquid et de ingenio meo [...] in quibus a me deliramentis atterebatur [...]. Proponebatur enim mihi negotium [...] ut dicerem uerba Iunonis irascentis et dolentis quod non posset Italia Teucrorum auertere regem, quae numquam Iunonem dixisse audieram. Sed figmentorum poeticorum uestigia errantes sequi cogebamur et tali aliquid dicere solutis uerbis, quale poeta dixisset uersibus : et ille dicebat laudabilius in quo pro dignitate adumbratae personae irae ac doloris similior affectus eminebat uerbis sententias congruenter uestientibus.*

32 Cf. *opusc.* 5 (438, 5-7 VOGEL) dit *Eucharisticon de sua uita* que nous avons cité et commenté dans *Ennode de Pavie, chantre officiel...*, p. 9-10.

33 L'homme d'Église n'est cependant pas totalement absent des *dictiones scholasticae* : le contexte d'énonciation de ces discours mériterait, à cet égard, de faire l'objet d'une étude attentive.

IV de la *Pharsale* où Lucain évoque l'espoir qu'aurait nourri la « cruelle marâtre », quand elle vit Hercule et Antée « lutter d'égal à égal, l'un avec les forces de la terre, l'autre avec les siennes » : ... *Numquam saeuae sperare nouercae / plus licuit*[34].

De fait, ces deux vers fournissaient une matière riche à une éthopée. Même si Junon n'est pas à proprement parler la belle-mère d'Hercule, la figure de la *nouerca saeua* fait partie du répertoire déclamatoire traditionnel, auquel elle fut d'ailleurs empruntée par les poètes qui l'ont, comme Lucain, exploitée dans leurs œuvres[35]. Quant à la concision de l'allusion, elle laissait un vaste champ libre à l'imagination, tout le défi consistant à rendre raison de l'espoir que nourrit Junon à l'occasion de ce « fameux combat ». Ennode y parvient de deux manières :
- en faisant explicitement tenir à Junon un « langage humain », qui lui permet de feindre de ne pas connaître l'issue du combat, et ainsi de nourrir l'espoir de voir son ennemi juré enfin vaincu ;
- en exaltant, tout au long de la composition, le surcroît de puissance que retire paradoxalement Antée de ses chutes : c'est là, en effet, une différence essentielle avec Hercule qui, lui, ne pourra pas se relever si son adversaire parvient à le faire tomber à terre.

Il en résulte un texte riche en paradoxes et en oppositions, avec peut-être la volonté de rendre raison, en filigrane, de la signification étymologique du nom d'Antée en grec (du grec *antion*, en latin *contrarium*[36]). Ennode y apparaît en tout cas désireux de montrer sa maîtrise oratoire, essentielle dans les exercices du genre qui visaient, justement, à l'acquisition et au perfectionnement des compétences rhétoriques théorisées dans les manuels spécifiques. Il y montre aussi sa culture littéraire, en empruntant tel tour ou motif à des textes fameux de la tradition classique[37].

VERBA IVNONIS CVM ANTEVM VIDERET PAREM VIRIBVS HERCVLIS EXTITISSE

Tandem aliquando[38] *qui iudicio nostro responderet inuentus est, qui de inimico nostro, et dum uincitur, triumfaret. Herculeae uires, nisi eliserint, non iacebunt : quem prouidimus, et de casibus est superbus. Stat propriis magnus uiribus, sed erit maximus per ruinam. Nescio utrum Hercules ualeat par esse, uel si Anteum non liceat ulla ratione prosterni : at si hosti nostro blanditur aduersitas, nos ad laureas peruenimus. Scimus futura, sed conuenit superos loqui quasi humana mortalibus. Prouideat Hercules, quid eligat esse faciendum. Vincendus est congrediente inimico, uincendus*

---

34 V. 637-638 : « Jamais la cruelle marâtre n'eut plus lieu d'espérer » (trad. A. BOURGERY, Paris, 1976).
35 Voir P. A. WATSON, *Ancient Stepmothers. Myth, Misogyny and Reality*, Leyde, 1995, p. 102 sqq. (sur Junon, p. 113 sqq.).
36 Cf. Fulgence, *Mythologies*, p. 43 Helm : *Grece antion contrarium dicimus*. Ce type de jeu étymologique est habituel chez Ennode, cf. *Ennode de Pavie, chantre officiel...* , p. 238 sqq.
37 Nous avons signalé quelques exemples en note. Le texte cité *infra* est celui de l'édition de F. von Vogel. Il est accompagné d'une traduction personnelle. Pour plus de clarté, nous avons explicité à plusieurs reprises l'identité des deux lutteurs.
38 Écho à ce passage fameux du second discours de Cicéron contre Catilina : *Tandem aliquando, Quirites, L. Catilinam furentem audacia, scelus anhelantem...*

est et iacente. Qui uenena lusit in cunis, qui pacauit Erimanthi nemora, qui ceruam uelocitate praecessit, optionem habeat quid sequatur: aut hostem periturus deiciet aut, si certamen metuerit, cum suis laudibus iam sepultus. Lerneum periculum, nisi fallor, orietur de consummatione certaminis. Quis non credat nihil superesse quod peragat, cum humi fusus hostis aspicitur? At nostrae partis intentio de oppressione suscitabitur et augmentandi roboris causam feliciter pro inimico perfuncta res suggeret.

PAROLES DE JUNON QUAND ELLE VIT QU'ANTÉE ÉTAIT DE FORCES ÉGALES À HERCULE
J'ai enfin trouvé celui qui pourrait nous rendre justice, celui qui pourrait triompher de notre ennemi, quand bien même il est vaincu. Si ses forces ne brisent pas <son adversaire>, Hercule ne sera pas gisant <pour les accroître> : celui que j'ai prévu [= Antée] tire vanité de ses chutes mêmes. Il est grand par ses propres forces, mais il le sera bien plus par son effondrement. Je ne sais si Hercule peut être son égal, ou si Antée peut être empêché d'une manière ou d'une autre d'être étendu à terre : mais si l'adversité est favorable à notre ennemi, c'est nous qui parviendrons aux lauriers[39]. Nous connaissons l'avenir, mais il convient que les dieux parlent aux mortels comme s'ils étaient des hommes. À Hercule de pourvoir[40] à ce qu'il choisit de faire. Il lui faut vaincre son ennemi en l'affrontant, il lui faut le vaincre, même s'il [= Antée] gît à terre. Lui qui s'est joué du venin au berceau, lui qui a pacifié les bois d'Érymanthe[41], lui qui l'a emporté par sa rapidité sur la biche, qu'il choisisse ce qui l'attend : soit abattre son ennemi pour sa perte[42], soit, s'il redoute le combat, finir dès à présent enseveli avec ses titres de gloire. L'épreuve de Lerne, si je ne me trompe pas[43], se produira à l'issue de ce combat[44]. Qui ne croirait pas qu'il ne reste plus rien à accomplir[45], quand il voit son ennemi allongé au sol ? Mais la détermination de celui que nous soutenons [= Antée] sera exaltée par sa soumission <à terre>, et l'affaire, qui tournera heureusement à l'avantage de l'ennemi <d'Hercule>, nous donnera <à nous> une raison de renforcer notre puissance [= force de résistance].

Bien évidemment, la figure de Junon n'incarne pas ici la moindre valeur exemplaire, au sens moral du terme : elle fait figure de type déclamatoire ; quant au sujet choisi, il est traité dans une perspective purement profane, sans que soit suggérée la moindre

---

39 On notera l'ironie du propos, puisque c'est précisément l'inverse qui va se produire, cf. ce distique de l'*Anthologie latine* (*Carmina codicis Salmasiani*, 55 DE IVNONE ET HERCVLE) qui joue, précisément, sur la vanité des efforts déployés par Junon pour nuire à Hercule : *Viribus Herculeis dum noxia facta requirit, / Iuno dedit laudem uiribus Herculeis.*
40 Jeu de mot sur *prouideat*, qui fait allusion au don de prescience auquel Junon vient de renoncer.
41 Cf. Virgile, *Énéide* VI, 802-803 *Fixerit aeripedem ceruam licet aut Erymanthi / pacarit nemora…*
42 Hercule va mourir s'il terrasse son ennemi, car ce dernier va revigorer ses forces au contact de la terre.
43 C'est-à-dire « si mes espoirs ne sont pas vains » ?
44 Junon songerait-elle à la mort qui attend Hercule à l'issue de ce combat, avec une allusion à sa véritable cause de mort, due au poison de l'hydre contenu dans le sang de Nessos ? Il y aurait, dans ce cas, un jeu de mots sur *consummatione*, qui renverrait au feu qui le consumera au moment de sa « vraie » mort.
45 Autrement dit, qu'il a déjà gagné.

lecture allégorique de cet épisode, dans la continuité de celle qu'on trouve, par exemple, chez Fulgence[46] : Ennode s'en est tenu au cadre très scolaire de l'exercice, sans que cela lui ait visiblement posé le moindre problème, car il a composé ce texte dans un contexte étranger à l'exercice de son ministère religieux.

Qu'est-ce à conclure sur l'utilisation faite, par Ennode, des figures mythologiques dans un contexte religieux ? L'étude du traitement très différent dont a fait l'objet le combat d'Hercule et d'Antée a permis de montrer que l'homme d'Église ne tenait pas le même discours que l'homme du monde : le clerc traite les figures mythologiques avec mépris, et privilégie les exemples religieux pour, justement, légitimer une parole fortement exposée à la critique, du moment qu'elle empruntait des formes issues de la tradition profane (en vue, notamment, d'une utilisation dans le cadre des traditionnelles *recitationes*). Quand les figures mythologiques sont présentes, leur présence reste, logiquement, discrète, car il en allait de l'*ethos* du diacre de l'Église de Milan. Dans ses écrits profanes, Ennode n'a pas les mêmes scrupules, car l'aristocrate et le pédagogue connaissaient le prix de la longue tradition dont ces figures étaient issues, et le mesuraient d'autant plus que cette tradition avait été menacée, au début du VIe siècle, par les envahisseurs barbares qui n'estimaient pas tous autant que l'ostrogoth Théodoric les richesses de la *Romanitas*. Se conformer à ces traditions était, dès lors, une manière de les perpétuer. Quand bien même Ennode a fait, dans ses écrits mondains, un usage parfois intéressé des arguments des chrétiens les plus rigoristes, dont les vues allaient s'imposer au cours du Moyen Âge, cet attachement à la tradition classique ne fait pas d'Ennode un « mauvais chrétien », mais simplement un auteur qui appartient pleinement à l'Antiquité tardive, par le combat pour les lettres païennes qu'il eut à cœur de mener parallèlement à son engagement religieux.

---

46 Les « clés » du mythe données par Fulgence sont les suivantes : Antée représente le désir (*Anteus enim in modum libidinis ponitur*, p. 43 HELM) ; Hercule, au contraire, représente la vertu, qui vainc le désir en l'élevant dans les airs, c'est-à-dire vers l'esprit (cf. HUARD, *Traduction et commentaire…*, p. 13). Quoi qu'en dise KENNELL, *Magnus Felix Ennodius…*, p. 158, en supposant cette interprétation suffisamment connue pour qu'Ennode n'ait pas même besoin de s'y référer, aucun des éléments significatifs du mythe relevés par Fulgence n'est mis en valeur dans la dict. 27 (= 436 VOGEL) ; rien n'oriente donc ici la lecture vers une telle interprétation chrétienne du combat légendaire d'Hercule et d'Antée. Voir, sur cette *uexata quaestio*, la mise-au-point de B.-J. SCHRÖDER, « Die allegorisch-christliche Interpretation der *Controuersiae* und *Dictiones Ethicae* », dans « Charakteristika… », p. 255-261.

CHRISTIANE HELENE VOIGT

La réception arabe de la figure légendaire d'Alexandre le Grand

L'objet du présent article est l'approche interdisciplinaire de l'un des personnages majeurs de l'histoire universelle : Alexandre le Grand (356-323 av. J.-C.) dont les hauts faits ont été transmis en Orient grâce au *Roman d'Alexandre* du Pseudo-Callisthène.

La question de la traduction des « belles-lettres » grecques en arabe

Le *Roman d'Alexandre*, biographie historique d'Alexandre le Grand, dont la plus ancienne recension conservée α date des environs du IIe-IIIe siècle après J.-C., représente le seul ouvrage des « belles-lettres » qui a été traduit en arabe. À part la citation de quelques vers homériques[1], rien du canon proprement littéraire de la Grèce ancienne n'a été transmis en Orient. Cela ne veut pas dire que la littérature grecque a été complètement ignorée au Proche-Orient. Citons à cet égard un historien arabo-chrétien du Xe siècle relativement peu étudié, à savoir Agapius de Manbiğ. Dans son histoire universelle intitulée *Kitāb al-ʿunwān* (*Livre du modèle*), il fait, de toute évidence, allusion au récit de la disparition de l'Atlantide, telle qu'elle est narrée dans le *Timée* (24 e-25 d) de Platon[2] :

À cette époque, un autre cataclysme se produisit aux jours de Deucalion. Après quelque temps, Platon, qui était le précepteur d'Aristote, fit mention du récit de ce cataclysme et de sa narration dans ses livres.	وفي ذلك الزمن صار طوفان اخر في ايام دقليوس ومن بعد زمن ذكر فلاطن قصة هذا الطوفان وحديثه في كتب فلاطن الذي هو معلم ارسطاطلس.

Au-delà de ces citations et allusions, l'étude du *Roman d'Alexandre* dans le cadre des *Graeco-Arabica* est un champ d'investigation à la fois complexe et fécond. Depuis la publication de la traduction syriaque par E. A. W. Budge[3] et de l'étude magistrale

---

1 J. KRAEMER, « Arabische Homerverse », *Zeitschrift der deutschen morgenländischen Gesellschaft*, 106, 1956, p. 259-316.
2 Agapius (Maḥbūb Ibn Qusṭanṭīn), « Kitāb al-ʿunwān. Histoire universelle (I, 1) », A. VASILIEV (éd.), dans R. GRAFFIN, F. NAU (éd.), *Patrologia orientalis*, V, 4, Paris / Fribourg, 1910, p. 687.
3 E. A. W. BUDGE, *The History of Alexander the Great. Being the Syriac Version of Pseudo-Callisthenes*, Amsterdam, 1976.

de T. Nöldeke[4], les recherches autour de la question de la traduction arabe du Pseudo-Callisthène ne cessent d'évoluer. À l'heure actuelle, F. Doufikar-Aerts prépare l'édition de la *Sīrat al-malik Iskandar ḏī l-qarnayn* (*Vie du roi Alexandre, le Bi-cornu*), édition qui va certainement contribuer à élargir le panorama des sources arabes. Cette version est, selon elle, probablement la traduction arabe de la traduction syriaque éditée par Budge[5], qui a été faite à partir de la recension δ^*, recension perdue en grec et assez proche de la recension α^6.

La préparation de cette édition est un exemple très parlant pour l'état des sources arabes relatives au *Roman d'Alexandre*. En effet, la question des sources arabes diffère considérablement de celle des sources grecques qui sont toutes éditées et ainsi très facilement accessibles. De toute évidence, il faudrait supposer qu'un certain nombre de versions orientales attendent encore, sous forme de manuscrits, dans les bibliothèques occidentales et orientales d'être découvertes et éditées de manière critique.

En général, les études ayant pour sujet les différentes versions du *Roman d'Alexandre* (versions attestées dans une trentaine de langues anciennes, médiévales et modernes) sont en évolution permanente et, très souvent, de nouvelles trouvailles contribuent à multiplier les questions plutôt qu'à les résoudre.

La complexité de l'étude du *Roman d'Alexandre* au sein des *Graeco-Arabica*

Tout d'abord, il s'agit d'un paradoxe. Ouvrage relativement pauvre pour sa qualité littéraire, le *Roman d'Alexandre* du Pseudo-Callisthène est d'une complexité textuelle tout à fait exceptionnelle dont témoigne le foisonnement de différentes recensions grecques, à l'époque byzantine notamment. L'archétype grec n'étant pas conservé, c'est la recension α de l'époque impériale, datée communément autour du IIIe siècle de notre ère, qui représente le plus ancien témoignage en grec. La traduction syriaque (δ^*), citée plus haut, lui est étroitement apparentée, sans qu'il s'agisse d'une traduction littérale. À l'époque byzantine s'ajoutent plusieurs recensions encore plus importantes pour la transmission orientale. En particulier, la recension β du Ve siècle, transmise par de nombreux manuscrits[7], a joué un rôle crucial lors du passage du grec en arabe d'un nombre considérable de chapitres issus des trois livres qui composent la biographie romanesque du Pseudo-Callisthène[8]. De plus,

---

4 T. Nöldeke, *Beiträge zur Geschichte des Alexanderromans*, Vienne, 1890.
5 Budge, *The History of Alexander the Great...*
6 W. Kroll, *Historia Alexandri Magni (Pseudo-Callisthenes). Recensio vetusta*, Berlin, 1926.
7 L. Bergson, *Der griechische Alexanderroman. Rezension β*, Stockholm / Göteborg / Uppsala, 1956, V-XXX ; C. Jouanno, *Naissance et métamorphoses du « Roman d'Alexandre »*, Paris, 2002, p. 247.
8 À cette famille de manuscrits appartient également le texte L, qui conserve deux motifs connus dans l'Orient sans qu'il s'agisse d'une traduction littérale, à savoir la plongée sous-marine et le vol aérien ; cf. l'édition de H. Thiel, *Leben und Taten Alexanders von Makedonien. Der griechische Alexanderroman nach der Handschrift L*, Darmstadt, 1974, II, 38, 7 et II, 41, 8.

les recensions byzantines ε et γ, quoiqu'elles aient été connues en Orient, ont exercé une moindre influence.

Une version arabe très importante est celle de al-Mubaššir ibn Fātik, contenue dans le *Muḫtar al-ḥikam wa-maḥāsin al-kalim* (*Choix de proverbes et beauté des sentences*)[9]. Malheureusement il s'agit d'une version abrégée dans cette collection de sentences gnomiques datant du XIe siècle avec le but de fournir un cadre biographique aux sentences attribuées à Alexandre le Grand. Cet usage que fait al-Mubaššir ibn Fātik du *Roman d'Alexandre* montre à quel degré la biographie romanesque, ou le roman historique pour ainsi dire, du Pseudo-Callisthène a été perçu en Orient. Le caractère fictif est renvoyé au second plan afin de privilégier une vision historique plutôt schématique sans approfondissement. C'est pourquoi il ignore les épisodes plus légendaires, très célèbres tout au long du Moyen Âge, tels que le vol aérien[10] ou le voyage sous-marin en bathyscaphe.

De fait, aucun ouvrage historique de la Grèce classique, tel que les *Histoires* d'Hérodote ou l'*Histoire de la guerre du Péloponnèse* de Thucydide, ni de l'époque hellénistique, comme les historiens d'Alexandre, ou encore de l'époque impériale comme l'*Anabase* d'Arrien, n'a été traduit du grec à l'arabe. Le mouvement des traductions était à son zénith à l'époque abbasside, à la suite du déplacement de la cour des califes de Damas à Bagdad. Paradoxalement, le mouvement des *Graeco-Arabica* s'est développé au cœur de l'ancien empire persan sous les Abbassides et non pas sous les Omeyyades dans une région anciennement hellénisée au Proche-Orient. La durée du mouvement est d'environ deux siècles, ce qui montre bien qu'il ne s'agissait pas d'un phénomène éphémère, mais d'une activité organisée par une grande partie de l'élite, qu'elle soit politique, militaire, économique ou intellectuelle[11].

Les raisons de la traduction du Pseudo-Callisthène en arabe

Les raisons de la traduction arabe de ce que l'on pourrait qualifier d'un « cas particulier » des *Graeco-Arabica* seront examinées en dévoilant les mécanismes de la traduction littéraire qui se démarquent de ceux d'un ouvrage scientifique. En effet, l'incertitude presque complète règne sur la question de l'identité des traducteurs. Cela explique aussi le fait que la traduction littéraire ne suit pas la même logique que les traductions scientifiques.

En Orient, le *Roman d'Alexandre* a été considéré comme une véritable source historique et non pas romanesque. Cela explique l'intérêt que cet ouvrage d'une qualité littéraire plutôt modeste a pu susciter dans l'aire sémitique, que ce soit par la traduction syriaque du VIIe siècle ou par de nombreuses traductions et réélaborations

---

9 Al-Mubaššir ibn Fātik, *Muḫtar al-ḥikam wa-maḥāsin al-kalim* (*Choix de proverbes et beauté des sentences*), A. BADAWĪ (éd.), Madrid, 1958 ; B. MEISSNER, « Mubašširs Aḫbâr el-Iskender », *Zeitschrift der Deutschen Morgenländischen Gesellschaft*, 49, 1895, p. 583-627.
10 R. STONEMAN, *Alexander the Great. A Life in Legend*, New Haven / Londres, 2008, p. 114-120.
11 D. GUTAS, *Greek Thought, Arabic Culture*, Londres / New York, 1998.

arabes. C'est à partir des trois livres qui composent le *Roman d'Alexandre* que l'on a opéré un choix éclectique. Très souvent, des chapitres caractérisés par une présentation d'événements liés trop étroitement au contexte de la Grèce hellénistique ont été volontairement éliminés au profit de quelques épisodes marquants qui servent à donner une sorte d'illusion historique.

Par la suite, quelques-uns des thèmes cruciaux qui ont laissé une empreinte durable en Orient sont mentionnés. Ces thèmes offrent des clés de lecture pour comprendre la traduction ou, du moins, la réception du *Roman d'Alexandre*. Seront ainsi évoquées la question historique, la question philosophique et la question coranique.

La question historique

Dans les histoires universelles et chroniques arabes, l'intérêt est surtout accordé au duel entre Alexandre et Darius III, et, dans une moindre mesure, à celui entre le Macédonien et le roi indien Porus. Pour ce qui est du premier duel, issu du premier et du deuxième livres du *Roman d'Alexandre*, il s'intègre dans la question d'une espèce de *translatio imperii*, à savoir le passage du pouvoir de l'ancienne puissance perse aux mains du conquérant macédonien. Particulièrement intéressante pour les auteurs orientaux a été la peinture d'une scène pleine de *pathos* qui fut le fruit de la pure imagination des historiens d'Alexandre[12]. Néanmoins, la popularité en Orient de la scène du deuxième livre du *Roman d'Alexandre* (II, 20) où Alexandre rencontre Darius III mourant s'explique par une innovation historique. Selon une vision historique proprement persane, véhiculée par les historiens tels que ad-Dīnawarī[13] ou aṭ-Ṭabarī[14] pour citer deux exemples parmi bien d'autres, la honte de la conquête de la Perse et la défaite de Darius, le « roi des rois » (βασιλεὺς βασιλέων)[15] ou encore le « roi des rois du monde » (*malik al-mulūk ad-dunyā*)[16], perdent leur amertume si l'on fabrique une généalogie nouvelle. Selon cette dernière, Alexandre serait le frère de Darius III, puisque sa mère d'origine grecque que l'autorité historique majeure d'origine persane, aṭ-Ṭabarī, appelle *Halāy*, aurait été mariée au père de Darius, appelé Darius le Grand[17] :

Certains savants des histoires des Anciens croient que cet Alexandre, qui a fait la guerre à *Dārā* le Jeune, est le frère de *Dārā* le Jeune, qu'il combattit, et que son père *Dāra* le Vieux a été marié à la mère d'Alexandre, la fille du roi des Grecs *(Rūm)* du nom de *Halāy*.	وزعم بعض اهل العلم بأخبار الاوّلين ان الاسكندر هذا الذي حارب دارا الاصغر هو اخو دارا الاصغر الذي حاربه وان ابوه دارا الاكبر كان تزوّج امّ الاسكندر وأنها ابنة ملك الروم واسمها هلاى.

---

12 JOUANNO, *Naissance et métamorphoses...*, p. 134.
13 Ad-Dīnawarī, *Al-aḫbār aṭ-ṭiwāl (Les histoires détaillées)*, W. GUIRGASS (éd.), Leyde, 1888, p. 34-35.
14 Aṭ-Ṭabarī, *Ta'rīḫ ar-rusul wa-l-mulūk (Histoire des prophètes et des rois)*, M. J. DE GOEJE (éd.), Leyde, I, 1879, p. 697-698.
15 KROLL, *Historia Alexandri Magni...*, p. 36 ; BERGSON, *Der griechische Alexanderroman...*, I, p. 36.
16 Al-Mubaššir ibn Fātik, *Muḫtar al-ḥikam...*, p. 227.
17 Aṭ-Ṭabarī, *Ta'rīḫ ar-rusul wa-l-mulūk (Histoire des prophètes et des rois)*, p. 696-697.

Le nom de la mère d'Alexandre, qui est bien différent de celui d'Olympias, constitue un exemple parlant de la simplification d'une donnée historique au cours de son passage de l'Occident à l'Orient. Ce qui s'impose à première vue, c'est la confusion avec celui d'Hélène de Troie. Comme il y a également la variante *Halāyā*, mentionnée dans l'apparat, on peut supposer une simple confusion graphique quant aux points diacritiques, puisque le *yāʾ* (y/ī), avec deux points au-dessous, et le *nūn* (n), avec un point au-dessus de la lettre, se prêtent aisément à une telle faute dans le manuscrit.

Par ailleurs, le terme utilisé pour désigner les Grecs en arabe est ambigu : en fait, *Rūm* peut désigner à la fois les Grecs de l'époque classique et les Byzantins. Pour ces derniers, cette désignation est accompagnée d'un certain mépris, caractéristique de l'époque abbasside qui a glorifié et idéalisé la Grèce classique en dénigrant leurs contemporains à Byzance[18].

En ce qui concerne le duel entre Alexandre le Grand et le roi indien Porus issu du troisième livre (III, 3-4) du *Roman d'Alexandre*, il constitue un élément indispensable aux historiens arabes, qui ne cessent de souligner la victoire du Macédonien malgré sa taille physique bien inférieure à celle de son antagoniste. Al-Yaʿqūbī[19] et al-Mubaššir ibn Fātik[20] conservent même la description de la fabrication des statues en bronze, grâce auxquelles Alexandre parvint à anéantir les éléphants de Porus. Comme l'épisode est contenu aussi dans une adaptation tardive du *Roman d'Alexandre*, la *Qiṣṣat ḏī l-qarnayn* (*Histoire du Bi-cornu*), son éditeur Z. D. Zuwiyya pense que sa présence s'explique peut-être par la fascination des Arabes pour la métallurgie[21].

En dernier lieu, Alexandre est fréquemment cité en tant que κτίστης (« fondateur ») de la ville portant son nom en Égypte, connue jusqu'à présent comme *al-Iskandariyya* ou tout simplement comme « Alex » en dialecte égyptien courant. À cette fondation cruciale s'ajoute très souvent une liste de villes fondées sur le territoire nouvellement conquis allant jusqu'à l'actuel Afghanistan – liste dont le contenu peut varier d'un auteur à l'autre.

La question philosophique

Au sein du mouvement des traductions du grec vers l'arabe sous le califat abbasside à Bagdad entre le VIIIe et le Xe siècle de notre ère, une place majeure est occupée par Aristote, dont l'*Organon* a été traduit en arabe. Dans le sillage de cette activité de traduction, la relation étroite du Stagirite avec son célèbre élève Alexandre le Grand a également inspiré l'imagination orientale. Aristote y est défini comme précepteur (*muʿallim*) d'Alexandre.

---

18 Al-Masʿūdī, *Murūǧ aḏ-ḏahab wa-maʿādin al-ǧawhar* (*Les prairies d'or et les mines de pierres précieuses*), C. A. C. Barbier de Meynard, A. Pavet de Courteille, C. Pellat (éd.), Beyrouth, II, 1966, p. 42.
19 Al-Yaʿqūbī, *Historiae*, M. T. Houtsma (éd.), Leyde, 1883, p. 96-97.
20 Al-Mubaššir ibn Fātik, *Muḫtar al-ḥikam*…, p. 234-235.
21 Z. D. Zuwiyya (éd.), *Islamic Legends concerning Alexander the Great : taken from two medieval Arabic manuscripts in Madrid*, Albany, NY, 2001, p. 17.

Cependant, les historiens se limitent à dépeindre brièvement leur relation sans entrer dans plus de détails. Une exception marque la découverte de la traduction presque littérale du dialogue entre Aristote et ses disciples royaux chez al-Mubaššir ibn Fātik[22], traduction issue du premier livre du *Roman d'Alexandre*. Basé sur la recension β, ou sur une version proche de β, ce dialogue s'est inspiré d'un exercice rhétorique en vogue notamment à l'époque impériale dans les écoles de rhétorique : la chrie (χρεία).

L'accent mis sur l'éloquence d'Alexandre dans le cadre d'une scène d'enseignement stéréotypée pourrait être ainsi rattachée au recueil théorique des *Exercices préparatoires* (Προγυμνάσματα) d'Aphthonios, qui cite, dans le traité qui lui est attribué, l'éducation parmi les éléments de l'éloge : εἶτα ἡ ἀγωγή, πῶς ἤχθη καὶ πῶς ἐπαιδεύθη (« ensuite <tu parleras> de l'éducation, comment il a été formé et comment il a été instruit »)[23].

Une explication pour la réception du Pseudo-Callisthène pourrait être l'association d'Alexandre le Grand à son précepteur, dont une partie des ouvrages ont été traduits en arabe. Dans le sillage de l'activité des traductions des ouvrages d'Aristote en arabe, c'est probablement l'intérêt de l'élite abbasside pour la philosophie d'Aristote qui a favorisé la création et la circulation de textes « secondaires », ayant pour protagoniste le Stagirite et son élève royal. Ce dernier est devenu un personnage célèbre en Orient, surtout parce qu'il a souvent été identifié avec le *Bi-cornu* coranique.

La question coranique

Une fascination particulière pour la figure d'Alexandre le Grand relève d'une discussion qui remonte aux débuts de l'exégèse coranique, à savoir si c'est bien lui qui apparaît à deux endroits dans la *sūrat al-kahf* (*Sourate de la Caverne*) du *Coran*. Il est clair que ces deux épisodes, à savoir la recherche de l'eau d'immortalité ainsi que la construction du rempart pour empêcher l'intrusion des peuples apocalyptiques Gog et Magog[24], ne représentent pas une traduction du *Roman d'Alexandre* en arabe, mais plutôt une réminiscence littéraire. Par conséquent, leur apparition dans le *Coran* s'explique par la composition de ce dernier, composition basée, entre autres, sur un grand nombre de légendes juives et chrétiennes qui ont souvent circulé oralement sur la péninsule arabique dans l'Antiquité tardive. Cela explique la confusion sur le protagoniste de l'épisode de la source d'immortalité (18 : 60-63), où figure Moïse à la place d'Alexandre le Grand[25]. En ce qui concerne le deuxième épisode, la construction du rempart contre Gog et Magog (18 : 83-97), Alexandre n'apparaît pas sous le nom de *al-Iskandar* comme dans les sources à vocation historique, mais sous celui de *Ḏū l-qarnayn* (*Bi-cornu*). Les deux épisodes coraniques cités n'ont pas de correspondant dans la plus ancienne version païenne α du *Roman d'Alexandre*. Il n'est pas possible

---

22 Al-Mubaššir ibn Fātik, *Muḫtar al-ḥikam*..., p. 247.
23 M. Patillon, *Aphthonios, Ps.-Hermogène, Préambule à la rhétorique*, Paris, 2008, VII, 5.
24 Cf. E. van Donzel, A. Schmitt [avec une contribution de C. Ott], *Gog and Magog in Early Eastern Christian and Islamic Sources. Sallam's Quest for Alexanders Wall*, Leyde / Boston, 2010.
25 I. Friedländer, *Die Chadirlegende und der Alexanderroman*, Leipzig, 1913, p. 63.

de remonter à un modèle grec précis, mais l'on constate qu'ils font leur entrée dans le cercle thématique du Pseudo-Callisthène à partir des différentes recensions byzantines, postérieures au *Coran*. La popularité d'Alexandre le Grand en Orient est le résultat de son association au personnage coranique. De là se développe toute une tradition en langue arabe, qui tourne autour de l'interprétation des versets relatifs à Alexandre, si l'on accepte la *communis opinio* des chercheurs occidentaux.

Du point de vue sémantique, la signification de *Ḏū l-qarnayn* (*Bi-cornu*) a donné lieu à des interprétations extrêmement variées dont témoigne al-Masʿūdī[26], l'« Hérodote des Arabes » :

Les gens ne sont pas d'accord sur <l'identité d'Alexandre> : « Parmi eux, les uns pensent qu'il est le *Bi-cornu*, tandis que d'autres sont d'un avis contraire. Ils se disputent aussi sur <l'épithète> du *Bi-cornu* : les uns pensent qu'il a été appelé <ainsi> pour avoir atteint les extrémités de la terre [...] Quelques-uns pensent qu'il possédait deux mèches [...] »	وقد تنازع الناس: فمنهم مَن رأى أنّه ذو القَرْنَيْن, ومنهم من رأى أنّه غيره, تنازعوا أيضًا في ذي القرنين: فمنهم مَن رأى أنّه إنّما سُمّي ذا القرنين لبلوغه أطراف الأرض [...] ومنهم مَن رأى أنّه كان ذا ذُؤَابَتَيْن [...]

Quoi qu'il en soit, l'étude de la tradition arabe du *Roman d'Alexandre* est loin d'être terminée, notamment en ce qui concerne ces courts versets coraniques qui, parfois, peuvent donner lieu à polémique entre Occident et Orient.

Conclusion

L'approche de la traduction arabe du *Roman d'Alexandre* dépasse le cadre de la pure analyse philologique pour aboutir à une interrogation beaucoup plus vaste. La mention du *Bi-cornu* coranique confère une sphère sacrale à la réception arabe de la biographie d'Alexandre le Grand. C'est à partir de ces deux complexes thématiques du *Coran* que se développe une branche orientale dont les interactions avec les recensions byzantines sont encore loin d'être résolues de manière satisfaisante.

En ce qui concerne le rôle d'Aristote dans l'histoire de la réception du *Roman d'Alexandre*, il faudrait supposer que l'activité de traduction à l'époque abbasside a contribué à l'intérêt pour l'ouvrage du Pseudo-Callisthène, vu comme un ouvrage secondaire. Du côté historique, l'Orient a simplifié l'histoire des conquêtes d'Alexandre le Grand en insistant surtout sur l'antagonisme avec le Macédonien et le roi perse Darius III, et le roi indien Porus. La figure légendaire d'Alexandre le Grand devient de plus en plus complexe dans l'Orient, où la réception du *Roman d'Alexandre* pose de nouveaux problèmes qui attendent d'être résolus.

---

26 Al-Masʿūdī, *Murūǧ aḏ-ḏahab*..., § 671.

Cinquième Partie

Du polythéisme au christianisme : la résistance des figures mythiques

Si l'Antiquité tardive partage, de façon générale, son traitement des figures mythiques et exemplaires avec la tradition classique, en adoptant des procédés et des perspectives similaires, bien qu'adaptés aux préoccupations de son temps, la problématique se pose assez différemment pour les auteurs chrétiens. En effet, même s'ils appartiennent pleinement à l'Antiquité tardive, leur rapport à l'héritage classique est spécifique, en raison de leur rupture avec le polythéisme des religions traditionnelles.

Régis COURTRAY pose la question de savoir si l'on peut s'affranchir jamais d'une culture où la mythologie tient une place si grande, jusque dans la langue elle-même. Ainsi Jérôme cite volontiers la matière mythologique, tant pour illustrer son propos que pour étoffer l'argumentation de son discours. Les figures des sirènes, de Scylla et des autres monstres de légendes deviennent, chez lui, le symbole des ennemis du chrétien. Ce qui intéresse le moine dans ces mythes, c'est plus la force des images qu'ils suggèrent aux lecteurs qu'un souci d'exactitude du récit, dans lequel il opère souvent des changements significatifs. Enfin les « fables des poètes » apparaissent jusque dans sa traduction de la Bible : Jérôme utilise les figures mythiques comme des arguments au service du christianisme, afin de démontrer que l'objet de la foi chrétienne n'a rien d'extraordinaire, pour qui prête foi aux mythes. Il a su donc vider ces figures exemplaires de leur contenu païen pour les christianiser et leur faire servir l'Écriture et la foi chrétienne.

Francesco MASSA analyse la figure de Dionysos, placée au cœur des compétitions religieuses et littéraires du IVe siècle. Dans un moment charnière de l'histoire, si, d'une part, les auteurs païens intensifient les relectures allégoriques, philosophiques et théologiques de Dionysos, les auteurs chrétiens commencent, quant à eux, à représenter le dieu comme l'incarnation païenne du diable, et à évoquer l'image de ses dévots comme l'exemple même du cortège diabolique, au moment où la législation impériale commence à condamner les pratiques païennes, notamment le sacrifice. Le changement politique au sommet de l'Empire a ainsi eu des conséquences dans la pratique rituelle, mais aussi dans l'image que les auteurs chrétiens donnaient de leur religion et des religions des autres.

Michele Cutino examine la pratique de la digression chez Ambroise de Milan. L'insertion des mythes ne se limite pas, chez ce dernier, à des pointes polémiques contre les mensonges des poètes, mais elle joue aussi un rôle dans l'exposé du thème principal. Bien que ces insertions soient souvent encadrées par des précautions rhétoriques, il y a des textes très instructifs, issus de toutes les époques de la production ambrosienne, qui justifient, sur la base de l'Écriture, l'emploi légitime des mythes, avec une finalité allégorico-morale, et en fonction d'excursus. Cette « digression » bien particulière se pose comme critère de la composition et comme élément nécessaire, selon une esthétique où il ne s'agit pas de parvenir tout de suite, par des chemins rapides, au bout de son exposé, mais plutôt d'en accomplir pleinement les finalités et l'objet, dans chaque partie considérée isolément.

Frédéric Chapot revient sur la question du « changement de paradigme » opéré par le christianisme : la relégation des rites païens au rang de vaines superstitions empêche bien souvent de maintenir les figures exemplaires de la tradition gréco-romaine. Aux figures païennes sont plutôt substitués des personnages bibliques, qui prennent en charge la fonction de modèle. Pourtant, à côté de ce travail assumé, et même revendiqué, de substitution, il existe, dans le discours sur les modèles bibliques et chrétiens, en dessous du niveau littéral de l'expression, un réseau de souvenirs d'*exempla* et de figures mythiques païennes. On peut même faire l'hypothèse que le ressort littéraire de ces textes ou que leur littérarité repose largement sur la profondeur « hypotextuelle » de ces œuvres. Ainsi le nouveau discours sur l'héroïsme des martyres chrétiennes ne peut pas s'affranchir complètement du langage mythologique hérité de l'Antiquité païenne, matériau essentiel dans la fabrique des figures exemplaires.

F. C. / J. G. / M. P.-R.

RÉGIS COURTRAY

Les « fables des poètes » dans l'œuvre de Jérôme : remploi, détournement, actualisation

Introduction

« Plaise à Dieu que jamais d'une bouche chrétienne ne résonnent ces mots : "Jupiter tout-puissant", "par Hercule !", "par Castor !", par tous les autres qui sont plutôt des monstres que des divinités[1] ». C'est ainsi qu'en 383, Jérôme s'exprimait dans une lettre adressée au pape Damase. À en croire le moine de Bethléem, le chrétien doit renoncer jusqu'aux expressions courantes où figurent les noms des dieux pour ne pas risquer l'idolâtrie. Or, dix-huit ans plus tard, alors que Rufin reprochait à Jérôme de ne toujours pas avoir « oublié les lettres latines », malgré ses promesses[2], ce dernier lui répond : « Il me faudra donc, suivant les fables des poètes, boire au flot du Léthé, de peur qu'on ne m'accuse de savoir ce que j'ai appris[3] ». Non sans ironie, le moine recourt à une expression d'origine mythologique pour exprimer combien l'esprit humain ne saurait oublier ce qu'il a appris une fois dans sa jeunesse.

Jérôme se trouve ainsi confronté à la contradiction d'un homme à la fois chrétien et donc adversaire du paganisme, mais lettré et nourri de la littérature classique véhiculant tant de références mythiques. Peut-on s'affranchir jamais d'une culture où la mythologie tient une place si grande jusque dans la langue elle-même ? Que faire de cette culture ? Est-il possible de la rejeter tout à fait ou faut-il, comme Jérôme l'a lui-même proposé, changer cette femme captive en une Israélite qu'il puisse prendre pour épouse[4] ?

---

1 Jérôme, *Epistula* 21, 13 *ad Damasum* (*CUF*, t. 1, p. 94 – trad. J. LABOURT).
2 Voir la *Lettre* 22, 30 de Jérôme. Sur le fameux songe de Jérôme, voir l'abondante bibliographie fournie par N. ADKIN, *Jerome on Virginity. A Commentary on the* Libellus de virginitate servanda (*Letter 22*), Cambridge, 2003, p. 285 ; voir encore Y.-M. DUVAL, P. LAURENCE, *Jérôme, La lettre 22 à Eustochium, De uirginitate seruanda*, Bégrolles-en-Mauges, 2011, p. 244-251 ; et plus récemment, R. COURTRAY, « Saint Jérôme et la conversion à l'Écriture », dans D. VIGNE (éd.), *La conversion chez les Pères de l'Église*, Paris, 2014, p. 203-217 (notamment p. 204-212).
3 Jérôme, *Contra Rufinum*, I, 30 (*SC* 303, p. 84, l. 44-45 ; 52-53 – trad. P. LARDET, légèrement revue). Sur cette expression, voir A. OTTO, *Die Sprichwörter und sprichwörtlichen Redensarten der Römer*, Leipzig, 1890, p. 192.
4 Jérôme, *Epistula* 66, 8 ; 70, 2.

Régis Courtray Université Toulouse 2 – Jean Jaurès

Figures mythiques et discours religieux dans l'Empire gréco-romain, Textes réunis et édités par Frédéric CHAPOT, Johann GOEKEN et Maud PFAFF-REYDELLET, Turnhout, Brepols 2018 (p. 189-207)
Brepols Publishers   10.1484/M.RRR-EB.5.115821

Nous souhaiterions examiner cette question au travers de quelques textes dans lesquels Jérôme cite sciemment les figures mythiques, afin de mieux saisir l'attitude du moine à l'égard de la culture mythologique. Pour ce faire, nous partirons de l'expression *fabula poetarum*, récurrente dans son œuvre, et plus largement du mot *fabula*, qui, entre autres acceptions, désigne chez lui les histoires de la mythologie[5]. Nous verrons ainsi que, si les critiques de Jérôme à l'égard du paganisme sont relativement peu nombreuses, le moine cite volontiers la matière mythologique tant pour illustrer son propos que pour étoffer l'argumentation de son discours ; il nous faudra encore détailler les figures mythiques qui apparaissent jusque dans sa traduction de la Bible.

L'attitude de Jérôme à l'égard des « fables des poètes »

Pour les textes que nous avons rencontrés, Jérôme critique assez rarement les mythes. C'est déjà ce que notait, à vrai dire, Paul Antin en 1956 : « La polémique directe contre la religion païenne est très rare chez Jérôme[6] ». Notons cependant quelques critiques exprimées par le moine.

À la suite des apologistes et de la doctrine évhémériste, Jérôme rappelle que les idoles païennes ne sont à l'origine que des hommes morts[7]. Il refuse ainsi de suivre « les fables des poètes et les mensonges ridicules et prodigieux » racontant les transformations en astres d'Orion et d'Arcturus : c'est là à ses yeux une atteinte au ciel et une apologie de la débauche[8]. Dans son *Commentaire sur Daniel*, Jérôme distingue plusieurs catégories parmi les dieux forgés par l'esprit humain ; il qualifie d'or ceux qui ont été façonnés par la raison profane et d'argent ceux qui ont été fabriqués par la rhétorique ; mais quand il en vient aux dieux des fables des poètes et des vieilles traditions – qualifiés de bronze et de fer –, il y voit un mélange d'élégance et de sottise ; restent les dieux de bois et de pierre, qui correspondent à de pures inepties[9]. Il n'est pas vrai, par ailleurs, contrairement à ce qu'affirment les récits mythiques et à ce que montre la licence des peintres, que les vents ont des ailes : si l'on trouve pourtant une telle expression dans les psaumes, c'est pour signifier la rapidité avec laquelle les vents soufflent de tous côtés[10]. Enfin, alors que les fables païennes comprennent dans le pain donné en récompense aux justes et dans les eaux qui leur sont fidèles (cf. Is 33, 16) le nectar et l'ambroisie, les chrétiens doivent interpréter ces dons de la loi divine[11].

---

5 L'expression *fabula poetarum* revient à vingt reprises dans l'œuvre de Jérôme ; quant au mot *fabula*, il y désigne une cinquantaine de fois les mythes païens. Nous avons ajouté à ces expressions d'autres passages proches dans leur contexte. Il était impossible, dans le cadre de cet article, de prendre en compte l'intégralité des figures mythiques présentes chez Jérôme ; il nous a cependant semblé que celles que nous évoquons ici donnent un aperçu représentatif de la pensée du moine.
6 P. ANTIN, *Saint Jérôme, Sur Jonas* 2, 2 (SC 43, 1956, p. 80, n. 1).
7 Voir, par exemple, *In Osee*, 1, 2, 16-17 (CCSL 76 : p. 28, l. 412-413) ; *In Danielem*, 2, 6, 20 c (CCSL 75A, p. 835, l. 383-385).
8 Jérôme, *In Amos*, 2, 5, 7-9 (CCSL 76, p. 280, l. 275-277).
9 Jérôme, *In Danielem*, 2, 5, 4 (CCSL 75A, p. 822, l. 60-66).
10 Jérôme, *In Esaiam*, 3, 6, 2-3 (CCSL 73, p. 86, l. 41-45, à propos du Ps 104 [103], 4).
11 Jérôme, *In Esaiam*, 10, 33, 13-19 (CCSL 73, p. 416, l. 59-62).

Plus profondément, cette critique des dieux et des mythes païens vaut surtout par comparaison avec le vrai Dieu des chrétiens. Ainsi, alors que les fables proclament qu'Esculape a ressuscité Virbius, Jérôme affirme à propos des morts mais aussi de toute maladie que « sans la miséricorde de Dieu, l'art médical ne vaut rien » : « Si le Seigneur, poursuit-il, ne soigne pas la maladie, c'est en vain que travaillent les médecins qui désirent guérir les malades », qu'il s'agisse des maladies du corps ou de l'âme[12].

On pourrait certes trouver d'autres passages où Jérôme critique les mythes, mais ils ne seraient toutefois pas si nombreux. Deux raisons semblent pouvoir expliquer cette attitude. L'une tient à l'époque : selon Jérôme lui-même, la religion païenne est désormais moribonde ; c'est ce qu'il explique dans une lettre adressée à Laeta en 400 : « Même à Rome, écrit-il, le paganisme souffre de l'abandon ; ceux qui étaient jadis les dieux des nations demeurent sur les faîtes esseulés avec les hiboux et les chouettes ; pour étendards, les soldats ont les emblèmes de la croix ; l'image peinte du gibet sauveur contribue à la décoration des pourpres impériales et des diadèmes aux gemmes étincelantes[13] » ; la description de l'abandon de la religion profane se poursuit avec des exemples tirés de l'ensemble du monde païen et barbare. L'autre explication vient de l'approche même qu'a Jérôme de la culture antique ; on sait que ce dernier a été nourri dans l'amour de la littérature et qu'il a eu du mal à se priver de ce trésor[14] ; les références à la culture antique et, par conséquent, à la « culture mythologique » n'ont donc rien de surprenant chez lui.

Pour aller plus loin, il semble que Jérôme trouve dans la matière mythologique un certain intérêt personnel, s'amusant même à rapporter telle anecdote ou à mettre en scène telle figure mythique dans ses récits. C'est ainsi que l'on surprend le moine à mentionner, à la manière d'un guide touristique, les récits mythiques liés à un lieu encore marqué par l'empreinte des fables païennes, et l'on sent chez lui un certain plaisir à cette évocation. Ainsi, dans le *Contre Rufin*, il rappelle qu'après son départ de Rome, il a fait une escale sur le rivage de Scylla, où il s'est instruit des fables anciennes : « le périlleux voyage du perfide Ulysse, les chants des sirènes, l'insatiable gouffre de Charybde[15] ». Dans la *Lettre* 108, Jérôme décrit le pèlerinage de Paula en Terre Sainte ; quand il en arrive à Joppé, « le port de Jonas le fugitif », il affirme sans hésitation qu'Andromède y fut attachée à son rocher avant d'être délivrée par Persée[16] ; dans le *Commentaire sur Jonas*, le moine écrit de même à propos de Joppé : « C'est l'endroit où, de nos jours encore, on montre sur le rivage les rochers où Andromède enchaînée aurait jadis été délivrée par l'intervention de Persée[17] ».

---

12   Jérôme, *In Esaiam*, 8, 26, 14 (*CCSL* 73, p. 337, l. 20-p. 338, l. 33) ; Jérôme s'inspire ici du Ps 126 (127), 1.
13   Jérôme, *Epistula* 107, 2 *ad Laetam* (*CUF*, t. 5, p. 146 – trad. J. Labourt).
14   Voir le fameux songe de Jérôme (*Lettre* 22, 30). Parmi les nombreuses études sur Jérôme et la culture classique, on se contentera de citer l'ouvrage classique de H. Hagendahl, *Latin Fathers and the Classics. A study on the Apologists, Jerome and other Christian writers*, Göterborg, 1958, p. 91-328.
15   Jérôme, *Contra Rufinum*, 3, 22 (*SC* 303, p. 272, l. 7-9 – trad. P. Lardet).
16   Jérôme, *Epistula* 108, 8 (*CUF*, t. 5, p. 166, l. 13-16).
17   Jérôme, *In Ionam*, 1, 3b (*SC* 323, p. 180, l. 118-120 – trad. Y.-M. Duval).

Dans la *Vie de Paul de Thèbes*, écrite en 376, Jérôme raconte le voyage que saint Antoine le Grand entreprit pour aller visiter le moine Paul. Or, sur sa route, Antoine rencontre deux figures mythologiques qui donnent au récit un tour merveilleux inattendu, dans lequel on sent tout le jeu littéraire auquel le biographe se prête. Antoine croise d'abord un centaure[18] ; si sa réaction première est de se signer, sans doute pour se protéger, le centaure n'a en fait d'autre intention que de guider le moine sur son chemin : Antoine lui demandant « de quel côté habite ici le serviteur de Dieu », la créature, « grommelant je ne sais quoi de barbare, et balbutiant plutôt qu'articulant ses mots, chercha à faire sortir d'entre ses lèvres hérissées de poils des paroles suffisamment douces. Étendant le bras droit, il indique le chemin désiré » avant de s'enfuir et de disparaître[19]. Cette première figure mythique apparaît ainsi comme une bête bienveillante devenue messager du Christ : à tel point que Jérôme hésite à voir dans ce centaure un travestissement du diable, le considérant plutôt comme une « bête monstrueuse » dont le désert est fertile. Aussitôt après, Antoine est encore confronté à un faune, décrit comme un « homuncule au nez crochu, au front hérissé de cornes, et dont l'extrémité du corps finissait en pieds de chèvre ». Cette fois, « l'être en question lui offrait en gage de paix, des fruits de palmier pour ses provisions de voyage » ; non seulement, il fait preuve des sentiments les plus hospitaliers à l'égard du voyageur, mais, interrogé sur sa nature, il répond : « Je suis mortel, et l'un des habitants du désert que le paganisme, jouet d'erreurs variées, honore sous le nom de Faunes, de Satyres et d'Incubes[20] ». Le monstre apparaît lui aussi comme un instrument de la volonté divine. Mais Jérôme va plus loin, car il semble prêter foi à l'existence de tels êtres : « Que cet épisode, écrit-il, ne suscite chez quiconque le scrupule jusqu'à l'incrédulité ; il se fonde sur un fait arrivé sous le règne de Constance dont tout l'univers fut témoin. Un homme de ce genre fut amené vivant à Alexandrie et suscita une grande attraction dans la foule ; après sa mort, son cadavre salé, de crainte que la chaleur de l'été ne le corrompît, fut transporté à Antioche pour que l'empereur pût le voir[21] ». Il ne faut sans doute pas prendre Jérôme tout à fait au sérieux : se plaisant à mettre en scène de tels monstres empruntés au folklore des vies de saints, il affirme surtout que ces figures mythiques sont désormais au service de Dieu, devenant les faire-valoir de l'anachorète.

De telles références mythiques dans l'œuvre de Jérôme sont à prendre non pas comme un acquiescement de sa part à la matière mythologique, mais davantage comme un ornement de son discours. C'est ainsi que, comme nous allons le voir, le moine convoque nombre de figures mythologiques comme de simples images illustrant son propos. Ces images peuvent être employées de manière neutre, s'apparentant quasiment à des expressions ; elles peuvent également être utilisées à dessein pour frapper davantage les esprits de ses lecteurs par leur force expressive.

---

18 Cet hippocentaure est une réminiscence de l'onocentaure du chapitre 53 de la *Vie d'Antoine* d'Athanase d'Alexandrie.
19 Jérôme, *Vita Pauli*, 7, 4-5 (*SC* 508, p. 158-159 – trad. P. Leclerc).
20 Jérôme, *Vita Pauli*, 8, 1-3 (*ibid.*, p. 160-161).
21 Jérôme, *Vita Pauli*, 8, 6 (*ibid.*, p. 162-163).

Les figures mythiques comme images du discours religieux

Il arrive donc à Jérôme de citer certaines « fables des poètes » comme de simples images, donnant plus de puissance à son discours. Ainsi, les allusions mythiques s'apparentent parfois à de véritables expressions. Par exemple, dans la *Lettre* 70, où Jérôme rapporte que l'empereur Julien est mort à cause de sa lutte contre les chrétiens[22], il assimile cette mort à un suicide : « Selon les fables des poètes, il s'est déchiré de sa propre épée[23] » – allusion aux nombreux suicides des légendes profanes. Le moine fait encore appel aux mythes pour parler de son travail d'écriture ; il compare ainsi son entreprise exégétique aux dangers de la navigation, entre Charybde et Scylla, car, dans son œuvre de commentateur, il doit s'aventurer, de manière périlleuse, entre histoire et allégorie[24]. Dans sa préface à la traduction du livre de Josué, expliquant son souhait de revenir à l'explication des prophètes, il écrit également : « Dans notre hâte vers notre patrie, nous devons faire la sourde oreille en passant outre aux chants mortifères des sirènes[25] », évoquant par là les distractions qui peuvent le détourner de son travail. Dans la *Lettre* 57, Jérôme imagine son ami Pammachius corrompant ses serviteurs pour lui dérober ses notes de travail : « Tu pourrais, lui écrit-il, pénétrer (en pluie d') or jusqu'à Danaé[26] ». De tels recours aux mythes n'ont d'autre but que de conférer une certaine expressivité à son discours.

Plus souvent, cependant, les images tirées des mythes sont employées pour appuyer un discours religieux et souligner, de manière marquante, les dangers qui menacent la vie chrétienne. Les figures mythologiques – et notamment celles des sirènes, de Scylla et des autres monstres des légendes – deviennent effectivement chez Jérôme le symbole des ennemis du chrétien, qu'il s'agisse de l'Adversaire extérieur – le diable ou les démons – ou des adversaires internes à l'Église que sont les hérétiques. Le moine explique ainsi que les sirènes sont la figure des démons infligeant aux hommes les punitions[27] ; elles en sont les images[28] ; leur chant, doux et dangereux, qui endort l'homme pour mieux le tromper, signifie la ruse du diable[29] ; elles sont encore le « chœur du diable[30] ». Quant à la voix maléfique des enchanteurs, elle est assimilée au chant des sirènes qu'il ne faut pas écouter, elle est le « démon de midi »[31].

---

22   Parmi les diverses hypothèses sur la mort de Julien, certains pensent que l'empereur aurait été assassiné par un soldat romain chrétien au cours d'une bataille. Voir Libanios, cité par Sozomène, *Histoire ecclésiastique*, 6, 1, 15 ; Grégoire de Nazianze, *Discours* 5, 13 ; Théodoret de Cyr, *Histoire ecclésiastique*, 3, 25, 6.
23   Jérôme, *Epistula* 70, 3 (CUF, t. 3, p. 211, l. 26-28 – trad. J. Labourt).
24   Jérôme, *In Naum*, 2, 1-2 (CCSL 76A, p. 541, l. 6-13). Bien que Jérôme cite directement Virgile (*Énéide*, 3, 420-421 : *Dextrum Scylla latus, laeuum implacata Charybdis / obsidet*), la référence s'apparente ici à une expression.
25   Jérôme, *Préface au livre de Josué* (in *Biblia sacra iuxta uulgatam uersionem*, éd. R. Weber, Deutsche Bibelgesellschaft, Stuttgart, 1994⁴, p. 286, l. 33-34).
26   Jérôme, *Epistula* 57, 4 (CUF, t. 3, p. 58, l. 23-25 – trad. J. Labourt revue).
27   Jérôme, *In Esaiam*, 6, 14, 1 (CCSL 73, p. 235, l. 74-76).
28   Jérôme, *In Hieremiam*, II, 95 (CCSL 74, p. 109, l. 17-18).
29   Jérôme, *In Naum*, 3, 19 (CCSL 76A, p. 577, l. 784-786).
30   Jérôme, *Epistula* 54, 13 (CUF, t. 3, p. 35, l. 13-16).
31   Jérôme, *Epistula* 78, 38 (CUF, t. 4, p. 86, l. 5-8).

Mais Jérôme mentionne surtout les monstres mythologiques pour qualifier les hérétiques et ses propres ennemis. Les premiers évoqués sont empruntés au chant XII de l'*Odyssée* : ce sont de nouveau les sirènes[32], mais aussi Scylla. Jérôme compare ainsi les paroles des hérétiques aux voix des sirènes : « Personne ne peut passer outre à leurs chants sinon celui qui a bouché ses oreilles et s'enfuit comme un sourd[33] ». Il demande aux vierges de mépriser les chants des sirènes de Jovinien – qui niait la virginité de Marie et rejetait la vie de célibat et de chasteté[34]. Il loue encore l'attitude de l'évêque Théophile, qui avait bouché ses oreilles au cours de la polémique origéniste pour échapper aux voix funestes[35]. La figure de Scylla, entourée de ses chiens, est proche de celle des sirènes dans les dangers qu'Ulysse doit affronter. Alors que certains critiquaient Jérôme d'avoir entrepris de rédiger les vies de saints moines, celui-ci se propose de « passer parmi les chiens de Scylla en faisant la sourde oreille[36] ». Ailleurs, Scylla et ses chiens sont l'image des détracteurs des chrétiens, le symbole de leur lutte interne qui peut les mener à se déchirer les uns les autres[37]. Rufin et ses amis origénistes sont eux aussi comparés aux chiens de Scylla et aux chants mortels des sirènes[38] ; c'est également le cas de Pélage et de son disciple Célestius[39]. Jérôme explique encore qu'après la mort de Rufin, il croyait avoir fait cesser les critiques malveillantes : « Je pensais [...] que, selon les fables des poètes, une fois Scylla morte, les chiens de Scylla ne feraient plus rage contre moi, eux qui ne cessent d'aboyer, et qu'une fois les hérétiques de Dieu frappés de la main, ne seraient plus attaqués, "si c'était possible, même les élus de Dieu" (Mt 24, 24)[40] ». Toutefois, l'hérésie pélagienne n'est pas morte : « Mais cette hérésie ne meurt pas, une fois abandonnés les petits chiens héritiers de leurs haines contre nous ». Pour compléter ce cycle de l'*Odyssée*, il faudrait encore citer la figure de Protée que Ménélas n'a réussi à vaincre qu'après avoir pu l'endormir (*Odyssée* IV, 400 sqq.) ; sa figure est évoquée dans la

---

32 Le symbolisme des sirènes comme figures des hérétiques est ancien et se rencontre chez les Pères grecs dès le IIIe siècle, dans l'*Elenchos contre toutes les hérésies* d'Hippolyte (VII, 13, 1-3), où l'auteur conseille de se boucher les oreilles, comme les compagnons d'Ulysse, pour ne pas entendre les doctrines hérétiques, afin que la faiblesse humaine ne se laisse pas perdre par le chant doux mais funeste des sirènes. Sur les sirènes dans l'œuvre de Jérôme, voir P. ANTIN, « Les sirènes et Ulysse dans l'œuvre de saint Jérôme », *Revue des études latines*, 39, 1961, p. 232-241 (= *Recueil sur saint Jérôme*, Bruxelles, 1968, p. 59-70) ; N. PACE, « Il canto delle Sirene in Ambrogio, Gerolamo e altri Padri della Chiesa », dans L. F. PIZZOLATO, M. RIZZI (éd.), *Nec timeo mori. Atti del Congresso internazionale di studi ambrosiani nel XVI centenario della morte di sant'Ambrogio, Milano, 4-11 Aprile 1997*, Milan, 1998, p. 674-680 ; E. PICCININI, « Le sirene nella patristica latina », *Vetera Christianorum*, 33, 1996, p. 353-370 ; et sur le thème de manière plus générale, voir H. RAHNER, « Antenna Crucis, I : Odysseus am Mastbaum », *Zeitschrift für katholische Theologie*, 65, 1941, p. 123-152 (= *Griechische Mythen in christlicher Deutung*, Zurich, 1945 : « Odysseus am Mastbaum », p. 414-486 ; *Symbole der Kirche. Die Ekklesiologie der Väter*, Salzburg, 1964, p. 239-271).
33 Jérôme, *In Michaeam*, 1, 1, 6-9 (CCSL 76, p. 429, l. 248-251).
34 Jérôme, *Aduersus Iouinianum*, 1, 4 (PL 23, col. 215 – ou 225).
35 Jérôme, *Epistula* 82, 5 (CUF, t. 4, p. 117, l. 5-7).
36 Jérôme, *Vita Hilarionis*, prologus, 8 (SC 508, p. 214, l. 25-27).
37 Jérôme, *Epistula* 125, 2 (CUF, t. 7, p. 116, l. 3-5).
38 Jérôme, *In Osee*, 2, praefatio (CCSL 76, p. 55, l. 184-187).
39 Jérôme, *In Hieremiam*, 3, 1, 1 : praefatio (CCSL 74, p. 119, l. 7-12).
40 Jérôme, *In Hiezechielem*, 6, praefatio (CCSL 75, p. 225, l. 1-8).

joute opposant l'orthodoxe Atticus au pélagien Critobule dans le *Dialogue contre les Pélagiens* : « Quelle différence y a-t-il, demande Atticus, si je te surpasse quand tu te tais ou quand tu parles et, selon la fable de Protée, quand tu veilles ou quand tu dors[41] ? »

D'autres figures mythiques, venant du cycle d'Hercule, sont également convoquées par Jérôme. Le prêtre gaulois Vigilance – qui refusait le culte des martyrs, la célébration des vigiles, le chant de l'alléluia en-dehors de Pâques et la continence – se voit ainsi qualifié de monstre, au même titre que les centaures et les sirènes d'Isaïe, que Cerbère, les oiseaux du lac Stymphale, le sanglier d'Érymanthe, le lion de Némée, la Chimère et l'Hydre ou encore que Cacus et Géryon[42]. Parmi ces divers monstres, l'Hydre de Lerne est souvent citée par Jérôme pour décrire Rufin[43] ou Pélage et Célestius[44] : c'est là sans doute une manière de manifester combien les hérésies sont difficiles à vaincre, renaissant après chaque attaque que l'on croyait victorieuse. Jérôme recourt également volontiers à la figure de Cerbère qu'il faut frapper de la massue spirituelle d'Hercule pour le réduire au silence : il l'évoque à propos de Pélage et de ses disciples[45], des attaques de l'empereur Julien contre les chrétiens[46] ou de tel adversaire cruel et avare[47] ; Cerbère n'allant jamais sans son maître (Pluton ou Orcus), on comprend que Jérôme trouve dans ce monstre un lien intéressant entre l'hérétique et le diable.

Un autre danger menace encore le chrétien : celui de se détourner du combat de l'ascèse qu'il doit mener pour la vie parfaite. Ici encore, cette lutte est décrite en termes mythologiques, et les sirènes se trouvent de nouveau mentionnées[48]. Pour Jérôme, le chant des sirènes, « charmant mais mortel », est ainsi associé à la volupté, au plaisir physique qui détourne de la vie ascétique[49] et affaiblit l'âme, « parce que l'œil est souvent entraîné involontairement vers certaines beautés, parce que des paroles obscènes frappent les oreilles[50] ». Le moine condamne dès lors tout ce qui se rapporte à ces voix maléfiques, comme la musique et le chant[51] ou encore les banquets en musique, comparés aux chants des sirènes précipitant les marins sur les rochers et à la cithare d'Orphée amollissant les arbres, les bêtes sauvages et les pierres[52].

---

41 Jérôme, *Dialogus aduersus Pelagianos*, I, 26 (CCSL 80, p. 33, l. 7-9).
42 Jérôme, *Aduersus Vigilantium*, 1 (CCSL 79c, p. 5, l. 1-p. 6, l. 13).
43 Jérôme, *In Osee*, 2, *praefatio* (CCSL 76, p. 55, l. 181-184) ; *In Hiezechielem*, *prologus* (CCSL 75, p. 3, l. 18-24) ; *In Hiezechielem*, 6, *praefatio* (CCSL 75, p. 225, l. 1-8).
44 Jérôme, *In Hieremiam*, 3, 1, 1 : *praefatio* (CCSL 74, p. 119, l. 7-12).
45 Jérôme, *In Hieremiam*, 3, 1, 3-4 (CCSL 74, p. 119, l. 13-p. 120, l. 19).
46 Jérôme, *Epistula* 70, 3 (CUF, t. 3, p. 211, l. 28-p. 212, l. 2).
47 Jérôme, *Epistula* 130, 7 (CUF, t. 7, p. 175, l. 5-8).
48 Cette interprétation des figures mythologiques comme le symbole de la *uoluptas* apparaît dès le IVe siècle, à une époque où l'opposition entre christianisme et culture païenne est devenue moins forte : c'est le cas, par exemple, des sirènes en qui on a pu voir des figures de courtisanes – cette conception trouve ses racines dans le mouvement évhémériste ; dans son commentaire sur l'*Énéide*, Servius avait également proposé une telle lecture morale (*In Aen.*, 5, 864). Dès lors, le mythe des sirènes est devenu prétexte à une mise en garde contre les plaisirs, et les Pères latins ont suivi cette voie.
49 Jérôme, *Epistula* 22, 18 (CUF, t. 1, p. 128, l. 3-4).
50 Jérôme, *Epistula ad Praesidium*, 3 (PL 30, col. 185 – ou 191 ; éd. G. MORIN, *Bulletin d'ancienne littérature et d'archéologie chrétiennes*, 3, 1913, p. 57, 113).
51 Jérôme, *Epistula* 54, 13 (CUF, t. 3, p. 35, l. 13-16).
52 Jérôme, *Epistula* 117, 6 (CUF, t. 6, p. 82, l. 25-27).

Le moine mentionne cependant d'autres mythes dans ce combat de l'ascèse. À propos des dangers du vin dénoncés dans la Bible, il cite la bataille – due à l'ivresse – entre les Lapithes et les Centaures lors des noces de Pirithoos et Hippodamie, qui les avait menés à une mort mutuelle[53]. Et c'est encore avec les cent yeux d'Argos qu'il faut, selon Jérôme, épier l'ennemi qu'est la volupté[54].

Il convient enfin de faire quelques remarques sur l'utilisation que Jérôme fait des figures mythiques comme images de son discours religieux. Tout d'abord, ce qui intéresse le moine dans les mythes, c'est en réalité plus la force des images qu'ils suggèrent à l'esprit de ses lecteurs qu'un souci d'exactitude du récit. On peut par exemple être surpris que Jérôme s'attarde si peu à raconter les légendes ou à décrire les figures monstrueuses qu'il évoque ; la plupart du temps, il cite tel mythe sans autre détail. Tout au plus trouve-t-on à propos de Scylla le rappel qu'il s'agit d'un « monstre du détroit de Sicile au visage virginal, mais entourée de chiens », qui « fracassait les épaves des malheureux, tandis que le chant mortel des sirènes se joignait à elle sur le même rivage[55] ». On ne sera pas surpris, en sens inverse, de voir Jérôme opérer des changements significatifs dans certains mythes : ainsi, dans ses mentions du chant des sirènes, le moine fait comme si Ulysse s'était, comme ses compagnons, bouché les oreilles avec de la cire pour ne pas entendre les voix mortifères, au lieu de se faire attacher au mât du navire[56]. C'est particulièrement net dans le *Commentaire sur Jérémie* où Jérôme écrit : « On dit que l'Ulysse d'Homère s'était bouché les oreilles et avait évité, par cette sage décision, un malheur insurmontable[57] ». Le récit d'Homère disparaît, pour ainsi dire, au profit de l'image des oreilles bouchées avec de la cire, ce motif de l'« oreille sourde » étant récurrent chez Jérôme[58]. Ce détournement peut sans doute s'expliquer : comme Jérôme identifie le chant des sirènes avec le message des hérétiques, il lui était nécessaire de lui opposer une fermeture totale des oreilles, symbolisée par le geste des compagnons d'Ulysse ; l'unique moyen de fuir l'attrait des hérétiques est en effet de se fermer les oreilles et de passer son chemin ; le héros de l'*Odyssée* n'a donc d'autre choix, dans la réécriture du mythe, que de se boucher lui aussi les oreilles pour fournir un exemple parlant aux chrétiens.

---

53 Jérôme, *Ad Ephesios*, 3, 18 (PL 26, col. 528 – ou 561).
54 Jérôme, *Epistula* 54, 9 (CUF, t. 3, p. 32, l. 16-17).
55 Jérôme, *In Hieremiam*, 3, 1, 1 : *praefatio* (CCSL 74, p. 119, l. 7-11).
56 On trouve la même adaptation du chant XII de l'*Odyssée* chez Basile de Césarée, *Aux jeunes gens. Comment tirer profit de la littérature grecque*, IV, 2 (voir notamment l'introduction d'Arnaud Perrot dans la collection « Classiques en poche », Les Belles Lettres, Paris, 2012, p. XXXVIII-XXXIX), que Jérôme aurait pu lire ; voir de même Paulin de Nole, *Epistula* 16, 7 ; Sidoine Apollinaire, *Epistula* 9, 6, 2. A. Perrot signale l'influence possible du *Banquet* de Platon (216 a). Sur l'histoire et la réception de cette adaptation, voir M. P. TILLEY, « A variant of Homer's story of Ulysses and the Sirens », *Classical Philology*, 21, 1926, p. 162-164 ; H. VREDEVELD, « Deaf as Ulysses to the Siren's song : the story of a forgotten topos », *Renaissance Quarterly*, 54, 2001, p. 846-882.
57 Jérôme, *In Hieremiam*, 3, 1, 1 : *praefatio* (CCSL 74, p. 119, l. 11-12).
58 Voir, par exemple, Jérôme, *In Osee*, 2, *praefatio* (CCSL 76, p. 55, l. 185) ; *In Michaeam*, 1, 1, 6-9 (CCSL 76, p. 429, l. 251) ; *Epistula* 82, 5 (CUF, t. 4, p. 117, l. 5-6).

Il arrive encore à Jérôme de mêler la matière mythique à la matière biblique ; dom Paul Antin avait qualifié ce phénomène de « salades biblico-mythologiques »[59]. Un exemple suffira pour illustrer ce trait. Dans son *Commentaire sur Osée*, Jérôme décrit Rufin et ses amis origénistes comme une vipère et un scorpion dont il faut cautériser la morsure et qu'il faut écraser de la sandale[60] ; or, il y a, dans cette image expressive, un amalgame entre la légende de l'Hydre de Lerne – dont les têtes doivent effectivement être brûlées pour ne pas repousser – et un passage de l'Évangile de Luc (Luc 10, 19 : « Je vous ai donné le pouvoir de fouler aux pieds serpents et scorpions »). Dans les deux autres passages où Jérôme cite le couple serpent / scorpion dans son œuvre, il ne fait d'ailleurs référence qu'au texte évangélique[61].

Si l'utilisation des mythes en tant qu'images littéraires n'a finalement rien de si étonnant chez un auteur qui a reçu une éducation classique, on est sans doute davantage surpris de découvrir des figures mythiques au sein même de la traduction des livres bibliques pour laquelle Jérôme est resté célèbre.

Les « fables des poètes » au cœur de la Bible

Jérôme explique en fait que la Septante et ses réviseurs grecs recouraient déjà à des figures mythiques pour traduire certaines réalités bibliques : on trouve ainsi dans la Bible grecque des géants, des sirènes, des Titans, Arcturus, les Hyades, Orion, que « les Septante et Théodotion ont traduits par analogie avec les fables des païens » pour rendre « ce qui est appelé chez les Hébreux sous d'autres noms[62] ». Dans son *Commentaire sur l'Épître aux Galates*, le moine détaille les mythes que l'on trouve dans les différents livres bibliques : la vallée des Titans dans les livres des Règnes (2 S 23, 13), les sirènes et les onocentaures dans Isaïe (Is 13, 22 et 34, 14), Arcturus, Orion et les Pléiades dans Job (Job 9, 9), sans compter les autres figures qui tirent leur nom et leur origine des fables des païens[63]. Or, ce que Jérôme lit dans les versions grecques, il le fait en partie sien dans sa traduction latine des livres bibliques. Paul Antin en donne l'explication suivante : « Des astres, certains animaux, des êtres fabuleux de l'Ancien Testament sont rendus vaille que vaille par Jérôme, souvent d'après le grec, pour ne pas dérouter les habitués des anciennes traductions[64] ». Nous passerons ainsi en revue les principales figures mythiques de la Bible à propos desquelles Jérôme fournit quelques explications.

Parmi elles, Jérôme mentionne fréquemment les géants. La traduction latine *gigas* correspond en réalité à trois mots hébreux différents.

---

59 ANTIN, « Les sirènes... », p. 61. Cet aspect a été davantage développé dans l'article du même auteur : « Touches classiques et chrétiennes juxtaposées chez saint Jérôme », *Revue de philologie, de littérature et d'histoire anciennes*, 34, 1960, p. 58-65 (= *Recueil sur saint Jérôme*, Bruxelles, 1968, p. 48-57).
60 Jérôme, *In Osee*, 2, *praefatio* (CCSL 76, p. 55, l. 181-184).
61 Jérôme, *Epistula* 124, 2 (CUF, t. 7, p. 96, l. 7-8) ; *Epistula* 130, 19 (CUF, t. 7, p. 192, l. 21).
62 Jérôme, *In Esaiam*, 6, 13, 3 (CCSL 73, p. 226, l. 27-31).
63 Jérôme, *Ad Galatas*, 1, 3, 1a (CCSL 77A, p. 67, l. 54-58).
64 ANTIN, « Touches classiques et chrétiennes », p. 51.

Le premier est *nephilim*, que l'on trouve en Genèse 6, 4, mot qui désigne en hébreu des géants de la mythologie et de l'ancien folklore palestiniens ; bien que Jérôme traduise le terme par « géants », il propose aussi la traduction – exacte – de « tombants », qui désignerait alors les anges et les fils des saints déchus[65].

Le second mot hébreu traduit par « géants » est *raphaim*, nom d'une race légendaire de géants dans la Bible[66]. Jérôme signale à plusieurs reprises dans son œuvre que *raphaim* se traduit par « géants[67] », mais il propose une autre traduction possible, « médecins[68] ». Cette double traduction s'explique facilement, selon lui : « Si le mot hébreu "raphaim", après sa première lettre *res*, a pour lettre suivante *vav*, on le lit "rophaim" et il signifie "médecins", mais s'il est écrit sans la lettre *vav*, on le lit "raphaim" et on le traduit par "géants"[69] ». Jérôme n'hésite guère sur le sens à donner à ces géants bibliques : pour lui, ils sont le produit du diable[70], les démons qui investissent les statues représentant des hommes morts[71]. Le moine rappelle aussi que, selon les mythes païens et l'étymologie grecque[72], les géants seraient « nés de la terre » ; on peut donc encore comprendre, au sens spirituel, que les géants sont la figure de ceux qui sont au service de la terre[73]. Jérôme explique que ce même mot *raphaim* a parfois été traduit dans les versions grecques par « titans »[74]. Toutefois, si, dans son *Commentaire sur l'Épître aux Galates*, écrit vers 387-389, Jérôme cite l'expression *in ualle titanorum* qu'il lit en 2 Samuel 23, 13[75], quand il traduira ce même livre en 391-392, il écrira *in ualle gigantum*[76] ; c'est en tout cas l'occasion pour lui de

---

65 Jérôme, *Hebraicae quaestiones in Genesim*, 6, 4 (*CCSL* 72, p. 10 = Lag. p. 12, l. 27-28). Même étymologie rappelée dans l'*In Esaiam*, 8, 26, 14 (*CCSL* 73, p. 338, l. 43-44).

66 Cf. Dt 2, 10-11 ; 2, 20-21 ; 3, 11 ; 2 S 21, 16-22 ; 1 Ch 20, 6.

67 Jérôme, *Liber interpretationis Hebraicorum nominum*, Gen. R (*CCSL* 72, p. 70 = Lag. p. 9, l. 23, à propos de Gn 10, 14) ; *ibid.*, Deut. R (*CCSL* 72, p. 87 = Lag. p. 23, l. 6, à propos de Dt 2, 10-11 ; 2, 20-21 ; 3, 11) ; *ibid.*, Ios. R (*CCSL* 72, p. 97 = Lag. p. 29, l. 28, à propos de Jos 15, 8) ; *ibid.*, Iob R (*CCSL* 72, p. 134 = Lag. p. 59, l. 29, à propos de Job 26, 5) ; *Commentarioli in Psalmos*, In Psalmum, 87, 11 (*CCSL* 72, p. 222, l. 7-8) ; *In Esaiam*, 6, 14, 7-11 (*CCSL* 73, p. 239, l. 34-39) ; *In Esaiam*, 8, 26, 14 (*CCSL* 73, p. 338, l. 42-50) ; *In Esaiam*, 8, 26, 19 (*CCSL* 73, p. 341, l. 31-p. 342, l. 38).

68 Jérôme, *Liber interpretationis Hebraicorum nominum*, Deut. R (*CCSL* 72, p. 87 = Lag. p. 23, l. 6) ; à propos de Dt 2, 10-11 ; 2, 20-21 ; 3, 11) ; *ibid.*, Iob R (*CCSL* 72, p. 134 = Lag. p. 59, l. 29 ; à propos de Job 26, 5) ; *Commentarioli in Psalmos*, In Psalmum, 87, 11 (*CCSL* 72, p. 222, l. 7-8) ; *In Esaiam*, 8, 26, 19 (*CCSL* 73, p. 341, l. 31-p. 342, l. 38).

69 Jérôme, *In Esaiam*, 8, 26, 19 (*CCSL* 73, p. 341, l. 33-p. 342, l. 38).

70 Jérôme, *In Esaiam*, 6, 14, 7-11 (*CCSL* 73, p. 239, l. 33-34).

71 Jérôme, *In Esaiam*, 8, 26, 14 (*CCSL* 73, p. 338, l. 48-50).

72 Sur les étymologies proposées sur le mot γίγας, voir F. VIAN, *La guerre des géants. Le mythe avant l'époque hellénistique*, Paris, 1952, p. 282-284 (en particulier p. 283, point 4 : « Racine d'un mot signifiant "la terre" »).

73 Jérôme, *In Esaiam*, 6, 14, 7-11 (*CCSL* 73, p. 239, l. 37-39).

74 Jérôme, *In Esaiam*, 6, 14, 7-11 (*CCSL* 73, p. 239, l. 35, à propos d'Is 14, 9) ; *In Amos*, 2, 5, 7-9 (*CCSL* 76, p. 280, l. 283-p. 281, l. 288, à propos de 2 S 23, 13).

75 Jérôme, *Ad Galatas*, 1, 3, 1a (*CCSL* 77A, p. 67, l. 54-58).

76 Voir à ce sujet la remarque de P. ANTIN (« Touches classiques et chrétiennes », p. 49), à nuancer sans doute : Jérôme « avait pensé d'abord à l'expression *in Valle Titanorum*, comme il appert en *In Gal.* 3, 1 [...]. Mais, quand il composa sa traduction sur l'hébreu de Samuel [...], il opta pour *In Valle Gigantum*, qui gardait une saveur de folklore sans évoquer précisément la mythologie ».

rappeler cette « fable très célèbre chez les païens » et de citer les gigantomachies et les figures de Typhée et d'Encélade, écrasées par le mont Etna[77].

Le troisième mot hébreu qui peut se traduire par « géants » est *gibor* (pluriel : *geborim*), qui signifie « vaillant guerrier », « héros ». Toutefois, Jérôme ne signale qu'en passant la traduction « géants », car c'est celle qu'ont adoptée la Septante[78] et Théodotion, « par analogie avec les fables des païens »[79] ; il préfère, pour sa part, rendre le terme par *fortis*, conformément à l'hébreu, même s'il indique souvent le double sens possible[80]. L'interprétation de ces géants est plus délicate, car le mot *gibor* peut désigner deux sortes de géants : dans le Psaume 19 (18), 6, le Seigneur est lui-même qualifié de « géant » (*gibor*) qui « bondit pour parcourir son chemin » ; de l'autre côté, on trouve la figure rebelle de Nemrod[81], « qui fut chasseur devant le Seigneur » (Gn 10, 8-9 : *gibor*) ou celle des géants mentionnés dans la Genèse « à cause desquels le déluge est venu sur la terre » (Gn 6, 4-7 : *nephilim*)[82]. Toutefois, Jérôme explique plus volontiers ces *geborim* comme l'image de ceux qui se rebellent contre Dieu : les géants deviennent ainsi le type des hérésies, « contraires à la vérité », « qui se félicitent de leur erreur et surtout s'en glorifient dans leur outrage à l'Église[83] ».

Une autre figure mythique familière de la Bible grecque est celle des sirènes[84], qui apparaissent six fois dans la Septante[85] pour traduire les termes hébraïques *thannim* (« chacals »[86]) et *b^enot ya'anâ* (« filles des steppes », c'est-à-dire « autruches »[87]) et chez ses réviseurs pour le seul terme *thannim*[88]. La *Vetus Latina* présente le terme *sirenes* (ou *sirenae*) seulement dans trois passages (Is 13, 21 ; 43, 20 ; Mi 1, 8). Quant à Jérôme, il n'a gardé la traduction « sirènes » qu'en Is 13, 22, pour rendre le mot hébreu *thannim*[89] : il suit en cela les réviseurs grecs Aquila, Théodotion et Symmaque (σειρῆνες),

---

77 Jérôme cite ces figures en référence à Virgile (*Énéide*, 8, 298-299 et 3, 578-582), comme l'a bien montré HAGENDAHL, *Latin Fathers and the Classics*, p. 220, n. 4.
78 Cependant, Jérôme signale que la Septante a traduit le mot *gibor* à la fois par *gigas* et *fortis* : voir Jérôme, *In Esaiam*, 2, 3, 2 (*CCSL* 73, p. 42, l. 2-3).
79 Jérôme, *In Esaiam*, 6, 13, 3 (*CCSL* 73, p. 226, l. 27-29).
80 Jérôme, *In Hiezechielem*, 10, 32, 1-16 (*CCSL* 75, p. 447, l. 412-413 ; p. 448, l. 465 ; p. 453, l. 624, à propos d'Éz 32, 12) ; 10, 32, 17-32 (p. 464, l. 933 ; 939, à propos d'Éz 32, 27) ; 11, 39, 17-29 (p. 541, l. 1970-1971 ; p. 542, l. 1977 ; p. 544, l. 2041, à propos d'Éz 39, 18.20).
81 L'étymologie du nom Nemrod est sans doute liée à l'hébreu *nimrod*, « nous nous rebellerons ».
82 Jérôme, *In Esaiam*, 2, 3, 2 (*CCSL* 73, p. 42, l. 2-p. 43, l. 11).
83 Jérôme, *In Esaiam*, 6, 13, 3 (*CCSL* 73, p. 226, l. 33-35) ; *In Hiezechielem*, 11, 39, 17-29 (*CCSL* 75, p. 541, l. 1970-1971 ; p. 542, l. 1977 ; p. 544, l. 2041).
84 Dans l'*Aduersus Vigilantium*, 1 (*CCSL* 79C, p. 5, l. 1-3), Jérôme, citant les différents « monstres » de la Bible, évoque les sirènes que l'on trouve dans le livre d'Isaïe.
85 On trouve le mot σειρῆνες dans la Septante en Job 30, 29 ; Is 13, 21 ; 34, 13 ; 43, 20 ; Jr 27, 39, Mi 1, 8.
86 Le mot *thannim* revient à quatorze reprises dans la Bible hébraïque ; il désigne un animal vivant dans des lieux désertiques, émettant des cris lugubres et commettant des rapines.
87 L'autruche elle aussi vit au désert, et l'oiseau est associé chez les prophètes à la désolation des lieux maudits.
88 La traduction σειρῆνες pour l'hébreu *thannim* se retrouve sept fois chez Aquila, une fois chez Théodotion et huit fois chez Symmaque.
89 Selon E. Piccinini (« Le Sirene nella patristica latina », p. 360), Jérôme aurait consciencieusement gommé toute référence aux sirènes dans ses traductions, pour ne pas donner un ton trop païen au texte sacré ; en revanche, il aurait gardé pour Isaïe 13, 22 le terme de « sirènes », car il est question dans ce verset des « sanctuaires des plaisirs » dans lesquels se reposent les *thannim*.

alors que la Septante avait ici écrit « hérissons » (ἐχῖνοι)[90]. Ailleurs, Jérôme a traduit le mot *thannim* de diverses manières : *cetus* (ou *cete*, « monstre marin »), *coluber* (« serpent »), *lamia* (« lamie » : voir *infra*), mais, plus souvent, *draco* (« dragon »), contrairement aux traductions de ses prédécesseurs[91], peut-être pour les liens que le dragon entretient dans l'imaginaire avec les sirènes homériques et les eaux du chaos primordial[92] ; quant à l'expression *bᵉnot ya'anâ*, il la traduit par le nom « autruches »[93].

Toutefois, bien que le moine n'ait gardé qu'une seule fois le mot « sirènes » dans sa traduction des livres bibliques, il évoque cette figure mythique au travers de ses commentaires sur les traductions grecques et propose de la comprendre de différentes manières. Il les décrit comme des bêtes[94], des monstres[95] ou de grands dragons pourvus d'une crête et capables de voler[96]. Selon lui, elles incarnent des figures du mal comme les démons, dont le but est de séduire les hommes par leur douce voix et de les emmener vers le naufrage et la mort[97]. On peut encore les interpréter comme une image des hérétiques, disciples de Satan, qui trompent les hommes par leurs chants afin de les perdre[98], ou comme des hommes qui s'adonnent au plaisir et à la volupté[99] – autant d'images couramment associées à ces figures mythiques, comme on l'a vu précédemment.

Dans le catalogue des monstres bibliques que Jérôme dresse au début du *Contre Vigilance*, il cite encore les centaures que l'on trouve dans le livre d'Isaïe[100]. En réalité, il s'agit d'onocentaures, mot qui, comme le moine le rappelle, est composé des mots grecs « âne » (ὄνος) et « centaures »[101] ; le terme hébreu correspondant est *iim* (*iyim*), que Jérôme traduit par « chats-huants » (*ululae*)[102] en Isaïe 13, 22 et « onocentaures » en Isaïe 34, 14, tandis que la Septante adopte systématiquement la traduction « onocentaures », « imitant les fables des poètes qui disent qu'il existe

---

90 Jérôme, *In Esaiam*, 5, 13, 21-22 (*CCSL* 73, p. 166, l. 20-21) ; *In Esaiam*, 6, 14, 1 (*CCSL* 73, p. 235, l. 54-57).
91 En *In Esaiam*, 12, 43, 16-21 (*CCSL* 73A, p. 493, l. 47-49 ; 53), Jérôme écrit : « Au lieu de "dragons"– que seul Théodotion a nommés ainsi, conformément à ce qui est écrit en hébreu, *thannim* –, tous les autres ont traduit "sirènes". […] Cependant, il vaut mieux comprendre "dragons" ». En *In Hieremiam*, 2, 95 (10, 22) (*CCSL* 74, p. 109, l. 8-10), il propose encore de traduire : « la demeure des dragons », là où il trouve dans la Septante « la couche des autruches » et chez Symmaque « la couche des sirènes » ; il rappelle que le mot hébreu est *thannim*.
92 Voir PICCININI, « Le Sirene nella patristica latina », p. 356.
93 Jérôme, *In Esaiam*, 6, 14, 1 (*CCSL* 73, p. 234, l. 45-p. 235, l. 48, à propos d'Is 13, 21) : « Et habiteront là des autruches, animal qui recherche toujours les lieux solitaires ; Job en parle davantage (Job 30, 29) ; alors qu'il semble avoir des ailes, il ne s'élève cependant pas très haut de terre ; à la place, les Septante ont traduit σειρῆνες, c'est-à-dire "sirènes" ».
94 Jérôme, *In Esaiam*, 6, 11, 1 (*CCSL* 73, p. 235, l. 57-58).
95 Jérôme, *In Esaiam*, 5, 13, 21-22 (*CCSL* 73, p. 166, l. 21) ; *In Esaiam*, 12, 43, 16-21 (*CCSL* 73A, p. 493, l. 49-50) ; *In Hieremiam*, 2, 95 (10, 22) (*CCSL* 74, p. 109, l. 17).
96 Jérôme, *In Esaiam*, 5, 13, 21-22 (*CCSL* 73, p. 166, l. 21-23).
97 Jérôme, *In Esaiam*, 5, 13, 21-22 (*CCSL* 73, p. 166, l. 21) ; 6, 14, 1 (p. 235, l. 58-60) ; *In Hieremiam*, 2, 95 (10, 22) (*CCSL* 74, p. 109, l. 17-18).
98 Jérôme, *In Esaiam*, 6, 14, 1 (*CCSL* 73, p. 236, l. 91-96) ; *In Michaeam*, 1, 1, 6-9 (*CCSL* 76, p. 429, l. 248-251).
99 Jérôme, *In Esaiam*, 12, 43, 16-21 (*CCSL* 73A, p. 493, l. 51-53).
100 Jérôme, *Aduersus Vigilantium*, 1 (*CCSL* 79C, p. 5, l. 1).
101 Jérôme, *In Esaiam*, 6, 14, 1 (*CCSL* 73, p. 235, l. 60-61).
102 Nos Bibles modernes traduisent le mot hébreu *iyim* par « hyènes ».

des hippocentaures », et que Symmaque, Aquila et Théodotion transcrivent le mot hébreu *iim*[103]. Ces onocentaures sont pour Jérôme la figure des hommes qui n'ont qu'une part de sagesse humaine et se laissent entraîner par les plaisirs vers les vices[104].

Les astres mentionnés dans la Bible reçoivent également des noms tirés de l'Antiquité grecque et romaine : on trouve ainsi la mention d'Arcturus et de la constellation d'Orion[105] dans la Vulgate[106]. Ces noms varient dans les traductions grecques, et même les Hébreux ne semblent pas d'accord sur la traduction à donner aux mots concernés, Jérôme préférant parfois parler d'étoiles au sens générique[107].

Le moine attire toutefois l'attention sur le fait que les noms donnés à ces étoiles dans les différentes traductions ont été adaptés à la culture des lecteurs grecs et latins par des emprunts aux fables des poètes, et qu'elles ont en réalité leurs propres dénominations en hébreu ; car, explique-t-il, « nous ne pouvons comprendre ce qui est dit qu'au travers des mots que nous avons appris par l'usage et dont nous nous sommes imbibés par l'erreur[108] ». Il convient donc de ne pas se laisser tromper en suivant les fables des poètes qui présentent en Arcturus et Orion des « mensonges ridicules et prodigieux par lesquels (les païens) s'efforcent même de décrier le ciel et de placer parmi les astres la récompense de la débauche » par les récits de catastérisme[109].

---

103 Jérôme, *In Esaiam*, 5, 13, 21-22 (CCSL 73, p. 166, l. 19-20) ; 6, 14, 1 (p. 235, l. 51-54).
104 Jérôme, *In Esaiam*, 6, 14, 1 (CCSL 73, p. 235, l. 61-64).
105 À propos d'Orion, Jérôme donne les précisions suivantes : « Les fables des païens disent qu'Orion a vingt-deux étoiles dont quatre sont de troisième grandeur, neuf de quatrième grandeur et neuf autres encore de cinquième grandeur, et elles sont appelées par d'autres le Bouvier » (*In Esaiam*, 6, 13, 10 – CCSL 73, p. 229, l. 10-13). On trouve une description semblable dans l'*Almageste* de Claude Ptolémée : voir Claude Ptolémée, *Composition mathématique ou Astronomie ancienne*, VII, V (catalogue des étoiles), par M. l'Abbé Halma, Paris, 1816, t. 2, p. 36-37. Toutefois, cette description correspond au Bouvier, et non à Orion : il y a ici confusion entre les deux constellations. Nous remercions Émilie-Jade Poliquin qui nous a apporté son aide dans l'examen de ce passage.
106 Voir pour Arcturus : Job 9, 9 ; 37, 9 ; 38, 31 ; Amos 5, 8 ; pour Orion : Job 9, 9 ; Amos 5, 8. Jérôme signale qu'on trouve dans le livre de Job la mention des Hyades, de Vesper, d'Arcturus et d'Orion : *In Esaiam*, 6, 13, 10 (CCSL 73, p. 229, l. 13-15) ; *Aduersus Iouinianum*, 2, 23 (PL 23, col. 320 – ou 334) ; *Epistula* 64, 18 (CUF, t. 3, p. 133, l. 18).
107 Jérôme, *In Esaiam*, 5, 13, 10 (CCSL 73, p. 163, l. 4-7) : « Le mot hébreu *chisile*, les Septante l'ont transcrit "Orion". L'Hébreu auquel j'ai recours comme maître l'a traduit "Arcturus". Quant à nous, suivant Symmaque, nous avons parlé de manière générale d'"étoiles" » ; *In Esaiam*, 6, 13, 10 (CCSL 73, p. 229, l. 6-9) : « À la place de ce que nous avons traduit "leur splendeur" [*i. e.* "les splendeurs des étoiles"], il ne fait pas de doute qu'Aquila et Théodotion ont placé le mot hébreu même d'"étoiles", *chileem* ; au lieu de cela, les Septante ont transcrit "Orion" » ; *In Amos*, 2, 5, 7-9 (CCSL 76, p. 280, l. 268-274) : « ... Arcturus – qui se dit en hébreu *Chima* et qui a été rendu par Symmaque et Théodotion en Pléiade, qu'on appelle ordinairement "Bouvier" (*Bootes*). Quant à ce qui suit, "Orion", qui en hébreu se dit *Chasil*, Symmaque l'a traduit de manière générique par "étoiles" et Théodotion par "Vesper". Quant à l'Hébreu qui nous a instruit en Écritures saintes, il pense que *Chasil* se traduit "splendeur" et signifie de manière générale les astres qui brillent ».
108 Jérôme, *In Amos*, 2, 5, 7-9 (CCSL 76, p. 280, 280-283) ; voir de même *In Esaiam*, 6, 13, 10 (CCSL 73, p. 229, l. 16-18).
109 Jérôme, *In Amos*, 2, 5, 7-9 (CCSL 76, p. 280, l. 274-279). Jérôme cite à l'appui de son propos Virgile, *Énéide*, 3, 516-517. Le moine pense peut-être à la « divinisation » d'Ariane par Dionysos (voir Y.-M. Duval, in Jérôme, *Commentaire sur Jonas*, SC 323, p. 370).

On mentionnera enfin les figures mythiques de Lamie et d'Adonis, dont la présence est moins surprenante, dans la mesure où elles se trouvaient déjà assimilées chez les juifs à des personnages mythologiques du Proche-Orient. En Isaïe 34, 14, Jérôme propose de traduire le nom hébreu Lilith par *Lamia* ; il signale au passage que « certains Hébreux supposent une Érinye, c'est-à-dire une Furie »[110]. Les deux figures de Lilith et de Lamie sont effectivement proches. Dans le folklore latin, Lamie est un monstre au visage féminin et au corps semblable à celui d'un serpent ; selon la tradition, elle se nourrissait du sang des enfants. Lilith, quant à elle, est un démon femelle emprunté à la mythologie assyro-babylonienne, lui aussi lié aux morts des enfants[111].

Le second exemple est bien connu et concerne les figures de Tammouz et d'Adonis. Le dieu de la végétation Tammouz, dont le culte est d'origine babylonienne, était adoré dans tout le Proche-Orient ; il était le fiancé d'Ishtar ; quand ce berger mourut jeune, peut-être tué par un sanglier, la déesse descendit aux enfers pour lui rendre la vie. Lorsque le culte de Tammouz passa en Phénicie, celui-ci fut honoré sous le nom d'Adôn ou Adonaï, que les Grecs transformèrent en Adonis. Jérôme, rencontrant le nom hébreu et syrien « Tammouz » en Ézéchiel 8, 14, le traduit tout naturellement par « Adonis »[112], rappelant le lien entre ces deux figures, dont le culte consiste en une célébration de leur mort et de leur résurrection. Dans le passage du prophète, il est question de femmes se lamentant sur la perte de leur amant ; Jérôme, soulignant leur vice, évoque la fable de l'amant de Vénus, tué puis ressuscité ; il rappelle alors que les juifs nomment le mois de juillet « tamouz », car on établissait un parallèle entre la mort de Tammouz et sa résurrection et les temps des semailles et de la moisson. Selon une lecture spirituelle, Jérôme voit dans « ceux qui s'attristent ou se réjouissent des malheurs et des bonheurs du monde » des « femmes à l'esprit mou et efféminé », eux qui pleurent en Tammouz les beautés qu'ils croient trouver dans les choses de ce monde[113].

Si Jérôme recourt à la mythologie dans ses traductions bibliques pour rendre plus familières à un lecteur latin certains mots hébreux, il trouve encore dans les mythes – et ce sera le dernier point de notre examen – de véritables arguments qui lui permettent d'appuyer son discours exégétique ou moral.

Les figures mythiques, argument du discours religieux

Jérôme établit de fait certains parallèles entre la mythologie et la Bible, susceptibles, tout d'abord, d'éclairer le sens des textes de l'Écriture à travers des comparaisons parlantes. Ainsi, à propos d'Ézéchiel 1 où le prophète voit des animaux dont le corps

---

110 Jérôme, *In Esaiam*, 10, 34, 8-17 (*CCSL* 73, p. 422, l. 54-58 ; 76-78).
111 Une tradition a fait de Lilith la première compagne d'Adam.
112 La Septante avait transcrit le nom hébreu : Θαμμουζ.
113 Jérôme, *In Hiezechielem*, 3, 8, 13-14 (*CCSL* 75, p. 99, l. 282-306). Même identification de Tammouz à Adonis chez Jérôme dans l'*Epistula* 58, 3 (*CUF*, t. 3, p. 77).

et le dos sont couverts d'yeux, le moine évoque la figure d'Argos dont parlent les fables des poètes[114] : il y trouve une image suggestive permettant à son lecteur de se représenter les êtres décrits dans la vision. De même, dans le *Contre Jean de Jérusalem*, Jérôme rappelle la figure de Lyncée dont la vue perçante lui donnait de voir à travers les murs[115] : la légende aide à comprendre comment Jésus, après sa résurrection, entre là où se tiennent ses disciples, alors que les portes sont closes : lui aussi peut voir les apôtres à travers les portes[116]. Dans son traité *Contre Jovinien*, pour montrer que le seul toucher du corps humain est dangereux, il cite un exemple tiré de la mythologie : « Les fables des païens également racontent que Mithra et Érichthonius ont été engendrés dans la pierre ou dans la terre par la seule chaleur du plaisir[117] ».

Jérôme trouve encore un heureux parallèle de la conception juive de la fin des temps dans le mythe de l'âge d'or[118] ; ainsi, lorsqu'Isaïe annonce que le loup habitera avec l'agneau et que la création tout entière vivra dans la paix (Is 11, 6-9), les juifs comprennent qu'il est fait référence à la venue du Messie qu'ils attendent à la fin des temps ; si Jérôme refuse une telle lecture, cette interprétation littérale s'accorde en tout cas au mythe du retour de l'âge d'or de Saturne dont Ovide[119] décrit les fleuves de vin doux, les fontaines de lait et le miel s'écoulant des feuilles des arbres[120]. On peut établir un semblable rapprochement entre l'âge d'or et le temps où les juifs attendent le retour du prophète Élie[121].

Dans le domaine médical, Jérôme trouve plusieurs parallèles possibles entre des récits mythiques et certains passages de l'Écriture. Ainsi, en Isaïe 26, 19, il est dit que la « rosée du Seigneur » sera la « santé » des morts ; cette rosée, affirme-t-il, surpasse les « herbes de Péon » des mythes pour redonner vie aux corps des morts[122]. Si l'on peut voir dans cette comparaison une certaine supériorité du Dieu chrétien sur le dieu de la médecine cité par Homère et Virgile[123], l'expression se présente plutôt comme une référence érudite soulignant l'efficacité de la puissance divine. Dans son *Commentaire sur l'Épître aux Éphésiens*, Jérôme imagine encore un médecin susceptible de recoller les membres épars du corps humain décrits en Éphésiens 4, 16 ; il fait alors appel, sans autre commentaire, au récit d'Esculape ressuscitant Virbius[124], afin de donner une illustration vivante de son propos.

---

114 Jérôme, *In Hiezechielem*, 1, 1, 15-18 (*CCSL* 75, p. 20, l. 466-470). Jérôme rappelle la légende, dans une version empruntée à Ovide, *Métamorphoses*, I, 625-723.
115 Voir R. Tosi, *Dictionnaire des sentences latines et grecques*, Grenoble, 2010, sentence n° 1394 ; Otto, *Die Sprichwörter*, p. 203-204.
116 Jérôme, *Contra Iohannem*, 35 (*CCSL* 79A, p. 68, l. 33-p. 69, l. 37).
117 Jérôme, *Aduersus Iouinianum*, 1, 7 (*PL* 23, col. 219 – ou 229). Sur ces deux figures et leur engendrement, voir la note de la *Patrologie latine*, *ad loc*.
118 Sur les expressions renvoyant à l'âge d'or, voir Tosi, *Dictionnaire des sentences latines et grecques*, sentence n° 22 ; Otto, *Die Sprichwörter*, p. 46.
119 Voir Ovide, *Métamorphoses*, I, 111-112.
120 Jérôme, *In Esaiam*, 4, 11, 6-9 (*CCSL* 73, p. 151, l. 28-29).
121 Jérôme, *In Esaiam*, 9, 30, 26 (*CCSL* 73, p. 396, l. 46-49).
122 Jérôme, *In Esaiam*, 8, 26, 19 (*CCSL* 73, p. 341, l. 23-24).
123 Voir *Iliade*, V, 401 ; *Odyssée*, IV, 232 ; Virgile, *Énéide*, 7, 769.
124 Jérôme, *Ad Ephesios*, 2, 16 (*PL* 26, col. 503 – ou 535).

Mais, de manière plus frappante, le moine utilise les figures mythiques comme de véritables arguments au service du christianisme, afin de démontrer que l'objet de la foi chrétienne n'a rien d'extraordinaire pour qui prête foi aux mythes. Les fables païennes peuvent en effet servir à Jérôme dans les polémiques qui l'opposent aux adversaires de l'orthodoxie. Dans le *Contre Jovinien*, par exemple, daté de 393, il « appuie un éloge de la virginité sur toutes les histoires et fables concernant des naissances miraculeuses ou virginales[125] ». Ainsi, pour montrer que la virginité est tenue en respect même par les païens, Jérôme cite différents exemples, dont certains sont tirés de la mythologie : Atalante, les héroïnes virgiliennes Harpalicè (*Énéide*, 1) et Camille (*Énéide*, 11), Iphigénie, Minerve, Diane[126]... Plus loin, désirant prouver qu'il n'y a rien d'extraordinaire à ce qu'une vierge ait enfanté le Sauveur, il cite différents exemples fabuleux d'engendrement par des vierges, empruntés au monde barbare (Bouddha né du flanc d'une vierge), à la mythologie grecque (Minerve sortie de la tête de Jupiter et Bacchus de sa cuisse), au domaine philosophique (Platon, engendré de Périctionè à la suite de son union avec une apparition fantasmatique d'Apollon) ou à l'« histoire » romaine (Romulus et Rémus nés de l'union de la vierge Rhéa Silvia avec Mars)[127].

Lorsque Jérôme aborde le livre de Daniel en 407, l'épisode de la folie de Nabuchodonosor (Daniel 4) retient son attention : contrairement à la lecture spirituelle hérétique qu'Origène avait faite de ce chapitre – ce dernier voyait dans la déchéance du roi et son rétablissement final sur le trône l'annonce du rétablissement du diable dans sa gloire primitive à la fin des temps –, le moine considère ce récit comme historique[128] : « L'histoire (*historia*) est limpide et ne demande pas une grande interprétation : parce qu'il a offensé Dieu, Nabuchodonosor devint fou ; il vécut sept années durant au milieu de bêtes brutes, se nourrissant d'herbes et de racines ; puis, rétabli sur son trône par la miséricorde de Dieu, il loua et glorifia le roi du ciel[129] ». Pour Jérôme donc, l'*historia* est acceptable en elle-même, et le récit doit être lu comme une histoire réelle. Or, afin de donner du crédit à son propos, il affirme que le monde donne des exemples de telles transformations : il existe des fous vivant dans les champs et les bois ; les histoires grecques et romaines racontent d'ailleurs des faits plus incroyables arrivés à des hommes. Mais, plus surprenant, Jérôme avance comme argument les métamorphoses rapportées par la mythologie : « Les fables aussi rapportent les récits de Scylla et de la Chimère, de l'Hydre et des Centaures et d'hommes changés en oiseaux et en bêtes sauvages, en fleurs et en arbres, en étoiles et en pierres[130] ». L'argument a de quoi étonner : de crainte qu'on ne prenne pour

---

125 Y.-M. Duval, « La lecture de l'*Octavius* de Minucius Felix à la fin du IVe siècle », *Revue des études augustiniennes*, 19, 1973, p. 65.
126 Jérôme, *Aduersus Iouinianum*, 1, 41 (*PL* 23, col. 270-271 – ou 283-284).
127 Jérôme, *Aduersus Iouinianum*, 1, 42 (*PL* 23, col. 273 – ou 285-286).
128 Sur l'ensemble de cet épisode, voir R. Courtray, « Le roi Nabuchodonosor changé en bête (*Dn* 4). Du récit biblique à quelques lectures chrétiennes anciennes », dans V. Adam, C. Noacco (éd.), *La Métamorphose et ses métamorphoses*, Albi, 2010, p. 49-64 (notamment p. 57-63).
129 Jérôme, *In Danielem*, 1, 4, 1a (*CCSL* 75A, p. 809, l. 769-774).
130 *Ibid.* (p. 810, l. 794-p. 811, l. 801). Les références aux « fables » citées par Jérôme sont données dans l'édition de l'*In Danielem* (*CCSL* 75A, p. 810) ; voir cependant ci-après.

des « fables[131] » l'objet de la foi des croyants, Jérôme recourt aux « fables » pour prouver l'historicité du texte biblique. On pourrait certes être surpris de voir Jérôme emprunter des arguments et des exemples aux païens ; pourtant, comme l'avait remarqué Yves-Marie Duval, « l'emprunt doctrinal du catalogue des métamorphoses appartient à un commentaire biblique pour lequel, dès la *Lettre à Magnus*, Jérôme a revendiqué le droit d'utiliser la science profane sans la réserver aux controverses avec les païens (*Ep.* 70, 6)[132] ». Toutefois, l'énumération de ces métamorphoses ne vient sans doute pas d'Ovide ; Jérôme l'aurait emprunté à l'*Octavius* de Minucius Felix[133] – un ouvrage qu'il connaissait bien[134].

Le raisonnement de Jérôme semble en fait être le suivant : alors que les païens ne remettent pas en cause la réalité de leurs récits mythologiques, aussi incroyables soient-ils, pourquoi les chrétiens n'accorderaient-ils pas foi aux récits bibliques dans ce qu'ils ont d'extraordinaire ? L'argument peut paraître faible et étonnant ; mais le moine s'adresse ici à des chrétiens[135] et il ne met pas sur le même plan les deux types de faits. D'un côté, il y a des récits incroyables auxquels il ne prête pas foi parce qu'ils concernent des métamorphoses païennes ; de l'autre, il y a le récit historiquement acceptable d'une transformation facile à croire : la folie soudaine d'un roi. À ces deux domaines opposés, Jérôme en ajoute un troisième : les histoires anciennes elles aussi rapportent des récits incroyables que l'on accepte sans mot dire : le moine glisse donc de l'histoire aux mythes, comme pour mieux montrer l'absurdité de ceux qui refusent une réalité au texte biblique, alors qu'ils acceptent la réalité des fables profanes. Or, dans le récit biblique, l'extraordinaire vient d'ailleurs : non de la métamorphose du roi, mais de la toute-puissance divine qui opère ce changement. L'argument mythique vient ainsi manifester combien le récit biblique est bien plus recevable que les fables païennes, mais il vient rappeler en même temps la supériorité de Dieu sur les divinités grecques et romaines : la métamorphose de Nabuchodonosor n'est ni gratuite ni inspirée par des sentiments pervers ; elle affirme la puissance de Dieu et abaisse l'orgueil des rois[136].

C'est ce même argument auquel Jérôme avait eu recours quelque dix ans plus tôt, dans un passage de son *Commentaire sur Jonas* où il est raconté que, bien qu'il soit resté durant trois jours dans le ventre d'un monstre marin, le prophète se trouve conservé sain et sauf ; ce passage peut sembler invraisemblable aux croyants et aux incroyants ; toutefois, les croyants trouveront dans la Bible des récits autrement plus incroyables : par exemple, les trois enfants dans la fournaise (Dn 3, 23-94), le passage de la mer par Moïse (Ex 14, 21-28), Daniel dans la fosse aux lions (Dn 14, 31-42). Quant aux païens,

---

131 *Ibid.* (p. 810, l. 793-794).
132 Duval, « La lecture de l'*Octavius* », p. 65.
133 Voir Minucius Felix, *Octavius*, 20, 3-4 (*CUF*, p. 31-32).
134 Voir Duval, « La lecture de l'*Octavius* », p. 56-58. De fait, en dehors de l'*Octavius*, on ne trouve jamais semblable liste chez un autre auteur. Cependant, là où Minucius Felix s'adressait à des païens, Jérôme écrit pour des chrétiens.
135 Dans l'*Epistula* 107, 2, adressée à Laeta en 400, Jérôme utilise également l'exemple de Nabuchodonosor.
136 *Ibid.* (p. 811, l. 801-803).

« qu'ils lisent, écrit Jérôme, les quinze livres des *Métamorphoses* d'Ovide et toute l'histoire[137] grecque et latine ! Ils y découvriront Daphné transformée en laurier, les sœurs de Phaéton en peupliers ; comment Jupiter, leur dieu suprême, se changea en cygne, s'écoula (en pluie d') or, prit pour commettre un rapt la forme d'un taureau, et autres aventures où la turpitude même de la fable (*fabula*) s'oppose à la sainteté de la divinité. Ils croient à ces fables, en disant que tout est possible à la divinité et, alors qu'ils croient à ces turpitudes et les défendent par la toute-puissance divine, ils n'attribuent pas le même pouvoir pour des actions honnêtes[138] ».

Ce passage est proche du précédent dans la mesure où Jérôme utilise de nouveau les « fables » pour convaincre ses lecteurs de croire à la simplicité et à la réalité du récit biblique ; il n'en est toutefois pas l'exact parallèle : car ici, l'exégète avance un argument à l'égard des païens ; dans le *Commentaire sur Daniel*, il s'adresse à des chrétiens[139].

Conclusion

Ce parcours des emplois des figures mythiques dans l'œuvre de Jérôme permet de mieux comprendre la place que le moine accorde aux mythes, au-delà de ses promesses de jeunesse de renoncer à la culture classique. Que Jérôme critique peu les mythes n'a rien de surprenant : son époque et sa propre personnalité l'expliquent largement. Il n'y a donc pas d'étonnement à voir les figures mythiques fréquemment citées comme ornement littéraire et comme images frappantes permettant d'illustrer le discours religieux, notamment pour fustiger tel ennemi du christianisme. C'est cette même force imaginative qui conduit Jérôme à conserver dans sa traduction latine des livres bibliques certaines figures de la mythologie. Enfin, on a pu le surprendre, dans certains passages polémiques, à recourir aux figures mythiques pour défendre l'historicité des récits bibliques « merveilleux ».

En définitive, le mot *fabula* ne semble pas recevoir chez l'auteur la connotation négative qu'on aurait pu lui prêter ; si Jérôme refuse à ce terme la valeur d'historicité et de vérité qu'il attribue aux récits bibliques, il lui arrive parfois de le confondre avec le mot *historia*[140] ; bien que nous ayons gardé ici la traduction pratique de « fable », il faudrait sans doute le traduire par « récit » ou « récit mythique », sans lui donner de sens trop dépréciatif.

Si les figures mythiques sont présentes dans l'œuvre de Jérôme, c'est avant tout parce que celui-ci a su les vider en quelque sorte de leur contenu païen pour les christianiser

---

137 P. Antin (*SC* 43, p. 80, n. 2) et Y.-M. Duval (*SC* 323, p. 369) notent que Jérôme emploie ici presque indifféremment les mots *fabula* et *historia*. À moins que le mot *historia* ne désigne ici les légendes « historiques » rapportées dans les derniers livres des *Métamorphoses*.
138 Jérôme, *In Ionam*, 2, 2 (*SC* 323, p. 226, l. 67-76 – trad. Y.-M. Duval, p. 227).
139 Y.-M. Duval se demande à ce sujet : « S'attend-il à ce que son *In Danielem* tombe dans les mains de lecteurs de Porphyre [contre lequel Jérôme écrit son commentaire] qui tiendront à savoir comment l'exégète a répondu aux arguments du polémiste païen ? Une telle éventualité ne suffit pas cependant à fournir une réponse entièrement satisfaisante » (« La lecture de l'*Octavius* », p. 65).
140 Jérôme, *In Ionam*, 2, 2 (*SC* 323, p. 226, l. 68 : *historiam*, et l. 73 : *fabularum*).

et leur faire servir l'Écriture et la foi chrétienne. L'exemple le plus caractéristique en est peut-être celui du faune que le moine Antoine rencontre sur son chemin dans la *Vie de Paul de Thèbes* ; cet être fabuleux déclare en effet à l'anachorète au nom de sa race : « Nous te supplions de prier pour nous notre commun Seigneur. Nous savons qu'il est venu jadis pour le salut du monde et le bruit de sa gloire s'est répandu par toute la terre[141] ». Sous la plume de Jérôme, le faune devient ainsi un sympathisant du christianisme et demande au moine d'intercéder auprès du Christ auquel il croit lui aussi. Antoine ne peut alors retenir ses pleurs et s'écrie, à l'égard de la cité idolâtre d'Alexandrie : « Malheur à toi, Alexandrie, qui vénères des monstres à la place de Dieu ! Malheur à toi, cité courtisane où ont afflué les démons de tout l'univers ! Que vas-tu dire maintenant ? Les bêtes parlent du Christ[142] ». Telle est bien la conclusion à laquelle notre examen nous conduit : dans le remploi et le détournement que Jérôme fait des figures mythiques, celles-ci se mettent à parler du Christ, à défendre la foi chrétienne, et c'est là, très certainement, la raison qui a poussé le moine à les conserver dans son œuvre[143].

---

141 Jérôme, *Vita Pauli*, 8, 3 (*SC* 508, p. 160-161 – trad. P. Leclerc). Dans sa demande à Antoine, le faune cite l'Écriture : Ps 19 (18), 5 ; 72 (71), 19 ; Rm 10, 18.
142 Jérôme, *Vita Pauli*, 8, 5 (*ibid.*, p. 162-163).
143 Il est intéressant de noter que cette position de Jérôme à l'égard des mythes se trouve précisément dans l'une de ses premières œuvres.

FRANCESCO MASSA

Compétitions littéraires et concurrences religieuses autour de Dionysos : païens et chrétiens au IVᵉ siècle*

Dionysos dans les conflits des dieux des premiers siècles de notre ère

Aux premiers siècles de notre ère, les compétitions entre « païens » et « chrétiens » se jouaient sur les plans littéraire, philosophique et cultuel[1]. À lire l'*Apologie* de Justin ou le *Discours vrai* de Celse au travers de la réfutation qu'en a faite Origène, les biographies des personnages mythiques comme leurs cultes auraient présenté plusieurs analogies avec les récits sacrés des chrétiens : Dionysos, Héraclès, Asclépios, Orphée, Mithra, toutes ces figures divines ou héroïques ont été interprétées comme de possibles rivaux de Jésus, à cause notamment de leur naissance d'une femme mortelle, de leur mort et de leur retour à la vie[2]. En outre, et depuis plusieurs siècles, la spéculation philosophique avait réinterprété certaines figures mythiques traditionnelles de façon à les présenter comme des paradigmes de vertu et des modèles capables d'incarner des qualités philosophiques ou religieuses et de servir d'exemples pour le genre humain dans son ensemble[3]. Les histoires d'Héraclès, Orphée, Mithra, Dionysos ont été relues

---

* Ce travail a été réalisé dans le cadre du laboratoire d'excellence LabexMed – Les sciences humaines et sociales au cœur de l'interdisciplinarité pour la Méditerranée portant la référence 10-LABX-0090. Il a bénéficié d'une aide de l'État gérée par l'Agence Nationale de la recherche au titre du projet investissements d'Avenir A*MIDEX portant la référence n°ANR-11-IDEX-0001-02.
1 L'utilisation des termes « païens » et « chrétiens » a déjà soulevé bien des questions. J'emploie ici cette terminologie simplement pour faire la distinction entre les dévots des divinités traditionnelles des religions polythéistes et les sectateurs de Jésus. Sur ces termes voir J. Zeiller, *Paganus. Étude de terminologie historique*, Fribourg / Paris, 1917 ; P. Chuvin, *Chronique des derniers païens. La disparition du paganisme dans l'Empire romain, du règne de Constantin à celui de Justinien*, Paris, 2011², p. 15-20 ; J. North, « Pagans, Polytheists and the Pendulum », dans W. V. Harris (éd.), *The Spread of Christianity in the First Four Centuries. Essays in Explanation*, Leyde / Boston, 2005, p. 125-143 ; A. Cameron, *The Last Pagans of Rome*, Oxford, 2011.
2 Cf. Justin, *Apologie*, I, 24-29 et Origène, *Contre Celse*, III, 41-42 et VII, 53.
3 Cf. P. Van Nuffelen, *Rethinking the Gods. Philosophical Readings of Religion in the Post-Hellenistic Period*, Cambridge, 2011.

Francesco Massa Université de Genève

Figures mythiques et discours religieux dans l'Empire gréco-romain, Textes réunis et édités par Frédéric Chapot, Johann Goeken et Maud Pfaff-Reydellet, Turnhout, Brepols 2018 (p. 209-223)
Brepols Publishers   10.1484/M.RRR-EB.5.115822

dans cette perspective par des penseurs platoniciens et stoïciens[4]. Dans le cadre des cohabitations et concurrences religieuses entre « païens » et « chrétiens », ce sont surtout ces histoires et ces personnages traditionnels du mythe, (ré)interprétés par les philosophies et la théologie de tradition grecque, qui ont représenté les figures auxquelles les chrétiens des premiers siècles se sont confrontés.

La polémique des auteurs chrétiens s'est attaquée aussi aux pratiques de divers cultes offerts aux dieux païens. Les pratiques des cultes à mystères ont occupé, en particulier, une place centrale dans les discours chrétiens sur les divinités païennes : l'attention donnée aux mystères d'Éleusis et aux mystères sont à la base des stratégies polémiques et de déconstruction mises en œuvre par les auteurs chrétiens à partir du IIe siècle. Il suffit, à ce sujet, de lire le *Protreptique aux Hellènes* de Clément d'Alexandrie ou le *Contre les gentils* d'Arnobe[5].

À côté des biographies mythiques et des pratiques rituelles, les compétitions religieuses entre divinités païennes et Dieu chrétien ont aussi occupé le terrain des représentations figurées, donc d'un autre langage, visuel. En effet, une part des premières images chrétiennes est à comprendre comme une alternative et une mise à distance de l'iconographie païenne de l'époque[6]. L'idée que, dans un monde de l'image tel que l'était le monde romain[7], l'iconographie ait participé aux dynamiques religieuses qui le traversaient – et donc plus globalement aux relations entre « paganisme » et « christianisme » – est fondamentale également pour comprendre la nature des concurrences religieuses.

C'est dans ce contexte complexe que Dionysos s'est construit comme l'une des figures exemplaires des concurrences littéraires, philosophiques et religieuses entre « païens » et « chrétiens » aux premiers siècles de notre ère. Le présent article

---

4 Sur Orphée, cf. par exemple Cicéron, *La nature des dieux*, II, 67, où l'auteur latin parle du chanteur thrace comme celui qui prévient la doctrine stoïcienne ; sur Héraclès comme « *invictus laboribus, contemptor voluptatis, victor omnium terrarum* », cf. par exemple Sénèque, *La constance du sage*, II, 1 ; sur la relecture platonicienne de Mithra, voir R. TURCAN, *Mithras platonicus. Recherches sur l'hellénisation philosophique de Mithra*, Leyde, 1975. Sur le rôle de Dionysos dans la réflexion de l'empereur Julien voir *Contre Héracleios*, XIII-XVII et *Sur Hélios-Roi*, XXI-XXIII : cf. J. BOUFFARTIGUE, *L'empereur Julien et la culture de son temps*, Paris, 1992, p. 432-433 ; CHUVIN, *Chronique des derniers païens...*, p. 207-208 ; G. SCROFANI, *La religione impura. La riforma di Giuliano Imperatore*, Brescia, 2010, p. 14-19. Sur la relecture néoplatonicienne des mythes dionysiaques voir J. PÉPIN, « Plotin et le miroir de Dionysos », *Revue internationale de philosophie*, 24, 1970, p. 304-320. Les textes les plus intéressants à cet égard sont Proclus, *Commentaire sur le Timée de Platon*, 41 d, et Olympiodore, *Commentaire sur le Phédon de Platon*, 61 c.

5 À ce propos voir C. RIEDWEG, *Mysterienterminologie bei Platon, Philon und Klemens von Alexandrien*, Berlin / New York, 1987, p. 1-69 et F. MORA, *Arnobio e i culti di mistero. Analisi storico-religiosa del V libro dell'Adversus Nationes*, Rome, 1994.

6 C'est l'approche interprétative proposée par T. F. MATHEWS, *The Clash of Gods. A Reinterpretation of Early Christian Art*, Princeton, NJ, 1999. Pour une approche critique de l'œuvre de Mathews, voir J.-P. CAILLET, « De l'image païenne à l'image chrétienne : retour sur un siècle d'historiographie », dans H. INGLEBERT, S. DESTEPHEN, B. DUMÉZIL (éd.), *Le problème de la christianisation du monde antique*, Paris, 2010, p. 253-267.

7 Pour une perspective nouvelle sur les représentations figurées de l'époque impériale dans leur rapport avec les pratiques rituelles, J. ELSNER, *Art and the Roman Viewer : The Transformation of Art from Paganism to Christianity*, Cambridge, 1995.

propose une réflexion autour de la figure de Dionysos afin d'éclairer sa présence et son rôle dans les compétitions entre textes littéraires païens et chrétiens, en grec et en latin, au IVe siècle. Le choix chronologique dérive du fait que le IVe siècle est un tournant important pour l'histoire des compétitions religieuses dans les territoires de l'Empire romain ainsi que pour l'histoire des églises et de leur rapport avec l'Empire. D'une part, la balance des positions d'autorité et de pouvoir entre « païens » et « chrétiens » commence à s'inverser, les évêques jouant un rôle social de plus en plus important et les intellectuels chrétiens commençant à s'insérer dans la vie de la cour[8]. D'autre part, ce processus conduit à la création de nouveaux savoirs chrétiens concernant autant les genres littéraires et les pratiques discursives (historiographie, hagiographie, topographie, etc.) que la production artistique, comme le montre bien la construction d'une iconographie chrétienne[9].

À cette époque, les témoignages littéraires, épigraphiques et iconographiques nous permettent encore d'attester la présence de Dionysos dans la plupart des territoires de l'Empire, tantôt en tant que divinité traditionnelle de la religion gréco-romaine, tantôt assimilé aux divinités locales. Et les auteurs chrétiens ont continué de se confronter à cette imagerie dionysiaque, attestée dans nombreux textes littéraires et répandue sur toute une série de monuments, de monnaies, de mosaïques, de fresques, de sarcophages[10]. Mon analyse se concentrera notamment sur les stratégies chrétiennes de « diabolisation » de la figure de Dionysos et les actualisations païennes de la tradition mythique dionysiaque. L'enjeu est de mettre en évidence comment les compétitions religieuses du IVe siècle ont également produit un effet sur les représentations littéraires du dieu Dionysos.

Des dieux du vin, solaires, universaux : les thèmes de la compétition

Au IVe siècle, la construction littéraire de l'image de Dionysos est déclinée en trois thèmes principaux qui constituent également la base de la confrontation avec

---

8 Sur les transformations religieuses de cette époque, voir J.-N. GUINOT, F. RICHARD (éd.), *Empire chrétien et églises aux IVe et Ve siècles. Intégration ou « concordat » ? Le témoignage du Code Théodosien*, Actes du Colloque international (Lyon, 6, 7 et 8 octobre 2005), Paris, 2008 ; G. G. STROUMSA, *La fin du sacrifice. Les mutations religieuses de l'Antiquité tardive*, Paris, 2005 ; J. RÜPKE, *From Jupiter to Christ. On the History of Religion in the Roman Imperial Period*, Oxford, 2014.
9 Sur les nouveaux savoirs chrétiens, voir H. INGLEBERT, *Interpretatio Christiana : les mutations des savoirs (cosmographie, géographie, ethnographie, histoire) dans l'Antiquité chrétienne (30-630 après J.-C.)*, Paris, 2001. Sur la construction de l'iconographie chrétienne, voir J. ELSNER, « Inventing Christian Rome : The Role of Early Christian Art », dans C. EDWARDS, G. WOOLF (éd.), *Rome the Cosmopolis*, Cambridge, 2003, p. 71-99 et R. M. JENSEN, « Toward a Christian Material Culture », dans M. M. MITCHELL, F. M. YOUNG (éd.), *The Cambridge History of Christianity*, vol. 2, *Origins to Constantine*, Cambridge, 2006, p. 568-585.
10 Pour une réflexion sur la présence et le rôle du dieu Dionysos dans la documentation chrétienne des premiers siècles de notre ère, voir F. MASSA, *Tra la vigna e la croce. Dioniso nei discorsi letterari e figurativi cristiani (II-IV secolo)*, Stuttgart, 2014.

les chrétiens : l'image du vin, de la vendange et de la vie heureuse ; l'assimilation du dieu au Soleil ; la tentative d'universaliser la figure de Dionysos.

La thématique du vin et de la vendange est sans aucun doute l'élément le plus courant de la littérature à sujet dionysiaque. Dionysos est le dieu du vin et comme tel, il est présent aux travaux des champs et dirige son cortège à la vendange. Les œuvres littéraires utilisent cette thématique pour promouvoir un idéal de vie bienheureuse, comme le montre bien un passage de la *Moselle* d'Ausone, une œuvre poétique qui décrit le cours du fleuve et le paysage, de Bingen à Trèves, qu'il traverse[11] ; de même, les mosaïques et les sarcophages exploitent cette imagerie dans les contextes de l'art domestique et de l'art funéraire[12] ; de plus, nous savons que les initiés d'une association dionysiaque de Philippes en Macédoine honoraient un Dionysos-Grappe, sans doute au IIIe siècle : « Les mystes de Dionysos-Grappe (Βότρυος Διονύσου) rassemblés autour de Rufus fils de Zeipas ont accordé la faveur de ce cadeau au myste Rufus, leur bienfaiteur »[13].

Rien de nouveau, donc, si ce n'est que le vin représente un élément autour duquel se concentre la rivalité entre Dionysos et le Christ : au milieu du IIe siècle déjà, en fait, Justin expliquait que Dionysos était représenté comme le découvreur du vin, à cause de l'intervention des mauvais démons, qui voulaient créer une figure divine alternative au dieu des chrétiens[14]. De manière analogue, nous pouvons souligner que la même rivalité était mise en évidence, au IVe siècle, par Athanase d'Alexandrie dans son traité *Sur l'incarnation du Verbe*[15] :

Διόνυσος θρησκεύεται παρ' αὐτοῖς, ὅτι μέθης γέγονε διδάσκαλος τοῖς ἀνθρώποις. Ὁ δὲ Σωτὴρ τῷ ὄντι καὶ Κύριος τοῦ παντός, σωφροσύνην διδάξας, χλευάζεται παρ' ἐκείνων.

Dionysos est honoré par eux pour avoir enseigné aux hommes l'ivresse. Mais le Sauveur en vérité et Seigneur de l'univers, qui a enseigné la tempérance, est l'objet de leurs moqueries.

Chez Athanase, le Dionysos dieu du vin n'est qu'un maître d'ivresse, alors que le Christ s'est présenté comme le maître de σωφροσύνη, terme qui dénote à la fois une forme de « modération » et de « sagesse ». Athanase souhaite donc opposer l'image des cortèges dionysiaques composés d'ivrognes débauchés à la consommation modérée du vin de la part des chrétiens. Le thème du vin et, plus particulièrement,

---

11 Cf. Ausone, *Moselle*, 152-168.
12 À propos des sarcophages dionysiaques, voir R. TURCAN, *Les sarcophages romains à représentations dionysiaques. Essai de chronologie et d'histoire religieuse*, Paris, 1966 ; P. ZANKER, B. C. EWALD, *Mit Mythen leben. Die Bilderwelt der römischen Sarkophage*, Munich, 2004.
13 Pour le texte, la traduction et le commentaire de l'inscription, voir A.-F. JACCOTTET, *Choisir Dionysos. Les associations dionysiaques ou la face cachée du dionysisme*, Zurich, 2003, vol. II, n. 30, p. 68-69.
14 Cf. Justin, *Apol.*, I, 54, 6. Voir MASSA, *Tra la vigna e la croce...*, p. 91-92. Plus généralement sur l'opération intellectuelle de Justin, voir O. MUNNICH, « La place de l'hellénisme dans l'autodéfinition du christianisme. L'*Apologie* de Justin », dans A. PERROT (éd.), *Les chrétiens et l'hellénisme. Identités religieuses et cultures grecques dans l'Antiquité tardive*, Paris, 2012, p. 61-122.
15 Athanase, *Sur l'incarnation du Verbe*, 49 (trad. C. KANNENGIESSER, Paris, 1973).

de l'ivresse et de la sobriété était présent dans la spéculation philosophique de Platon, dans le *Phèdre* notamment où la condition de l'âme, liée aux affections du corps, est comparée à l'ivresse[16]. Cette réflexion fut ensuite reprise et re-thématisée par Philon d'Alexandrie, par exemple dans la *Vie de Moïse*, où l'ivresse est assimilée à la déraison, et par Clément d'Alexandrie, dans le dernier livre du *Protreptique aux Hellènes*, où il est question d'une récupération plus générale du langage dionysiaque dans un contexte chrétien[17].

Le vin permettait donc un discours multiple : premièrement, il touchait au problème des pratiques rituelles des associations dionysiaques et des communautés chrétiennes ; deuxièmement, il renvoyait aux spéculations sur la vie bienheureuse et sans doute aux croyances sur l'au-delà ; enfin, il rentrait dans une réflexion philosophique qui se servait du vin de manière allégorique pour réfléchir aux vertus de l'âme.

Un texte de l'orateur Himérios, originaire de Bithynie mais actif à Athènes dans la deuxième moitié du IVe siècle, montre comment le thème du vin peut trouver son importance aussi dans d'autres aspects de la figure de Dionysos[18]. Dans un discours rédigé pour un étudiant, Himérios reprend le mythe de l'agression et de la mise à mort de Dionysos par les Titans[19] :

ἦν νέος ἔτι Διόνυσος, καὶ κατὰ τοῦ θεοῦ τὸ τῶν Τελχίνων γένος ἐφύετο· ηὔξάνετο Βάκχος, καὶ Τιτᾶνες πάντες διερρήγνυντο φθόνῳ· τέλος δὲ μὴ στέγειν δυνάμενοι, διασπάσαι τοῦτον ἠθέλησαν, τέχνας δ' ἐμελέτων καὶ φάρμακα καὶ κέντρα διαβολῆς καὶ φύσεως μαγγανεύματα. ἐμίσουν δ', ὡς οἶμαι, τὸν Σειληνὸν καὶ τὸν Σάτυρον, καὶ γόητας τούτους ἐφθέγξαντο, ὅτι τῷ Βάκχῳ. τί οὖν ἐπὶ τούτοις ; Διόνυσος ἔκειτο μὲν οἶμαι βληθεὶς καὶ τὴν πληγὴν καιρίαν ἐστέναζεν· ἄμπελος δ' ἦν κατηφής, καὶ σκυθρωπὸς οἶνος, καὶ βότρυς ὥσπερ δακρύων, καὶ Βάκχος οὐκέτι σφυρὸν εἰς τὴν κίνησιν εἶχεν εὐάρμοστον. ἀλλ' οὐ διὰ τέλους τὸ δάκρυον, οὐδὲ πολεμίων τὸ τρόπαιον. ὁ γὰρ Ζεὺς ἐποπτεύων ἑώρα πάντα, καὶ τὸν Διόνυσον ἐγείρας, ὡς λόγος, Τιτᾶνας ἐποίει παρὰ τῶν μύθων ἐλαύνεσθαι.

Dionysos était encore jeune, et la race des Telchines poussait contre le dieu. Bacchus grandissait, et tous les Titans crevaient de jalousie. Finalement puisqu'ils n'arrivaient pas à se retenir, ils voulurent le mettre en pièce ; alors ils préparaient des expédients, des potions, des instruments de torture contre lui et des sortilèges de l'esprit. Ils haïssaient Silène et Satyre, à ce que je pense, et les nommèrent imposteurs, parce qu'ils étaient favorables à Bacchus. Que s'est-il passé après

---

16 Platon, *Phèdre*, 79 c.
17 Philon d'Alexandrie, *Vie de Moïse*, II, 162 ; Clément d'Alexandrie, *Protreptique aux Hellènes*, XII, 118, 5. Sur l'opération intellectuelle du dernier livre de Clément d'Alexandrie, voir F. MASSA, « La promotion des *Bacchantes* d'Euripide dans les textes chrétiens », *Cahiers du Centre G. Glotz*, 21, 2010, p. 419-434 ; F. JOURDAN, *Orphée et les chrétiens. La réception du mythe d'Orphée dans la littérature chrétienne grecque des cinq premiers siècles*, vol. I. *Orphée, du repoussoir au préfigurateur du Christ*, Paris, 2010 ; MASSA, *Tra la vigna e la croce...*, p. 171-173.
18 Sur la figure d'Himérios, voir R. J. PENELLA, *Man and the World. The Orations of Himerius*, Berkeley / Los Angeles / Londres, 2007 ; M. RAIMONDI, *Imerio e il suo tempo*, Rome, 2012.
19 Himérios, *Discours* 43, 5 (trad. personnelle).

cela ? Dionysos était couché, blessé, je crois, et il déplorait le coup mortel ; la vigne était abattue, le vin était triste, et la grappe semblait pleurer ; Bacchus ne pouvait pas bouger la cheville harmonieusement. Toutefois à la fin il n'y eut ni larmes, ni trophée de guerre. Zeus, en effet, qui regardait, avait tout vu et, après avoir soulevé Dionysos, comme le dit le récit, il fit disparaître les Titans, d'après le mythe.

Le texte n'est presque jamais considéré par les savants qui abordent le mythe complexe de Dionysos et les Titans, malgré l'intérêt que révèle une lecture attentive[20]. Le récit d'Himérios présente des éléments de nouveauté par rapport à la tradition : notamment le rôle joué par Satyre et Silène qui sont impliqués dans la tentative de mise à mort organisée par les Titans contre le jeune Dionysos. Les deux personnages du cortège bachique sont nommés γόητες, un terme qui désigne généralement les « imposteurs » mais aussi les « magiciens » et qui, depuis les *Bacchantes* d'Euripide, était souvent associé au dieu et représentait l'accusation traditionnelle de ceux qui s'opposaient à la diffusion de son culte[21]. Miguel Herrero situe cette réécriture d'Himérios dans le cadre d'une « christianisation » du mythe : l'intervention de Zeus serait à lire comme la conséquence d'un plan divin bien établi qui répondrait à la projection de la mort et résurrection du Christ sur le récit païen[22]. À mon sens, le passage d'Himérios répond davantage au climat de compétitions religieuses de l'époque qu'à une influence chrétienne. La représentation de ce Dionysos blessé et souffrant se construit par opposition à et en concurrence avec l'image du Christ. En outre, le vin et la vigne ne sont pas ici utilisés pour parler de manière allégorique de la mort de Dionysos, comme le faisait par exemple Diodore de Sicile[23] ; et le récit n'est pas non plus lié aux interprétations platoniciennes du mythe attestées depuis Plotin. Himérios utilise le vin et la vigne pour souligner la douleur de la nature face au destin de Dionysos, car la blessure du dieu correspond à la blessure des vignes et des grappes. La souffrance des éléments liés au vin fait nécessairement référence aussi à la possible assimilation du dieu avec la grappe, ce que nous avons vu dans l'association réunie à Philippes en l'honneur de Dionysos.

Un deuxième thème qui était au centre des compétitions religieuses de l'époque concerne l'identification de Dionysos avec Hélios. La tentative de superposer

---

20 Sur le mythe de Dionysos et les Titans, voir M. DETIENNE, *Dionysos mis à mort*, Paris, 1977, p. 163-217 ; R. EDMONDS, « Tearing apart the Zagreus Myth : a Few Disparaging Remarks on Orphism and Original Sin », *Classical Antiquity*, 18, 1, 1999, p. 35-73 ; A. BERNABÉ, « La toile de Pénélope : a-t-il existé un mythe orphique sur Dionysos et les Titans ? », *Revue de l'histoire de religions*, 219, 4, 2002, p. 401-433 ; ID., « Autour du mythe de Dionysos et les Titans. Quelques notes critiques », dans D. ACCORINTI, P. CHUVIN (éd.), *Des Géants à Dionysos. Mélanges de mythologie et de poésie grecques offerts à Francis Vian*, Alessandria, 2003, p. 25-39. Sur les relectures et les interprétations chrétiennes de ce mythe, voir MASSA, *Tra la vigna e la croce...*, p. 99-106.
21 Cf. Euripide, *Bacchantes*, 234.
22 M. HERRERO, *Tradición órfica y cristianismo antiguo*, Madrid, 2007, p. 349.
23 Diodore de Sicile, *Bibliothèque historique*, III, 62, 7. Sur ce passage, voir G. SISSA, « Dionysos : corps divin, corps divisé », dans C. MALAMOUD, J.-P. VERNANT (éd.), *Corps des dieux*, Paris, 1986, p. 493-517.

Dionysos au Soleil existait déjà dans des textes d'époque classique, notamment dans les spéculations philosophiques de Cléanthe où Apollon et Dionysos sont assimilés à Hélios[24]. Toutefois, au IVe siècle nous disposons de deux témoignages particulièrement intéressants à ce propos.

En 362, lors de son séjour à Antioche, Julien écrit un discours *À Hélios roi*, pour célébrer les fêtes en l'honneur du Soleil qui avaient lieu, à Rome, le 25 décembre à la suite des *Saturnalia*[25] : dans ce *logos*, où l'empereur se déclare « dévot » (ὀπαδός) du dieu[26], on trouve toute une réflexion théologique concernant la figure d'Hélios, son origine et ses fonctions les plus importantes. Le Soleil devient, dans les pages de Julien, une divinité en mesure de remplir les fonctions propres à d'autres divinités, parmi lesquelles Dionysos. Ainsi, Hélios non seulement est appelé père de Dionysos, mais partage également avec le dieu des sphères d'influence[27] :

ἀπόχρη <δὲ> τῆς μὲν χωριστῆς καὶ πρὸ τῶν σωμάτων ἐπ' αὐτῶν οἶμαι τῶν αἰτιῶν, αἳ κεχωρισμέναι τῆς φανερᾶς προϋπάρχουσι δημιουργίας, ἴσην Ἡλίῳ καὶ Διὶ τὴν δυναστείαν καὶ μίαν ὑπάρχουσαν τεθεωρηκέναι, τὴν δὲ ἁπλότητα τῶν νοήσεων μετὰ τοῦ διαιωνίου καὶ κατὰ ταὐτὰ μονίμου ξὺν Ἀπόλλωνι τεθεαμένοις, τὸ δὲ μεριστὸν τῆς δημιουργίας μετὰ τοῦ τὴν μεριστὴν ἐπιτροπεύοντος οὐσίαν Διονύσου, τὸ δὲ τῆς καλλίστης συμμετρίας καὶ νοερᾶς κράσεως περὶ τὴν τοῦ Μουσηγέτου δύναμιν τεθεωρηκόσι, τὸ συμπληροῦν δὲ τὴν εὐταξίαν τῆς ὅλης ζωῆς ξὺν Ἀσκληπιῷ νοοῦσι.

Il suffit, je pense, d'avoir bien vu qu'en ce qui touche cette « démiurgie divisée » qui, antérieure aux éléments, se rapporte précisément à leurs causes (celles-ci demeurant distinctes, en raison de leur antériorité, de la démiurgie visible), Hélios détient à égalité avec Zeus une souveraineté unique. Nous avons noté, d'autre part, qu'il partage avec Apollon le privilège de la perfection intellectuelle dans son éternité et sa constante identité ; avec Dionysos, intendant de l'essence divisible, celui de diviser la fonction démiurgique comme celui de réaliser le plus bel ensemble de synthèse intellectuelle suivant les pouvoirs impartis au Musagète.

De même, l'association de Dionysos avec le Soleil est reprise et développée par Macrobe dans un chapitre des *Saturnales*. Selon Prétextat, riche et cultivé sénateur,

---

24 Cf. *SVF* I fr. 540-541, 546.
25 C'est Julien lui-même qui nous donne cette information : Julien, *Discours* XI, 3, 131d. Pour une présentation de ce discours voir *L'Empereur Julien, Œuvres complètes*, tome II, 2e partie, *Discours de Julien Empereur*, texte établi et traduit par C. LACOMBRADE, Paris, 1964, p. 75-99 et *Giuliano l'Apostata, Discorso su Helios Re*, testo, traduzione e commento di A. MASTROCINQUE, Nordhausen, 2011, p. 1-23.
26 Cf. Julien, *Discours* XI, 1, 130 b.
27 Cf. Julien, *Discours* XI, 23, 144 c, trad. C. LACOMBRADEN Paris, 1964. Cf. aussi 22, 144 a et 29, 148 d. De même, dans son commentaire aux *Bucoliques* de Virgile, Servius propose une identification entre Apollon, Hélios et Dionysos et affirme qu'Apollon est le nom du dieu aux Enfers, Liber sur terre et Sol parmi les dieux du ciel : cf. *Commentaire aux Bucoliques de Virgile*, V, 66. Il est intéressant de remarquer que, dans le sillage du platonisme de Julien, Servius dit tirer ces informations d'un traité de Porphyre consacré à la figure du Soleil. Sur ce témoignage, voir J. FLAMANT, *Macrobe et le néo-platonisme latin à la fin du IVe siècle*, Leyde, 1977, p. 662-665. Même les auteurs chrétiens citent les identifications d'Hélios avec les dieux de l'Olympe : cf. par exemple Arnobe, *Contre les gentils*, III, 33.

expert de philosophie et théologie, il faut croire aux poètes lorsqu'ils parlent du Soleil, « car ramener au soleil presque tous les dieux, tout au moins les dieux célestes, ce n'est pas tomber dans une vaine superstition mais être guidé par une sagesse divine (*non uana superstitio, sed ratio diuina*) »[28]. Dans ces pages, il est question d'une « théologie solaire » qui s'était manifestée de manière explicite sous les Sévères et, plus spécifiquement, avec la réforme introduite par l'empereur Héliogabale[29]. Par rapport aux tentatives du pouvoir romain d'introduire le culte solaire, fortement liées à un projet politique spécifique construit sur la figure de l'empereur, la théorie du personnage de Prétextat doit surtout aux spéculations néoplatoniciennes qui animaient les réflexions de la plupart des intellectuels, tant païens que chrétiens, au IVe siècle[30].

Et pour comprendre combien les réflexions platoniciennes, qui associaient Dionysos, Hélios et Apollon, pouvaient jouer un rôle également dans la pensée des chrétiens, il suffit de renvoyer à une image de la Nécropole du Vatican qui permet de visualiser ce processus intellectuel. La mosaïque du Tombeau M, de la famille des *Julii*, représente une image du Christ réinterprétant la tradition solaire et la tradition dionysiaque pour affirmer sa propre supériorité à l'égard du panorama divin de l'époque[31].

Le troisième thème est celui qui voit Dionysos au centre d'un phénomène propre à l'époque impériale, à savoir l'intensification des processus d'équivalence entre les noms des dieux, qui ont conduit à la constitution de puissances divines plurielles[32]. Comme bien d'autres divinités, Dionysos est partie prenante de ces mécanismes d'équivalence : la diffusion de son culte dans la plupart des territoires de l'Empire a mené les auteurs grecs et romains à lire cette figure divine en parallèle avec d'autres divinités appartenant à d'autres panthéons. Les procédures de traduction des noms divins (ce qu'on appelle aujourd'hui l'*interpretatio*) permettent, à mon sens, aux intellectuels grecs et romains non seulement de réfléchir à la question de l'unité

---

28 Macrobe, *Saturnales*, I, 17, 2 (trad. C. GUITTARD, Paris, 1997).
29 Sur la question de la naissance et de la diffusion du « monothéisme solaire » voir P. ATHANASSIADI, M. FREDE (éd.), *Pagan Monotheism and Late Antiquity*, Oxford, 1999. Toutefois, il faut bien voir que la question du « monothéisme païen » est controversée : voir N. BELAYCHE, « Deus deum... summorum maximus (Apuleius) : ritual expressions of distinction in the divine world in the imperial period », dans S. MITCHELL, P. VAN NUFFELEN (éd.), *One God. Pagan Monotheism in the Roman Empire*, Cambridge, 2010, p. 140-166. Sur la théologie proposée dans les œuvres de Macrobe, voir FLAMANT, *Macrobe et le néo-platonisme...*, p. 653-680.
30 Sur le contexte philosophique et culturel de cette époque, voir C. MORESCHINI, « Monoteismo cristiano e monoteismo platonico nella cultura latina dell'età imperiale », dans *Platonismus und Christentum : Festschrift für Heinrich Dörrie*, Münster, 1983, p. 133-161. Il est probable qu'à la base du discours de Macrobe, on trouve l'influence du Porphyre de *La philosophie tirée des oracles* et du traité *Sur les images*.
31 Sur le tombeau M de la Nécropole du Vatican, voir C. MURRAY, *Rebirth and Afterlife. A Study of Transmission of Some Pagan Imagery in Early Christian Funerary Art*, Oxford, 1981, p. 64-97 ; P. LIVERANI, G. SPINOLA, *Le Necropoli Vaticane. La città dei morti di Roma*, Milan, 2010, p. 114-119 ; MASSA, *Tra la vigna e la croce...*, p. 237-243.
32 Il suffit de rappeler le cas d'Isis et des arétalogies qui lui sont dédiées : cf. Apulée, *Métamorphoses*, XI, 1. Sur les arétalogies isiaques, voir V. LONGO, *Aretalogie nel mondo greco*, vol. I *Epigrafi e papiri*, Gênes, 1969 ; L. BRICAULT, *Recueil des inscriptions concernant les cultes isiaques (RICIS)*, Paris, 2005.

du monde divin, mais également de présenter le monde entier de façon unitaire, y compris sur le plan cultuel et culturel. À ce titre, les traductions des noms divins font pleinement partie des interprétations théologiques de l'époque, comme le montrent ces vers du poète latin Ausone, au milieu du IVe siècle de notre ère[33] :

> *Ogygiadae me Bacchum vocant,*
> *Osirin Aegypti putant,*
> *Mysi Phanacen nominant,*
> *Dionyson Indi existimant,*
> *Romana sacra Liberum,*
> *Arabica gens Adoneum,*
> *Lucaniacus Pantheum.*

> Les descendants d'Ogygès m'appellent Bacchus,
> les Égyptiens me croient Osiris,
> les Mysiens me désignent comme Phanacès,
> les Indiens me considèrent Dionysos,
> les cérémonies romaines, Liber,
> le peuple d'Arabie, Adonis,
> à Lucagnac, Panthée.

Ausone compose une épigramme qui déroule les multiples noms de Dionysos. Le poème en dimètres iambiques est précédé d'une introduction : *Mixobarbaron Liberi Patris signo marmoreo in villa nostra omnium deorum argumenta habenti* (« Composition en partie barbare pour la statue en marbre de Liber Pater dans notre villa qui a les attributs de tous les dieux »). Cette introduction donne à penser que cette épigramme en l'honneur de Dionysos pourrait avoir été gravée sur la base d'une statue du dieu, ou qu'elle aurait été inspirée par la représentation figurée du dieu, solution qui me paraît la plus probable. Quoi qu'il en soit, il s'agirait donc ici d'une statue du dieu conservée dans la villa d'Ausone, probablement située dans le sud de la France – les savants ne s'accordent toutefois pas sur la localisation précise de cette *villa* (peut-être à Lucagnac en Aquitaine). La statue en question représenterait un Dionysos réunissant les *argumenta* de toutes les divinités, c'est-à-dire les « attributs », les signes permettant de deviner l'attribution de la statue. Cette dimension englobante du dieu est confirmée par le dernier nom que lui attribue le poète, *Pantheus*, qui suggère que Dionysos/Liber puisse être reconnu comme une divinité universelle[34].

Il est intéressant de remarquer que l'épithète *Pantheus* est attestée par deux inscriptions latines dédiées à Liber, l'une provenant de Préneste (cité latine proche de Rome) et l'autre de Pentima dans la province de Corfinium (dans les Abruzzes[35]). Dans le cas de Préneste, il s'agit d'un fragment de plaque de marbre contenant une inscription mentionnant une statue de Liber Pater *Pantheus*, comme dans l'épigramme

---

33 Ausone, *Épigrammes*, 32 (trad. personnelle).
34 *Pantheus* est une épithète attribuée également à d'autres divinités : cf. *CIL* II, 2008 (Jupiter) ; VI, 695 (Silvanus) ; X, 3800 (Isis) ; II, 46 (Sarapis).
35 *CIL* IX, 3145 : *Libero Pantheo sacr.* Cf. *Suppl. It.* 3, 1987, p. 110.

d'Ausone[36]. Mais le renvoi du poète à des lieux géographiques et des appellations spécifiques souligne malgré tout l'importance que conservaient les aspects locaux de la divinité.

De toute évidence, nous ne pouvons pas employer les vers d'Ausone comme un outil qui nous permettrait de lire et d'interpréter le culte de Dionysos au IVe siècle de notre ère[37]. Mais ce texte est un bon révélateur de la tendance, chez les intellectuels grecs et romains, à déceler derrière les noms des divinités honorées en divers lieux une seule puissance divine. Cette tendance devait jouer un rôle dans la compétition avec la théologie proposée par les auteurs chrétiens.

La diabolisation de Dionysos : Firmicus Maternus et Jean Chrysostome

La lecture des œuvres chrétiennes permet d'identifier un changement dans la représentation du dieu Dionysos au cours du IVe siècle : l'image du dieu commence à évoluer, en abandonnant de plus en plus les références mythiques traditionnelles pour s'orienter vers une assimilation progressive avec les puissances démoniques. Bien entendu, depuis le début de la littérature chrétienne, Dionysos était au centre des attaques féroces des chrétiens. Sur la base d'un stéréotype dionysiaque négatif déjà présent dans la littérature grecque d'époque classique, les auteurs chrétiens ont souvent souligné, à la fois, la folie agressive et la sexualité du dieu[38]. La fureur sexuelle et l'excitation qui habitent Dionysos se répandent également, aux yeux des chrétiens, sur les cérémonies ; les rites sacrés bachiques (ὄργια) dérivent alors de la nature perverse du dieu qui les préside.

Toutefois, au cours du IVe siècle, une mutation se produit dans les représentations données par les auteurs chrétiens du dieu Dionysos. À cette époque, c'est comme si l'imaginaire bachique commençait à nourrir également les représentations du diable et de ses suppôts. Firmicus Maternus, dans *L'erreur des religions païennes*, décrit le cortège dionysiaque comme un cortège maléfique, une *scelerum pompa*. Après avoir raconté les origines et les développements des cultes de Liber, l'auteur évoque une scène où apparaît un groupe de fidèles du dieu[39] :

---

36 CIL XIV, 2865 et ILS, 5467 : *Fortunae Primig[eniae] / signum Liberis* (sic) *pa[tris] / Panthei cum suis par[ergis] / et cupidines II cum suis lychnuchis et… / M. Popilius M. f. Trophim… [et] / Popilia Chreste lib. et Atili[a] …*

37 J'ai développé cette question dans F. MASSA, « Liber face à Dionysos : une assimilation sans écarts ? Koinè dionysiaque et pratiques rituelles romaines », dans C. BONNET, V. PIRENNE-DELFORGE, G. PIRONTI (éd.), *Dieux des Grecs, dieux des Romains : panthéons en dialogue à travers l'histoire et l'historiographie*, Turnhout, 2016, p. 117-129.

38 Cf. Clément d'Alexandrie, *Protreptique*, II, 12, 2. Sur la représentation négative de Dionysos chez les auteurs chrétiens, notamment en ce qui concerne les émotions du dieu, voir F. MASSA, « Relire les émotions de Dionysos à l'époque impériale : de Plutarque aux chrétiens », *Mythos. Rivista di Storia delle Religioni*, 4, 2010, p. 83-98.

39 Firmicus Maternus, *L'erreur des religions païennes*, VI, 8 (éd. trad. R. TURCAN, Paris, 1982). Pour un commentaire détaillé du texte, voir Firmicus Maternus, *L'erreur des religions païennes*, texte établi, traduit et commenté par R. TURCAN, Paris, 2002.

Illic inter ebrias puellas et uinolentos senes, cum adhuc eum scelerum pompa praecederet, alter nigro amictu taeter, alter ostenso angue terribilis, alter cruentus ore dum uiua pecodis membra discerpit.

Là, au milieu de filles ivres et de vieillards avinés, il était toujours précédé par un cortège maléfique : à l'un, sa pelure noire donnait un aspect repoussant ; à l'autre, le serpent qu'il brandissait un air épouvantable ; un autre avait la figure ensanglantée par la pécore dont il déchirait les membres vifs.

Des jeunes filles et des vieillards soûls, des personnages couverts d'un vêtement noir (peut-être en fourrure) qui tiennent à la main des serpents et dégoulinent de sang pour avoir mis en pièces un animal encore vivant : voilà ce qu'est le cortège bachique pour un auteur chrétien du IVe siècle de notre ère. Si nous ne sommes pas encore face à la représentation du Sabbat, les mots de Firmicus orientent déjà en ce sens : le terme de *pompa* (κῶμος en grec), qui désigne souvent les groupes des dévots de Dionysos, sera largement utilisé dans le christianisme ancien pour indiquer les rencontres diaboliques. L'expression *pompa diaboli* se trouve déjà chez Tertullien où elle indique « les cultes des idoles qui accompagnent les différentes manifestations de la vie de la cité païenne[40] ». Le témoignage de Firmicus Maternus développe le stéréotype qui était déjà présent chez Tite-Live, *a fortiori* si l'on se souvient que l'auteur chrétien avait connaissance de l'affaire des *Bacchanalia*, et qu'il la considère comme l'*exemplum* à suivre dans la répression et l'élimination des cultes païens[41].

D'autre part, dans *L'erreur des religions païennes*, l'auteur procède à une assimilation explicite entre Dionysos et le Diable : à propos d'une formule utilisée dans les initiations mystériques en l'honneur de Dionysos, Firmicus déclare[42] :

Ipse est basiliscus et scorpio, qui fidelium securis uestigiis premitur; ipse malitiosus anguis, cuius caput quaerit decepta mortalibus; ipse tortuosus draco, qui hamo ducitur, qui captiuus includitur.

C'est lui le basilic et le scorpion que les fidèles écrasent d'un pas assuré ; lui, le reptile maléfique dont les mortels dupés cherchent à frapper la tête ; lui, le dragon sinueux qu'on tient captif et enfermé.

La figure de Dionysos est superposée à l'image du diable de la Bible. La stratégie de Firmicus Maternus répond au nouveau contexte politique. La situation historique après la mort de Constantin en 337 et les lois édictées par ses fils, Constant et Constance II, permet à l'auteur plutôt servile de demander aux nouveaux empereurs d'éradiquer

---

40 J. Daniélou, *Histoire des doctrines chrétiennes avant Nicée*, vol. III, *Les origines du christianisme latin*, Paris, 1978, p. 329. Cf. Tertullien, *Les spectacles*, IV, 12 et XXIV, 1-2 ; *L'idolâtrie*, XVIII, 8.
41 Cf. Firmicus Maternus, *L'erreur des religions païennes*, VI, 9. Pour l'utilisation de l'image des bacchanalia chez les auteurs chrétiens, de Tertullien à Arnobe, voir J.-M. Pailler, *Bacchanalia. La répression de 186 av. J.-C. à Rome et en Italie : vestiges, images, tradition*, Rome, 1988, p. 759-775.
42 Cf. Firmicus Maternus, *L'erreur des religions païennes*, XXI, 2 (trad. R. Turcan).

les cultes païens et d'en détruire les temples[43]. De façon explicite, Firmicus ramène au Diable l'origine des parallélismes entre rites païens et croyances chrétiennes, procédant ainsi à une forme de « diabolisation » du « paganisme » qui justifie le désir chrétien d'en effacer définitivement les pratiques cultuelles[44].

Cette superposition du modèle dionysiaque et du modèle diabolique se retrouve aussi chez Jean Chrysostome qui, à plusieurs reprises, associe le verbe dionysiaque à l'activité du diable ou à ceux qui ont abandonné l'orthodoxie pour l'idolâtrie[45], ou encore à Judas qui, pris par la fureur bachique, sous l'influence du Diable, vend Jésus pour trente deniers[46]. L'association entre Dionysos et le Diable se réalise dans le contexte des homélies prononcées lorsque Jean Chrysostome était prêtre à Antioche à la fin du IVe siècle[47]. L'enjeu principal de ces textes était de condamner les formes de ritualité festive qui font allusion aux pratiques dionysiaques. C'est le cas, par exemple, de l'homélie prononcée lors des Calendes, la fête célébrée du 1er au 3 janvier dans plusieurs villes de l'Empire[48]. Dans ce texte, Jean Chrysostome présente la « communauté » chrétienne (l'ἐκκλησία) comme un chœur, un groupe de personnes qui bouge à l'unisson, guidé par un coryphée, à savoir l'évêque de la cité[49]. Soudain, Jean essaie de marquer la différence entre les « chrétiens » et les « autres », les « païens » qui célèbrent les Calendes, en honorant le diable en personne, animés par la folie et la libido des pratiques orgiastiques[50] :

---

43 Cf. Firmicus Maternus, *L'erreur des religions païennes*, XXVIII 6 et XXIX 1-4. Sur le rapport entre Firmicus et la législation impériale de l'époque, voir H. A. DRAKE, « Firmicus Maternus and the Politics of Conversion », dans G. SCHMELING, J. D. MIKALSON (éd.), *Qui miscuit utile dulci. Festschrift Essays for Paul Lachlan MacKendrick*, Wauconda, 1998, p. 133-149. Sur la violence antipaïenne contenu dans le texte de Firmicus, voir L. W. BARNARD, « L'intolleranza negli apologisti cristiani con speciale riguardo a Firmico Materno », dans P. F. BEATRICE (éd.), *L'intolleranza cristiana nei confronti dei pagani*, Bologne, 1990, p. 79-99 ; M. KAHLOS, « The Rhetoric of Tolerance and Intolerance : From Lactantius to Firmicus Maternus », dans J. ULRICH, A.-C. JACOBSEN, M. KAHLOS (éd.), *Continuity and Discontinuity in Early Christian Apologetics*, Francfort, 2009, p. 79-95.
44 Sur la construction du « paganisme » chez Firmicus Maternus, voir F. MASSA, « Confrontare per distruggere : Firmico Materno e l'origine diabolica dei culti orientali », *Studi e Materiali di Storia delle Religioni*, 79, 2, 2013, p. 493-509.
45 Cf. Jean Chrysostome, *Homélie aux Antiochiens*, PG 49, 33 ; *À Théodore*, IV, 20 ; V, 43.
46 Cf. Jean Chrysostome, *Contre ceux qui sont scandalisés*, XIV, 15.
47 Sur la vie et les œuvres de Jean Chrysostome, voir R. BRÄNDLE, *Jean Chrysostome (349-407) : christianisme et politique au IVe siècle*, Paris, 2003.
48 Les Calendes étaient célébrées tous les ans du 1er au 3 janvier dans plusieurs cités de l'Empire. Le jour le plus important était le dernier lorsqu'en l'honneur des *vota publica* on organisait des danses et des chœurs. Sur la fête des Calendes, voir M. MESLIN, *La fête des Kalends de janvier dans l'Empire romain*, 1970. Sur la célébration à Antioche, voir E. SOLER, *Le sacré et le salut à Antioche au IVe siècle apr. J.-C. Pratiques festives et comportements religieux dans le processus de christianisation de la cité*, Beyrouth, 2006, p. 25-29. Sur les Calendes à Antioche chez Libanios et Jean Chrysostome, voir F. GRAF, « Fights about Festivals : Libanius and John Chrysostom on the Kalendae Ianuariae in Antioch », *Archiv für Religionsgeschichte*, 13, 2011, p. 175-186.
49 Cf. Jean Chrysostome, *Homélies sur les Calendes*, I, PG 48, 953.
50 Jean Chrysostome, *Homélies sur les Calendes*, I, PG 48, 954 (trad. personnelle).

Αἱ γὰρ διαβολικαὶ παννυχίδες αἱ γινόμεναι τήμερον, καὶ τὰ σκώμματα, καὶ αἱ λοιδορίαι, καὶ αἱ χορεῖαι αἱ νυκτεριναὶ, καὶ ἡ καταγέλαστος αὕτη κωμῳδία, παντὸς πολεμίου χαλεπώτερον τὴν πόλιν ἡμῶν ἐξηχμαλώτισαν.

Les diaboliques fêtes nocturnes qu'on célèbre aujourd'hui, les railleries, les injures, les danses nocturnes et cette comédie ridicule ont emprisonné notre cité plus âprement qu'une guerre.

L'évocation de la παννυχίς, la « cérémonie nocturne » éclairée par le feu des torches, et des « danses nocturnes » (αἱ χορεῖαι αἱ νυκτεριναί), complétée par la citation de la comédie, ne laisse aucun doute sur la volonté de l'auteur de faire résonner dans les fêtes païennes d'Antioche le stéréotype négatif construit autour des cérémonies bachiques. De plus, dans les pages de Jean Chrysostome, la présence des démons et du diable est courante, de façon à condamner les expressions rituelles des païens et des juifs.

Nous pouvons remarquer que Jean emploie le verbe βακχεύω pour définir l'action du diable. C'est un passage tiré des *Homélies au peuple d'Antioche* : Jean évoque l'histoire de Job, sa douleur et sa souffrance[51], pour la confronter avec la situation que vit la cité d'Antioche[52] :

Καθάπερ γὰρ τότε ὁ διάβολος εἰς τὰ ποίμνια καὶ τὰ βουκόλια, καὶ πᾶσαν ὠρχήσατο τοῦ δικαίου τὴν οὐσίαν, οὕτω νῦν εἰς τὴν πόλιν ἅπασαν ἐβάκχευσεν.

En effet, comme autrefois le diable s'était jeté sur les troupeaux, les bétails et sur tous les biens du juste [scil. Job], ainsi est-il maintenant transporté de délire vers la cité entière.

Dans ce passage, le verbe βακχεύω a perdu le sens spécifique de « faire le bacchant », à savoir de célébrer un rituel ou une cérémonie festive dionysiaque. Le choix de l'auteur, cependant, n'est pas un hasard et fait partie du processus de « diabolisation » de la figure de Dionysos, que nous avons trouvé également chez Firmicus Maternus[53].

La même opération intellectuelle est attestée dans d'autres textes de l'auteur où le verbe βακχεύω est associé généralement à une ritualité déviée, guidée par les démons ou par Satan en personne[54]. Dans le discours *Contre ceux qui sont scandalisés*, le verbe est employé pour définir également l'action de Judas : « alors, après tout cela, celui-ci (scil. Judas) est pris par la fureur bachique et, trahissant l'influence de Satan par son

---

51 Cf. *Job.*, II, 12.
52 Jean Chrysostome, *Homélie aux Antiochiens*, PG 49, 34 (trad. personnelle).
53 Jean Chrysostome, *Commentaire de l'évangile selon Matthieu*, LXXXI, 3, PG 58, 769. Il s'agit d'un aspect souligné par SOLER, *Le sacré et le salut…* , p. 171-172. Cf. aussi Jean Chrysostome, *Contre les Juifs*, VIII, PG 48, 927-928.
54 Cf. Jean Chrysostome, *À Théodore*, V, où le verbe βακχεύω est utilisé en lien avec le terme μανία, pour définir la folie de ceux qui ne se reconnaissent pas dans l'orthodoxie et se retrouvent dans l'idolâtrie : « et cependant après une telle confession, il retomba derechef dans l'idolâtrie. Celui qui s'était prosterné la face contre terre et avait adoré le serviteur de Dieu fut saisi d'une frénésie bachique au point de faire précipiter dans la fournaise les serviteurs de Dieu, s'ils ne l'adoraient pas ».

avidité (τοτέ οὗτος μετὰ τοσαῦτα ἐξεβακχεύθη καὶ τὸν Σατανᾶν ὑποδεξάμενος διὰ τῆς φιλαργυρίας), il vend, pour trente monnaies, le sang du Seigneur[55] ».

Dans la perspective de cette « diabolisation » de Dionysos, il n'est pas étonnant de découvrir, chez Épiphane de Salamine, la même ambigüité entre image dionysiaque et image diabolique lorsqu'elles sont appliquées aux hérétiques[56]. Son *Panarion* (« Boîte à remèdes ») a été composé entre 374 et 377 et rapporte quatre-vingt types d'hérésies; dès la préface, les hérétiques sont décrits comme des criminels et des serpents vénéneux, contre lesquels il faut se munir d'antidotes[57]. Épiphane utilise le modèle négatif bachique à propos de la secte gnostique des Borborites, l'un des groupes dont les actions seraient les plus scandaleuses : selon le *Panarion*, ces hérétiques célèbreraient l'eucharistie avec le sperme des hommes et le sang menstruel des femmes[58]. La représentation bachique se révèle utile pour mettre en évidence leur rapport avec les plaisirs du diable[59] :

ὅσα δὲ πράττουσιν ἐν τῷ σώματι ἡδονῆς ἔμπλεοι γινόμενοι, ταῦτα ἀποκαρποῦνται ἐκβακχευόμενοι ταῖς τοῦ διαβόλου ἡδοναῖς τε καὶ ἐπιθυμίαις, ὡς πάντῃ τε καὶ πανταχοῦ ἐλέγχονται ἀπὸ τοῦ τῆς ἀληθείας λόγου.

De tout ce qu'ils accomplissent, remplis de plaisirs dans leur corps, ils jouissent, livrés comme des bacchants aux plaisirs et aux désirs du diable ; ainsi ils sont pleinement et entièrement convaincus par le discours de la vérité.

L'arrière-fond de cette représentation est l'image des satyres qui constituaient le cortège dionysiaque et qui étaient souvent représentés en pleine excitation sexuelle. La possession dionysiaque commence à être assimilée à la possession diabolique et les plaisirs des bacchants, depuis toujours associés aux rites dionysiaques, deviennent les plaisirs du diable.

Conclusion

Dionysos est l'une des principales figures autour desquelles s'organisent les concurrences religieuses de l'Antiquité tardive, et les reflets de cette époque de conflits se retrouvent tant dans les textes littéraires que dans la production iconographique.

---

55 Jean Chrysostome, *Contre ceux qui sont scandalisés*, XIV, 15 (trad. personnelle).
56 Sur les hérétiques comme construction rhétorique, voir J. Lieu, *Christian Identity in the Jewish and Graeco-Roman World*, Oxford, 2004 ; E. Norelli, « Costruzioni dell'eresia nel cristianesimo antico. Introduzione », *Rivista di Storia del Cristianesimo*, 2, 2009, p. 323-332. Plus généralement, voir E. Iricinschi, H. M. Zellentin, « Making Selves and Marking Others : Identity and Late Antique Heresiologies », dans E. Iricinschi, H. M. Zellentin (éd.), *Heresy and Identity in Late Antiquity*, Tübingen, 2008, p. 1-27.
57 Cf. A. Pourkier, *L'hérésiologie chez Épiphane de Salamine*, Paris, 1992, p. 77-80.
58 Sur ces pratiques contenues dans le texte d'Épiphane, voir J. J. Buckley, « Libertines or Not : Fruit, Bread, Semen and Other Body Fluids in Gnosticism », *Journal of Early Christian Studies*, 2, 1, 1994, p. 15-31.
59 Épiphane, *Panarion*, II, 26, 15 (trad. personnelle).

Notre sélection de textes permet de voir à l'œuvre un moment de la compétition religieuse entre « païens » et « chrétiens », et de souligner les spécificités des stratégies rhétoriques et narratives contenues dans les sources qui suivent l'époque constantinienne. Les auteurs païens et chrétiens travaillent souvent la même matière, les mêmes thématiques et ils les remodèlent selon leurs objectifs ; à partir d'éléments biographiques superposables, de schémas iconographiques partagés, de pratiques rituelles qui se font écho, les cohabitations religieuses de l'époque se sont construites, en partie, sur une *paideia* commune. Au IVe siècle, dans un moment charnière de l'histoire de l'Empire, si les auteurs païens intensifient les relectures allégoriques, philosophiques et théologiques de Dionysos, les auteurs chrétiens commencent pour leur part à représenter Dionysos comme l'incarnation païenne du diable et à évoquer l'image de ses dévots comme l'exemple du cortège diabolique. La « diabolisation » de la figure de Dionysos est sans doute liée aux changements historiques de l'époque : depuis la génération des fils de Constantin, la législation impériale commence à condamner les pratiques païennes et notamment le sacrifice, par exemple en 341 sous le règne de Constance[60]. Le changement politique au sommet de l'Empire a nécessairement eu des conséquences dans la pratique rituelle mais aussi dans l'image que les auteurs chrétiens donnaient de leur religion et des religions des autres.

---

60 *Code théodosien*, XVI, 10, 2.

MICHELE CUTINO

Les figures mythologiques dans le discours religieux d'Ambroise de Milan : l'excursus nécessaire

On pourrait s'attendre à ce qu'Ambroise de Milan, évêque chrétien, manifestât peu de sympathie ou d'attention aux mythes de la culture gréco-latine. Or l'examen montre que leur utilisation s'accompagne, dans certains cas significatifs, d'une définition précise de leur fonction ; mieux, elle aboutit à une réflexion métalittéraire sur la définition même d'excursus, ce qui rentre bien dans la perspective de ce colloque consacré aux figures mythiques dans les discours religieux de l'empire gréco-romain. Cette réflexion ambrosienne est d'autant plus importante que, comme chacun le sait, l'évêque partage le goût esthétique de son époque, l'Antiquité tardive, qui, comme le remarquait déjà J. Fontaine[1], se montre souvent plus intéressée par l'enrichissement presque baroque des détails ou des parties que par la cohérence et l'organicité de la structure générale d'une œuvre[2].

Nous retiendrons trois mythes qui permettront de dégager les axes principaux selon lesquels Ambroise traite le matériau mythologique du point de vue fonctionnel et idéologique. En outre ces textes couvrent l'arc chronologique entier de la production ambrosienne : l'un appartient au *De uirginibus*, qui est le premier ouvrage de l'évêque milanais (377), le deuxième au *De officiis*, dont la publication est généralement placée en 388-390, et le dernier à la préface du livre IV de l'*Expositio evangelii secundum Lucam*, qui, tout comme les autres parties rédactionnelles de cet ouvrage, remonte à peu près à 390[3].

---

1 J. Fontaine, « Unité et diversité du mélange des genres et des tons chez quelques écrivains latins de la fin du IVe siècle : Ausone, Ambroise, Ammien », dans *Christianisme et formes littéraires de l'Antiquité tardive en Occident. Vandœuvres-Genève, 23-28 Août 1976*, Genève, 1977, p. 425-472.
2 Cependant il ne faut pas trop marquer cet aspect chez Ambroise dont la critique a mis en évidence de plus en plus l'existence d'un plan bien construit de la composition littéraire qui comporte de véritables « médaillons » : voir, à cet égard, G. Nauroy, « La méthode de composition d'Ambroise de Milan et la structure du *De Iacob et vita beata* », dans *Ambroise de Milan. XVIe Centenaire de son élection épiscopale*, Paris, 1974, p. 115-153 ; Id., « La structure du *De Isaac vel anima* et la cohérence de l'allégorèse d'Ambroise de Milan », *Revue des études latines*, 63 (1985), p. 210-236 ; M. Cutino, « Struttura e significato del *De patriarchis* di Ambrogio : la grazia della salvezza come fondamento del combattimento spirituale del cristiano », *Acme*, 61, 2008, p. 51-77.
3 Pour la chronologie de ces œuvres, voir G. Visonà, *Cronologia Ambrosiana. Bibliografia Ambrosiana*, Milan, 2004, p. 95-99 ; 127-129 ; 137.

Michele Cutino Université de Strasbourg Théologie catholique et sciences religieuses (EA 4377)

Le premier de ces textes a une situation particulière : en effet, il fait partie du discours qui aurait été prononcé par le pape Libère à Rome dans la basilique de s. Pierre, le 25 décembre, très probablement entre 352 et 354, au moment de la consécration de la sœur d'Ambroise, Marcelline. Ce discours est en fait une véritable *fictio rhetorica*, qui a son modèle littéraire probable dans un discours analogue qu'Athanase, dans son *epistula ad uirgines*, fait adresser aux vierges par Alexandre, son prédécesseur sur le siège d'Alexandrie[4]. Cette *fictio rhetorica* occupe le début du troisième livre du *De uirginibus* dédié aux *praecepta* concernant la virginité, en particulier l'usage du vin et de la nourriture de la part de la vierge, la discrétion et le silence qu'elle doit observer. Et l'insertion même d'un petit excursus sur le mythe d'Hippolyte, formellement conforme au style et à la praxis de la composition ambrosienne, confirme cette nature fictive du discours. La digression est introduite, comme c'est fréquent chez Ambroise, par une « image charnière »[5] : les passions sont rapprochées des chevaux indomptés et furieux qui, en s'emballant, peuvent renverser, piétiner et déchiqueter le cavalier/homme incapable de leur mettre un frein ; la vierge doit donc s'en méfier, lorsqu'elle boit du vin, et préférer les dompter par le jeûne et la privation de boisson[6]. Il s'agit d'une image très commune chez Ambroise, qui l'a élaborée dans les traités de sa maturité sur le modèle du *Phèdre* platonicien de l'âme/chair à laquelle sont attelés des chevaux bons – les *adfectiones bonae* correspondant aux quatre vertus cardinales *iustitia, temperantia, fortitudo, prudentia* – et mauvais – les *adfectiones malae* – les quatre passions canoniques, *timor, gaudium, uoluptas, dolor*, que le cocher doit bien maîtriser[7]. L'image de l'homme déchiqueté par les chevaux rappelle à Libère/Ambroise la mort d'Hippolyte, relatée avec des traits présents seulement dans ce passage ambrosien[8] : il insiste sur la nature mythique du récit au moyen de la formule rhétorique appelée techniquement *aphodos*[9], *sed de fabulis ad propositum redeamus*. Il s'agit d'opposer à la jeune vierge idéale chrétienne le cas d'un jeune homme faussement conçu, dans le mythe païen, comme consacré à la chasteté : en effet, pour Ambroise, Hippolyte, en s'étant épris d'une déesse, Diane/Artémis, représente bien l'un des jeunes qui se laissent facilement renverser par

---

4 Voir à cet égard, L. Dossi, « S. Ambrogio e S. Atanasio nel *De virginibus* », *Acme*, 4, 1951, p. 253-257.
5 C'est H. Savon, *Saint Ambroise devant l'exégèse de Philon d'Alexandrie*, I, Paris 1977, p. 147, 250 et 335, qui a parlé à propos de cette technique de composition, de « mots/images charnières ».
6 Ambr., *De uirginibus*, III, 2, 5 (éd. E. Cazzaniga, Turin, 1948, p. 78) : *Modico itaque uino utere, ne infirmitatem corporis augeatur, non ut uoluptatem excites ; incendunt enim duo, uinum et adulescentia. Infrenent etiam teneram aetatem ieiunia, et parsimonia cibi retinaculis quibusdam* indomitas *cohibeat cupiditates. Ratio reuocet, mitiget spes, restringat metus. Nam qui moderari nescit,* cupiditatibus sicut equis raptatus indomitis uoluitur, obteritur, laniatur, affligitur.
7 Platon, *Phèdre*, 246 e. Sur l'emploi de ce thème chez Ambroise voir M. Cutino, « *L'anima e le sue adfectiones nel lessico filosofico di Ambrogio* », dans *Atti della V Giornata Filologica Ghisleriana « Il Latino dei filosofi a Roma antica »*, Pavia 12-13 aprile 2005, Pavie, 2006, p. 171-207, en particulier p. 186-207.
8 M. Klein, *Meletemata Ambrosiana. Mythologica de Hippolyto, doxographica de Exameri fontibus*, Königsberg, 1927, en particulier p. 9-15.
9 Quintilien (*Institutio oratoria*, IX, 3, 87) définit ainsi la formule qui sert à conclure un excursus et à retourner à l'argument principal.

les passions/chevaux sans les contrôler (*quod aliquando iuueni ob amorem Dianae contigisse proditur*). Cette donnée est soumise à un procédé de falsification qui tient compte des autres informations appartenant à ce mythe, plus favorables à Hippolyte : *sed poeticis mendaciis coloratur fabula*. Ces informations qu'Ambroise qualifie de « mensonges poétiques » soulignent qu'Hippolyte, jeune homme chaste, est plutôt la victime de l'amour de Diane, déesse vierge qui put aimer celui qui ne l'aimait pas (*amare potuit non amantem*), et de la jalousie de Poséidon/Neptune envers le jeune homme, son rival en amour, qui fit s'emballer les chevaux du char d'Hippolyte en causant sa mort[10]. Or, même s'il juge que l'histoire d'Hippolyte, consistant fondamentalement dans la passion mauvaise et illégitime d'un jeune homme pour une déesse, est enjolivée justement par ces mensonges poétiques, il est bien disposé à reconnaître à ceux-ci l'autorité de la véridicité : *sed habeant per me* – c'est-à-dire en ce qui concerne – *licet fabulae suae auctoritatem*. En effet, si les *fabulae* concernant Hippolyte ne sont pas, pour ainsi dire, des « superstructures » poétiques mensongères, mais si elles sont à accueillir telles quelles, cela comporte une conséquence encore plus grave – souligne Ambroise –, c'est-à-dire que des prétendues divinités – Poséidon/Neptune et Artémis/Diane – ont lutté entre elles à propos d'un adultère. Davantage encore, que Jupiter lui-même a tué avec sa foudre Asclépios pour avoir alimenté la passion mauvaise de sa fille Diane, en ayant ressuscité Hippolyte[11]. Ici Ambroise donne une présentation presque caricaturale de l'histoire de ce héros, en se basant, en particulier, sur la tradition « italique » du mythe[12], voire sur un auteur en particulier, qu'il connaissait très bien, Virgile[13] : même si la légende de la résurrection d'Hippolyte était déjà dans l'*Hippolyte voilé* d'Euripide, qui ne nous est pas parvenu, l'évêque trouvait chez Virgile que le jeune homme avait été ressuscité par des herbes médicinales, ce qui fait allusion à l'intervention d'Asclépios, et grâce à l'amour de Diane[14], et que Jupiter avait atteint Asclépios d'un coup de foudre, pour avoir permis à un mortel d'obtenir l'immortalité.

Ce qui nous intéresse ici n'est pas la réécriture de la légende italique d'Hippolyte, mais la fonction ouvertement apologético-polémique de cette digression :

---

10 Ambroise, *De uirginibus*, III, 2, 6 (p. 78) : *Quod aliquando iuueni ob amorem Dianae contigisse traditur. Sed poeticis mendaciis coloratur fabula, ut Neptunus riualis dolore incitatus equis dicatur furorem immisisse… Quam (sc. Dianam) uirginem dicunt quae (id quod etiam meretrices erubescere solent) amare potuit non amantem.*
11 Ambroise, *De uirginibus*, III, 2, 6 (p. 78) : *Sed habeant per me licet fabulae suae auctoritatem, quia, sit licet scelestum utrumque, minus tamen sit iuuenem amore adulterae sic flagrasse, ut periret, quam duos, ut ipsi dicunt, deos de adulterio certasse, Iouem autem doloris scortantis filiae in medicum uindicasse adulteri, quod eius curasset uulnera…*
12 Sur les versions de ce mythe il est encore utile de consulter L. Séchan, « La légende d'Hippolyte dans l'antiquité », *Revue des études grecques*, 24, 1911, p. 105-151.
13 Virgile, *Énéide*, VII, 765-773 (éd. J. Perret, Paris, 2007) : *Namque ferunt fama Hippolytum,… / turbatis distractus equis, ad sidera rursus / aetheria et superas caeli uenisse sub auras, / Paeoniis reuocatum herbis et amore Dianae /Tum Pater omnipotens, aliquem indignatus ab umbris / mortalem infernis ad lumina surgere uitae, / ipse repertorem medicinae talis et artis / fulmine Phoebigenam Stygias detrusit ad undas.*
14 C'est un élément remarqué aussi par Lactance dans ses *Institutions divines*, I, 17, 15. Sur le rôle de Diane dans l'histoire d'Hippolyte, voir F. Stok, *Percorsi dell'esegesi virgiliana*, Pise, 1988, p. 190-191 et n. 141.

la véridicité des *fabulae* est admise seulement dans la perspective du motif de la *turpitudo deorum*, très répandu dans l'apologétique latine[15]. Cette perspective, par ailleurs, est bien conforme à l'époque où l'on suppose que Libère a prononcé ce discours, en 352-354, c'est-à-dire à une époque presque contemporaine du *De errore profanarum religionum* de Firmicus Maternus. Dans cette perspective apologétique, l'excursus mythique auquel se livre Ambroise ne peut pas ne pas être circonscrit et délimité : il permet seulement de lancer une pointe cinglante contre les modèles païens de vertu, qu'il s'agisse d'hommes ou de dieux, en leur opposant ceux du christianisme.

Le deuxième cas que nous analyserons est tiré du troisième livre du *De officiis ministrorum* (29-36), à propos de la légende fameuse de Gygès, qu'Ambroise trouvait dans son modèle, le *De officiis* cicéronien (III, 9, 38), qui à son tour avait emprunté cette histoire à *La République* de Platon (II, 359c-360b). Il s'agit, donc, cette fois, d'un mythe utilisé par les philosophes. Il est mis en œuvre à propos du thème de l'homme sage qui ne commet aucune faute, même s'il peut échapper aux regards des autres, parce que c'est à ses propres yeux qu'il serait coupable, avant de l'être à ceux des autres.

Or, cet exemple légendaire est introduit avec de remarquables précautions rhétoriques. Après avoir souligné à la fin du par. 29[16] qu'il est en mesure d'argumenter (*docere possumus*) cette vérité non pas, comme les philosophes dans leurs discussions (*ut philosophi* disputant) par des *fictae fabulae*, mais en recourant à des exemples tout à fait véritables d'hommes très justes, Ambroise, au début du par. 30[17], se refuse formellement à s'attarder sur cette *fabula* au moyen du procédé rhétorique de la prétérition (*Non igitur ego simulabo terrae hiatum…*). En effet, Ambroise relate la légende en question en suivant de près le récit cicéronien : Gygès aurait trouvé, dans une crevasse de la terre qui se serait entrouverte, un cheval de bronze avec des portes dans les flancs et, à l'intérieur, un anneau d'or au doigt d'un homme mort qui gisait là. Après avoir enlevé cet anneau par avidité, il aurait découvert son pouvoir prodigieux, parce qu'en tournant le chaton de cet anneau vers la paume de la main, il voyait tout le monde, sans être vu par personne. Ainsi se serait-il servi de cet anneau pour séduire la reine de son pays, tuer le roi légitime avec ses amis et s'emparer du pouvoir. Le mythe est cité par antiphrase pour montrer que l'homme sage ne fuit pas moins la souillure du péché que s'il ne pouvait pas échapper à sa propre conscience.

---

15 J.-M. Vermander, « La polémique des apologistes latins contre les dieux du paganisme », *Recherches augustiniennes*, 17, 1982, p. 3-128, en particulier 76-84.

16 Ambroise, *De officiis*, III, 29 (éd. M. Testard, Paris, 1992) : *Quod non fictis fabulis, ut philosophi disputant, sed uerissimis iustorum uirorum exemplis docere possumus.*

17 *Ibid.* 30 : *Non igitur ego simulabo terrae hiatum, quae magnis quibusdam dissiluerit soluta imbribus, in quem descendisse Gyges atque ibi fabularum illum equum aeneum offendisse a Platone inducitur, qui in lateribus suis fores haberet ; quas ubi aperuit, animaduertit anulum aureum in digito mortui hominis, cuius illic exanimum corpus iaceret, aurique auarum sustulisse anulum. Sed, cum se ad pastores recepisset regios de quorum ipse numero foret, casu quodam, quod palam eius anuli ad palmam conuerterat, ipse omnes uidebat atque a nullo uidebatur ; deinde, cum in locum suum reuocasset anulum, uidebatur ab omnibus. Cuius sollers factus miraculi, per anuli opportunitatem reginae stupro potitus, necem regi intulit ceterisque interemptis quos necandos putauerat, ne sibi impedimento forent, Lydiae regnum adeptus est.*

Ambroise se limite dans le paragraphe 31[18] à ajouter à cette conclusion tirée de ses sources classiques la citation biblique de 1 Tim 1, 9 : « La loi n'a pas été établie pour le juste, mais pour l'injuste », et il souligne que le juste possède la loi de son âme et la norme de sa justice, et que ce n'est pas la peur du châtiment qui le détourne de la faute, mais la règle de la beauté morale.

L'évêque milanais donne ensuite à cet épisode de Gygès la valeur d'excursus au moyen d'une nouvelle *aphodos, ut ad propositum redeamus,* que nous avons déjà remarquée dans le *De uirginibus*. Reprenant les considérations initiales du paragraphe 29 de cette section, il réaffirme vouloir fournir non des exemples fabuleux à la place d'exemples vrais, mais des exemples vrais à la place d'exemples fabuleux[19]. Cette fois, cependant, en dépit des précautions formelles, sur lesquelles il insiste encore - *quid mihi opus est fingere hiatum terrae... quid, inquam, mihi opus est figmento anuli...* - l'excursus n'est pas séparé du reste de l'exposé, mais il est pleinement intégré à l'argumentation et il a une portée fonctionnelle par rapport aux intentions qu'Ambroise poursuit dans son discours. L'évêque milanais souligne, en effet, que l'histoire de Gygès veut montrer (*nempe eo tendit istud...*) que le sage, même s'il a l'usage de cet anneau grâce auquel il peut cacher ses propres forfaits et obtenir le royaume, se refuse à pécher, et qu'il ne profite pas de l'espoir de l'impunité pour perpétrer son crime. C'est justement la mention, dans le mythe de Gygès, de la possibilité de parvenir au pouvoir royal à travers un crime sans être découvert, qui permet à Ambroise de donner l'exemple biblique de David comme argumentation - en précisant encore *possim docere ex rebus gestis*, « je pourrais enseigner à partir de choses qui ont été accomplies » : l'homme sage, bien qu'il se voie capable non seulement d'échapper aux regards dans le péché, mais encore de régner s'il accepte le péché, et bien qu'à l'inverse, il aperçoive le danger pour sa vie, s'il refuse le forfait, choisit néanmoins le danger pour sa vie, afin d'être exempt de forfait, plutôt que le forfait pour se procurer le royaume. L'exemple en question, relaté dans les paragraphes 33-34[20], est tiré de 1 Sam 26, 7 sqq. Il concerne la sortie nocturne de David et de son compagnon Abisai, qui entrent dans le camp

---

18 Ibid. III, 31 : *Da, inquit* (sc. Plato), *hunc anulum sapienti, ut beneficio eius possit latere, cum deliquerit ; non enim minus fugiet peccatorum contagium quam si non possit latere. Non enim latebra sapienti spes inpunitatis, sed innocentia est. Denique* « lex non iusto, sed iniusto posita est » (1 Tim 1, 9), *quia iustus legem habet mentis suae et aequitatis ac iustitiae suae normam, ideoque non terrore poenae reuocatur a culpa, sed honestatis regula.*

19 Ibid. 32 : *Ergo, ut ad propositum redeamus, non fabulosa pro ueris, sed uera pro fabulosis exempla proferamus. Quid enim mihi opus est fingere hiatum terrae, equum aeneum anulumque aureum... ? Nempe eo tendit istud, utrum sapiens, etiam si isto utatur anulo, quo possit propria flagitia celare et regnum adsequi, nolitne peccare et grauius ducat sceleris contagium poenarum doloribus an uero spe inpunitatis utatur ad perpetrandum scelus. Quid, inquam, mihi opus est figmento anuli, cum possim docere ex rebus gestis quod uir sapiens, cum sibi in peccato non solum latendum, sed etiam regnandum uideret, si peccatum admitteret, contra autem periculum salutis cerneret, si declinaret flagitium, elegerit tamen magis periculum salutis, ut uacaret flagitio, quam flagitium quod sibi regnum pararet?*

20 Ibid. 33-34 : *Denique David, cum fugeret a facie regis Saul, ... ingressus in castra regis, cum dormientem offendisset, non solum ipse non percussit, sed etiam protexit, ne ab alio, qui simul ingressus fuerat, perimeretur... Itaque, dormientibus cunctis, egressus de castris transiuit in cacumen montis et coarguere coepit stipatores regios... quod nequaquam fidam adhiberet custodiam regi et domino suo... Et cum haec diceret, timebat tamen insidias eius et fugit sedem exilio mutans. Nec tamen salutem praetulit innocentiae.*

du roi Saul et le trouvent dans sa tente en train de dormir : non seulement David ne permet pas à Abisai de le frapper et de le tuer, en se refusant à porter la main sur l'oint du Seigneur, mais encore, alors que tout le monde dort, il sort du camp, se rend sur le sommet de la montagne et se met à accuser les gardes royaux, en particulier le chef de la troupe, Abner, en lui reprochant de ne pas monter une garde vigilante pour son roi et seigneur. Enfin, malgré ses paroles, craignant les représailles du roi, il s'enfuit en exil.

C'est encore l'anecdote de Gygès qui, dans le paragraphe 35[21], lui permet le recours au deuxième exemple : Jean-Baptiste n'eut pas besoin de l'anneau, lorsque, alors qu'il lui suffisait de se taire, devant Hérode et sa famille, pour préserver sa vie, ne supportant pas même le péché chez autrui, il suscita contre lui-même un motif de le tuer.

Davantage encore : Ambroise conclut que la *fabula*, bien qu'elle n'ait pas la force de la vérité, a en soi une signification (*sed fabula etsi uim non habet ueritatis, hanc tamen rationem habet*) qui enrichit celle que Platon et Cicéron lui avaient donnée[22] : elle ne montre pas seulement que si l'homme juste peut se dissimuler, il écarte cependant le péché, comme s'il ne pouvait le dissimuler, et il ne cache pas sa personne lorsqu'il a revêtu l'anneau, mais aussi qu'il cache sa vie lorsqu'il a revêtu le Christ, selon ce que dit Paul en Col. 3, 3 : « Notre vie a été cachée avec le Christ en Dieu ». D'où l'exhortation à se mettre dans la *sequela Christi* sous cet aspect même, en cachant sa propre vie, comme le Christ qui, alors qu'il vivait sur terre, voulait rester ignoré de ce monde, et en évitant la vantardise.

L'excursus de Gygès, bien qu'exorcisé par l'insistance sur la dichotomie *fabulae philosophorum/res gestae* de l'Écriture, devient donc nécessaire pour proposer la christianisation de l'idéal philosophique du sage dont la conscience est loi pour lui-même. On peut parler à cet égard d'une intégration fonctionnelle et idéologique cachée sous une prise de distance rhétorique - la prétérition - et conceptuelle apparente.

Mais c'est le troisième exemple qui nous fait entrer pleinement dans la véritable originalité de l'emploi des excursus mythiques de la part d'Ambroise. Au centre de ce texte, qui appartient à la préface du livre IV de l'*Expositio euangelii secundum Lucam*, figure le mythe d'Ulysse et des Sirènes. Comme l'a montré H. Rahner, dans la spiritualité chrétienne des premiers siècles de notre ère, les Sirènes représentaient soit la sagesse païenne dont il fallait se méfier, soit, surtout dans la littérature hérésiologique, et chez Hippolyte en particulier, l'image des hérétiques[23] ; à partir du IVe s., c'est-à-dire à partir d'une certaine atténuation de l'opposition radicale

---

21 Ibid. 35 : *Vbi opus fuit Iohanni Gygaeo anulo, qui, si tacuisset, non esset occisus ab Herode ?*
22 Ibid. 36 : *Sed fabula, etsi uim non habet ueritatis, hanc tamen rationem habet, ut, si possit celare se uir iustus, tamen ita peccatum declinet, quasi celare non possit, nec personam suam indutus anulum, sed uitam sua Christum indutus abscondat, sicut apostolus ait quia :* « *uita nostra abscondita est cum Christo in deo* » (Col. 3, 3). *Nemo ergo hic fulgere quaerat, nemo si arroget, nemo se iactet. Nolebat se Christus hic cognosci, nolebat praedicari in euangelio nomen suum, cum in terris uersaretur ; uenit ut lateret saeculum hoc. Et nos ergo simili modo abscondamus uitam nostram Christi exemplo, fugiamus iactantiam.*
23 H. RAHNER, *Griechische Mythen in christlicher Deutung*, Zurich, 1957, p. 414-486 ; ID., *Symbole der Kirche. Die Ekklesiologie des Väter*, Salzburg, 1964, p. 239-271.

entre christianisme et culture païenne, elles deviennent plutôt l'image de la *saeculi uoluptas*, des appâts et des flatteries du monde auxquels le chrétien véritable doit résister. N. Pace a montré que cette tendance n'est pas unanime[24] : Jérôme, par exemple, continue à utiliser la symbolique des Sirènes essentiellement dans un but antihérétique, et c'est justement Ambroise qui joue un rôle fondamental, en étant non seulement, comme l'observe déjà Rahner, le premier auteur chrétien latin à proposer une interprétation des Sirènes, sur le plan moral, comme séduction envoûtante du *saeculum*, mais aussi le premier à se concentrer suffisamment sur la figure d'Ulysse, jusque-là mentionné seulement de façon ponctuelle chez Tertullien et Lactance.

À ces données, nous voulons ajouter ici l'important traitement de ce mythe dans la préface du livre IV, non pas seulement sur le plan de l'évolution de la symbolique du mythe, mais aussi du point de vue de la réflexion métalittéraire sur le rôle des excursus. La référence à Ulysse et aux Sirènes est précédée par une prémisse, très articulée sur le plan syntaxique, où Ambroise, en visant à justifier la parenthèse très longue du livre III consacrée à la généalogie du Christ, rapproche l'art de la composition de la navigation. Ceux qui, se méfiant de la faiblesse de leurs compétences, se préparent à traverser la haute mer en naviguant sur les côtes, évitent de tirer au plus court en prenant le large et, séduits par la beauté des sites, ils aiment visiter la campagne et les villes écartées du rivage : dès lors ceux qui, eux-mêmes médiocrement rassurés, comme c'est le cas de l'évêque milanais (*ut nos*), sont perdus dans l'immensité des actions célestes, doivent encore davantage aimer faire escale aux ports les plus proches et multiplier les excursions (*frequentes amare debemus excursus*), de peur que, fatigués par l'ennui d'une longue navigation, ils ne puissent éviter nausée et vomissements[25]. Les deux métaphores du port et des excursions sont ensuite développées : à propos de la première, Ambroise reconnaît que, si quelqu'un s'aperçoit que le bateau de son esprit est peu sûr ou subit des avaries inquiétantes, il est préférable de carguer la voilure de ses oreilles et de jeter l'ancre de la lecture dans l'un des nombreux ports que sont les livres ; par ailleurs descendre au port ne signifie pas - comme Ambroise le souligne - quitter son navire, mais accomplir sa course : il emploie *confecisse cursum*, soit le même verbe qu'il avait utilisé au début du texte pour indiquer l'achèvement de la digression du IIIe livre, *confecimus opus*.

---

24 N. Pace, « Il canto delle Sirene in Ambrogio, Girolamo e altri Padri della Chiesa », dans L. F. Pizzolato – M. Rizzi (éd.), *Nec timeo mori. Atti del Congresso di studi ambrosiani nel XVI centenario della morte di sant'Ambrogio, Milano 4-11 aprile 1997*, Milan, 1998, p. 673-695.

25 *Expositio euangelii secundum Lucam* IV, 1 (éd. K. Schenkl, CSEL 32/4) : *Non absurdum, ut opinor, de generatione domini confecimus opus ; certe infructuosum non fuit dominicis diutius inhaerere maioribus. Nam si hi qui magnum mare litorali parant nauigatione transmittere altioris conpendium cursus itidem ut nos fiduciae infirmitate uitantes agrum et urbes litore deductas capti locorum decore frequenter inuisunt, quanto magis nos in tanto non elementorum, sed gestorum caelestium siti profundo uiciniores legere portus et frequentes amare debemus excursus, ne qui longae nauigationis taedio fatigatus fastidii uomitum tenere non possit. Certe si quis intutae ratis uitia infida perspexerit, tamquam frequenti librorum portu obiecto licet ut aurium uela deponat, lectionis ancoram figat. Non uidetur deseruisse nauigium, sed confecisse cursum qui descendit in portum.*

Ambroise s'attarde sur la deuxième métaphore, celle des excursions, en citant précisément le mythe d'Ulysse et des Sirènes. Insistant sur la même structure syntaxique, l'évêque milanais fait l'observation suivante : si le fameux Ulysse, selon les fables, cette fois attestées par les données des Écritures, après un exil de dix années à la guerre et après dix années de voyages en direction de sa patrie, avait pu être retenu par les fruits doux des Lotophages et par les jardins d'Alcinoüs, et s'il avait risqué le naufrage à cause de l'enchantement des voix mélodieuses des Sirènes, en bouchant les oreilles de ses compagnons avec des tampons de cire, il est d'autant plus nécessaire que les hommes religieux soient captivés par l'émerveillement des actions célestes[26].

Plusieurs éléments très importants ressortent de ce passage : 1) d'abord la métaphore de la navigation sert à justifier la nécessité des excursus dans un long exposé sous deux aspects : la faiblesse de l'auteur (*fiduciae infirmitate ut nos...*, avec la référence à l'esquif peu sûr et aux avaries inquiétantes) et celle du lecteur qui, devant une navigation/œuvre infinie, pourrait avoir une réaction négative (c'est la nausée et le vomissement de la métaphore nautique) ; deuxièmement, cette gradualité nécessaire, didactique, offre en même temps une opportunité : à l'auteur se présentent, dans sa navigation/œuvre, plusieurs ports que sont les livres, ce qui invite à s'arrêter, à jeter l'ancre et à descendre dans les ports ; cette descente ne signifie pas quitter le bateau, c'est-à-dire *l'objet* principal du traité, mais accomplir le parcours – *conficere cursum* – en approfondissant les contenus qui, se présentent à l'occasion, peuvent intéresser davantage le lecteur chrétien, comme c'est le cas du livre III sur la généalogie du Christ.

2) Ambroise, outre l'opportunité des excursus, en souligne aussi l'*amoenitas* à travers justement la référence aux voyages d'Ulysse qui ne se limitent pas à l'épisode des Sirènes : le fait que le héros, dans son voyage de retour dans la patrie,

---

26 Ibid. IV, 2-3 : *Et plerisque locis fortasse amoenitas locorum ipsa inuitet praetermeantem. Nam si Ulixem illum, ut fabulae ferunt - licet et propheta dixerit : « habitabunt in ea filiae Sirenum »* (Is 13, 22), *et si non dixisset propheta, nemo tamen iure reprehenderet, cum et gigantas et uallem Titanum scriptura comprehenderit - si ergo Ulixem illum post decem annorum exilia, quibus bellatum in Ilio est, decemque erroris annos festinantem ad patriam Lotophagi suauitate bacarum tenere potuerunt, si horti Alcinoi retardarunt, si postremo Sirenes cantu uocis inlectum ad illud famosum uoluptatis naufragium paene deduxerant, nisi aduersus inlecebrosae sonitus cantilenae inserta cera sociorum clausisset aures, quanto magis religiosos uiros caelestium factorum decet admiratione mulceri ! Atque hic iam non bacarum suauitas haurienda, sed panis ille qui descendit de caelo, non holera Alcinoi spectanda, sed sacramenta sunt Christi... Non claudendae igitur aures, sed reserandae sunt, ut Christi uox possit audiri, quam quisque perceperit naufragium non timebit, non corporalibus, ut Ulixes, ad arborem uinculis adligandus, sed animus ad crucis lignum spiritalibus nexibus uinciendus, ne lasciuiarum moueatur inlecebris cursumque naturae detorqueat in periculum uoluptatis. Figmentis enim poeticis fabula coloratur ut quaedam puellae scopuloso in litore maris habitasse prodantur, quae si quos deflectere nauigium propter aurium suauitatem dulci uoce pepulissent, in uada caeca deductos et infida statione deceptos naufragii miserabilis sorte consumerent. Conpositum hoc specie et ambitiosa conparatione fucatum est, ut mare, uox feminae, litora uadosa fingantur. Quod autem mare abruptius quam saeculum tam infidum, tam mobile, tam profundum, tam immundorum spirituum flatibus procellosum ? Quid sibi uult puellarum figura nisi euiratae uoluptatis inlecebra, quae constantiam captae mentis effeminet ? Quae autem illa uada nisi nostrae scopuli sunt salutis ? Nihil enim tam caecum quam saecularis suauitatis periculum quae dum mulcet animum, uitam obruit et corporeis quibusdam scopulis sensum mentis inlidit.*

s'attarde dans certains lieux merveilleux et qu'il ait risqué le naufrage à cause des séductions des Sirènes, justifie qu'on s'attarde d'autant plus dans la lecture des réalités divines. À travers ce rapprochement, Ambroise souligne la légitimité du plaisir. Le mot-clé est *suauitas*, qui a un rôle central dans l'exégèse morale de l'évêque milanais, bien conscient que, pour transmettre des enseignements, il faut les accompagner d'une douceur attirante. Et l'exemple mythique justifie également la longueur de l'excursus : puisque des appâts ont pu retarder Ulysse, même après vingt années de guerre et de voyages, il n'y a aucune limite de temps pour celui qui s'applique aux aspects variés de la parole divine. Cette perspective rentre bien dans la pratique des auteurs de l'antiquité tardive, qui, en dépit de la brièveté recommandée par les grammairiens, aiment à se livrer à de nombreuses et longues digressions[27].

3) Le troisième intérêt de ce texte réside dans la justification qu'apporte Ambroise au recours au mythe pour légitimer l'opportunité des excursus dans l'exposé des hommes religieux : il se fonde sur l'Écriture, avant tout Is 13, 22 où le mot *seirhenes* se rencontre dans certaines traductions, celles d'Aquila, de Symmaque et de Théodotion, acceptées même par Jérôme en raison de la difficulté à rendre de façon cohérente dans le contexte l'original hébraïque *tannim*, presque équivalent à *dracones*[28]. Mais Ambroise ajoute que, même si le prophète n'avait pas employé ce mot, personne n'aurait le droit de faire de reproche, parce que l'Écriture accueille les Géants et la vallée des Titans. C'est donc la présence des mythes dans l'Écriture même qui en autorise un certain emploi. Cette interprétation est présente chez Ambroise dès le début de son activité littéraire. Nous la trouvons même dans un texte appartenant à un ouvrage théologique, le troisième livre du *De fide*[29] (fin 380) : pour justifier d'avoir fait référence à Scylla en la rapprochant d'une autre figure mythique, l'Hydre, et donc d'avoir donné l'impression de faire des concessions illégitimes, *contra licitum*, aux couleurs des fables poétiques, Ambroise fait remarquer que, dans l'Écriture divine, on ne trouve pas seulement

---

27 Il suffit de rappeler les modules d'*aphodoi* d'un historien comme Ammien (voir par exemple XV, 12, 6 : *Euectus sum longius ; sed remeabo tandem ad coepta* ; XXII, 8, 48 : *Prolati aliquanto sumus longius quam sperabamus, pergamus ad reliqua*), dont s'est occupé M. CALTABIANO (« Il carattere delle digressioni nelle *Res Gestae* di Ammiano Marcellino », dans *Metodologie della ricerca sulla tarda antichità. Atti del primo convegno dell'Associazione di Studi Tardoantichi*, Naples, 1989, p. 290-296).
28 Pour ces problèmes de traduction, voir P. ANTIN, « Les Sirènes et Ulysse dans l'œuvre de saint Jérôme », *Revue des études latines*, 39, 1961, p. 232-241, en particulier 232-234.
29 Ambroise, *De fide*, III, 1, 4-5 (éd. O. FALLER, CSEL 78) : *Et Eseias « Sirenas et filias passerum »* (Is 43, 40 Sept.) *dixit, et Hieremias de Babylone memorauit quia « habitabunt in ea filiae Sirenum »* (Ier 27, 39 Sept.), *ut ostenderet Babylonis, hoc est saecularis confusionis inlecebras uetustis lasciuiae fabulis conparandas, quae uelut scopuloso in istius uitae litore dulcem resonare quandam, sed mortiferam cantilenam ad capiendos animos adulescentium uiderentur, quam sapiens etiam ab ipso poeta Graeco inducitur quasi quibusdam prudentiae suae circumdatus uinculis praeterisse. Ita difficile iudicatum est ante aduentum Christi etiam fortiores non posse capi speciosae deliciis uoluptatis. Quod si poeta ille perniciosam mentibus hominum et subeundis obnoxiam naufragiis lasciuiae saecularis inlecebram iudicauit, quid nos aestimare oportet, quibus scriptum est : « Carnis curamne feceritis in concupiscentiam »* (Ro 13, 14) *et alibi : « Castigo corpus meum et seruituti redigo, ne aliis praedicans ipse reprobus efficiar ? »* (1 Cor 9, 27).

des sentences, mais aussi des petits vers qui ont été insérés, et parmi ces *uersiculi*, il cite les géants, la vallée des Titans et les sirènes que, outre Isaïe, le prophète Jérémie aussi cite. Dès lors, dans l'*Explanatio* sur le ps. 43[30], son dernier ouvrage (mars 397), en ajoutant un autre intertexte biblique concernant les Sirènes, l'évêque peut affirmer que l'Écriture a mentionné trois fois ces entités – *sirenas quarum secundo et tertio mentionem fecit scriptura diuina* – et il peut qualifier d'*historia* la tradition relatée sur celles-ci. Dans le *De fide*, tout comme dans le commentaire sur Luc, il mentionne les Sirènes pour la signification morale qu'a ce mythe dans la perspective même du poète Homère, qui l'a conçu – signification morale qui induit justement les écrivains bibliques à l'insérer dans leurs écritures : en effet, dans le *De fide*, on dit que Jérémie fit mention de ces Sirènes pour montrer que les séductions lascives de la Babylonie du texte biblique, qui représente la *saecularis confusio*, peuvent être rapprochées de ce que disent les *uetustae fabulae*, parce que, dans ce mythe, le poète grec montre comment le sage, Ulysse, doit résister aux appâts à travers les liens de la prudence. De même, dans le texte de l'*In Lucam* que nous avons considéré, les fictions poétiques qui ont embelli, par une présentation et une mise en scène travaillée (la mer, la voix féminine, le littoral et ses fonds), ont une valeur symbolique qui exige d'être interprétée : la mer si peu clémente, selon une métaphore très répandue dans l'Antiquité tardive, représente le monde agité par le souffle des esprits impurs, les Sirènes, comme des *puellae*, sont l'appât d'une volupté énervée, les récifs deviennent les écueils du salut.

La légitimité du recours au mythe pour un auteur chrétien se fonde, donc, selon Ambroise, sur deux éléments indissociables, la présence d'une signification allégorique-morale déjà dans les textes profanes qui ont utilisé le mythe en question, et le réemploi de ce mythe dans l'Écriture avec cette même perspective. C'est donc la légitimité de la symbolique moralisante, présente déjà dans la construction du mythe chez le poète, qui fait qu'il puisse être accepté à l'intérieur de l'Écriture par les auteurs sacrés, les prophètes dans le cas présent ; c'est pourquoi l'écrivain chrétien peut bien se placer dans le sillon de ce modèle biblique, comme le fait précisément Ambroise dans le *De fide* et dans la préface au commentaire sur l'évangile de Luc.

Mais il y a encore une dernière particularité propre à Ambroise, que je ferai apparaître à travers ce schéma des livres III-IV :

---

30 Ambroise, *In psalmum XLIII*, 75 (éd. M. PETSCHENIG, CSEL 64) : *Pulchre autem et Aquilae interpretatio, quemadmodum intellegere debeamus locum afflictionis, expressit dicendo : « quoniam humiliasti nos in loco sirenum »* (Ps. 43, 20 Aquilas), *ut non caro in vitio sit sive natura, sed ea quae carnem corruptibilem esse fecerunt. Denique Sirenas, quarum secundo et tertio mentionem fecit scriptura divina, quasdam puellas gentilis tradidit historia, quae vocis propriae suavitate canendo inlecebris provocabant audiendi studio navigantes ad litus admovere navigium ; eosque, cum gratiam vocis secuntur, scopuloso in loco incidisse naufragium vetus historia posteris tradidit. Earum interpretatio haec est : voluptas vocis et quaedam adulatio... Ut ergo illic non litus in vitio erat, sed canora dulcedo, quae faciebant asperitatem litoris non caveri, ita non caro in vitio, sed ea quibus caro ista sollicitatur et fluctuat. Denique mare, cum tempestas desit, quietum est, si procella saeviat, periculosum.*

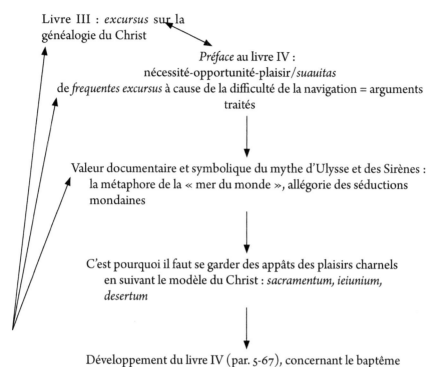

Conclusion : La grâce du Christ permet d'apaiser les tempêtes de la « mer du monde » et de prendre finalement le large, à travers la compréhension de la généalogie divine du Christ.

L'emploi du mythe d'Ulysse et des Sirènes est au service à la fois de l'argumentation et de la structure de cette section de l'*In Lucam*. D'une part la référence à ce mythe, en justifiant l'élément hédoniste, la *suauitas* de nombreux excursus, et la métaphore de la navigation employée au début du livre IV, permet de rattacher celui-ci au grand excursus du livre III concernant la généalogie du Christ ; d'autre part, avec sa valeur symbolique, il permet d'introduire le véritable exposé du IVe livre : contre les séductions représentées par les Sirènes/*uoluptates* et la mer du monde, Jésus Christ montre, à travers sa vie, en particulier le début de son magistère caractérisé par le baptême, la tentation dans le désert, le commencement de sa prédication et les premiers miracles, qu'il y a trois choses profitables et avantageuses au salut de l'homme, le sacrement, le désert et le jeûne[31]. Enfin, une fois ces trois moments commentés, à travers l'exposé des

---

31 Ambroise, *Expositio evangelii secundum Lucam*, IV, 4 (éd. K. SCHENKL, CSEL 32/4) : *Merito igitur dominus noster Iesus ieiunio suo nos atque deserto aduersus uoluptatum informat inlecebras et temtari se a diabolo dominus omnius patitur ut in illo omnes uincere disceremus. Aduertamus igitur quia tria non*

paragraphes 5-67, le livre se conclut sur les paragraphes 68-71[32] avec l'image de Jésus qui monte dans la barque de Pierre sur le lac de Tibériade et fait s'apaiser les flots du monde par sa parole : il invite donc Pierre, et avec lui tous les chrétiens, à prendre finalement le large sans avoir aucune crainte des tempêtes. Cette profondeur de la mer dont le chrétien est appelé à s'emparer, c'est la filiation divine du Christ. Ainsi le livre IV se conclut avec un effet de *Ringkomposition* : le large de la génération divine que le lecteur peut désormais traverser rappelle, dans les premiers paragraphes de l'excursus du livre III, la navigation mal assurée sur les côtes ; par ailleurs, entre ces deux moments, c'est la mention de la valeur symbolique des Sirènes qui permet de commencer le véritable exposé du livre IV concernant les premiers épisodes de la vie de Jésus. L'excursus devient donc lui-même, dans les livres III et IV, une force propulsive de l'organisation du discours et, à son tour, le mythe est lui-même légitimé en tant que partie intégrante de l'exposé, puisqu'il est mis en œuvre pour justifier la possibilité de faire des excursus.

En conclusion, nous pouvons confirmer que les modalités selon lesquelles Ambroise traite les mythes de l'Antiquité, dans les manifestations les plus originales que nous venons d'examiner, engagent la construction même de son discours religieux. Ambroise apparaît à cet égard comme l'un des écrivains chrétiens le plus ouvert et le plus original dans le traitement du matériel mythique. L'importance du langage poétique chez l'évêque milanais en apporte une confirmation : l'insertion des mythes ne se limite pas seulement, dans ses ouvrages, à des pointes polémiques contre les mensonges des poètes ou la fausseté des fables, pointes, par ailleurs, tout à fait ponctuelles par rapport au déroulement du thème principal qu'il traite, mais elle joue également un rôle dans l'exposé du thème principal. Bien que ces insertions soient souvent encadrées par des précautions rhétoriques, il y a des textes appartenant à toutes les époques de la production ambrosienne qui justifient, sur la base de l'Écriture, l'emploi légitime des mythes avec une finalité allégorico-morale et avec la fonction d'excursus. Mais l'excursus n'est alors plus délimité par les formules des passages canoniques – les *aphodoi*, par exemple – mais il se pose comme critère de la composition et comme élément nécessaire. Il relève d'une esthétique pour laquelle *conficere cursum* ne consiste pas à parvenir tout de suite, par des *compendia* – des chemins rapides –, au bout de son exposé, mais signifie plutôt en accomplir pleinement les finalités et l'objet, dans chaque partie considérée isolément.

---

otiose a domino principaliter ordinata euangelista descripsit. Tria sunt enim quae ad usum proficiunt salutis humanae, sacramentum, desertum, ieiunium.

32   *Ibid.* 68-69. 71 : *Et ideo ascendit in Petri nauem (sc. Iesus). Haec est illa nauis, quae adhuc secundum Matthaeum fluctuat, secundum Lucam repletur piscibus ut et principia ecclesiae fluctuantis et posteriora exuberantis agnoscat… Et sanctus Matthaeus recte non praetermittendum putauit aeternae indicium potestatis, ubi imperat uentis. Non est humana doctrina… sed caelestis maeiestatis insigne. Quod turbatum sedatur mare et diuinae uocis imperio obsequuntur elementa atque insensibilia sensum accipiunt obsequendi, diuinae mysterium gratiae reuelatur. Quod fluctus mitescunt saeculi, verbo immundus spiritus conquiescit… utrumque celebratur. Habes miraculum in elementis, habes documentum in mysteriis… Denique etsi aliis imperatur ut laxent retia sua, soli tamen Petro dicitur : « duc in altum »* (Lc 5, 4), *hoc est in profundum disputationum. Quid enim tam altum quam altitudinem diuitiarum uidere, scire dei filium et professionem diuinae generationis assumere ? Quam licet mens non queat humana plenae rationis inuestigatione comprehendere, fidei tamen plenitudo complectitur.*

FRÉDÉRIC CHAPOT

La vierge héroïque : l'émergence d'un modèle chrétien et son substrat littéraire

Introduction

L'avènement et le développement du christianisme ont conduit à l'émergence de nouveaux modèles d'excellence, et cette évolution s'accompagna de la réévaluation des figures exemplaires de la tradition païenne. Si les auteurs chrétiens sont bien souvent prêts à reconnaître l'exploit humain réalisé par les héros et héroïnes du passé antique, ils en soulignent la portée purement humaine, c'est-à-dire à la fois la motivation terrestre ou mondaine qui en est à l'origine, et sa réalisation par les seules forces humaines. Ils croient ainsi reconnaître une démarche anthropocentrique là où le christianisme exige une dimension théo- ou christocentrique. Et la relégation des rites païens au rang de vaines superstitions, voire à celui d'entreprises guidées, dans l'ombre, par les démons, ne permettait certainement pas le maintien des grandes figures exemplaires de la tradition gréco-romaine. Si jamais elles étaient valorisées, c'était le plus souvent pour faire honte à des chrétiens jugés trop tièdes[1]. Aux figures païennes sont plutôt substitués des personnages bibliques, qui prennent en charge la fonction de modèle. C'est l'entreprise d'Ambroise de Milan dans le *De officiis*, où il procède à une forme d'appropriation critique et créatrice de l'ouvrage du même nom de Cicéron, notamment en substituant au réservoir de modèles païens traditionnels de nouvelles sources : les personnages vétéro- et néotestamentaires, les saints chrétiens, en particulier les martyrs[2].

---

[1] Voir, par exemple, M. Atilius Régulus chez Augustin, *La Cité de Dieu*, V, 18 (éd. DOMBART & KALB, Turnhout, 1955 ; trad. personnelle) : *Eumque Carthaginienses, quoniam contra eos in Romano senatu egerat, grauissimis suppliciis necauerunt : qui cruciatus non sunt pro fide illius patriae contemnendi, ad cuius beatitudinem fides ipsa perducit ? Aut quid retribuetur domino pro omnibus quae retribuit, si pro fide quae illi debetur talia fuerit homo passus, qualia pro fide quam perniciosissimis inimicis debebat passus est Regulus ?* « Et les Carthaginois, contre lesquels <Régulus> avait agi au sénat de Rome, le firent mourir dans les plus cruels supplices : quelles tortures ne faut-il pas mépriser au service de la foi dans cette patrie, au bonheur de laquelle conduit cette foi même ? Ou qu'est-ce qui sera rendu au Seigneur pour tous les bienfaits qu'il a rendus, si, pour la foi qui lui est due, l'homme a souffert des tortures semblables à celles que Régulus a souffertes pour une foi qu'il devait aux ennemis les plus dangereux possible ? » Lorsque Tertullien, *Aux martyrs*, 4, veut encourager les chrétiens emprisonnés dans l'attente de leur martyre, il cite une série de héros païens qui ont accepté la mort dans l'adversité et parmi lesquels figure Régulus.

[2] M. BECKER, *Die Kardinaltugenden bei Cicero und Ambrosius, De officiis*, Bâle, 1994, p. 20.

Frédéric Chapot Université de Strasbourg Centre d'analyse des rhétoriques religieuses de l'Antiquité (EA 3094)

Figures mythiques et discours religieux dans l'Empire gréco-romain, Textes réunis et édités par Frédéric CHAPOT, Johann GOEKEN et Maud PFAFF-REYDELLET, Turnhout, Brepols 2018 (p. 237-255)

Pourtant à côté de ce travail assumé, et même affirmé, de substitution, il existe, dans le discours sur les modèles bibliques et chrétiens, en dessous du niveau littéral de l'expression, un réseau de souvenirs d'*exempla* et de figures mythiques païennes. Il faudrait étudier de près la représentation des figures bibliques pour cerner dans quelle mesure elles ne sont pas nourries de réminiscences païennes. On verrait en effet que la peinture de ces figures n'emprunte pas qu'aux sources bibliques et chrétiennes, mais réinvestit un matériau d'origine païenne. Sans doute faudrait-il distinguer entre les époques et les genres, les auteurs, leur niveau culturel et les publics qu'ils visent. On peut même faire l'hypothèse que le ressort littéraire de ces textes – ou leur littérarité - repose largement sur la profondeur « hypotextuelle » de ces œuvres. Nous nous proposons d'illustrer ici ce phénomène, en nous intéressant à l'émergence et au rayonnement de l'idéal de la vierge martyre dans la littérature hagiographique.

L'exemplarité d'une vierge martyre

En 414 Jérôme adresse une lettre à la jeune Démétrias, membre d'une illustre famille romaine, les Anicii, pour la féliciter de sa consécration à la virginité des mains de l'évêque de Carthage[3]. Cette consécration, qui dut avoir lieu entre l'automne 413 et le courant de l'année 414, eut un retentissement important chez les écrivains chrétiens de l'époque[4]. Il faut dire que Démétrias était la troisième génération de femmes de cette puissante famille, après sa grand-mère Proba et sa mère Juliana, à embrasser un style de vie ascétique. La lettre de Jérôme, qui fait office de petit traité de vie ascétique, raconte notamment comment la jeune fille, destinée au mariage, observait en secret, la nuit, certains préceptes ascétiques mais hésitait à adresser à sa grand-mère et à sa mère sa demande de conversion à la virginité[5]. Jérôme reconstitue, sous la forme d'un soliloque, les réflexions de la jeune fille, alors que le jour des noces approchait : « Que fais-tu, Démétrias ? Pourquoi défends-tu si timidement ta virginité ? Il faut de l'indépendance et de l'audace[6] ». Elle se demande ce qu'elle aurait fait en temps de persécution si elle craint même de parler, en temps de paix, à son aïeule et à sa mère. Puis elle continue : « Si les exemples des hommes ne t'entraînent pas, que la bienheureuse martyre Agnès t'exhorte et te rassure, elle qui a vaincu son jeune âge et

---

3 Jérôme, *Lettre* 130, *A Démétrias*, 2 (éd. et trad. J. LABOURT, Paris, 1961) : *Scio quod ad inprecationem pontificis, flammeum uirginale sanctum operuerit caput*, « Je sais qu'avec l'accompagnement de la prière épiscopale, le voile des vierges a couvert sa tête sainte ».
4 Voir Pélage, *Lettre à Démétrias*, PL 30, 1846, c. 15-45 ; Augustin, *Lettre* 150, CSEL 44, p. 380-382 ; Innocent Ier, *Lettre* 15, PL 20, c. 518 B ; ainsi que l'*Epist. ad sacram uirginem Demetriadem seu de humilitate tractatus*, PL 55, c. 161-180, attribuable à Léon le Grand ou à Prosper d'Aquitaine. Sur la datation et le contexte, P. LAURENCE, « Proba, Juliana et Démétrias. Le christianisme des femmes de la gens Anicia dans la deuxième moitié du ve s. », *Revue des études augustiniennes*, 48, 2002, p. 131-163 (p. 150).
5 Jérôme, *Lettre* 130, 4.
6 Jérôme, *Lettre* 130, 5 : *Quid agis, Demetrias ? Cur pudicitiam tanto pauore defendis ? Libertate opus est et audacia.*

le tyran, puis couronné par le martyre le titre d'honneur de la chasteté[7] ». Dans les réflexions reconstituées fictivement par Jérôme, le modèle martyrial est censé avoir joué un rôle déterminant dans la décision de Démétrias de braver les projets familiaux et d'affirmer son désir de virginité. À une époque où l'idéal martyrial est devenu, avec la fin des persécutions, caduc, le martyre continue à exercer la fonction d'un modèle. Mais pour que le modèle ait une valeur incitative, il est nécessaire qu'une forme d'identification soit possible, comme l'indique le caractère inopérant, pour Démétrias, des exemples masculins. C'est donc parce qu'Agnès est une femme qu'elle peut agir comme un modèle sur Démétrias. Mais le phénomène d'identification est encore facilité par deux autres éléments : Agnès était, comme elle, une jeune fille, une *uirgo*, et elle aspirait également à une vie de chasteté. Dès lors le courage de la martyre, même s'il repose sur une exigence incommensurablement plus difficile que ce qu'impose la situation de la jeune Romaine, peut fonctionner pour elle comme un exemple incitatif.

Aux yeux de Jérôme, le choix d'Agnès répond encore à d'autres similitudes dans les situations historiques. La toute jeune fille a été, selon les versions de la tradition, décapitée ou brûlée, sans doute sous la persécution de Dioclétien[8]. Certaines sources mentionnent qu'elle était destinée au mariage, et Prudence indique que le juge aurait d'abord condamné la jeune fille à la prostitution[9]. Or Jérôme, dans les paroles qu'il place dans la bouche de Démétrias, évoque le sort réservé aux femmes lors du sac de Rome, du 24 au 26 août 410. La jeune fille avait en effet connu ces événements dramatiques à Rome, avec sa famille, avant que celle-ci ne se réfugiât en Afrique, et elle avait assisté, sans en être personnellement victime, au rapt et au viol des vierges[10]. Mais un autre épisode de la vie de ces femmes de la famille des Anicii dans cette période tourmentée fondait le rapprochement avec Agnès : lors de leur arrivée en Afrique, elles furent accueillies par Héraclianus, comte d'Afrique, qui, sous prétexte de venir en aide à l'empereur, détroussa une partie des réfugiés et n'hésita pas à vendre des jeunes filles nobles[11]. C'était un élément supplémentaire

---

7 Jérôme, Lettre 130, 5 : *Si te uirorum exempla non prouocant, hortetur faciatque securam beata martyr Agnes quae et aetatem uicit, et tyrannum, et titulum castitatis martyrio coronauit.*
8 Sur le dossier d'Agnès à la fin de l'Antiquité, voir C. LANÉRY, *Ambroise de Milan hagiographe*, Paris, 2011, p. 81-87 et p. 238-243. Pour la mort par le feu, voir Damase, *Épigrammes*, 37 ; Ambroise, *Hymne* 8, v. 17-24 ; pour la décapitation, Ambroise, *Les Devoirs*, I, 204 ; *Les Vierges*, I, 2, 9 ; Prudence, *Le Livre des couronnes*, 14, v. 85-87.
9 Prudence, *Le Livre des couronnes*, 14, v. 38-60 ; Ambroise, *Les Devoirs*, I, 204, indique qu'elle sauva sa virginité, ce qui peut aussi être une allusion à la prostitution.
10 Jérôme, Lettre 130, 5 : *Dudum inter barbaras tremuisti manus, auiae matrisque sinu et palliis tegebaris, uidisti te captiuam et pudicitiam tuam non tuae potestatis, horruisti truces hostium uultus, raptas uirgines dei gemitu tacito conspexisti*, « Naguère tu as tremblé aux mains des barbares, ton aïeule et ta mère t'abritaient dans leur sein et sous leurs manteaux, tu t'es vue captive et, cessant d'être maîtresse de ta pudeur, tu as frémi d'horreur devant les atroces visages des ennemis, tu as vu, en gémissant silencieusement, le rapt des vierges de Dieu ».
11 Jérôme, Lettre 130, 7, qui ne nomme pas le comte mais décrit l'événement : *Et (ut aliquid loquar de fabulis poetarum) quasi Orcus in Tartaro non tricipitem sed multorum capitum habuit Cerberum, qui cuncta traheret, laceraret, extingueret. Hic matrum gremiis abducere pactas, negotiatoribus et auidissimis mortalium Syris nobilium puellarum nuptias uendere, non pupillorum, non uiduarum, non uirginum Christi inopiae parcere manusque magis rogantium spectare quam uultus*, « Pour emprunter une image aux

qui permettait l'association de Démétrias à la sainte martyre : la jeunesse et l'idéal de virginité étaient, dans l'un et l'autre cas, confrontés à l'expérience de la souffrance et des épreuves imposées par des hommes.

Ainsi la lettre de Jérôme offre l'illustration concrète de l'utilisation des *exempla* dans une situation de parénèse. Le texte, qui est certes, au premier degré, un discours d'éloge, puisqu'il s'agit de complimenter Démétrias à l'occasion de sa consécration à la virginité, prenait, dans les milieux chrétiens du début du Ve s., une dimension exhortative. En outre il met en scène l'effet sur Démétrias de l'exemplarité de l'attitude de sainte Agnès. Or l'idéal féminin chrétien, tel qu'il est ici dessiné, est le fruit d'une évolution nourrie certes, au premier chef, d'une exigence spirituelle et de modèles proprement chrétiens, mais aussi de souvenirs issus de la littérature et de la mémoire collective gréco-romaines. Nous retracerons, à grands traits, quelques aspects de l'émergence de cet idéal de la vierge chrétienne héroïque.

L'émergence d'un modèle héroïque féminin

Dans les tout premiers siècles, le modèle martyrial n'insiste guère sur la différenciation sexuelle et les comportements distincts qu'elle pourrait impliquer : peut-être sous l'influence de l'affirmation paulinienne de la disparition de toutes les distinctions, l'exigence de sainteté s'applique indifféremment, sous la même forme, aux femmes et aux hommes[12]. Ainsi dans les *Actes des martyrs de Scilli*, un texte africain relatant des événements de 180, les femmes ne se différencient en rien, dans leur comportement, des hommes, le rédacteur ne cherchant à aucun moment à les distinguer, et le lecteur ne les repère que par leur nom[13].

Dans un texte plus élaboré, la lettre adressée aux Églises d'Asie et de Phrygie pour les informer de la persécution des chrétiens de Lyon et datée de 177, il est précisé à plusieurs reprises que Blandine, « petite, faible et méprisable », avec la fragilité d'une femme, sut surmonter des souffrances inouïes[14]. Ce sont des traits qu'elle partage

---

fables des poètes, tel Orcus au Tartare, il eut un Cerbère, doté non de trois, mais de multiples têtes, qui s'employa à tout piller, détruire, anéantir. Cet homme "arracha au sein de leur mères leurs filles promises" (Virgile, *Énéide*, X, 79) ; il vendit à des trafiquants syriens, les plus cupides des hommes, des jeunes filles nobles pour les marier, n'épargnant ni les orphelines, ni les veuves, ni les vierges du Christ réduites à la pauvreté, et considérant plutôt les mains que le visage de celles qui le suppliaient de les protéger ». L'expression virgilienne figure dans la bouche de Junon, pleine de fureur contre Énée.

12 *Épître aux Galates*, 3, 28 : « Il n'y a plus ni Juif, ni Grec ; il n'y a plus ni esclave, ni homme libre ; il n'y a plus l'homme et la femme ; car tous, vous n'êtes qu'un en Jésus Christ ». Sur l'indifférenciation du comportement entre le saint et la sainte, E. GIANNARELLI, *La tipologia femminile nella biografia e nell'autobiografia cristiana del IV° secolo*, Rome, 1980, p. 23, n. 76 et p. 83, pour qui la différenciation entre les sexes ne se développe qu'après la période héroïque.

13 Ces Actes contiennent en fait trois listes différentes, présentant 6, 8 et 12 noms (*AScill* 1. 14. 16), parmi lesquels on repère les femmes suivantes : Donata, Secunda, Vestia, Januaria et Generosa.

14 Eusèbe de Césarée, *Histoire ecclésiastique*, V, 1, 42 (éd. G. BARDY, Paris, 1955) : ἡ μικρὰ καὶ ἀσθενὴς καὶ εὐκαταφρόνητος. Sur cette lettre, voir *Les martyrs de Lyon. 177*, Paris, 1978. Sur la fragilité qui caractérise son apparence extérieure, comme toute femme, voir *Histoire ecclésiastique*, V, 1, 17-19. 41-42.

avec le vieillard Pothin et le tout jeune Pontique, et ils forment trois figures de la faiblesse – la femme, le vieillard et l'enfant – que la foi, et l'Esprit qui l'accompagne, ont transformées en figures héroïques[15]. Le rédacteur lyonnais de la lettre s'efforce de construire des modèles susceptibles de servir d'exemples universels, et la présence des femmes, comme femmes martyres, contribue à la fonction exhortative du document. En cela il suit la recommandation de Quintilien, qui trouve, dans la *uirtus* des femmes, une puissance exhortative encore plus grande que chez les hommes[16] : de la même façon, le discours chrétien reconnaît dans les femmes martyres des modèles encore plus stimulants, puisqu'elles ont su surmonter la faiblesse physique et morale qu'on attribuait à leur sexe. La présence féminine de Blandine, conjointe à son endurance extrême, exerce donc, dans la mise en forme hagiographique, une fonction rhétorique : elle est l'image de la *mulier fortis*, qui surmonte la faiblesse de son sexe pour témoigner de sa foi et dont l'exemple doit susciter l'admiration et l'émulation de tous les chrétiens. Ainsi les chrétiens spectateurs du supplice de Blandine sur le poteau et futurs victimes des bourreaux peuvent-ils reconnaître en elle une image du Christ : « au milieu du combat, ils voyaient, des yeux de leur corps, à travers leur sœur, celui qui avait été crucifié pour eux[17] ». Elle, « petite, faible et méprisable », avait donc « revêtu le Christ, le grand et invincible athlète » et elle était devenue une source d'encouragement pour ses « frères[18] ».

Ce modèle exemplaire n'est pas une création chrétienne, et une des modalités de l'éloge des femmes dans la société romaine consiste précisément à montrer qu'elles se haussent au niveau des hommes et dépassent leurs qualités. Lorsque Cicéron veut encourager sa femme Térentia et sa fille Tullia, il leur écrit : « Je vous exhorterais à manifester encore plus de courage si j'ignorais que vous êtes plus courageuses que n'importe quel homme », et le procédé est couramment employé[19]. Avec le

---

55-56 ; même trait chez Biblis, une autre femme membre du groupe des martyrs lyonnais, *Histoire ecclésiastique*, V, 1, 25 (ὡς εὔθραυστον ἤδη καὶ ἄναδρον, « on la croyait faible et sans courage »).

15 *Histoire ecclésiastique*, V, 1, 29. 43.

16 Quintilien, *Institution oratoire*, V, 11, 10 (éd. J. Cousin, Paris, 1976) : *Admirabilior in femina quam in uiro uirtus*, « le courage est plus admirable chez la femme que chez l'homme », et Quintilien explique que l'exemple de la femme qui tua Pyrrhus enflamme davantage à commettre un acte héroïque que celui d'Horace ou de Torquatus.

17 *Histoire ecclésiastique*, V, 1, 41 : βλεπόντων αὐτῶν ἐν τῷ ἀγῶνι καὶ τοῖς ἔξωθεν ὀφθαλμοῖς διὰ τῆς ἀδελφῆς τὸν ὑπὲρ αὐτῶν ἐσταυρωμένον.

18 *Histoire ecclésiastique*, V, 1, 42 : προτρέψηται δὲ τοὺς ἀδελφοὺς μέγαν καὶ ἀκαταγώνιστον ἀθλητὴν Χριστὸν ἐνδεδυμένη.

19 Cicéron, *Lettres aux familiers*, XIV, 7, 2 (*À Terentia*, n°426, éd. J. Beaujeu, Paris, 1993) : *Cohortarer vos, quo animo fortiore essetis, nisi vos fortiores cognoscem quam quemquam uirum*. Cf. par exemple Pline le Jeune, *Lettres*, III, 16, à propos d'Arria l'Ancienne, épouse de Caecina Paetus ; VII 19, à propos de Fannia, petite fille d'Arria l'Ancienne ; Trogue Pompée, chez Justin, *Épitomé de l'Histoire philippique*, II, 12, à propos d'Artémise, reine d'Halicarnasse, venue secourir Xerxès (II, 12, 24, éd. F. Ruehl, Leipzig, 1886 : *ut in uiro muliebrem timorem, ita in muliere uirilem audaciam cerneres*, « de même qu'on voyait une peur féminine chez l'homme, on voyait une audace virile chez la femme ») ; XIV, 6, à propos d'Olympias, mère d'Alexandre le Grand. Voir M.-L. Portmann, *Die Darstellung der Frau in der Geschichtsschreibung des früheren Mittelalters*, Bâle, 1958, p. 12-14, qui attribue ces traits à l'influence du stoïcisme.

christianisme s'opère toutefois un déplacement : la manifestation de courage, voire l'attitude héroïque ne sont plus au service du père, du mari ou du fils ou dans l'ombre de l'un d'eux, mais elles se déploient davantage dans une relation libre et directe avec Dieu, ce qui donne une relative autonomie à l'héroïsme féminin[20]. Il revient aussi aux femmes de témoigner de leur foi devant Dieu, selon des modalités semblables à celles des hommes. Ainsi Tertullien, écrivant à des chrétiens emprisonnés dans l'attente du martyre, adresse ses exhortations aux femmes comme aux hommes : le témoignage de la foi dans les tortures est recherché « non seulement par les hommes, mais aussi par les femmes, afin que vous aussi, mes bénies, vous répondiez (*respondeatis*) de votre sexe[21] ». La foi est sommative, elle engage, et elle implique, de la part de la femme comme de l'homme, une réponse, une action de tout l'être qui tire les conséquences de l'affirmation de sa foi.

Défense de la foi et préservation de la pudeur dans la *Passio Perpetuae et Felicitatis*

La *Passion de Perpétue et Félicité*, qui relate des événements de 203 en Afrique, met en scène tout un groupe de martyrs, parmi lesquels s'affirme progressivement le rôle de Perpétue, qui fait à son tour bénéficier de son rayonnement une autre femme du groupe, Félicité[22]. Leur identité féminine, clairement repérable par leur statut de mère, les distingue à l'intérieur du groupe. Lors de leur arrestation, Félicité est enceinte de huit mois et elle accouche d'une petite fille pendant leur captivité[23]. Quant à Perpétue, issue d'un milieu privilégié, elle est une femme mariée et la mère d'un enfant, et le texte raconte l'abandon de son statut de matrone romaine, le dépouillement progressif de tout ce qui la rattachait à sa famille et sa classe (épouse, fille, mère) pour reconstruire ensuite une nouvelle identité, celle de la martyre chrétienne[24].

La *Passion* est une œuvre composite, qui intègre notamment le récit des visions qu'eut Perpétue pendant son séjour en prison (*Passion* 3-10). La dernière vision raconte son combat victorieux contre un Égyptien et annonce par là sa victoire par le martyre[25]. Au moment où elle entra dans l'arène, le récit précise qu'elle fut dépouillée

---

20 PORTMANN, *Die Darstellung der Frau*, p. 14-15.
21 Tertullien, *Aux martyrs*, 3 (éd. E. DEKKERS, *CCSL* 1) : *nec a uiris tantum, sed etiam a feminis, ut uos quoque, benedictae, sexui uestro respondeatis*.
22 Ces dernières décennies ce texte a suscité une bibliographie abondante, dont on trouvera la recension régulière par François DOLBEAU dans la *Chronica Tertullianea et Cyprianea*, paraissant chaque année dans le deuxième fascicule de la *Revue des études augustiniennes et patristiques*, depuis 1986 (productions de 1985) ; voir aussi A. WLOSOK, dans *Handbuch der lateinischen Literatur der Antike*, Bd IV. *Die Literatur des Umbruchs von der römischen zur christlichen Literatur 117-284 n. Chr.*, K. SALLMANN (éd.), Munich, 1997, § 472.3, p. 423-426 ; J. N. BREMMER, M. FORMISANO (éd.), *Perpetua's Passions : Multidisciplinary Approaches to the Passio Perpetuae et Felicitatis*, Oxford, 2012.
23 *Passion de Perpétue et Félicité*, 15.
24 Voir E. IRWIN, « Gender, status and identity in a North African Martyrdom », dans E. DAL COVOLO, G. RINALDI (éd.), *Gli imperatori Severi. Storia, archeologia, religione*, Rome, 1999, p. 251-260.
25 *Passion de Perpétue et Félicité*, 10, avec l'élucidation de la valeur symbolique de la vision en 10, 14.

de ses vêtements et qu'elle devint un homme : *Et expoliata sum et facta sum masculus*[26]. Ce changement de sexe, purement temporaire – le temps du combat – et relatif, puisque le récit continue à présenter Perpétue au féminin[27], doit se comprendre principalement de deux façons complémentaires. D'un côté le réalisme sociologique imposait de voir en Perpétue, pendant l'épreuve, un homme, puisque le pancrace, qui est le type de combat qu'on croit pouvoir identifier dans cette scène, est une activité purement masculine. D'un autre côté, sur le plan spirituel, l'accès au martyre supprime l'identité sexuelle, et la femme devient l'égale de l'homme. Dans le cadre d'une anthropologie qui associe le sexe féminin à la faiblesse et au péché, la sainteté féminine pouvait être conçue comme une façon de se hausser au rang des hommes. Clément d'Alexandrie explique que le couple chrétien qui, après avoir eu des enfants, a fait le choix de la chasteté se voit comme frère et sœur, à égalité entre eux : « Car les âmes, prises en elles-mêmes, sont des âmes à égalité, elles ne sont ni d'un sexe ni de l'autre, ni masculines ni féminines, puisqu'elles ne prennent ni femme ni mari. La femme va même, pour ainsi dire, jusqu'à se changer en homme, en perdant sa féminité et en devenant, sur un pied d'égalité, virile et parfaite[28]. » Le texte affirme avec force l'égalité spirituelle entre hommes et femmes et conteste, dans ce domaine, la distinction entre les sexes. Mais pour dire cette indifférenciation, l'Antiquité semble n'avoir d'autre moyen que de fondre l'humanité dans l'unique catégorie du masculin[29].

Il reste que le récit du martyre, qui est l'œuvre non pas de Perpétue, mais du rédacteur anonyme de la *Passion*, témoigne de ce que l'identité féminine de Perpétue et Félicité leur valut un traitement particulier : non seulement elles font preuve, dans l'affirmation de leur foi, d'un courage exemplaire qui n'a rien à envier à celui des hommes, mais leur pudeur est à la fois durement mise à l'épreuve par les persécuteurs et vaillamment défendue par elles. En effet, d'abord exposées nues, enroulées dans un filet, pour être la proie des bêtes, elles furent livrées à la pâture du regard des spectateurs. Finalement ceux-ci en éprouvèrent de la pitié : sensibles à la maternité très récente de Félicité et à la beauté de Perpétue, qualifiée de *puella delicata*, ils obtinrent qu'elles fussent revêtues d'une tunique[30].

---

26 *Passion de Perpétue et Félicité*, 10, 7. Le passage a donné lieu à de nombreuses interprétations inspirées par les sciences sociales : voir, par exemple, L. M. SULLIVAN, « "I responded, 'I will not...'" : Christianity as Catalyst for Resistance in the *Passio Perpetuae et Felicitatis* », *Semeia*, 79, 1997, p. 63-74 (p. 73), qui y reconnaît une manifestation de cette résistance qui caractériserait l'œuvre tout entière : ce serait l'exemple d'un membre d'un groupe dominé, celui des femmes, qui s'approprie l'imagerie des dominants, c'est-à-dire un corps masculin dominant.
27 *Passion de Perpétue et Félicité*, 10, 9 (*hanc, illam*) ; 10, 11 (*sublata sum*).
28 Clément d'Alexandrie, *Stromates*, VI, 12, 100, 3 (éd. et trad. P. DESCOURTIEUX, Paris, 1999) : αὐταὶ γὰρ καθ' αὑτὰς ἐπ' ἴσης εἰσὶ ψυχαὶ αἱ οὐθέτεραι οὔτε ἄρρενες οὔτε θήλειαι, ἐπὰν μήτε γαμῶσι μήτε γαμίσκωνται καὶ μή τι οὕτως μετατίθεται εἰς τὸν ἄνδρα ἡ γυνή, ἀθήλυντος ἐπ' ἴσης καὶ ἀνδρικὴ καὶ τελεία γενομένη.
29 On peut rapprocher une telle affirmation du *logion* 22 de l'*Évangile de Thomas*, d'inspiration gnostique, qui évoque la disparition de la différence sexuelle dans le royaume de Dieu, homme et femme ne formant plus qu'un : voir H.-Ch. PUECH, *En quête de la Gnose. II. Sur l'Évangile selon Thomas*, Paris, 1978, p. 281 sq.
30 *Passion de Perpétue et Félicité*, 20, 2.

Cet épisode voit ainsi l'apparition d'une thématique qui se développera dans l'hagiographie postérieure, celle de la beauté des femmes martyres. Leur beauté pourra prendre des valeurs différentes en fonction des contextes et du regard qui l'observe : tantôt elle est l'objet du regard concupiscent du persécuteur et, souvent aussi, du spectateur, qui accentue l'exigence de pudeur de la martyre ; tantôt, associée à de nombreuses qualités morales, elle est un des signes de la très haute valeur du personnage[31]. Dans le cas qui nous occupe, la mention de la beauté du corps de Perpétue explique surtout le sentiment de pitié des spectateurs envers les deux victimes. Car l'exposition de la nudité du corps féminin était une humiliation profonde pour elles, en particulier dans une société où la nudité en public était l'apanage des hommes, notamment dans les jeux. Tout autant que la foi de Perpétue, c'est donc sa pudeur qui est attaquée et qui doit être défendue, et elle le sera dans les tout derniers moments de la martyre :

> La première, Perpétue fut jetée à terre et elle tomba sur les reins. En s'asseyant, sa tunique ayant été déchirée sur le côté, elle en ramena le pan pour voiler sa cuisse, se souciant plus de sa pudeur que de sa douleur. Puis, elle chercha une épingle et rattacha ses cheveux dénoués ; car il ne convenait pas à une martyre de subir sa passion les cheveux épars, pour ne pas avoir l'air de mener le deuil au moment de sa gloire[32].

Jetée en l'air par une vache furieuse, Perpétue tombe sur le dos et sa tunique déchirée laisse apercevoir sa cuisse : dans un geste de pudeur, elle ramène son vêtement pour voiler sa nudité. Ainsi un des derniers gestes de la martyre protège sa pudeur, comme si elle était, avec sa foi, l'objet principal de son ultime combat. L'expression *pudoris potius memor quam doloris* met étroitement en relation l'épreuve physique du martyre et la dimension morale et psychologique qu'elle pouvait prendre pour une femme exposée aux regards. Le récit du rédacteur porte ici manifestement le souvenir d'une attitude qui avait déjà une longue histoire littéraire[33].

Pline le Jeune la mentionne à propos de la Vestale Cornélia qui, condamnée par l'empereur Domitien pour manquement à ses vœux, fut enterrée vivante et mise à mort. Repoussant la main du bourreau qui voulait l'aider à descendre dans la chambre souterraine, « observant toutes les règles de la pudeur, "elle eut grand soin de tomber avec décence"[34] ». Les derniers mots sont en fait une citation, en grec, de l'*Hécube*

---

31 V. Neri, *La Bellezza del corpo nella società tardoantica. Rappresentazioni visive e valutazioni estetiche tra cultura classica e cristianesimo*, Bologne, 2004, p. 262-267, en a rassemblé les exemples principaux.
32 *Passion de Perpétue et Félicité*, 20, 3-5 (éd. trad. J. Amat, Paris, 1986) : *Prior Perpetua iactata est et concidit in lumbos. Et ubi sedit, tunicam a latere discissam ad uelamentum femoris reduxit, pudoris potius memor quam doloris. Dehinc, acu requisita, et dispersos capillos infibulauit ; non enim decebat martyram sparsis capillis pati, ne in sua gloria plangere uideretur.*
33 R. Braun, « *Honeste cadere*, un topos hagiographique antique », *Bulletin du centre de romanistique et de latinité tardive*, 1, 1983, p. 1-12.
34 Pline le Jeune, *Lettres*, IV, 11, 9 (éd. A.-M. Guillemin, Paris, 1927) : *omnibusque numeris pudoris* πολλὴν πρόνοιαν ἔσχεν εὐσχήμων πεσεῖν.

d'Euripide, lorsqu'est racontée la mort de la vierge Polyxène sacrifiée, en mémoire d'Achille, à la demande de Pyrrhus[35]. Pline s'inspire donc de l'attitude d'une figure mythique pour évoquer le destin de la Vestale Cornélia, et le rédacteur de la *Passion de Perpétue* la reprend à son compte. Il est difficile d'évaluer dans quelle mesure le rédacteur a en tête la figure émouvante et digne de Polyxène : il peut se souvenir du passage d'Euripide, ou bien la réminiscence, encore vivante du temps de Pline, était devenue un *topos* associé au sort de jeune vierge[36]. Ovide a également pu jouer le rôle d'intermédiaire, puisque, dans son récit de la mort de Polyxène, il retient le détail d'Euripide, en insistant sur le paradoxe entre la bravoure virile de la jeune fille et sa manifestation de pudeur en tombant[37]. Le poète utilise encore le motif à propos de Lucrèce, la femme de Collatin, victime de l'agression de Sextus Tarquin, lorsque, au moment de son suicide, elle s'écroule aux pieds de son père[38]. Ainsi par le geste de Perpétue le rédacteur fait apparaître, comme en filigrane, le double modèle païen de Polyxène et de Lucrèce, l'une parce qu'elle est victime de la violence de l'ennemi, l'autre parce qu'elle incarne depuis toujours à Rome la dignité de la matrone blessée[39]. Le détail de la martyre qui refait sa coiffure confirme le rapprochement. Là où Lucrèce abordait son suicide les cheveux défaits, en signe de deuil, Perpétue refuse, selon le commentaire du rédacteur, de prendre les marques distinctives du deuil : par son geste elle veut témoigner de ce que, pour elle, conformément à la théologie martyriale chrétienne, l'épreuve mortelle qu'elle subit est une marche non pas vers la mort, mais vers la vie[40].

---

35 Euripide, *Hécube*, v. 570 (éd. L. Méridier, Paris, 1927), où le vers suivant précise : κρύπτους ἃ κρύπτειν ὄμματ' ἀρσένων χρέων, « en cachant ce qu'il faut cacher aux yeux des mâles ».
36 Sur le souvenir de Polyxène dans ce passage, K. Waldner, « "Was wir also gehört und berührt haben, verkünden wir auch euch…". Zur narrativen Technik der Körperdarstellung im *Martyrium Polycarpi* und der *Passio Sanctarum Perpetuae et Felicitatis* », dans B. Feichtinger, H. Seng (éd.), *Die Christen und der Körper. Aspekte der Körperlichkeit in der christlichen Literatur der Spätantike*, Munich / Leipzig, 2004, p. 29-74 (p. 52).
37 Ovide, *Métamorphoses*, XIII, 451 et 479-480 (éd. G. Lafaye, Paris, 1988[6] ; trad. personnelle) : *Fortis et infelix et plus quam femina uirgo* / […]. *Tunc quoque cura fuit partes uelare tegendas / cum caderet, castique decus seruare pudoris*, « vierge vaillante et infortunée, élevée au-dessus de sa nature féminine […]. Même à ce moment-là elle veilla à voiler, en tombant, les parties de son corps qui doivent rester couvertes, et à observer la décence attachée à une chaste pudeur ».
38 Ovide, *Fastes*, II, 833-834 (éd. et trad. R. Schilling, Paris, 1992) : *Tunc quoque iam moriens, ne non procumbat honeste, / respicit : haec etiam cura cadentis erat*, « Alors, même en mourant, elle prit garde de tomber avec décence : tel était son souci dans sa chute ». Voir Braun, « *Honeste cadere*… », p. 4-6.
39 Pour une analyse des liens entre Perpétue et Lucrèce, voir S. Weigel, « Exemplum and Sacrifice, Blood Testimony and Written Testimony : Lucretia and Perpetua as Transitional Figures in the Cultural History of Martyrdom », dans J. N. Bremmer, M. Formisano (éd.), *Perpetua's Passions : Multidisciplinary Approaches to the Passio Perpetuae et Felicitatis*, Oxford, 2012, p. 180-200. Sur la figure de Lucrèce dans la tradition patristique, K. Greschat, « Lucretia », *Reallexikon für Antike und Christentum*, 23, 2009, p. 596-603.
40 Cf. Ovide, *Fastes*, II, 812 : *passis… capillis*. Pour d'autres exemples de cette manifestation rituelle du deuil féminin, voir Ovide, *Métamorphoses*, III, 505 sqq. (les Naïades, à la mort de leur frère Narcisse, se coupent les cheveux) ; Jérôme, *Lettre 14 A Héliodore*, 2 (éd. J. Labourt, Paris, 1949) : *sparso crine et scissis uestibus*.

Malgré les différences d'accent, les personnages féminins de la tragédie, de l'épopée ou du récit historique partagent avec les martyres chrétiennes l'acceptation de leur sort. Polyxène se résigne à son sort par devoir, et si Iphigénie commence par chercher à éviter son sacrifice, elle l'accepte ensuite : elle est prête à sacrifier mariage et maternité pour la gloire de son nom et la victoire des Grecs ; elle invite sa mère Clytemnestre à ne pas porter le deuil et elle se dit, pour sa part, heureuse de son sort[41]. Car la résignation fait place à la revendication d'un choix : « Mon père, me voici. Dispose de moi. Je viens de mon plein gré, pour ma patrie et pour la Grèce entière, offrir mon corps au sacrifice[42] ». Ce motif de la liberté de la victime connut un développement considérable dans l'hagiographie chrétienne, puisque la liberté est évidemment la condition de validité du martyre[43].

Ainsi l'un des premiers personnages féminins de l'hagiographique chrétienne est-il construit en partie avec les souvenirs de figures exemplaires païennes, qui viennent à la fois enrichir l'hypotexte de l'œuvre et permettre au christianisme de mieux faire apparaître la spécificité de ses modèles. En outre Perpétue a la particularité d'être la première figure chrétienne à associer aussi nettement la défense de la foi jusqu'à la mort et la préservation de la pudeur, et à ce titre elle prépare, à sa façon, c'est-à-dire sans incarner l'idéal de virginité, la thématique du double martyre de la pudeur et de la foi, qui se développera dans les siècles suivants.

Le cahier des charges du rédacteur de passion est alors complexe : il doit illustrer le double combat de la martyre pour défendre sa foi et préserver sa pudeur, mais, pour mettre en évidence cette lutte pour la pudeur, il lui faut, tout en affirmant la radicalité de la pudeur chrétienne, décrire l'agression contre le corps et la pudeur de la femme[44]. Il existe ici une tension qui apparaît, chez les auteurs, de façon particulièrement expressive dans l'évocation du martyre d'Agnès, dont Jérôme rappelait, dans la lettre à Démétrias, la portée exemplaire.

---

41 Euripide, *Hécube*, v. 369-378 ; voir aussi au moment où elle est emmenée pour être sacrifiée sur la tombe d'Achille, v. 547-552 et 563-565 ; cf. les paroles d'Iphigénie avant son sacrifice, Euripide, *Iphigénie à Aulis*, v. 1368-1401 et 1416-1420. Sur l'attitude de ces vierges héroïques de la tragédie classique, qui acceptent leur sacrifice et rejettent la supplication, voir G. HOFFMANN, « Macarie, Polyxène et Iphigénie : les vierges héroïques dans le théâtre d'Euripide », p. 251-256, dans O. CAVALIER (éd.), *Silence et fureur : la femme et le mariage en Grèce ; les antiquités grecques du Musée Calvet*, Avignon, 1996, p. 249-270. La même tradition est présente chez les Latins à propos d'Iphigénie (Cicéron, *Tusculanes*, I, 116), mais il existe aussi une interprétation plus sensible à la contrainte subie par la victime, qui en fait surtout un objet de compassion (Lucrèce, *La Nature*, I, v. 80-101 ; Catulle, *Poèmes*, 64, v. 361-370), dépourvu de tout caractère héroïque : voir L. GALLI MILIĆ, « Iphigénie, Polyxène et Didon à Rome ou Le mariage manqué dans la représentation pathétique de la victime au féminin », F. PRESCENDI, A. A. NAGY (éd.), *Victimes au féminin*, Genève, 2011, p. 154-166.
42 Euripide, *Iphigénie à Aulis*, v. 1552-1255 (éd. Fr. JOUAN, Paris, 1983) : Ὦ πάτερ, πάρειμί σοι·/ τοὐμὸν δὲ σῶμα τῆς ἐμῆς ὑπὲρ πάτρας / καὶ τῆς ἁπάσης Ἑλλάδος γαίας ὕπερ / θῦσαι δίδωμ' ἑκοῦσα.
43 Voir F. CHAPOT, « La liberté du chrétien dans l'apologétique et l'hagiographie antiques. *Statim christiana libertate prorumpens* (*Pass. Mart. Abitinae*, 7) », *Ktèma*, 28, 2003, p. 71-80. Au-delà du martyre la liberté intervient dans toute forme de conversion, cf. *supra* n. 6.
44 Sur cette tension, L. CHAPPUIS SANDOZ, « "Cachez ce sein…", ou comment dire le corps des saintes dans le récit hagiographique », dans V. DASEN, J. WILGAUX (éd.), *Langages et métaphores du corps dans le monde antique*, Rennes, 2008, p. 43-58 (notamment p. 50-51).

Agnès et le motif du double martyre

Le geste de pudeur de Perpétue se retrouve dans l'hymne à Agnès d'Ambroise :

> Sous le coup, quel noble maintien !
> se couvrant toute de sa robe,
> elle montra le soin pudique
> qu'on ne la vît point découverte.
>
> Dans la mort vivait sa pudeur,
> sa main recouvrait son visage,
> son genou fléchi glisse à terre,
> elle choit avec modestie[45].

Le poète chrétien s'inspire à son tour de la figure de Polyxène telle qu'il pouvait la connaître chez Euripide et Ovide[46], et cette réminiscence trouve une justification supplémentaire dans le fait qu'Agnès, à la différence de Perpétue, est une toute jeune fille, encore vierge. La principale variation par rapport au modèle concerne d'ailleurs l'ampleur de cette manifestation de pudeur : alors que Polyxène, tout en cachant le bas de son corps, offrait hardiment sa poitrine aux coups en la dénudant, la martyre chrétienne prend soin de se couvrir complètement, *se totam tegens* (v. 26)[47]. L'idéal de chasteté et de virginité devenait, au IVe siècle, avec l'extinction de la perspective du martyre, le sommet de la sainteté pour les femmes[48]. Dès lors la figure d'une vierge sacrifiée comme Polyxène prenait une actualité inattendue : il ne s'agit pas seulement de s'apitoyer sur le sort d'une jeune fille vouée à la mort, mais d'exalter un modèle féminin fondé sur la virginité. Dans une période où l'idéal martyrial est devenu caduc, on voit un évêque chanter les louanges d'une femme de la période du christianisme héroïque, au temps des persécutions, figure largement ou totalement reconstruite, qui a toutefois la particularité d'unir en elle le martyre et la virginité, et donc de conserver une forme d'actualité. Ainsi les figures féminines du martyre gardent-elles leur actualité, au prix d'un déplacement d'accent : ce n'est pas seulement le martyre qui est valorisé dans ces personnages, mais leur état de virginité. L'idéal obsolète trouve une nouvelle jeunesse, et le souvenir des vierges sacrifiées de la

---

45 Ambroise de Milan, *Hymne* 8, v. 25-32 (éd., trad. et comm. par G. Nauroy dans J. Fontaine (éd.), *Ambroise de Milan, Hymnes. Texte établi, traduit et annoté*, Paris, 1992, p. 361-403 ; p. 378-379 pour les vers cités) : *Percussa quam pompa tulit ! / Nam ueste se totam tegens / curam pudoris praestitit, / ne quis retectam cerneret. / In morte uiuebat pudor, / uultumque texerat manu, / terram genu flexo petit / lapsu uerecundo cadens.*

46 J. Fontaine, « L'apport de la tradition poétique romaine à la formation de l'hymnodie chrétienne », *Revue des études latines*, 52, 1974, p. 318-355 (p. 348), repris dans *Études sur la poésie latine tardive d'Ausone à Prudence*, Paris, 1980 ; G. Nauroy dans Fontaine, *Ambroise de Milan, op. cit.*, p. 399-403.

47 Euripide, *Hécube*, 558-560 ; Ovide, *Métamorphoses*, XIII, 458-459 ; la remarque est faite par Nauroy dans Fontaine, *Ambroise de Milan*, p. 401.

48 Pour la supériorité de cet idéal par rapport à celui de veuve et d'épouse chaste, dans le sens d'une axiologie croissante, voir Ambroise, *Les Devoirs*, III, 84 ; *Les Veuves*, 4, 23 ; 14, 83.

tradition classique vient renforcer le message[49]. C'est le cas de Polyxène, mais aussi, dans une certaine mesure, d'Iphigénie : le fléchissement du genou d'Agnès qui glisse à terre n'est pas sans rappeler le même mouvement attribué à la fille d'Agamemnon par le poète Lucrèce : alors qu'on la prépare pour le sacrifice qui permettra le départ de la flotte, il la décrit, en des termes très proches, tomber à terre en fléchissant sur ses genoux : *terram genibus summissa petebat*[50]. Mais là encore la chrétienne l'emporte sur l'héroïne mythique : chez celle-ci le mouvement est la marque d'une défaillance, alors que chez Agnès il est présenté comme contrôlé, marqué de modestie et il s'apparente à une génuflexion.

Dans le traité *De uirginibus*, où Ambroise prône l'idéal de la virginité pour les femmes de son époque, il propose une galerie de portraits exemplaires de femmes martyres, qui associaient la virginité à leur courage jusqu'à la mort et qui, « en une seule victime », manifestaient « le double martyre de la pudeur et de la foi[51] » : Agnès, Thècle, Théodora, Pélagie, Sotère[52]. Depuis la fin des persécutions la virginité est elle-même conçue comme un sacrifice martyrial : « En effet la virginité est louable non pas parce qu'on la trouve aussi chez les martyres, mais parce que c'est elle-même qui fait les martyres[53] ». La virginité est le nouveau martyre, non sanglant, des saintes chrétiennes de ce nouvel âge, et cette substitution de modèles a été favorisée par l'état virginal des martyres dont l'Église a construit et diffusé les figures.

L'entreprise de Prudence, quelques années plus tard, dans le *Péristéphanon* révèle les mêmes intentions. Le recueil, écrit à la gloire des martyrs du passé, ne nomme, parmi les trente-huit martyrs évoqués, que trois femmes : Agnès et Eulalie, qui bénéficient chacune d'un hymne qui leur est complétement consacré (soit deux hymnes sur quatorze), et Eucratis, qui, dans le poème 4 sur les saints martyrs de Saragosse, est la seule femme mentionnée à côté de vingt et un hommes ; Prudence lui consacre toutefois, avec trente-cinq vers, le passage le plus développé[54]. Il y a bien aussi, dans l'hymne en l'honneur de Romain, la présence de la mère du martyr, qui observe avec impassibilité l'épreuve de son fils et l'encourage ; mais elle n'est pas elle-même une martyre, et elle se réjouit même de l'épreuve que traverse son fils, avec un stoïcisme qui la rend inhumaine[55].

---

49 Sur le sacrifice des vierges dans la tragédie grecque, N. LORAUX, *Façons tragiques de tuer une femme*, Paris, 1985, p. 61-82.
50 Lucrèce, *La Nature*, I, v. 92 (éd. A. ERNOUT, revue et corrigée par Cl. RAMBAUX, Paris, 1993). Le rapprochement est signalé par G. NAUROY dans FONTAINE, *Ambroise de Milan*, p. 402.
51 Ambroise, *Les Vierges*, I, 2, 9 (éd. F. GORI, Rome / Milan, 1989), à propos d'Agnès : *in una hostia duplex martyrium pudoris et religionis*; cf. *De officiis*, I, 204 (éd. et trad. M. TESTARD, Paris, 1984) : *Quid de sancta Agne quae in duarum maximarum rerum posita periculo, castitatis et salutis, castitatem protexit, salutem cum immortalitate commutauit*, « Que dirais-je de sainte Agnès qui, placée devant le danger de perdre deux très grands biens, la chasteté et la vie, préserva sa chasteté et échangea sa vie contre l'immortalité ? ».
52 Ambroise, *Les Vierges*, II, 3, 19-20 (Thècle) ; 4, 22-33 (Théodora) ; III, 7, 33 (Pélagie) ; 7, 38 (Sôtère).
53 Ambroise, *Les Vierges*, I, 3, 10 : *Non enim ideo laudabilis uirginitas, quia et in martyribus repperitur, sed quia ipsa martyres faciat*.
54 Prudence, *Le Livre des couronnes*, 4, v. 110-144.
55 Prudence, *Le Livre des couronnes*, 10, v. 711-715.

Les trois seules femmes martyres mentionnées, Eulalie, Eucratis et Agnès, toutes qualifiées de vierges, se distinguent aussi par leur fière détermination, voire leur farouche intrépidité. Eulalie, vierge sainte âgée seulement de douze ans[56], est, selon une expression reprise à Sénèque qui l'employait à propos d'Antigone, une *uirgo animosa*[57], mais elle bénéficie aussi des adjectifs *fera* (v. 39-40), *superba* (v. 64), *torua* (v. 103), *intrepida* (v. 142), de même qu'Eucratis est une *uiolenta uirgo*[58]. Agnès, quant à elle, vierge à peine en âge d'être mariée[59], est une *fortis puella* « d'une force intrépide[60] ». Ces expressions, qui confinent à l'oxymore, témoignent de l'union paradoxale, dans ces personnages, de la virginité à la bravoure, de la chasteté la plus pure à une énergie virile et guerrière[61]. Cette représentation était naturellement favorisée par le recours, depuis les débuts de la littérature martyrologique et à la suite des épîtres pauliniennes, à la métaphore du combat pour exprimer l'épreuve chrétienne ultime. La *mulier fortis*, dont les actes et passions des martyrs chantaient les exploits dès le temps des persécutions, devient, grâce à ces nouvelles figures exemplaires, une *uirgo fortis et casta*, exaltée dans ces poèmes de la fin du IVe siècle. L'état de vierge, qui n'était pas spécialement souligné dans les textes des IIe et IIIe siècles, prend une importance nouvelle dans les représentations du siècle suivant, parallèlement à l'affirmation du modèle de virginité et de chasteté. Et la poésie latine chrétienne, qui commence son développement à cette époque, s'est emparée de cette figure et la magnifia, en la nourrissant de souvenirs classiques[62].

Car l'union de la fureur guerrière et de la pudeur virginale n'était pas inconnue de la littérature antique classique, et c'est le terme de *uirago* qui servit à désigner ces vierges héroïques : employé chez Plaute à propos d'une femme hommasse et robuste, il est appliqué par Ennius à Pallas Athéna, comme le fit par la suite Ovide[63] ; il peut aussi s'employer pour toute jeune vierge qui affronte l'adversité, le plus souvent militaire : ainsi Juturne, la sœur de Turnus, qui, dans l'*Énéide*, prit la place et la figure de l'écuyer Métiscus lors des combats entre Troyens et Rutules, mais aussi Minerve, Cassandre

---

56 Prudence, *Le Livre des couronnes*, 3, v. 10-12 (pour son âge) ; 3 (*sacra uirgo*), 56 (*pia uirgo*), 159 et 185 (*uirgo*). Les douze ans sont compris, dans l'Antiquité, comme l'âge des choix de vie : voir Lanéry, *Ambroise de Milan*, p. 83 sq. et n. 162.
57 Prudence, *Le Livre des couronnes*, 3, v. 37 ; cf. Sénèque, *Phéniciennes*, v. 93.
58 Prudence, *Le Livre des couronnes*, 4, v. 111.
59 Prudence, *Le Livre des couronnes*, 14, v. 4. 8. 10-11.
60 Prudence, *Le Livre des couronnes*, 14, v. 2. 18 (*feroci robore*).
61 J. Fontaine, « La femme dans la poésie de Prudence », *Revue des études latines*, 47bis, 1969 (*Mélanges Marcel Durry*, 1970), p. 55-83 (p. 75-79), où il est montré que, aux yeux du poète, l'alternative est la suivante : soit la femme s'abandonne à sa faiblesse naturelle, qui en fait la proie de toutes les tentations, soit elle choisit la voie de l'héroïsme qui la conduit à la sainteté.
62 Sur cette figure chrétienne dans la poésie, S. Malick-Prunier, *Le corps féminin dans la poésie latine tardive*, Paris, 2011, p. 195-283 ; dans la biographie chrétienne, Giannarelli, *La tipologia femminile*, p. 29-47.
63 Plaute, *Le Marchand*, 413 ; Ennius, *Annales*, fgt, v. 521 (*Paluda uirago*) ; Ovide, *Métamorphoses*, VI, 129 (*flaua uirago*).

ou Polyxène[64]. Chez Lactance le mot se substitue à celui d'amazone pour désigner ce peuple de femmes guerrières qui méprisaient les hommes[65]. Au-delà du mot, la figure de la vierge guerrière est bien présente dans la mémoire collective romaine. Sénèque nous apprend qu'à son époque trônait sur la Voie sacrée la statue à cheval de Clélie : la jeune fille passait pour s'être illustrée en 508 av. J.-C., lors de la défense de Rome contre la tentative de Porsenna de rétablir la royauté, en se jetant dans le Tibre, sous les traits des ennemis, pour rendre les jeunes filles otages à leurs proches. L'exploit, qui égalait Clélie aux hommes les plus hardis, lui valut l'érection d'une statue à cheval, distinction traditionnellement réservée aux hommes. Sénèque précise qu'elle faisait honte aux jeunes gens qui entraient en litière dans la Ville[66]. Il est en tout cas certain que cette représentation figurée dans l'espace public servait d'écho et de support à la mémoire collective[67]. L'*Énéide* véhicule aussi ce souvenir, puisqu'on trouve la jeune fille représentée sur le bouclier d'Énée, ciselé par Vulcain, où elle compte parmi les descendants d'Énée qui se ruaient aux armes pour la liberté[68]. Et ce souvenir perdura, puisque, encore au IVe siècle, Orose rappelle l'*admirabilis audacia* de cette *uirgo*[69].

Chez Virgile une autre héroïne féminine présente l'originalité d'avoir traversé une rivière dans des conditions dangereuses : chassé de sa ville par ses ennemis, le roi volsque Métabus fit traverser la rivière à sa fillette Camille en l'attachant à la lance qu'il avait avec lui et en faisant vœu à Diane de lui consacrer sa fille si elle était sauvée. Comme si la traversée d'une rivière marquait, aussi bien pour Camille que pour Clélie, le changement de statut et la transgression, bénéfique pour tous, de son sexe. Par la suite Camille participa à la guerre contre Énée, où elle s'illustra par de nombreux exploits avant d'être tuée par Arruns[70]. Comme le poète le fait dire à

---

64 Virgile, *Énéide*, 12, 468 (*Iuturna uirago*) ; Ovide, *Métamorphoses*, II, 765 (*belli metuenda uirago*, à propos de Minerve) ; Sénèque, *Agamemnon*, 664 (*dura uirago patiensque mali*, à propos de Cassandre) ; *Les Troyennes*, 1148 (*audax uirago*, à propos de Polyxène) ; Stace, *Thébaïde*, XI, 414 (*Gorgone cruda uirago*) et *Siluae*, IV, 5, 23 (*regina bellorum uirago*), à propos de Minerve.
65 Lactance, *Institutions divines*, I, 9, 12. Cf. la description des amazones par Trogue Pompée, chez Justin, *Épitomé de l'Histoire philippique*, II, 4.
66 Sénèque, *Consolation à Marcia*, 16, 3 (éd. R. Waltz, Paris, 1923 ; trad. personnelle) : *in qua Cloeliam, contempto et hoste et flumine, ob insignem audaciam tantum non in uiros transcripsimus : equestri insidens statuae in Sacra Via, celeberrimo loco, Cloelia exprobrat iuuenibus nostris pulvinum escendentibus in ea illos urbe sic ingredi, in qua etiam feminas equo donauimus*, « Dans <la ville> où on est presque allé jusqu'à faire de Clélie un homme, à cause de son insigne audace à braver l'ennemi et les eaux du fleuve : du haut de sa statue équestre, sur la Voie Sacrée, un lieu très fréquenté, Clélie fait honte à nos jeunes gens, juchés dans leurs litières, d'entrer ainsi dans la ville où nous honorons même les femmes d'un cheval ». Cf. Ambroise, *L'Institution d'une vierge*, 7, 49 (éd. F. Gori, Rome / Milan, 1989), qui souligne que l'attitude courageuse de Marie devant la Croix tranche sur celle des hommes : *Stabat ante crucem mater, et fugientibus uiris stabat intrepida*.
67 Sur l'inscription du discours dans un espace chargé de monuments qui rappellent l'histoire en la matérialisant, voir J.-M. David, « *Maiorum exempla sequi* : l'exemplum historique dans les discours judiciaires de Cicéron », *Mélanges de l'École française de Rome. Moyen Âge, Temps modernes*, 92, 1980, p. 67-86 (p. 72 et 75-76).
68 *Énéide*, VIII (éd. J. Perret, Paris, 1978), 646-651, surtout v. 651 : *et fluuium uinclis innaret Cloelia ruptis*.
69 Orose, *Histoires*, II, 5, 5.
70 Voir O. Schönberger, « Camilla », *Antike und Abendland*, 12, 1968, p. 180-188.

Diane elle-même, Camille « a voué chastement un culte éternel à l'amour des armes et à la virginité », *aeternum telorum et uirginitatis amorem*[71]. Dans l'aristie où elle s'illustre, elle est décrite comme une *horrenda uirgo* (XI, 507), une *aspera uirgo* (XI, 664), avec des alliances de mots qui annoncent ce que l'on trouve chez Prudence. Il semble bien d'ailleurs que ce soit à Camille que pense le poète, lorsqu'il décrit, dans sa *Psychomachia*, le combat entre Foi et Idolâtrie, qui ouvre son épopée allégorique[72] : Foi se présente comme une jeune fille ardente et déterminée, prête à tous les combats pour la foi, et sa tenue, la nudité de ses épaules, sa chevelure non taillée sont autant de traits physiques qui la rapprochent de Camille[73].

Ainsi deux modèles mythiques semblent nourrir la représentation des vierges martyres exaltée dans la poésie du IVe siècle : la vierge sacrifiée et la vierge guerrière. Chaque fois c'est l'élément de virginité qui reste pleinement d'actualité et qui détermine le choix de la martyre. Pourtant, si les textes valorisent la sainte chasteté de ces vierges, on ne peut qu'être sensible à la singulière sensualité qui se dégage de certaines descriptions, comme si le modèle féminin du combat et de la chasteté ne pouvait se départir complètement de l'élément de séduction du corps féminin.

Scène de martyre et séduction

Dans l'épigramme que l'évêque de Rome Damase consacre à Agnès, il se fait l'écho d'une tradition selon laquelle la sainte fut non pas décapitée, mais brûlée vive, et il lui attribue un geste de pudeur comparable à celui que nous avons déjà rencontré :

> Comme <le persécuteur> avait voulu brûler dans les flammes son noble corps, avec ses faibles forces elle triompha d'une peur immense et, sur ses membres nus, elle laissa tomber sa chevelure défaite afin qu'aucun visage mortel ne vît le temple du Seigneur[74].

La chevelure défaite de la sainte lui permet de cacher la nudité de son corps et lui vaut, dans le vers suivant, le titre de *sanctum decus… pudoris*, « sainte gloire de la pudeur ». Elle fonctionne donc comme un voile providentiel, selon un motif qu'on rencontre dans d'autres textes hagiographiques[75]. L'expression *profusus crinis* n'est pas commune, et on peut hésiter entre le sens de « cheveux défaits » et celui de

---

71 Virgile, *Énéide*, XI, 583 (éd. J. Perret, Paris, 1980).
72 Prudence, *La Psychomachie*, 21-39.
73 Br. A. Mahoney, *Vergil in the Works of Prudentius*, Washington, 1934, p. 56 ; L. Gosserez, « Le combat de Sobrietas et de Luxuria, miroir de la Psychomachie », *Vita Latina*, 167, décembre 2002, p. 76, note 5.
74 Damase, *Épigrammes* (éd. A. Ferrua, Vatican, 1942), 37, v. 5-8 : *Vrere cum flammis uoluisset nobile corpus / viribus inmensum parvis superasse timorem / nudaque profusum crinem per membra dedisse / ne domini templum facies peritura videret*. Voir Malick-Prunier, *Le corps féminin…*, p. 198-203, qui accorde peut-être trop peu d'attention à la signification de la chevelure.
75 Sur ce motif du voile providentiel (cheveux, nuage ou vêtement), Chappuis Sandoz, « "Cachez ce sein"… », p. 49-50.

« cheveux abondants[76] ». Le poète veut dire que les cheveux ne sont pas attachés et descendent le long du corps de la sainte. Son refus du très usuel *crinis solutus* est compréhensible, dans la mesure où l'expression est généralement caractéristique des situations de deuil : Agnès, comme nous l'avons vu pour Perpétue, ne peut assimiler sa tenue à celle du deuil et de la mort, puisque le martyre est interprété comme donnant d'emblée la vie éternelle.

Destinée à voiler la nudité, mentionnée en tête de vers (*nudaque*), la chevelure n'était pas un atour dépourvu d'équivocité. Chez Properce, par exemple, poète à l'imagination visuelle prononcée, une grande attention est accordée à la chevelure : le portrait de Cynthie, qui a l'allure souple, le port royal et le teint éclatant, est complété par une longue chevelure blonde qui tombe sur ses épaules : *de more comae per leuia colla fluentes*, « ses cheveux tombant selon la mode sur son cou lisse[77] », et c'est en partie à sa chevelure que le poète reconnaît le fantôme de Cynthie après sa mort[78]. Or dans l'épigramme de Damase la chevelure qui tombe sur le corps nu (*profusum crinem*) est tout à la fois ce qui voile la nudité et ce qui en souligne la présence, elle se charge d'ambivalence en étant le double instrument de la pudeur et de la séduction[79].

Dans un hymne du *Livre des couronnes*, Prudence emprunte à Damase la mort par le feu et la chevelure comme instrument de pudeur pour les attribuer à sainte Eulalie[80] :

> Sa chevelure parfumée avait glissé sur sa gorge et flottait sur ses épaules, afin que sa pudeur toute pure et sa grâce virginale fussent cachées et protégées sous le voile qui couvrait sa tête : alors le feu crépite et vole jusqu'à son visage, se répand vivement à travers ses cheveux, saisit sa tête et s'élève au-dessus d'elle ; la vierge désire une mort rapide, elle cherche le bûcher, sa bouche l'aspire[81].

---

76   Malick-Prunier, *Le corps féminin...*, p. 201.
77   Properce, *Élégies*, II, 3a, 13 (éd. trad. S. Viarre, Paris, 2005).
78   Properce, *Élégies*, IV, 7, 7 *eosdem habuit secum quibus est elata capillos*, « elle avait les mêmes cheveux avec lesquels elle avait été enterrée ». Voir J.-P. Boucher, *Études sur Properce. Problèmes d'inspiration et d'art*, Paris, 1980², p. 41-64 (sur le tempérament visuel de Properce) et p. 468-469 (sur la beauté de Cynthie).
79   Signalons, en guise de curiosité, le passage de Tatien (IIe s.), rapporté par Clément d'Alexandrie, qui soulignait cette ambiguïté des cheveux, en évoquant l'existence d'un ange de la chevelure ; cet ange exercerait une fonction ambivalente, à la fois répressive, lorsqu'il punit la dangereuse séduction féminine, et positive, puisqu'il a donné à Samson sa vigueur légendaire : Clément d'Alexandrie, *Églogues prophétiques*, 39 (*GCS* 17², p. 148, cité et traduit par M. Cambe, *Avenir solaire et angélique des justes. Le psaume 19 (18) commenté par Clément d'Alexandrie*, Strasbourg, 2009, p. 170) : ἔφασκεν δὲ καὶ διὰ τὰς τρίχας κολάζεσθαι καὶ τὸν κόσμον τὰς γυναῖκας ὑπὸ δυνάμεως τῆς ἐπὶ τούτοις τεταγμένης, ἣ καὶ τῷ Σαμψὼν δύναμιν παρεῖχε ταῖς θριξίν, ἥτις κολάζει τὰς διὰ κόσμου τριχῶν ἐπὶ πορνείαν ὁρμώσας, « (Tatien) soutenait que les femmes sont châtiées à cause de leurs cheveux et de leur parure par une Puissance préposée à ce genre de choses – elle qui également donnait force à Samson grâce à ses cheveux et qui châtie les (femmes) dont la coiffure de la chevelure pousse (les hommes) à la fornication ».
80   Selon Palmer, *Prudentius on the Martyrs*, p. 240, Prudence a pu connaître l'épigramme de Damase et l'hymne d'Ambroise en l'honneur d'Agnès, ou du moins connaît-il cette tradition chrétienne construite autour de l'idéal de la *mulier uirilis*.
81   Prudence, *Le Livre des couronnes*, III, v. 151-160 (éd. M. Lavarenne, Paris, 1951 ; trad. J.-Cl. Fredouille dans *Anthologie de la littérature latine*, Paris, 1998, p. 428-429) : *Crinis odorus ut in iugulos / fluxerat inuolitans umeris, / quo pudibunda pudicitia / uirgineusque lateret honos / tegmine uerticis opposito, / flamma crepans uolat in faciem / perque comas uegetata caput / occupat exsuperatque*

Le feu qui s'empare de la tête rapproche l'expérience d'Eulalie du monde héroïque de l'*Énéide*. On pense à la flamme prophétique de Iule au moment crucial de la destruction de Troie[82], mais aussi, de façon plus appropriée ici, à la flamme prémonitoire qui apparaît sur la tête de Lavinia, destinée à épouser Énée[83]. Sans qu'il y ait véritablement d'emprunt littéral, on relève une série de similitudes : la scène du sacrifice et la flamme de l'autel, la peinture de *Lauinia uirgo* (v. 72), le crépitement de la flamme (v. 74 *flamma crepitante*), le détail de la description de la possession, par la flamme, de la tête et de la chevelure de la jeune fille[84]. Par ce rapprochement silencieux, Prudence insiste sur la jeunesse d'Eulalie et sur l'identité féminine de la jeune fille. À son tour le passage n'est pas dépourvu d'une forme de sensualité, à la faveur d'une ambivalence subtilement entretenue : comme chez Damase, la chevelure est ici l'instrument de la pudeur, et le parfum dont elle est imprégnée correspond sans doute à la traditionnelle bonne odeur des saints[85] ; mais, d'un autre côté, la chevelure qui flotte sur ses épaules et le parfum qui l'imprègne sont les traits d'une féminité bien réelle. L'évocation du désir de la jeune fille et de sa bouche qui aspire le bûcher participent également de cette représentation sensuelle de la vierge martyre.

Le même mouvement d'érotisation apparaît encore chez Prudence à propos d'Agnès. C'est particulièrement sensible dans le discours à connotation sexuelle de la sainte, lorsque le bourreau s'approche d'elle et que la mise à mort par l'épée est assimilée à l'union sexuelle[86] : le glaive nu (v. 67 : *mucrone nudo*), la volonté d'aller à sa rencontre (v. 75 : *ibo inruentis gressibus obuiam*) et de ne pas s'opposer à ses désirs brûlants (v. 76 : *nec demorabor uota calentia*), le souhait d'accueillir au fond de sa poitrine la force de son épée (v. 78 : *pectusque ad imum uim gladii traham*). Le bourreau est alors accueilli comme l'amant longtemps attendu (v. 74 : *Hic, hic amator iam, fateor, placet*, « Voici, oui, voici maintenant, je l'avoue, un amant qui me plaît »). Le poète lève certes rapidement l'ambiguïté en livrant la signification spirituelle de ce discours : « Ainsi mariée au Christ, je bondirai au-delà de toutes les ténèbres du ciel, me trouvant au-dessus de l'éther[87] ».

---

apicem, / uirgo citum cupiens obitum / adpetit et bibit ore rogum.
82 Virgile, *Énéide*, II, 682-684.
83 Virgile, *Énéide*, VII, 72-80. Pour l'analyse du passage, voir Palmer, *Prudentius on the Martyr*, p. 169-171 ; Fontaine, « L'apport de la tradition poétique romaine », p. 348, avait fait apparaître quelques points de contact entre l'Agnès de l'hymne d'Ambroise et la Lavinia de Virgile.
84 Virgile, *Énéide*, VII, 71-76 (éd. trad. J. Perret, Paris, 1982) : *Praeterea, castis adolet dum altaria taedis / et iuxta genitorem astat Lauinia uirgo, / uisa (nefas) longis comprendere crinibus ignem / atque omnem ornatum flamma crepitante cremari / regalisque accensa comas, accensa coronam / insignem gemmis*, « Bien plus : tandis que la vierge Lavinia enflamme les autels avec de chastes torches et se tient auprès de son père, on vit, horreur ! ses longues tresses prendre feu, tous ses atours brûlés par le flamme crépitante, sa royale chevelure embrasée, embrasée sa couronne étincelante de gemmes ».
85 Voir S. Evans, « The Scent of a Martyr » *Numen*, 49, 2002, p. 193-211.
86 Prudence, *Le Livre des couronnes*, XIV, 67-84. Voir les remarques de M. A. Malamud, *A Poetics of Transformation. Prudentius and Classical Mythology*, Ithaca / Londres, 1989, p. 168-170, et les analyses de P.-Y. Fux, *Les sept Passions de Prudence (Peristephanon 2. 5. 9. 11-14). Introduction générale et commentaire*, Fribourg, 2003, p. 480-484, et de Malick-Prunier, *Le corps féminin*..., p. 216-219.
87 Prudence, *Le Livre des couronnes*, XIV, 79-80 (éd. M. Lavarenne, Paris, 1951) : *Sic nupta Christo transiliam poli / Omnes tenebras aethere celsior.*

Le coup d'épée du bourreau est donc le geste qui arrache Agnès à la persécution et en fait l'épouse du Christ. Ainsi la connotation sexuelle du discours exalte le désir de rejoindre le Christ et contribue à la description du mariage mystique : au mariage social de la jeune vierge se substituent ses noces mystiques par le martyre. L'image du mariage était appropriée à exprimer l'union au Christ par le martyre ; mais elle était aussi usuelle, de façon ancienne dans l'Église, pour désigner la virginité : le renoncement à la sexualité est conçu comme un mariage exclusif avec le Seigneur[88].

Le sacrifice de ce renoncement – qu'il s'agisse de celui de la vie, par le martyre, ou de celui de la sexualité, par la virginité – est évoqué par le juge de sainte Eulalie, dans le poème de Prudence, lorsqu'il essaie de faire prendre conscience à la jeune fille du chagrin qu'elle va causer à ses parents et de la tristesse qu'il y a à s'interdire le mariage[89]. C'était un thème de la tragédie classique à propos des jeunes vierges sacrifiées trop tôt, Iphigénie, Polyxène ou Antigone[90]. Le thème des noces mystiques vient renverser le motif pour exalter le triomphe de la chrétienne, qu'elle soit martyre ou vierge, ou bien les deux à la fois[91].

L'érotisation du discours n'était pas absent des scènes de sacrifice de jeunes vierges dans la tragédie classique, et la mort virginale peut se charger d'une sensualité ou d'un érotisme qui trahissent un désir inavouable[92]. L'écriture hagiographique utilise le même ressort, mais dans un contexte axiologique différent et plus complexe. Il s'agit en effet de confier au langage de la sexualité le rejet de la sexualité[93], ce qui est évidemment une façon d'exprimer avec force le renversement des valeurs introduit par le christianisme. Cette érotisation est certes, dans une certaine mesure, la transposition de la tradition des vers licencieux, dits fescennins, du genre de l'épithalame, au moment où l'idéal de chasteté est substitué à celui du mariage. Elle est pourtant surtout l'aboutissement de la mise en scène, dans les passions et les poèmes hagiographiques, de la violence sur le corps des femmes au cours des persécutions, elle est la conséquence de la transformation du supplice des chrétiens en spectacle.

Car la persécution exhibe, dans le cadre d'un spectacle public, le corps et ses souffrances, et le discours hagiographique se devait, pour mieux exalter l'idéal martyrial, de rendre compte des supplices infligés et de la mise en scène dont ils faisaient l'objet sous les yeux des spectateurs[94]. Il appartient ainsi doublement à la nature du

---

88 Voir par exemple l'usage de ce vocabulaire chez Tertullien, *La Prière*, 22, 9 ; *Exhortation à la chasteté*, 13, 4 ; *La Résurrection des morts*, 61, 6 ; *Le Voile des vierges*, 16, 6.
89 Prudence, *Le Livre des couronnes*, III, 101-111.
90 Voir les propos de Polyxène lorsqu'elle accepte son sort (donner Hadès pour époux à son corps), Euripide, *Hécube*, v. 349-351, et au moment où elle est emmenée pour être sacrifiée sur la tombe d'Achille, v. 414 ; la plainte d'Iphigénie avant son sacrifice, Euripide, *Iphigénie à Aulis*, v. 1223-1225 et 1397-1399 ; les paroles d'Antigone acceptant son sort, Sophocle, *Antigone*, v. 916-918.
91 Voir Fux, *Les sept Passions*, p. 483.
92 HOFFMANN, « Macarie, Polyxène et Iphigénie », p. 257-262 et p. 268.
93 Selon une expression de MALICK-PRUNIER, *Le corps féminin…*, p. 219.
94 Tertullien a dénoncé la perversion du regard dans le cadre du spectacle, en particulier dans son *De spectaculis* : voir F. CHAPOT, « Jeu de regards et *libido stili* dans le *De spectaculis* de Tertullien », 2014, en ligne à l'adresse : http://www.etudes-augustiniennes.paris-sorbonne.fr/spip.php ?article324&lang = fr

récit de martyre de valoriser les éléments visuels, en tant que récit et en tant que récit d'une mise en scène. La situation de voyeurisme est donc à la fois dénoncée et réitérée, et les femmes en sont particulièrement victimes, puisque se mêle au plaisir cruel de la souffrance d'autrui le désir lié à l'exhibition du corps féminin. Là encore l'hagiographe doit tout à la fois dénoncer et montrer[95]. De là naît parfois l'équivocité de la description, qui, pour louer la pudeur, doit parfois exhiber la nudité. Il en ressort alors moins l'horreur du supplice que la beauté de la vierge martyre et de l'idéal qu'elle accomplit. L'ambiguïté un peu trouble entre beauté féminine et beauté de l'idéal réalisé vient ainsi surmonter et même sublimer la terrible expérience du martyre et offrir aux lecteurs et aux fidèles l'image rayonnante de modèles féminins à admirer.

Conclusion

Avec la fin des persécutions et donc de l'actualité de l'idéal martyrial, la littérature hagiographique tend à concentrer progressivement son attention, parmi la diversité des femmes martyres, sur la figure de la vierge qui offre sa vie pour sauver sa foi. Cette évolution est liée à l'idéal virginal présenté à toutes les femmes comme le modèle suprême de l'excellence féminine. La représentation littéraire et imaginaire de la vierge martyrisée puise dans la tradition antique et s'inspire spécialement de deux modèles : la *uirago*, vierge guerrière, et la vierge sacrifiée. L'hagiographie vient réitérer le supplice des vierges exhibées et soumises à la violence des traitements et des regards, mais, grâce aux réminiscences inspirées par l'épopée et l'élégie, le corps violenté est associé à une beauté pure et innocente : c'est l'idéal chrétien de la virginité qui est offert à l'adoration, au moyen d'une ambiguïté un peu trouble associant le désir à l'admiration.

---

95 CHAPPUIS SANDOZ, « "Cachez ce sein"… », p. 52.

Bibliographie

ADAMIETZ (J.), *Zur Komposition der Argonautica des Valerius Flaccus* (Zetemata, 120), Munich, 1976

ADKIN (N.), *Jerome on Virginity. A Commentary on the Libellus de virginitate servanda (Letter 22)*, Cambridge, 2003

ADLER (A.), *Suidae lexicon*, 4 vols., Leipzig, 1928-1935

ALGRA (K.), « Stoic Theology », dans B. INWOOD (éd.), *The Cambridge Companion to the Stoics*, Cambridge, 2003, p. 153-178

AMSLER (S.), *Les Actes des prophètes* (Essais bibliques 9), Genève, 1985

ANDERSON (A. R.), « Heracles and his Successors : A Study of a Heroic Ideal and the Recurrence of a Heroic Type », *Harvard Studies in Classical Philology*, 39, 1928, p. 7-58

ANDO (C.), « The Palladium and the Pentateuch », *Phoenix*, 55, 2001, p. 369-410, repris dans C. ANDO, *The Matter of the Gods. Religion in the Roman Empire*, Berkeley, 2008, p. 149-197

—, « *Praesentia numinis*. Part I : the Visibility of Roman Gods », *Asdiwal*, 5, 2010, p. 45-73

ANDO (C.), RÜPKE (J.), *Religion and Law in Classical and Christian Culture*, Stuttgart, 2006

ANDRÉ (J.-M.), « Sénèque théologien : l'évolution de sa pensée jusqu'au *De Superstitione* », *Helmantica*, 34, 1983, p. 55-71

ANDURAND (A.), « Le monde plutarquéen des banquets savants : essai d'approche spatiale », *Histoire et informatique*, 18, 2015, p. 46-53

ANDURAND (A.), BONNET (C.), « "Les coutumes et les lois des nations barbares" (Plut., QC 2, 1). Réseaux savants entre centre et périphérie dans les *Propos de table* de Plutarque », dans S. AUFRÈRE, F. MÖRI (éd.), *Les sagesses barbares. Échanges et réappropriations dans l'espace culturel gréco-romain*, Genève, 2016, p. 109-141

ANTIN (P.), « Les sirènes et Ulysse dans l'œuvre de saint Jérôme », *Revue des études latines*, 39, 1961, p. 232-241 [= *Recueil sur saint Jérôme* (Latomus), Bruxelles, 1968, p. 59-70]

—, « Touches classiques et chrétiennes juxtaposées chez saint Jérôme », *Revue de philologie, de littérature et d'histoire anciennes*, 34, 1960, p. 58-65 [= *Recueil sur saint Jérôme* (Latomus), Bruxelles, 1968, p. 48-57]

ARMISEN-MARCHETTI (M.), *Sapientiae facies. Étude sur les images de Sénèque*, Paris, 1989

ASSENMAKER (P.), « *Pignus salutis atque imperii*. L'enjeu du Palladium dans les luttes politiques de la fin de la République », *Les études classiques*, 75, 2007, p. 381-412

ATHANASSIADI (P.), FREDE (M.) (éd.), *Pagan Monotheism and Late Antiquity*, Oxford, 1999

ATKINSON (J. E.), *Curtius Rufus. Histories of Alexander the Great, Book 10. Introduction and Historical Commentary by J. E. Atkinson, Translated by J. C. Yardley*, Oxford, 2009

AUERBACH (E.), « Figura », *Archivum Romanicum*, 22, 1938, p. 436-489 [= *Figura*, trad. M.-A. BERNIER, Paris, 1993]

AUGOUSTAKIS (A.), « *Lugendam Formae Sine Virginitate Reliquit*: Reading Pyrene and the Transformation of Landscape in Silius' *Punica* 3 », *American Journal of Philology*, 124, 2003, p. 235-257

AUSTIN (R. G), *Aeneidos liber sextus*, Oxford, 1986

BADAWĪ (A.), *Al-Mubaššir ibn Fātik, Muḫtar al-ḥikam wa-maḥāsin al-kalim* (*Choix de proverbes et beauté des sentences*), Madrid, 1958

BARBIER DE MEYNARD (C. A. C.), PAVET DE COURTEILLE (A.), PELLAT (C.), *Al-Masʿūdī, Murūǧ aḏ-ḏahab wa-maʿādin al-ǧawhar* (*Les prairies d'or et les mines de pierres précieuses*), I, Beyrouth, 1966

BARCHIESI (A.), *The Poet and the Prince. Ovid and Augustan Discourse*, Berkeley/ Los Angeles / Londres, 1997

BARDY (G.), « Saint Ennode de Pavie », dans J. R. PALANQUE (éd.), *Le Christianisme et l'Occident barbare*, Paris, 1945, p. 229-264

BARDY (G.), « Sur un synode de l'Illyricum (375) », *Bulletin d'ancienne littérature et d'archéologie chrétienne*, 2, 1912, p. 259-274

BARNARD (L. W.), « L'intolleranza negli apologisti cristiani con speciale riguardo a Firmico Materno », dans P. F. BEATRICE (éd.), *L'intolleranza cristiana nei confronti dei pagani*, Bologne, 1990, p. 79-99

BARZANÒ (A.), « Curzio Rufo e la sua epoca », *Mem. Istituo Lombardo (cl. lettere)*, 38, 1985, p. 72-100

BASSETT (E. L.), « Hercules and the Hero of the Punica », dans L. WALLACH (éd.), *The Classical Tradition. Literary and Historical Studies in Honor of Harry Caplan*, Ithaca, 1966, p. 258-273

—, « Regulus and the Serpent in the *Punica* », *Classical Philology*, 50, 1955, p. 1-20

BAUDOIN (A.-C.), « Gouverneur, juge et Romain : la figure de Pilate chez les auteurs patristiques », dans J.-M. VERCRUYSSE (éd.), *Ponce Pilate* (Graphè, 22), Artois Presses Université, 2013, p. 41-56

BAUDOU (A.), « Le vol du Palladium, Servius et les événements du IVe siècle après J.-C. », *Latomus*, 68, 2009, p. 981-996

BAYET (J.), *Les origines de l'Hercule romain*, Paris, 1926

BAYNHAM (E.), *Alexander the Great. The Unique History of Quintus Curtius*, Ann Arbor, MI, 1998

BEAGON (M.), « Ordering wonderland : Ovid's Pythagoras and the Augustan Vision », dans Ph. HARDIE (éd.), *Paradox and the marvellous*, Oxford, 2009, p. 288-309

BECKER (M.), *Die Kardinaltugenden bei Cicero und Ambrosius, De officiis*, Bâle, 1994

BÉJUIS-VALLAT (M.), « Servius et la tradition des *fata troiana* », *Eruditio Antiqua*, 1, 2009, p. 87-104

BELAYCHE (N.), « *Deus deum… summorum maximus* (Apuleius) : ritual expressions of distinction in the divine world in the imperial period », dans S. MITCHELL, P. VAN NUFFELEN (éd.), *One God. Pagan Monotheism in the Roman Empire*, Cambridge, 2010, p. 140-166

BELLINCIONI (M.), « Dio in Seneca », dans M. BELLINCIONI (éd.), *Studi senecani*, Brescia, 1986, p. 15-33

BERGSON (L.), *Der griechische Alexanderroman. Rezension β*, Stockholm / Göteborg / Upsal, 1956

BERNABÉ (A.), « La toile de Pénélope : a-t-il existé un mythe orphique sur Dionysos et les Titans ? », *Revue de l'histoire de religions*, 219, 4, 2002, p. 401-433

—, « Autour du mythe de Dionysos et les Titans. Quelques notes critiques », dans D. ACCORINTI, P. CHUVIN (éd.), *Des Géants à Dionysos. Mélanges de mythologie et de poésie grecque offerts à Francis Vian*, Alessandria, 2003, p. 25-39

BIELER (L.), Θεῖος ἀνήρ : *das Bild des göttlichen Menschen in Spätantike und Frühchristentum*, 1. Band, Vienne, 1935

BILLERBECK (M.), « Stoizismus in der römischen Epik neronischer und flavischer Zeit », *ANRW*, II, 32.5, Berlin / New York, 1986, p. 3116-3151

—, *Senecas Tragödien. Sprachliche und stilistische Untersuchungen*, Leyde, 1988

BÖMER (F.), *P. Ovidius Naso, Metamorphosen, Buch XIV-XV, Kommentar*, Heidelberg, 1986

BOND H. K., *Pontius Pilate in History and Interpretation* (Society for New Testament Studies. Monograph Series, 100), Cambridge, 1998

BONS (E.), « Osée 1, 2, un tour d'horizon de l'interprétation », *Revue des sciences religieuses*, 73/2, 1999, p. 207-222

BOUCHER (J.-P.), *Études sur Properce. Problèmes d'inspiration et d'art*, Paris, 1980²

BOUFFARTIGUE (J.), *L'empereur Julien et la culture de son temps*, Paris, 1992

BOULOGNE (J.), *Plutarque. Un aristocrate grec sous l'occupation romaine*, Lille, 1994

BRÄNDLE (R.), *Jean Chrysostome (349-407) : christianisme et politique au IVe siècle*, Paris, 2003

BRAUN (R.), « *Honeste cadere*, un topos hagiographique antique », *Bulletin du centre de romanistique et de latinité tardive*, 1, 1983, p. 1-12

BRÉCHET (C.), « Les *palaioi* chez Plutarque », dans B. BAKHOUCHE (éd.), *L'ancienneté chez les Anciens*, Montpellier, 2 vol., 2003, II, p. 519-550

—, « L'influence des Alexandrins sur les citations homériques de Plutarque et leur commentaire », dans A. CASANOVA (éd.), *Plutarco e l'età ellenistica (Atti del convegno internazionale di studi, Firenze, 23-24 settembre 2004)*, Florence, 2005, p. 243-268

—, « La lecture plutarquéenne d'Homère : de la Seconde Sophistique à Théodore Métochite », dans *La tradition des* Moralia *de Plutarque de l'Antiquité au début de la Renaissance (Journée d'étude du 30 janvier 2004, Université de Toulouse II-Le Mirail)*, Pallas, 67, 2005, p. 175-201

—, « Vers une philosophie de la citation poétique : écrit, oral et mémoire chez Plutarque », dans *Plutarch's Philosophical Tactics* (Dublin, Trinity College, juillet 2005), Hermathena, 182, 2007, p. 101-134

—, « Grecs, Macédoniens et Romains au test d'Homère : référence homérique et hellénisme chez Plutarque », dans *The Unity of Plutarch's Work : Moralia Themes in the Lives, Features of the Lives in the Moralia* (VIIe Congrès international de l'IPS à Réthymnon, 4-8 mai 2005), Berlin, 2008, p. 85-109

—, « Sur la prétendue dimension mimétique de la citation en Grèce ancienne », dans D. AUGER, É. WOLFF (éd.), *Culture classique et christianisme. Mélanges offerts à Jean Bouffartigue*, Paris, 2008, p. 259-273

BREMMER (J. N.), FORMISANO (M.) (éd.), *Perpetua's Passions : Multidisciplinary Approaches to the Passio Perpetuae et Felicitatis*, Oxford, 2012

BRICAULT (L.), *Recueil des inscriptions concernant les cultes isiaques (RICIS)*, Paris, 2005

BRIQUEL (D.), « Hannibal sur les pas d'Héraklès : le voyage mythologique et son utilisation dans l'histoire », dans H. DUCHÊNE (éd.), *Voyageurs et Antiquité classique*, Dijon, 2003, p. 51-60

BRISSON (L.), SEGONDS (A.-Ph.), *Jamblique. Vie de Pythagore* (La roue à livres, 29), Paris, 1996

BROUILLETTE (X.), GIAVATTO (A.), « Les dialogues platoniciens chez Plutarque. Une introduction », dans X. BROUILLETTE, A. GIAVATTO (éd.), *Les dialogues platoniciens chez Plutarque. Stratégies et méthodes exégétiques*, Louvain, 2010, p. 1-25

BUCHHEIT (V.), « Numa – Pythagoras in der Deutung Ovids », *Hermes*, 121, 1993, p. 77-99

BUCKLEY (J. J.), « Libertines or Not: Fruit, Bread, Semen and Other Body Fluids in Gnosticism », *Journal of Early Christian Studies*, 2, 1, 1994, p. 15-31

BUDGE (E. A. W.), *The History of Alexander the Great. Being the Syriac Version of Pseudo-Callisthenes*, Amsterdam, 1976

CAILLET (J.-P.), « De l'image païenne à l'image chrétienne : retour sur un siècle d'historiographie », dans H. INGLEBERT, S. DESTEPHEN, B. DUMÉZIL (éd.), *Le problème de la christianisation du monde antique*, Paris, p. 253-267

CALTABIANO (M.), « Il carattere delle digressioni nelle Res Gestae di Ammiano Marcellino », dans A. GARZYA (éd.), *Metodologie della ricerca sulla tarda antichità. Atti del primo convegno dell'Associazione di Studi Tardoantichi*, Naples, 1989, p. 290-296

CAMERON (A.), *The Last Pagans of Rome*, Oxford / New York, 2011

CANCELLIERI (F.), *Le sette cose fatali di Roma antica*, Rome, 1842

CASEVITZ (M.), MARCADÉ (J.), *Pausanias. Description de la Grèce. Livre VIII. L'Arcadie* (Collection des Universités de France, 345), Paris, 1998

CASTER (M.), *Clément d'Alexandrie. Les Stromates. Stromate I* (Sources chrétiennes, 30), Paris, 1951

CHAMBRY (É.), *Lucien de Samosate. Œuvres complètes*, vol. 1 (Classiques Garnier), Paris, 1932

CHAMPEAUX (J.), *Fortuna. Le culte de la Fortune à Rome et dans le monde romain, II, Les transformations de Fortuna sous la République* (Collection de l'École Française de Rome, 64), Rome, 1987

CHAPOT (F.), « La liberté du chrétien dans l'apologétique et l'hagiographie antiques. *Statim christiana libertate prorumpens (Pass. Mart. Abitinae, 7)* », *Ktèma*, 28, 2003, p. 71-80

—, « Jeu de regards et *libido stili* dans le *De spectaculis* de Tertullien », 2014, en ligne à l'adresse : http://www.etudes-augustiniennes.paris-sorbonne.fr/spip.php ?article324&lang = fr

CHAPPUIS SANDOZ (L.), « "Cachez ce sein…", ou comment dire le corps des saintes dans le récit hagiographique », dans V. DASEN, J. WILGAUX (éd.), *Langages et métaphores du corps dans le monde antique*, Rennes, 2008, p. 43-58

CHARLES-SAGET (A.), « Sénèque et le théâtre de la cruauté », *Pallas*, 49, 1998, p. 149-155

CHAUMARTIN (F.-R.), *Sénèque. Tragédies. Tome III. [Pseudo-Sénèque] Hercule sur l'Œta, Octavie*, Paris, 1999

CHUVIN (P.), *Chronique des derniers païens. La disparition du paganisme dans l'Empire romain, du règne de Constantin à celui de Justinien*, Paris, 2011²

CIPRIANI (G.), « Numa e l'esame di latino », *Latina didaxis*, 11, 1996, p. 127-150

COLEMAN (K.), « Mythological Figures as Spokespersons in Statius' Silvae » dans F. DE ANGELIS, S. MUTH (éd.), *Im Spiegel des Mythos. Bilderwelt und Lebenswelt, Lo specchio del mito. Immaginario e realtà*, Wiesbaden, 1999, p. 67-80

CONTE (G. B.), « Aristaeus, Orpheus, and the *Georgics*. Once again », dans S. SPENCE (éd.), *Poets and critics read Vergil*, New Haven, 2001, p. 44-63

—, *The Rhetoric of Imitation. Genre and Poetic Memory in Virgil and Other Latin Poets*, Ithaca, 1986

COURCELLE (P.), *Les Lettres grecques en Occident, de Macrobe à Cassiodore*, Paris, 1948

COURTRAY (R.), *Prophète des temps derniers, Jérôme commente Daniel* (Théologie historique, 119), Paris, 2009

—, « Le roi Nabuchodonosor changé en bête (*Dn* 4). Du récit biblique à quelques lectures chrétiennes anciennes », dans V. ADAM, C. NOACCO (éd.), *La Métamorphose et ses métamorphoses*, Albi, 2010, p. 49-64

—, « Saint Jérôme et la conversion à l'Écriture », dans D. VIGNE (éd.), *La conversion chez les Pères de l'Église*, Paris, 2014, p. 203-217

CRACCO RUGGINI (L.), « Costantino e il Palladio », dans *Roma, Costantinopoli, Mosca* (Da Roma alla terza Roma, Studi, 1), Naples, 1983, p. 241-251

—, « Oggetti caduti dal cielo nel mondo antico : valenze religiose e politiche », dans A. MONACI CASTAGNO (éd.), *Sacre impronte e ogetti non fatti da mano d'uomo nelle religioni. Atti del Convegno Internazionale, Torino, maggio 2010*, Alessandria, 2011, p. 95-111

CUTINO (M.), « L'anima e le sue adfectiones nel lessico filosofico di Ambrogio », dans *Atti della V Giornata Filologica Ghisleriana « Il Latino dei filosofi a Roma antica »*, Pavia 12-13 aprile 2005, Pavie, 2006, p. 171-207

—, « Struttura e significato del *De patriarchis* di Ambrogio : la grazia della salvezza come fondamento del combattimento spirituale del cristiano », *Acme*, 61, 2008, p. 51-77

DAHAN (G.), GOULET (R.) (éd.), *Allégorie des poètes, allégorie des philosophes : études sur la poétique et l'herméneutique de l'Antiquité à la Réforme*, Paris, 2005

DANIÉLOU (J.), *Histoire des doctrines chrétiennes avant Nicée*, vol. III, *Les origines du christianisme latin*, Paris, 1978

DARWALL-SMITH (R. H.), *Emperors and Architecture : A Study of Flavian Rome* (Collection Latomus, 231), Bruxelles, 1996

DAVID (J.-M.), « Maiorum exempla sequi : l'exemplum historique dans les discours judiciaires de Cicéron », *Mélanges de l'École française de Rome. Moyen Âge, Temps modernes*, 92, 1980, p. 67-86

DE BOVIS (A.), *La sagesse de Sénèque*, Paris, 1948

DE GOEJE (M. J.), *Aṭ-Ṭabarī, Taʾrīḫ ar-rusul wa-l-mulūk (Histoire des prophètes et des rois)*, I, Leyde, 1879

DELCOURT (A.), « Entre légende et histoire : *Oreste* et le prince », *Les études classiques*, 66, 1998, p. 61-72

DENIS (A.-M.), *Fragmenta pseudepigraphorum quae supersunt Graeca (Pseudepigrapha veteris testamenti Graece)*, vol. 3, Leyde, 1970

DEPROOST (P.-A.), « Ficta et facta. La condamnation du "mensonge des poètes" dans la poésie latine chrétienne », *Revue des études augustiniennes*, 44, 1998, p. 101-121

DEREMETZ (A.), « Numa in Augustan Poetry », dans J. FARRELL, D. NELIS (éd.), *Augustan Poetry and the Roman Republic*, Oxford, 2013, p. 228-243

DES PLACES (É.), *La préparation évangélique. Livres XII-XIII* (Sources chrétiennes, 307), Paris, 1983

DETIENNE (M.), *Dionysos mis à mort*, Paris, 1977

DE VISSCHER (F.), *Héraclès Epitrapezios*, Paris, 1962

DEWAR (M.), *Claudian. Panegyricus de sexto consulatu Honorii. Edited with Introduction, Translation and Commentary by M.D.*, Oxford, 1996

DODDS (E. R.), *Pagan and Christian in an Age of Anxiety. Some aspects of religious experience from Marcus Aurelius to Constantine*, Cambridge / New York / Pont Chester / Melbourne / Sydney, 1965

DOSSI (L.), « S. Ambrogio e S. Atanasio nel *De virginibus* », *Acme*, 4, 1951, p. 253-257

DRAKE (H. A.), « Firmicus Maternus and the Politics of Conversion », dans G. SCHMELING, J. D. MIKALSON (éd.), *Qui miscuit utile dulci. Festschrift Essays for Paul Lachlan MacKendrick*, Wauconda, 1998, p. 133-149

DUBOURDIEU (A.), *Les origines et le développement du culte des Pénates à Rome* (Collection de l'École française de Rome, 118), Rome, 1989

DUMEZIL (G.), *Mitra-Varuna. Essai sur deux représentations indo-européennes de la souveraineté*, Paris, 1940

—, *La religion romaine archaïque*, 2ᵉ éd. revue et corrigée, Paris, 1987

DUPONT (F.), *Les monstres de Sénèque*, Paris, 2011 (1ʳᵉ éd. 1995)

DUVAL (Y.-M.), « La lecture de l'*Octavius* de Minucius Felix à la fin du IVᵉ siècle », *Revue des études augustiniennes*, 19, 1973, p. 56-68

—, « La présentation arienne du concile d'Aquilée de 381. À propos des "Scolies ariennes sur le concile d'Aquilée" par R. Gryson », *Revue d'histoire ecclésiastique*, 76, 1981, p. 317-331

—, « Jérôme et les prophètes », dans J. A. EMERTON (dir.), *Congress volume, Salamanca 1983* (Supplements to Vetus Testamentum 36), Leyde, 1985, p. 108-131

DUVAL (Y.-M.), LAURENCE (P.), *Jérôme, La lettre 22 à Eustochium, De uirginitate seruanda*, Bégrolles-en-Mauges (coll. « Vie monastique », n° 47), 2011

EDMONDS (R.), « Tearing apart the Zagreus Myth : a Few Disparaging Remarks on Orphism and Original Sin », *Classical Antiquity*, 18, 1, 1999, p. 35-73

ELSNER (J.), *Art and the Roman Viewer : The Transformation of Art from Paganism to Christianity*, Cambridge, 1995

—, « Inventing Christian Rome : The Role of Early Christian Art », dans C. EDWARDS, G. WOOLF (éd.), *Rome the Cosmopolis*, Cambridge, 2003, p. 71-99

ESHLEMAN (K.), *The Social World of Intellectuals in the Roman Empire: Sophists, Philosophers, and Christians*, Cambridge, 2012

ESTIENNE (S.), « Les "dévots" du Capitole. Le "culte des images" dans la Rome impériale, entre rites et superstition », *MEFRA*, 113, 2001, p. 189-210

EVANS (S.), « The Scent of a Martyr », *Numen*, 49, 2002, p. 193-211

EVENEPOEL (W.), « The philosopher Seneca on suicide », *Ancient Society*, 34, 2004, p. 217-243

FANTAR (M. F.), « Regulus en Afrique », dans H. DEVIJVER & E. LIPINSKI (éd.), *Studia Phoenicia, X, Punic Wars*, Leuven, 1989, p. 75-84

FÉDOU (M.), « La figure de Socrate selon Justin », dans B. POUDERON, J. DORÉ (éd.), *Les apologistes chrétiens et la culture grecque*, Paris, 1998, p. 51-66

FEENEY (D.), « *Si licet et fas est* : Ovid's *Fasti* and the Problem of Free Speech under the Principate », dans A. POWELL (éd.), *Roman Poetry and Propaganda in the Age of Augustus*, Bristol, 1992, p. 1-25

FEENEY (D.), *Literature and religion at Rome. Cultures, contexts, and beliefs*, Cambridge, 1998

FERRI (S.), « Esigenze archeologiche e ricostruzione del testo, III », *Studi Classici e Orientali*, 6, 1957, p. 231-242

FESTUGIÈRE (A.-J.), *Personal Religion Among the Greeks*, Berkeley / Los Angeles, 1954

FESTUGIÈRE (A.-J.), SAFFREY (H.-D.), *Aelius Aristide. Discours sacrés, rêve, religion, médecine du IIe siècle ap. J.-C.*, Paris, 1986

FISCHER (S. E.), *Seneca als Theologe : Studien zum Verhältnis von Philosophie und Tragödiendichtung*, Berlin / New York, 2008

FLAMANT (J.), *Macrobe et le néo-platonisme latin à la fin du IVe siècle*, Leyde, 1977

FONTAINE (J.), « La femme dans la poésie de Prudence », *Revue des études latines*, 47 bis, 1969 (*Mélanges Marcel Durry*, 1970), p. 55-83

—, « L'apport de la tradition poétique romaine à la formation de l'hymnodie chrétienne », *Revue des études latines*, 52, 1974, p. 318-355

—, « Unité et diversité du mélange des genres et des tons chez quelques écrivains latins de la fin du IVe siècle : Ausone, Ambroise, Ammien », dans *Christianisme et formes littéraires de l'Antiquité tardive en Occident*, Vandœuvres-Genève, 23-28 Août 1976, Genève, 1977, p. 425-472

FRANCHET D'ESPEREY (S.), « Anchise, poète de l'histoire romaine (*Énéide* VI, 752-853) » dans M. BARATIN, C. LÉVY, R. UTARD, A. VIDEAU (éd.), *Stylus : la parole dans ses formes, Mélanges en l'honneur du professeur J. Dangel*, Paris, 2010, p. 659-674

FRASCHETTI (A.), *La conversione. Da Roma pagana a Roma cristiana*, Bari, 1999

FREDE (M.), « La théologie stoïcienne », dans G. ROMEYER DHERBEY (dir.), J.-B. GOURINAT (éd.), *Les stoïciens*, Paris, 2005, p. 213-232

FREDOUILLE (J.-C.), « Les Lettrés chrétiens face à la Bible », dans J. FONTAINE, C. PIETRI (éd.), *Le Monde latin antique et la Bible* (Bible de tous les temps 2), Paris, 1985, p. 25-42

—, « De l'*Apologie* de Socrate aux *Apologies* de Justin », dans *Hommages à René Braun*, t. 2, Nice, 1990, p. 1-22

—, « L'apologétique chrétienne : naissance d'un genre littéraire », *Revue des études augustiniennes*, 38, 1992, p. 219-234

—, « L'apologétique chrétienne : métamorphoses d'un genre polymorphe », *Revue des études augustiniennes*, 41, 1995, p. 201-216

—, « Le Héros et le saint », dans G. FREYBURGER, L. PERNOT (éd.), *Du Héros païen au saint chrétien, actes du colloque organisé par le C.A.R.R.A. (Strasbourg, 1er-2 décembre 1995)* (Collection des études augustiniennes, Série Antiquité, 154), Paris, 1997, p. 11-25

FREYBURGER (G.), *Fides, Étude sémantique et religieuse depuis les origines jusqu'à l'époque augustéenne*, Paris (Collection d'Études Anciennes), 2009^2 (1re édition : 1986)

FREYBURGER-GALLAND (M.-L.), FREYBURGER (G.), TAUTIL (J.-Ch.), *Sectes religieuses en Grèce et à Rome dans l'Antiquité païenne* (Realia), Paris, 1986

FRIEDLÄNDER (I.), *Die Chadirlegende und der Alexanderroman*, Leipzig, 1913

FUCECCHI (M.), « Empietà e titanismo nella rappresentazione siliana di Annibale », *Orpheus*, 11, 1990, p. 21-42

—, « Epica, filosofia della storia e legittimazione del potere imperiale : la profezia di Giove nel libro III dei *Punica* (e un'indicazione di percorso per l'epos storico) », dans Th. BAIER (éd.), *Götter und menschliche Willensfreiheit. Von Lukan bis Silius Italicus*, Munich, 2012, p. 235-254

FUX (P.-Y.), *Les sept Passions de Prudence (Peristephanon 2. 5. 9. 11-14). Introduction générale et commentaire*, Fribourg, 2003

GALINSKY (G. K.), *The Herakles Theme. The Adaptations of the Hero in Literature from Homer to the Twentieth Century*, Oxford, 1972

—, « The speech of Pythagoras at Ovid *Metamorphoses* », *Leeds International Latin Seminar*, 10, 1998, p. 313-336

GALLI MILIĆ (L.), « Iphigénie, Polyxène et Didon à Rome ou Le mariage manqué dans la représentation pathétique de la victime au féminin », dans F. PRESCENDI, A. A. NAGY (éd.), *Victimes au féminin*, Genève, 2011, p. 154-166

GARANI (M.), « The Figure of Numa in Ovid's *Fasti* », dans M. GARANI, D. KONSTAN (éd.), *The Philosophizing Muse. The Influence of Greek Philosophy on Roman Poetry*, Cambridge, 2014, p. 128-160

GENDRE (M.), LOUTSCH (C.), « C. Duilius et M. Atilius Regulus », dans M. COUDRY, TH. SPAETH (éd.), *L'invention des grands hommes de la Rome antique – Die Konstruktion der großen Männer Altroms*, Paris, 2001, p. 131-172

GIANNARELLI (E.), *La tipologia femminile nella biografia e nell'autobiografia cristiana del IV° secolo*, Rome, 1980

GIAVATTO (A.), « Répertoire des citations de Platon dans les *Moralia* », dans X. BROUILLETTE, A. GIAVATTO (éd.), *Les dialogues platoniciens chez Plutarque. Stratégies et méthodes exégétiques*, Louvain, 2010, p. 131-141

GIOANNI (S.), *Lumière de Rome, Lumière de l'Église. Édition, traduction et commentaire de la Correspondance d'Ennode de Pavie (livres 1 et 2)*, Thèse présentée à Lyon en juillet 2004

—, *Ennode de Pavie, Lettres. Livres I-II* (Collection des Universités de France, 383), I, Paris, 2006

—, c.r. de « Schröder, Bianca-Jeanette, *Bildung und Briefe im 6. Jahrhundert. Studien zum Mailänder Diakon Magnus Felix Ennodius* », *Revue de l'IFHA* [En ligne], mis en ligne le 1er janvier 2008 [http://ifha.revues.org/1658]

GOLDSCHMIDT (N.), *Shaggy crowns : Ennius' Annales and Virgil's Aeneid*, Oxford, 2013

GOSSEREZ (L.), « Le combat de Sobrietas et de Luxuria, miroir de la *Psychomachie* », *Vita Latina*, 167, décembre 2002, p. 66-79

GOUKOWSKY (P.), *Essai sur les origines du mythe d'Alexandre (336-270 av. J.-C.), I, Les origines politiques*, Nancy, 1978

GOUKOWSKY (P.), *Essai sur les origines du mythe d'Alexandre (336-270 av. J.-C.), II, Alexandre et Dionysos*, Nancy, 1981

GOULET (R.), « La méthode allégorique chez les stoïciens », dans G. ROMEYER DHERBEY (dir.), J.-B. GOURINAT (éd.), *Les stoïciens*, Paris, 2005

GOURINAT (J.-B.), « *Explicatio fabularum* : la place de l'allégorèse dans l'interprétation stoïcienne de la mythologie », dans G. DAHAN, R. GOULET (éd.), *Allégorie des poètes, allégorie des philosophes : études sur la poétique et l'herméneutique de l'Antiquité à la Réforme*, Paris, 2005, p. 9-34

GRAF (F.), « Fights about Festivals : Libanius and John Chrysostom on the Kalendae Ianuariae in Antioch », *Archiv für Religionsgeschichte*, 13, 2011, p. 175-186
GREEN (C. M. C.), *Roman Religion and the Cult of Diana at Aricia*, Cambrige, 2007
GREEN (S. J.), *Ovid, Fasti I. A commentary*, Leyde / Boston, 2004
GRESCHAT (K.), « Lucretia », *Reallexikon für Antike und Christentum*, 23, 2009, p. 596-603
GROSS (K), *Die Unterpfänder der römischen Herrschaft*, Berlin, 1935
GRYSON R., *Maximinus (et Palladius). Scolies ariennes sur le concile d'Aquilée* (Sources chrétiennes, 267), Paris, 1980
GUINOT (J.-N.), RICHARD (F.) (éd.), *Empire chrétien et églises aux IVe et Ve siècles. Intégration ou « concordat »* ? *Le témoignage du Code Théodosien*, Actes du Colloque international (Lyon, 6, 7 et 8 octobre 2005), Paris, 2008
GUIRGASS (W.), *Ad-Dīnawarī, Al-aḫbār aṭ-ṭiwāl (Les histoires détaillées)*, Leyde, 1888
GUTAS (D.), *Greek Thought, Arabic Culture*, Londres / New York, 1998
HADOT (I.), *Seneca und die griechisch-römische Tradition der Seelenleitung*, Berlin, 1969
HAGENDAHL (H.), *Latin Fathers and the Classics. A study on the Apologists, Jerome and other Christian writers*, Acta Universitatis Gothoburgensis LXIV, 2, Göteborg, 1958
HARDIE (P.), *Virgil's Aeneid. Cosmos and imperium*, Oxford, 1986
—, « The speech of Pythagoras and Ovid's empedoclean epos », *Classical Quarterly*, 45, 1995, p. 204-214, repris et révisé dans *Lucretian receptions : History, the Sublime, Knowledge*, Cambridge, 2009, p. 136-152
—, *Ovidio, Metamorfosi*, Volume VI (Libri XIII-XV), Fondazione Lorenzo Valla, 2015
HARTMANN (A.), *Zwischen Relikt und Reliquie : objektbezogene Erinnerungspraktiken in antiken Gesellschaften*, Berlin, 2010
HECKEL (W.), « Alexander's Conquest of Asia », dans W. HECKEL, L. A. TRITLE (éd.), *Alexander the Great. A New History*, Chichester, 2009, p. 26-52
HENRICHS (A.), « *Hieroi Logoi* And *Hierai Bibloi* : The (Un)written Margins Of The Sacred In Ancient Greece », *Harvard Studies in Classical Philology*, 101, 2003, p. 207-266
HERRERO (M.), *Tradición órfica y cristianismo antiguo*, Madrid, 2007
HINDS (S.), « Arma in Ovid's *Fasti*. Part 1 : Genre and Mannerism », *Arethusa*, 25, 1992, p. 81-112
—, « Arma in Ovid's *Fasti*. Part 2 : Genre, Romulean Rome and Augustan Ideology », *Arethusa*, 25, 1992, p. 113-153
HINDS (S.), *Allusion and Intertext. Dynamics of appropriation in Roman poetry*, Cambridge, 1998
HOFFMANN (G.), « Macarie, Polyxène et Iphigénie : les vierges héroïques dans le théâtre d'Euripide », dans O. CAVALIER (éd.), *Silence et fureur : la femme et le mariage en Grèce ; les antiquités grecques du Musée Calvet*, Avignon, 1996, p. 249-270
HORSFALL (N.), *Virgil, Aeneid 6 : A Commentary*, Berlin / Boston, 2013
HOUTSMA (M. T.), *Al-Yaʿqūbī, Historiae*, Leyde, 1883
HUMBERT (G.), « Acta senatus », dans CH.-V. DAREMBERG, E. SAGLIO (éd.), *Dictionnaire des antiquités grecques et romaines*, t. 1, Paris, Hachette, 1877, p. 51-53
HUMM (M.) « Numa et Pythagore : vie et mort d'un mythe », dans P. A. DEPROOST et A. MEURANT (éd.), *Images d'origines, origines d'une image, Hommages à Jacques Poucet*, Louvain-la-Neuve, 2004, p. 125-137

INGLEBERT (H.), Interpretatio Christiana : *les mutations des savoirs (cosmographie, géographie, ethnographie, histoire) dans l'Antiquité chrétienne (30-630 après J.-C.)*, Paris, 2001

INWOOD (B.) (éd.), *The Cambridge Companion to the Stoics*, Cambridge, 2003

IRICINSCHI (E.), ZELLENTIN (H. M.), « Making Selves and Marking Others : Identity and Late Antique Heresiologies », dans E. IRICINSCHI, H. M. ZELLENTIN (éd.), *Heresy and Identity in Late Antiquity*, Tübingen, 2008, p. 1-27

IRWIN (E.), « Gender, status and identity in a North African Martyrdom », dans E. DAL COVOLO, G. RINALDI (éd.), *Gli imperatori Severi. Storia, archeologia, religione* (Biblioteca di Scienze Religiose, 138), Rome, 1999, p. 251-260

JACCOTTET (A.-F.), *Choisir Dionysos. Les associations dionysiaques ou la face cachée du dionysisme*, Zürich, 2003

JACZYNOWSKA (M.), « Le culte de l'Hercule romain au temps du Haut-Empire », *ANRW*, II, 17.2, Berlin / New York, 1981, p. 631-661

JAY (P.), *L'Exégèse de saint Jérôme d'après son Commentaire sur Isaïe* (Collection des études augustiniennes, Série Antiquité, 108), Paris, 1985

JENSEN (R. M.), « Toward a Christian Material Culture », dans M. M. MITCHELL, F. M. YOUNG (éd.), *The Cambridge History of Christianity*, vol. 2 *Origins to Constantine*, Cambridge, 2006, p. 568-585

JONES (C. P.), *The Life of Apollonios of Tyana. Books 5-8* (Loeb Classical Library, 17), Londres, 2005

JOURDAIN-ANNEQUIN (C.), *Héraclès aux portes du soir*, Paris, 1989

JOURDAN (F.), *Orphée et les chrétiens*, 2 vol., Paris, 2010-2011

KAHLOS (M.), « The Rhetoric of Tolerance and Intolerance : From Lactantius to Firmicus Maternus », dans J. ULRICH, A.-C. JACOBSEN, M. KAHLOS (éd.), *Continuity and Discontinuity in Early Christian Apologetics*, Francfort, 2009, p. 79-95

KEIL (B.), *Aelii Aristidis Smyrnaei Opera quae supersunt omnia*, vol. 2, Berlin, 1898

KENNELL (S. A. H.), « Ennodius and the pagan gods », *Athenaeum*, 80, 1992, p. 236-242

—, *Magnus Felix Ennodius. A gentleman of the church*, Ann Arbor, 2000

KLEBS (E.), « Regulus », dans A. PAULY, G. WISSOWA (éd.), *Realencyclopädie der klassischen Altertumswissenschaft*, t. II, 2, s. v. « Atilius », n° 51, col. 2086-2092

KLEIN (M.), *Meletemata Ambrosiana. Mythologica de Hippolyto, doxographica de Exameri fontibus*, Königsberg, 1927

KLEIN (U.), *Iamblichi De vita Pythagorica liber* (Bibliotheca Teubneriana), Leipzig, 1937

KÖNIG (J.), « Self-Promotion and Self-Effacement in Plutarch's *Table Talk* », dans F. KLOTZ, K. OIKONOMOPOULOU (éd.), *The Philosopher's Banquet : Plutarch's Table Talk in the Intellectual Culture of the Roman Empire*, Oxford, 2011, p. 179-203

KÖNIG (J.), *Saints and Symposiasts. The Literature of Food and the Symposium in Greco-Roman and Early Christian Culture*, Oxford, 2012

KONSTAN (D.), *Friendship in the Classical World*, Cambridge, 1997

KRAEMER (J.), « Arabische Homerverse », *Zeitschrift der deutschen morgenländischen Gesellschaft*, 106, 1956, p. 259-316

KROLL (W.), *Historia Alexandri Magni (Pseudo-Callisthenes). Recensio vetusta*, Berlin, 1926

KÜPPERS (J.), *Tantarum causas irarum. Untersuchungen zur einleitenden Bücherdyade der Punica des Silius Italicus* (Untersuchungen zur Antiken Literatur und Geschichte, 23), Berlin / New York 1986

LACOMBRADE (C.), *L'Empereur Julien, Œuvres complètes*, tome II, 2ᵉ partie, *Discours de Julien Empereur*, Paris, 1964

LACROIX (L.), « Héraklès, héros voyageur et civilisateur », *Bulletin de la Classe des Lettres de l'Académie Royale de Belgique*, 60, 1974, p. 34-59

LAGRÉE (J.), « Le sage et le dieu chez Sénèque (*Lettres à Lucilius*) », dans L. JERPHAGNON (éd.), *Ainsi parlaient les Anciens*, in honorem Jean-Paul Dumont, Lille, 1994, p. 205-216

LANÉRY (C.), *Ambroise de Milan hagiographe* (Collection des études augustiniennes, Série Antiquité, 183), Paris, 2011

LATTE (K.), *Römische Religionsgeschichte, Handbuch der Altertumswissenschaft*, Munich, 1960

LAURENCE (P.), « Proba, Juliana et Démétrias. Le christianisme des femmes de la gens Anicia dans la deuxième moitié du Vᵉ s. », *Revue des études augustiniennes*, 48, 2002, p. 131-163

LEBERL (J.), *Domitian und die Dichter. Poesie als Medium der Herrschaftsdarstellung* (Hypomnemata, 154), Göttingen, 2004

LE DOZE (P.), *Le Parnasse face à l'Olympe. Poésie et culture poétique à l'époque d'Octavien/Auguste*, Rome, 2014

LEGRAND (P.-E.), *Histoires. Livre II. Euterpe* (Collection des Universités de France, 59), Paris, 1944

LEHMANN (Y.), *Varron théologien et philosophe romain*, Bruxelles, 1997

LEIGH (M.), « *Vincet amor patriae laudumque immensa cupido* : Vergil, *Aeneid* 6, 823 », *Athenaeum*, 100, 2012, p. 281-290

LÉMONON (J.-P.), *Pilate et le gouvernement de la Judée : textes et monuments*, Paris, 1981 ; 2ᵉ éd : *Ponce Pilate*, Paris, 2007

LEVI (M. A.), *Alessandro Magno*, Milan, 1977

LIEU (J.), *Christian Identity in the Jewish and Graeco-Roman World*, Oxford, 2004

LITTLE (D.), « The speech of Pythagoras in *Metamorphoses* 15 and the structure of the *Metamorphoses* », *Hermes*, 98, 1970, p. 340-360

LITTLEWOOD (R. J.), « *Imperii pignora certa*. The role of Numa in Ovid's *Fasti* », dans G. HERBERT-BROWN (éd.), *Ovid's Fasti*, Oxford, 2002, p. 175-197

LIVERANI (P.), SPINOLA (G.), *Le Necropoli Vaticane. La città dei morti di Roma*, Milan, 2010

LONGO (V.), *Aretalogie nel mondo greco*, vol. I *Epigrafi e papiri*, Gênes, 1969

LÓPEZ KINDLER (A.), *Obra miscelánea declamaciones. Introducción, traducción y notas* (Biblioteca Clásica Gredos, 357), Madrid, 2007

LOWRIE (M.), *Writing, performance, and authority in Augustan Rome*, Oxford / New York, 2009

LYONS (J. D.), *Exemplum. The rhetoric of example in early modern France and Italy*, Princeton, 1989

MACLEOD (M. D.), *Luciani opera*, vols 2-3 (Scriptorum Classicorum Bibliotheca), Oxford, 1974-1980

MAHÉ-SIMON (M.), TRINQUIER (J.) (éd.), *L'histoire d'Alexandre selon Quinte-Curce*, Paris, 2014

MAHONEY (B. A.), *Vergil in the Works of Prudentius*, Washington, 1934

MALAMUD (M. A.), *A Poetics of Transformation. Prudentius and Classical Mythology*, Ithaca / Londres, 1989

MALICK-PRUNIER (S.), *Le corps féminin dans la poésie latine tardive*, Paris, 2011

MARKS (R.), *From Republic to Empire. Scipio Africanus in the Punica of Silius Italicus*, Francfort / Berlin, 2005

MARTIN (A.), *Athanase d'Alexandrie et l'Église d'Égypte au IVe siècle (328-373)* (École française de Rome, 216), Rome, 1996

MARTIN (P. M.), « Héraklès en Italie, d'après Denys d'Halicarnasse (*A.R.*, I, 34-44) », *Athenaeum*, 50, 1972, p. 252-275

MASSA (F.), « La promotion des *Bacchantes* d'Euripide dans les textes chrétiens », *Cahiers du Centre G. Glotz*, 21, 2010, p. 419-434

—, « Relire les émotions de Dionysos à l'époque impériale : de Plutarque aux chrétiens », *Mythos. Rivista di Storia delle Religioni*, 4, 2010, p. 83-98

—, « Confrontare per distruggere : Firmico Materno e l'origine diabolica dei culti orientali », *Studi e Materiali di Storia delle Religioni*, 79, 2, 2013, p. 493-509

—, *Tra la vigna e la croce. Dioniso nei discorsi letterari e figurativi cristiani (II-IV secolo)*, Stuttgart, 2014

—, « Liber face à Dionysos : une assimilation sans écarts ? *Koinè* dionysiaque et pratiques rituelles romaines », dans C. BONNET, V. PIRENNE-DELFORGE, G. PIRONTI (éd.), *Dieux des Grecs, dieux des Romains : panthéons en dialogue à travers l'histoire et l'historiographie*, Turnhout, 2016, p. 117-129

MASTROCINQUE (A.), *Giuliano l'Apostata, Discorso su Helios Re*, Nordhausen, 2011

MATHEWS (T. F.), *The Clash of Gods. A Reinterpretation of Early Christian Art*, Princeton, NJ, 1999

MATTINGLY (H.), SYDENHAM (E. A.), *The Roman Imperial Coinage, I, Augustus to Vitellius*, Londres, 1923

MAZZARINO (S.), *Antico, tardoantico ed era costantiniana*, I, Bari, 1974

MEISSNER (B.), « Mubašširs Aḫbâr el-Iskender », *Zeitschrift der Deutschen Morgenländischen Gesellschaft*, 49, 1895, p. 583-627

MERLI (E.), *Dall'Elicona a Roma. Acque ispiratrici e lima poetica nell'Ovidio dell'esilio e nella poesia flavia di omaggio*, Berlin, 2013

MESLIN (M.), *La fête des Kalendes de janvier dans l'Empire romain* (Latomus, 115), Bruxelles, 1970

MILES (R.), « Hannibal and Propaganda », dans D. HOYOS (éd.), *A Companion to the Punic Wars*, Malden / Oxford / Chichester, 2011, p. 260-279

MILLER (J.), « The memories of Pythagoras », *Mnemosyne*, 47, 1994, p. 473-487

MIX (E. R.), *Marcus Atilius Regulus, exemplum historicum* (Studies in Classical Literature, 10), La Haye / Paris, 1970

MONDÉSERT (C.), *Clément d'Alexandrie. Le Protreptique* (Sources chrétiennes, 2), Paris, 1941

MORA (F.), *Arnobio e i culti di mistero. Analisi storico-religiosa del V libro dell'Adversus Nationes*, Rome, 1994

MORESCHINI (C.), « Monoteismo cristiano e monoteismo platonico nella cultura latina dell'età imperiale », dans *Platonismus und Christentum : Festschrift für Heinrich Dörrie*, Münster, 1983, p. 133-161

MÜLLER (K. A.), *Claudians Festgedicht auf das sechste Consulat des Kaisers Honorius*, Diss. Heidelberg, 1938

MUNIER (C.), *Justin. Apologie pour les chrétiens : Introduction, texte critique, traduction et notes par C. M.*, Paris, 2006

MUNNICH (O.), « La place de l'hellénisme dans l'autodéfinition du christianisme. L'*Apologie* de Justin », dans A. PERROT (éd.), *Les chrétiens et l'hellénisme. Identités religieuses et culture grecque dans l'Antiquité tardive*, Paris, 2012, p. 61-122

MURGIA (C. E.), « Why is the APA/Harvard Servius ? Editing Servius », *Classical Papers*, Department of Classics UCB, 2004 (http://escholarship.org/uc/item/89p134jb)

MURRAY (C.), *Rebirth and Afterlife. A Study of Transmission of Some Pagan Imagery in Early Christian Funerary Art*, Oxford, 1981

MYERS (K. S.), *Ovid's Causes. Cosmogony and Aetiology in the Metamorphoses*, Ann Arbor, 1994

—, *Ovid, Metamorphoses, Book XIV*, Cambridge, 2009

NAUROY (G.), « La méthode de composition d'Ambroise de Milan et la structure du *De Iacob et vita beata* », dans *Ambroise de Milan. XVIe Centenaire de son élection épiscopale* (Collection des études augustiniennes, Série Antiquité, 65), Paris, 1974, p. 115-153

—, « Aaron, modèle biblique de l'évêque chez Ambroise de Milan », dans P.-G. DELAGE (éd.), *Les Pères de l'Église et les ministères, actes du IIIe colloque de La Rochelle, 7-9 septembre 2007*, La Rochelle, 2008, p. 183-202

NAVARRA (L.), « Le componenti letterarie e concettuali delle *Dictiones* di Ennodio », *Augustinianum*, 12, 1972, p. 465-478

NERI (V.), *La Bellezza del corpo nella società tardoantica. Rappresentazioni visive e valutazioni estetiche tra cultura classica e cristianesimo*, Bologne, 2004

NEWLANDS (C.), « *Silvae* 3.1 and Statius' Poetic Temple », *Classical Quarterly*, 41, 1991, p. 438-452

NORELLI (E.), « Costruzioni dell'eresia nel cristianesimo antico. Introduzione », *Rivista di Storia del Cristianesimo*, 2, 2009, p. 323-332

NORTH (J.), « Pagans, Polytheists and the Pendulum », dans W. V. HARRIS (éd.), *The Spread of Christianity in the First Four Centuries. Essays in Explanation*, Leyde / Boston, 2005, p. 125-143

NUFFELEN (P. VAN), *Rethinking the Gods. Philosophical Readings of Religion in the Post-Hellenistic Period*, Cambridge, 2011

OTTO (A.), *Die Sprichwörter und sprichwörtlichen Redensarten der Römer*, Leipzig, 1890

PACE (N.), « Il canto delle Sirene in Ambrogio, Girolamo e altri Padri della Chiesa », dans L. F. PIZZOLATO, M. RIZZI (éd.), *Nec timeo mori. Atti del Congresso di studi ambrosiani nel XVI centenario della morte di sant'Ambrogio, Milano 4-11 aprile 1997*, Milan, 1998, p. 673-695

PAIS (E.), « I tormenti inflitti ad Attilio Regolo e l'autenticità della tradizione Romana », *Ricerche sulla storia e sul diritto pubblico di Roma*, Rome, 1921, p. 411-437

PAILLER (J.-M.), *Bacchanalia. La répression de 186 av. J.-C. à Rome et en Italie : vestiges, images, tradition*, Rome, 1988

PALMER (A.-M.), *Prudentius on the Martyrs* (Oxford Classical Monographs), Oxford / New York, 1989

PARKER (R.), *Polytheism and Society in Ancient Athens*, Oxford, 2005

PARMENTIER (L.), HANSEN (G. C.), *Theodoret Kirchengeschichte* (Griechischen christlichen Schriftsteller, N.F. 5) [1954], Berlin, 1998[3]

PASCHOUD (F.), *Cinq études sur Zosime*, Paris, 1975

PASCO-PRANGER (M.), « A varronian vatic Numa ? », dans D. LEVENE, D. NELIS (éd.), *Clio and the Poets*, Leyde / Boston / Cologne, 2002, p. 291-312

PATILLON (M.), *Aphthonios, Ps.-Hermogène, Préambule à la rhétorique*, Paris, 2008

PELLIZZARI (A.), *Servio. Storia, cultura e istituzioni nell'opera di un grammatico tardoantico*, Florence, 2003

PENELLA (R. J.), *Man and the World. The Orations of Himerius*, Berkeley / Los Angeles / Londres, 2007

PENNACCHIO (M. C.), *Propheta insaniens. L'esegesi patristica di Osea tra profezia e storia*, Rome, 2002

PÉPIN (J.), « Plotin et le miroir de Dionysos », *Revue internationale de philosophie*, 24, 1970, p. 304-320

PERNOT (L.), *La Rhétorique dans l'Antiquité*, Paris, 2000

—, « Au-delà de Babel : le langage de la louange et de la prière », dans *Millenium. Jahrbuch zu Kultur und Geschichte des ersten Jahrtausends n. Chr. Yearbook on the Culture and History of the Fisrt Millenium C. E.*, 2, Berlin / New York, 2005, p. 63-77

—, « The Rhetoric of Religion », *Rhetorica*, 24, 2006, p. 235-254 = ID., « The Rhetoric of Religion », dans ID. (éd.), *New Chapters in the History of Rhetoric* (International Studies In The History of Rhetoric, 1), Leyde / Boston, 2009, p. 327-346

PETERSMANN (A.), « Annales », dans W. SUERBAUM (éd.), *Die archaische Literatur von den Anfängen bis Sullas Tod* (R. HERZOG, P. L. SCHMIDT (éd.), *Handbuch der lateinischen Literatur der Antike*, Band I), Munich, 2002, p. 60-63 [= G. FREYBURGER, F. HEIM (éd.), *Nouvelle histoire de la littérature latine*, volume 1, *La littérature de l'époque archaïque*, Turnhout, 2014, p. 63-65]

PFAFF-REYDELLET (M.), « Théorie et pratique du récit des origines : l'arrivée de Cybèle dans le Latium (Ovide, *Fastes* IV, 247-348) », dans G. ABBAMONTE, F. CONTI BIZZARRO, L. SPINA (éd.), *L'ultima parola. L'analisi dei testi : Teorie e pratiche nell'antichita greca e latina*, Naples, 2004, p. 261-272

PICCININI (E.), « Le sirene nella patristica latina », *Vetera Christianorum*, 33, 1996, p. 353-370

PICCIRILLI (L.), « Introduzione », dans M. MANFREDINI, L. PICCIRILLI (éd.), *Le vite di Licurgo e di Numa*, Milan, 1980, p. XI-XLIV

PIETTRE (R.), « Oreste, un héros grec dans la religion romaine », dans C. BATSCH, M. VÂRTEJANU-JOUBERT (éd.), *Manières de penser dans l'Antiquité méditerranéenne et orientale. Mélanges offerts à Francis Schmidt par ses élèves, ses collègues et ses amis*, Leyde / Boston, 2009, p. 239-268

PIOT (M.), « Hercule chez les poètes du premier siècle après Jésus-Christ », *Revue des études latines*, 43, 1965, p. 342-358

PIROVANO (L.), « La *Dictio* 28 di Ennodio : un'etopea parafrastica », dans M. GIOSEFFI (éd.), *Uso, riuso e abuso dei testi classici*, Milan, 2010, p. 15-52 [article accessible sur internet : http://www.ledonline.it/ledonline/gioseffi/02-Pirovano.pdf]

PORTE (D.), *L'étiologie religieuse dans les* Fastes *d'Ovide*, Paris, 1985

PORTMANN (M.-L.), *Die Darstellung der Frau in der Geschichtschreibung des früheren Mittelalters*, Bâle, 1958

POURKIER (A.), *L'hérésiologie chez Épiphane de Salamine*, Paris, 1992

POUTHIER (P.), *Ops et la conception divine de l'abondance dans la religion romaine jusqu'à la mort d'Auguste* (Bibliothèque des Écoles Françaises d'Athènes et de Rome, 242), Rome, 1981

PRELLER (L.), *Römische Mythologie*, Berlin, 1883

PUECH (H.-Ch.), *En quête de la Gnose. II. Sur l'Évangile selon Thomas*, Paris, 1978

PUECH (B.), « Les amis de Plutarque », dans *Aufstieg und Niedergang der römischen Welt*, II, 33, 6, Berlin / New York, 1992, p. 4831-4893

RAHNER (H.), « Antenna Crucis, I : Odysseus am Mastbaum », *Zeitschrift für Katholische Theologie*, 65, 1941, p. 123-152 [= *Griechische Mythen in christlicher Deutung*, Zurich, 1945 : « Odysseus am Mastbaum », p. 414-486 ; *Symbole der Kirche. Die Ekklesiologie der Väter*, Salzburg, 1964, p. 239-271]

RAIMONDI (M.), *Imerio e il suo tempo*, Rome, 2012

RAMIRES (G.) (éd.), *Servio. Commento al libro VII dell'Eneide di Virgilio, con le aggiunte del cosidetto Servio Danielino*, Bologne, 2003

—, « Il Servius Danielis prima di Pierre Daniel. L'edizione di Robert Estienne (*Stephanus*) e i manoscritti della classe alpha », *Eruditio Antiqua*, 4, 2012, p. 137-203

—, « Il valore delle aggiunte dei mss. α nella costituzione del testo dei *Commentarii* virgiliani di Servio », dans F. STOK (éd.), *Totus scientia plenus. Percorsi dell'esegesi virgiliana antica*, Pise, 2013, p. 231-255

RAWLINGS (L.), « Hannibal and Hercules », dans H. BOWDEN, L. RAWLINGS (éd.), *Herakles and Hercules : Exploring a Graeco-Roman Divinity*, Swansea, 2005, p. 153-184

RIBEIRO FERREIRA (J.) et al. (éd.), *Symposion and philanthropia in Plutarch*, Coimbra, 2009

RIEDWEG (C.), *Mysterienterminologie bei Platon, Philon und Klemens von Alexandrien*, Berlin / New York, 1987

RIENZO (D. DI), « Ennodius », dans P. CHIESA, L. CASTALDI (éd.), *Te.Tra I : La trasmissione dei testi latini del Medioevo*, I, Florence, 2004, p. 66-73

RIPOLL (F.), *La morale héroïque dans les épopées latines d'époque flavienne : tradition et innovation* (Bibliothèque d'Études Classiques, 14), Louvain / Paris, 1998

—, « La prise du rocher d'Aornos chez Quinte-Curce (VIII, 11) : déformation historique, transposition épique, démonstration morale », *Vita Latina*, 180, 2009, p. 11-23

ROBERTS (M.), « Rome Personified, Rome Epitomized : Representations of Rome in the Poetry of the Early Fifth Century », *The American Journal of Philology*, 122, 2001, p. 533-565

ROLLER (M. B.), « Exemplarity in Roman culture : the cases of Horatius Cocles and Cloelia », *Classical Philology*, 99, 2004, p. 1-56

ROMERI (L.), *Philosophes entre mets et mots. Plutarque, Lucien, Athénée autour de la table de Platon*, Grenoble, 2002

ROSATI (G.), « The *Silvae* : Poetics of Impromptu and Cultural Consumption », dans W. J. DOMINIK, C. NEWLANDS, K. GERVAIS (éd.), *Brill's Companion to Statius*, Leyde / New York, 2015, p. 54-72

ROTA (S.), « Motivi mitologici e antichità romane in Ennodio », dans M. ROTILI (éd.), *Memoria del passato, urgenza del futuro. Il mondo romano fra V e VII secolo*, Naples, 1999, p. 125-134

ROUSSEAU (P.), *Ascetics, Authority, and the Church, in the Age of Jerome and Cassian*, Notre Dame (Indiana), 2010²

RUDHARDT (J.), « Quelques remarques sur la notion d'aidôs », dans É. DELRUELLE, V. PIRENNE-DELFORGE (éd.), Kêpoi : De la religion à la philosophie. Mélanges offerts à André Motte, Liège, 2001, p. 1-21

RÜPKE (J.), From Jupiter to Christ. On the History of Religion in the Roman Imperial Period, Oxford, 2014

SARTRE (A.), SARTRE (M.), Zénobie, de Palmyre à Rome, Paris, 2014

SAURON (G.), L'histoire végétalisée. Ornement et politique à Rome, Paris, 2000

SAUTER (F.), Der römische Kaiserkult bei Martial und Statius, Stuttgart / Berlin, 1934

SAVON (H.), Saint Ambroise devant l'exégèse de Philon d'Alexandrie (Collection des études augustiniennes, Série Antiquité, 72-73), Paris, 1977

SCHEID (J.), « La parole des dieux. L'originalité du dialogue des Romains avec leurs dieux », Opus, 6-8, 1987-1989, p. 125-136

—, « Graeco ritu : a typically Roman way of honouring the gods », Harvard Studies in Classical Philology, 97, 1995, p. 15-31

—, Quand dire, c'est faire. Les rites sacrificiels des Romains, Paris, 2005

SCHIERL (P.), Die Tragödien des Pacuvius. Ein Kommentar zu den Fragmenten mit Einleitung, Text und Übersetzung, Berlin / New York, 2006

SCHILLING (R.), « L'Hercule romain en face de la réforme religieuse d'Auguste », dans Rites, cultes, dieux de Rome (Études et Commentaires, 92), Paris, 1979, p. 263-289 [= Revue de philologie, de littérature et d'histoire anciennnes, 16, 1942, p. 31-57]

SCHNEIDER (W. J.), « Phidiae putaui : Martial und der Hercules Epitrapezios des Novius Vindex », Mnemosyne, 54, 2001, p. 697-720

SCHÖNBERGER (O.), « Camilla », Antike und Abendland, 12, 1968, p. 180-188

SCHRÖDER (B.-J.), « Charakteristika der Dictiones Ethicae und der Controuersiae des Ennodius », dans B.-J. SCHRÖDER, J.-P. SCHRÖDER (éd.), Studium declamatorium. Untersuchungen zu Schulübungen und Prunkreden von der Antike bis zur Neuzeit. Joachim Dingel zum 65. Geburtstag, Berlin / Munich, 2003, p. 251-274

SCHRÖDER (B.-J.), Bildung und Briefe im 6. Jahrhundert : Studien zum Mailänder Diakon Magnus Felix Ennodius (Millennium-Studien, 15), Berlin / New York, 2007

SCOTT (K.), The Imperial Cult under the Flavians, Stuttgart / Berlin, 1936

SCROFANI (G.), La religione impura. La riforma di Giuliano Imperatore, Brescia, 2010

SÉCHAN (L.), « La légende d'Hippolyte dans l'antiquité », Revue des études grecques, 24, 1911, p. 105-151

SIMON (M.), Le rivage grec de l'Italie romaine. La Grande Grèce dans l'historiographie augustéenne (Collection de l'École française de Rome, 442), Rome, 2011

SINI (F.), Bellum Nefandum, Sassari, 1991

SISSA (G.), « Dionysos : corps divin, corps divisé », dans C. MALAMOUD, J.-P. VERNANT (éd.), Corps des dieux, Paris, 1986, p. 493-517

SOLER (E.), Le sacré et le salut à Antioche au IVe siècle apr. J.-C. Pratiques festives et comportements religieux dans le processus de christianisation de la cité, Beyrouth, 2006

SOMMERSTEIN (A. H.), FLETCHER (J.) (éd.), Horkos. The Oath in Greek Society, Exeter, 2007

SOPHOCLES (E.), Greek Lexicon of the Roman and Byzantine Periods (from BC 146 to AD 1100), New York, 1887

Sordi (M.), « Lavinio, Roma e il Palladio », dans M. Sordi (éd.), *Politica e religione nel primo scontro tra Roma e l'Oriente*, Milan, 1982, p. 65-78

Souilhé (J.), *Platon. Œuvres complètes. Lettres. Vol. 13. 1ʳᵉ partie* (Collection des Universités de France, 63), Paris, 1931

Spaltenstein (F.), *Commentaire des Punica de Silius Italicus (livres 1 à 8)* (Université de Lausanne, Publications de la Faculté des Lettres, 28), Genève, 1986

Sperduti (L.), *I 7 arcani del Vaticano*, Rome, 2013

Steele (R. B.), « Notes on Servius », *American Journal of Philology*, 21, 1900, p. 176

Stok (F.), *Percorsi dell'esegesi virgiliana*, Pise, 1988

Stoneman (R.), *Alexander the Great. A Life in Legend*, New Haven / Londres, 2008

Storchi (A.), *Numa e Pitagora : Sapientia constituendae ciuitatis*, Naples, 1999

Stroumsa (G. G.), *La fin du sacrifice. Les mutations religieuses de l'Antiquité tardive*, Paris, 2005

Šubrt (J.), « The Motif of the Alps in the Work of Silius Italicus », *Listy filologické / Folia philologica*, 114, 1991, p. 224-231

Sullivan (L. M.), « "I responded, 'I will not…'" : Christianity as Catalyst for Resistance in the *Passio Perpetuae et Felicitatis* », *Semeia*, 79, 1997, p. 63-74

Sundermann (K.), *Gregor von Nazianz: der Rangsterit zwischen Ehe und Jungfräulichkeit (Carmen 1, 1, 1, 215-732), Einleitung und Kommentar*, Paderborn / Munich / Vienne / Zurich, 1991

Taisne (A.-M.), *L'esthétique de Stace : la peinture des correspondances*, Paris, 1994

Thiel (H.), *Leben und Taten Alexanders von Makedonien. Der griechische Alexanderroman nach der Handschrift L*, Darmstadt, 1974

Thilo (G.) (éd.), *Maurus Servius Honoratus. In Vergilii carmina commentarii. Servii Grammatici qui feruntur in Vergilii carmina commentarii*, recensuerunt Georgius Thilo et Hermannus Hagen, II, Leipzig, 1881

Tosi (R.), *Dictionnaire des sentences latines et grecques*, Grenoble, 2010

Turcan (R.), *Les sarcophages romains à représentations dionysiaques. Essai de chronologie et d'histoire religieuse*, Paris, 1966

—, *Mithras platonicus. Recherches sur l'hellénisation philosophique de Mithra*, Leyde, 1975

—, *Firmicus Maternus, L'erreur des religions païennes*, Paris, 2002

Urlacher-Becht (C.), « L'attitude des chrétiens face à la culture classique : l'exemple d'Ennode de Pavie », dans A. Bandry-Scubbi (éd.), *Éducation – Culture – Littérature*, Condé-sur-Noireau, 2008, p. 243-259

—, « Ennode de Pavie, diacre et auteur d'épigrammes profanes », dans M.-F. Guipponi-Gineste, C. Urlacher-Becht (éd.), *La renaissance de l'épigramme dans la latinité tardive*, Paris, 2013, p. 283-301

—, *Ennode de Pavie, chantre officiel de l'Église de Milan* (Collection des études augustiniennes, Série Antiquité, 198), Paris, 2014

Vallat (D.), « *Le Servius de Daniel* : introduction », *Eruditio Antiqua*, 4, 2012, p. 89-99

Van Dam (H.-J.), « Multiple Imitation of Epic Models in the *Silvae* », dans R. R. Nauta, H. J. Van Dam, J. J. L. Smolenaars (éd.), *Flavian Poetry* (Mnemosyne Sup. 270), Leyde / Boston, 2006, p. 185-205

Van Donzel (E.), Schmitt (A.) [avec une contribution de Ott (C.)], *Gog and Magog in Early Eastern Christian and Islamic Sources. Sallam's Quest for Alexanders Wall*, Leyde / Boston, 2010

Vasiliev (A.), « Agapius (Maḥbūb Ibn Qusṭanṭīn), Kitāb al-ʿunwān. Histoire universelle (I, 1) », dans R. Graffin, F. Nau (éd.), Patrologia orientalis, V, 4, Paris / Fribourg, 1910

Vermander (J. M.), « La polémique des apologistes latins contre les dieux du paganisme », Recherches augustiniennes, 17, 1982, p. 3-128

Vessey (D.), Statius and the Thebaid, Cambridge, 1973

—, « Silius Italicus on the Fall of Saguntum », Classical Philology, 69, 1974, p. 28-36

—, « The Dupe of Destiny : Hannibal in Silius, Punica III », The Classical Journal, 77, 1982, p. 320-335

Veyne (P.), L'Empire gréco-romain, Paris, 2005

Vian (F.), La guerre des géants. Le mythe avant l'époque hellénistique, Paris, 1952

Visonà (G.), Cronologia Ambrosiana. Bibliografia Ambrosiana, Milan, 2004

Vogel (F.), Diodori bibliotheca historica, vol. 1 (Bibliotheca Teubneriana), Leipzig, 1888

Waldner (K.), « "Was wir also gehört und berührt haben, verkünden wir auch euch…". Zur narrativen Technik der Körperdarstellung im Martyrium Polycarpi und der Passio Sanctarum Perpetuae et Felicitatis », dans B. Feichtinger, H. Seng (éd.), Die Christen und der Körper. Aspekte der Körperlichkeit in der christlichen Literatur der Spätantike, Munich / Leipzig, 2004, p. 29-74

Ware (C.), Claudian and the Roman Epic Tradition, Oxford, 2012

Watson (P. A.), Ancient Stepmothers. Myth, Misogyny and Reality (Mnemosyne, Suppl. 143), Leyde, 1995

Weigel (S.), « Exemplum and Sacrifice, Blood Testimony and Written Testimony : Lucretia and Perpetua as Transitional Figures in the Cultural History of Martyrdom », dans J. N. Bremmer, M. Formisano (éd.), Perpetua's Passions : Multidisciplinary Approaches to the Passio Perpetuae et Felicitatis, Oxford, 2012, p. 180-200

Williams, (M. F.), « Lawgivers and the rule of law in the Aeneid », dans C. Deroux (éd.), Studies in Latin literature and Roman history, Bruxelles, 2003, p. 208-243

Zanker (P.), Augustus und die Macht der Bilder, Munich, 1997³

Zanker (P.), Ewald (B. C.), Mit Mythen leben. Die Bilderwelt der römischen Sarkophage, Munich, 2004

Zarini (V.), « Rome au miroir de son passé chez les poètes latins de l'antiquité tardive », texte d'une conférence délivrée auprès de l'Associazione di Studi Tardoantichi à Naples, le 19 avril 2010 [http://www.studitardoantichi.org/einfo2/ file/1275558170-ZARINI.pdf]

Zeiller (J.), Paganus. Étude de terminologie historique, Fribourg / Paris, 1917

Zuwiyya (Z. D.), Islamic Legends concerning Alexander the Great : taken from two medieval Arabic manuscripts in Madrid, Albany, NY, 2001

Zwierlein (O.), Senecas Hercules im Lichte kaiserzeitlicher und spätantiker Deutung. Mit einem Anhang über « tragische Schuld » sowie Seneca-Imitationen bei Claudian und Boethius (Abhandlungen der Geistes- und Sozialwissenschaflichen Klasse, Akademie der Wissenschaften und der Literatur, 6), Wiesbaden, 1984

Index des auteurs et textes anciens

Actes des martyrs de Scilli : 240
Actes des saints : 103
Ad-Dīnawarī : 182
Aelius Aristide :
   Discours 28 : 72
   Discours 42 : 72
   Panathénaïque : 28
Agapius de Manbiǧ : 179
Al-Masʿūdī : 183, 185
Al-Mubaššir ibn Fātik : 181, 182, 183, 184
Al-Yaʿqūbī : 183
Ambroise de Milan : 93, 107, 171, 188, 225-236
   Commentaire sur le Ps 43 : 234
   Commentaire sur le Ps 61 : 101-102, 109
   Les Devoirs : 225, 227-230, 237, 239, 247
   Explication de l'Évangile de Luc : 225, 230-236
   La Foi : 233, 234
   Hymnes : 239, 247, 252, 253
   L'Institution d'une vierge : 250
   Lettres : 157
   Les Veuves : 247
   Les Vierges : 225, 226-228, 229, 239, 248
Ammien Marcellin : 233
Anacréon : 24
Anaxilaïde : 25
Anthologie latine : 174, 176
Aphthonios :
   Progymnasmata : 184
Apollodore : 142, 143
Apollonios de Tyane : 83
Apulée : 30
   Apologie : 29
   Métamorphoses : 216
   Platon et sa doctrine : 25
Aquila : 199, 201, 233

Aristainétos : 21
Aristobule de Panéas : 76
Aristote : 21, 22, 79, 183, 184, 185
Arnobe :
   Contre les gentils : 142, 210, 215
Arrien :
   Anabase : 181
Athanase d'Alexandrie : 102, 107, 109
   Apologie à l'empereur Constance : 105
   Histoire des ariens : 103, 104, 105
   Sur l'incarnation du Verbe : 212
   Lettre encyclique : 103
   Lettre aux évêques d'Égypte et de Libye : 104
   Lettre aux vierges : 226
   Vie d'Antoine : 192
Athénée : 17
Aṭ-Ṭabarī : 182
Auguste
   Hauts faits du divin Auguste : 114
Augustin : 33, 171
   Confessions : 174
   Contre Fauste : 100
   La Cité de Dieu : 48, 144, 237
   Lettres : 238
   Sermons : 100
Aulu-Gelle : 33, 37
   Nuits Attiques : 143
Ausone :
   Épigramme 32 : 217-218
   La Moselle : 212
Basile de Césarée :
   Aux jeunes gens. Comment tirer profit de la littérature grecque : 196
Bible : 80
   Ancien Testament
      Genèse : 198, 199

Exode : 205
Deutéronome : 198
1 Samuel : 91, 229
2 Samuel : 197, 198
1 Rois : 104
Isaïe : 80, 83, 86, 109, 197, 199, 200, 202, 203, 233, 234
Jérémie : 80, 83, 85, 86, 99, 234
Ézéchiel : 80, 81, 83, 84, 85, 87, 202
Osée : 80, 81, 83, 84, 88, 89, 90, 91
Joël : 80, 81, 90
Amos : 80, 83, 106
Abdias : 80
Jonas : 80
Michée : 80, 199
Nahoum : 80
Habacuc : 80
Sophonie : 80
Aggée : 80
Malachie : 80
Zacharie : 80, 81, 90, 91, 92
Psaumes : 99, 100, 102, 199
Job : 197
Daniel : 80, 204, 205
1 Chroniques : 198
Nouveau Testament
Évangile de Matthieu : 97, 101, 102, 104, 106, 108, 110, 194
Évangile de Luc : 97, 101, 102, 197
Évangile de Jean : 99, 100, 103, 105, 107, 108
Actes des apôtres : 90, 99, 109
Épître aux Galates : 89, 240
Épître aux Colossiens : 230
Première Épître à Timothée : 229
Callimaque
Hymne à Délos : 155
Calpurnius Siculus : 69, 157
Catulle : 246
Celse :
Discours vrai : 209
Chrysippe : 22, 46, 47
Cicéron : 33, 35, 37, 38, 39, 142, 230
Les Devoirs : 53, 66
Discours contre Catilina : 154, 175

Discours pour Scaurus : 139, 144
Lettres aux familiers : 241
La Nature des dieux : 62, 210
La République : 116
Traité des Lois : 36, 62
Tusculanes : 62, 246
Claude Ptolémée :
Composition mathématique ou Astronomie ancienne : 201
Claudien : 153
Contre Eutrope : 162, 163
Éloge de Stilicon : 162
La Guerre contre Gildon : 151, 156-165
Panégyrique en l'honneur du 6e consulat d'Honorius : 154-155
Le Rapt de Proserpine : 159
Cléanthe : 215
Cléarque : 25
Clément d'Alexandrie :
Églogues prophétiques : 252
Protreptique aux Hellènes : 75, 76, 210, 213, 218
Stromates : 72, 73, 75, 243
Code théodosien : 223
Coran : 152, 184, 185
Cyrille d'Alexandrie :
Commentaire sur Zacharie : 100
Damase :
Épigrammes : 239, 251, 252, 253
Démocrite : 21
Denys d'Halicarnasse : 116, 144, 148
Didyme l'Aveugle : 91
Diodore de Sicile : 35, 38, 40, 72, 74, 214
Diogène Laërce : 25
Diogénianos de Pergame : 27
Dion l'Académicien : 19
Dion Cassius : 33
Donat : 146
Dracontius : 174
Élégies à Mécène : 69
Empédocle : 21
Ennius :
Annales : 249
Ennode de Pavie : 151, 167-177
Action de grâces à propos de sa vie : 174

Discours (dictiones) : 167, 169, 173-177
Lettres : 169-173
Poèmes : 168, 169, 171, 172
Épicure : 19, 126, 129
Épiphane de Salamine :
Panarion : 222
Euripide : 30, 49
Bacchantes : 214
Hécube : 245, 246, 247, 254
Hippolyte voilé : 227
Iphigénie à Aulis : 246, 254
Eusèbe de Césarée :
Histoire ecclésiastique : 240, 241
Préparation évangélique : 27, 76
Évangile de Thomas : 243
Favorinos : 22
Firmicus Maternus :
L'Erreur des religions païennes : 218-220, 221, 227
Florus : 139, 144
Fulgence : 175, 177
Grégoire de Nazianze : 107
Discours 4 : 106
Discours 5 : 193
Discours 36 : 106
Discours 40 : 107
Grégoire de Nysse :
Sur saint Théodore : 99
Hilaire de Poitiers : 171
Hérodien : 139
Hérodote : 73, 74, 140, 149, 181
Himérios :
Discours 43 : 213-214
Hippolyte :
Elenchos contre toutes les hérésies : 194
Histoire Auguste :
Vie d'Héliogabal : 144, 145, 146
Homère : 21, 22, 26, 80, 96, 234
Iliade : 26, 127, 146, 164, 203
Odyssée : 127, 194, 196, 203
Horace : 130, 137, 142
Épîtres : 62, 114
Odes : 62, 89, 114, 136
Hygin : 140, 142

Innocent Ier :
Lettres : 238
Irénée de Lyon : 87
Contre toutes les hérésies : 88
Jamblique :
Vie de Pythagore : 72, 74
Jean Chrysostome :
À Théodore : 220, 221
Commentaire de l'Évangile selon Matthieu : 221
Contre ceux qui sont scandalisés : 220-221
Contre les Juifs : 221
Homélie aux Antiochiens : 220, 221
Homélie sur les Calendes : 220-221
Jean Malalas : 145
Jérôme : 56, 79-94, 189-207, 231
Commentaire sur Amos : 82, 189, 198, 201
Commentaire sur Daniel : 87, 189, 204, 206
Commentaire sur Ésaïe : 82, 84, 86, 87, 91, 189, 191, 193, 197, 198, 199, 200, 201, 202, 203
Commentaire sur Ézéchiel : 84, 85, 91, 92, 194, 195, 199, 202, 203
Commentaire sur Jérémie : 86, 87, 89, 193, 194, 195, 196, 200
Commentaire sur Jonas : 80, 191, 205, 206
Commentaire sur l'Épître aux Éphésiens : 196, 203
Commentaire sur l'Épître aux Galates : 197, 198
Commentaire sur Michée : 194, 196, 200
Commentaire sur Nahoum : 193
Commentaire sur Osée : 80, 81, 84, 85, 87, 88, 89, 90, 190, 194, 195, 196, 197
Commentaire sur Zacharie : 81, 90, 91
Petits commentaires sur les Psaumes : 198
Contre Jean de Jérusalem : 203
Contre Jovinien : 194, 201, 203, 204
Contre Rufin : 189, 191
Contre Vigilance : 195, 200

Dialogue contre les Pélagiens : 195
Les Hommes illustres : 80
Lettres : 79, 81, 82, 83, 88, 89, 90, 91, 189, 191, 193, 194, 195, 196, 197, 201, 202, 205, 238, 239, 245, 246
Livre de l'interprétation des noms hébreux : 198
Questions hébraïques sur la Genèse : 198
Préface au livre de Josué : 193
Vie d'Hilarion : 83, 194
Vie de Malchus : 83
Vie de Paul de Thèbes : 83, 192, 207
Julien : 105-106
  Contre Héracleios : 210
  À Hélios-Roi : 210, 215
Justin (saint) :
  Apologie pour les chrétiens : 11-13, 209, 212
Justin :
  Épitomé de l'Histoire philippique : 241, 250
Juvénal : 159, 162
Lactance : 231
  Institutions divines : 227, 250
Léon le Grand : 238
Lettre à la vierge sainte Démétrias : 238
Libanios : 193
Longin : 31
Lucain : 53
  La Pharsale : 69, 154, 155, 158, 163, 175
Lucien :
  De l'astrologie : 73, 74
  Dialogues avec les morts : 30
  Discussion avec Hésiode : 30
Lucrèce :
  La nature : 127, 128, 129, 246, 248
Macrobe : 146
  Saturnales : 215, 216
Martial : 57, 59, 64-65, 68-69, 157
Mérobaudes : 171
Minucius Felix :
  Octavius : 205
Olympiodore :
  Commentaire sur le Phédon de Platon : 210

Vie de Platon : 26
Origène : 87, 98, 204
  Contre Celse : 25, 209
  Homélies sur Jérémie : 99
  Homélies sur Josué : 88
  Homélies sur le Lévitique : 99
Orose :
  Histoires : 250
Ovide : 157, 205
  Fastes : 96, 120-137, 139, 144, 245
  Métamorphoses : 69, 96, 120-137, 149, 160, 163, 164, 165, 203, 206, 245, 247, 249, 250
  Tristes : 69
Pacuvius : 142
Passion de Perpétue et Félicité : 242, 243-246
Paulin de Nole :
  Lettres : 196
  Poèmes : 145
Paulus-Festus : 139, 143
Pausanias :
  Description de la Grèce : 73, 140, 149
Pélage :
  Lettre à Démétrias : 238
Pétrone : 159
Philon d'Alexandrie :
  Vie de Moïse : 213
Philostrate :
  Vie d'Apollonios de Tyane : 72
Platon : 15, 19-31, 52, 76, 79, 230
  Banquet : 21, 23, 196
  Lettre VII : 72
  Lois : 21
  Phèdre : 21, 213, 226
  République : 21, 228
  Timée : 21, 179
Plaute :
  Le Cordage : 115
  Le Marchand : 249
Pline l'Ancien : 57, 62
  Histoire naturelle : 139, 143, 144
Pline le Jeune :
  Lettres : 241, 244, 245
Plotin : 31

INDEX DES AUTEURS ET TEXTES ANCIENS

Plutarque :
- *Consolation à Apollonios* : 24
- *Propos de table* : 15, 17-31
- *Questions romaines* : 144
- *Vie de Numa* : 117
- *Vie de Périclès* : 17
- *Vie de Publicola* : 139, 143
- *Vie de Thémistocle* : 22

Poème contre les païens : 144

Polybe : 33, 34-35, 37, 38, 39, 40

Porphyre : 87, 215
- *La Philosophie tirée des oracles* : 27, 216
- *Sur les images* : 216
- *Vie de Plotin* : 27

Proclus :
- *Commentaire sur le Timée de Platon* : 210
- *Prolégomènes à la philosophie de Platon* : 25, 27

Procope : 145

Properce : 130
- *Élégies* : 252

Prosper d'Aquitaine : 238

Prudence : 153, 165
- *Contre Symmaque* : 144, 157
- *Le Livre des couronnes* : 239, 248, 249, 252, 253, 254
- *La Psychomachie* : 251

Ps.-Callisthène :
- *Roman d'Alexandre* : 152, 179-185

Ps.-Hilaire : 171

Quinte Curce : 57, 59, 60, 62, 66-68, 69

Quintilien :
- *Institution oratoire* : 226, 241

Rufin : 189, 194, 195, 197

Rutilius Namatianus : 144, 153

Salluste :
- *La Conjuration de Catilina* : 161

Sappho : 24

Sénèque : 16, 33, 43-54
- *Agamemnon* : 250
- *Apocoloquintose* : 49, 115
- *Les Bienfaits* : 45, 46, 49, 60, 67
- *La Brièveté de la vie* : 51
- *Consolation à Marcia* : 250
- *Consolation à Polybe* : 69
- *La Constance du sage* : 45, 49, 51, 52, 53, 54, 60, 210
- *Hercule furieux* : 48, 49, 174
- *Hercule sur l'Œta* : 57, 62
- *Lettres à Lucilius* : 45, 51
- *Les Phéniciennes* : 249
- *La Providence* : 51, 53
- *Questions naturelles* : 45
- *La Superstition* : 48
- *Thyeste* : 158
- *La Tranquillité de l'âme* : 45, 49, 52, 53
- *Les Troyennes* : 250
- *La Vie heureuse* : 47, 51

Servius :
- *Commentaire aux Bucoliques de Virgile* : 215
- *Commentaire à l'Énéide de Virgile* : 112, 139-149, 195

Sidoine Apollinaire : 153
- *Lettres* : 196

Silius Italicus : 57, 58, 59, 60, 61, 62, 63, 65, 66, 69, 156, 157, 160, 161-162

Socrate de Constantinople : 101

Sophocle :
- *Antigone* : 254

Souda : 73

Sozomène : 101
- *Histoire ecclésiastique* : 193

Speusippe : 25

Stace : 57
- *Achilléide* : 62
- *Silves* : 58, 59, 62, 63-64, 65, 68, 69, 155, 156, 157, 250
- *Thébaïde* : 60, 62, 63, 69, 158, 159, 250

Suétone
- *Vie d'Auguste* : 114

Symmaque (traducteur de la Bible) : 199, 200, 201, 233

Symmaque (Quintus Aurelius Symmachus) : 157

Tacite :
- *Annales* : 62
- *Histoires* : 144

Tatien : 252

Tertullien : 33, 231
   Aux martyrs : 237, 242
   Exhortation à la chasteté : 254
   L'Idolâtrie : 219
   La Prière : 254
   La Résurrection des morts : 254
   Les Spectacles : 213, 245
   Le Voile des vierges : 254
Théocrite :
   Idylles, 17 : 155
Théodoret de Cyr : 107
   Histoire ecclésiastique : 108-109, 193
Théodotion : 199, 201, 233
Théophile d'Alexandrie : 88
Théophraste : 21
Thucydide : 181

Tite-Live : 33, 36, 37, 38, 40, 113, 116, 120, 139, 142, 144, 219
Trogue Pompée : 241, 250
Varron : 48, 128, 134, 146
Virgile :
   Énéide : 68, 96, 111-117, 124, 126, 127, 131, 134, 135, 136, 139, 142, 143, 160, 164, 171, 176, 193, 199, 201, 203, 204, 227, 240, 249, 250, 251, 253
   Géorgiques : 115, 122, 130, 131, 132, 134, 137
Valérius Flaccus : 57
   Argonautiques : 58-59, 60, 61, 63
Xénophon : 23
   Mémorables : 66
Zosime : 101

Index des noms propres

Aaron : 91, 93
Abas : 127
Abbassides : 181, 183, 184, 185
Abdias : 80
Abisaï : 229
Abner : 230
Abraham : 80
Académie : 20, 31
Achab : 104
Achaïe : 18
Achille : 245
Actium : 135, 136
Adam : 202
Adonis : 202, 217
Afrique : 157, 160, 163, 164
Agamemnon : 248
Aggée : 80
Agnès (sainte) : 238, 239, 240, 246, 247-251, 252, 253, 254
Agyllée : 63
Alcide : 66, 69, 70
Alexandre le Grand : 65, 66, 67, 179-185
Alexandrie : 207
Ammonios : 21, 22
Amos : 83
Anacréon : 24
Anaxilaïde : 25
Anchise : 126
Andragathios : 102
Andromède : 191
Anicii : 168, 238, 239
Antée : 167-177
Antigone : 249, 254
Antioche : 103, 192, 215, 220, 221
Antoine (saint) : 192, 207
Apollon : 25, 26, 27, 215, 216
    Apollon Musagète : 215

Aru Puels : 138
Arabie : 217
Arcadius : 157
Arcturus : 190, 197, 201
Arès : 164
Argos (géant) : 196, 203
Argos (ville) : 60, 127, 135
Ariane : 201
Aricie : 139, 149
Aristée : 122, 127, 130
Ariston : 25
Aristote : 179, 183, 184, 185
Arria : 241
Arruns : 250
Artémis : 226, 227
Artémise : 241
Asbyté : 63
Asclépios : 12, 227
Asie : 29
Atalante : 204
Athéna : 249
Athènes : 18, 25, 26, 27, 28, 31, 213
Atilius Calatinus : 39, 40
Atrée : 159
Atticus : 195
Auguste : 113, 114, 135
Aurore : 163, 164
Autoboulos : 22
Bacchus : 204, 217
Bagdad : 181, 183
Barabbas : 104, 105
Bébryx : 58
Biblis : 241
Bingen : 212
Blandine (sainte) : 240, 241
Borborites : 222
Bouddha : 204

Brutus : 114
Byzance : 183
Cacus : 195
Caecina Paetus : 241
Caïphe : 103, 105
Calliope : 74
Camille (général romain) : 124
Camille (héroïne de Virgile) : 204, 250, 251
Capitole : 39, 139, 143, 145, 149
Carthage : 33-41
Cassandre : 249
Caton d'Utique : 51, 52, 53, 54
Célestius : 194, 195
Centaures : 195, 196, 204
Cerbère : 195, 240
Cérès : 164, 165
César : 114, 154, 161
Chalcis : 79
Charybde : 191, 193
Chéronée : 22, 28
Chimère : 204
Chiron : 29
Christ/Jésus : 12, 87, 98, 99, 100, 107, 109, 110, 171, 209, 212, 214, 216, 230, 231, 235, 236, 241, 253, 254
Chrysippe : 46, 47
Claudia Quinta : 133
Clélie : 250
Clytemnestre : 246
Constance : 104, 192, 219, 223
Constance II : 103, 219
Constant : 219
Constantin : 219
Cornélia (vestale) : 244, 245
Craton : 22
Critobule : 195
Cupidon : 160
Cynthie : 252
Cyréné : 122, 131
Cyrène : 127
Damas : 181
Danaé : 193
Daniel : 205
Daphné : 206

Darius III : 182, 185
David : 229
Délos : 25
Delphes : 27
Déméter : 73
Démétrias : 238, 239, 240, 246
Diable : 219, 220
Diane : 25, 139, 149, 204, 226, 227, 250, 251
Dioclétien : 239
Dionysos : 12, 23, 27, 209-223
    Bacchanalia : 219
    Dionysos-Grappe (Βότρυς Διόνυσος) : 212, 214
    Dionysos-Hélios : 214
    Liber Pater : 62, 66, 68, 217, 218
    Lyaios : 22
    Lysios : 22
    Pantheus : 217
Dioscures : 61, 170
Domitien : 68, 69, 70, 244
Donat : 86, 146
Donata : 240
Dū l-qarnayn (Bi-cornu) : 180, 183, 184, 185
Égypte : 29
Éleusis : 210
Élie : 104, 203
Encélade : 199
Énée : 112, 127, 131, 134, 135, 136, 146, 240, 250, 253
Er : 22
Ératon : 21
Érichthonius : 203
Érymanthe : 176, 195
Érysichthon : 164
Esculape : 62, 191, 203
Étéocle : 158
Etna : 199
Eucratis : 249
Eulalie (sainte) : 248, 249, 252, 253, 254
Euphorbe : 127, 135, 136
Euryale : 170
Eurydice : 122
Eutrope : 163
Ézéchiel : 83, 84, 85, 88, 89

INDEX DES NOMS PROPRES

Fannia : 241
Faunes : 192, 207
Faunus : 123, 124, 127, 129, 133
Félicité : 242, 243
Géants : 197, 198, 233
Générosa : 240
Géryon : 195
Gildon : 156-165
Gog : 184
Gratien : 101, 102, 108, 109
Grégoire (évêque arien) : 103, 104
Gygès : 228, 229, 230
Habacuc : 80
Hadès : 254
Hagias : 21
Halicarnasse : 241
Hannibal : 37, 159, 161, 162
Harpalicè : 204
Hélène : 142, 183
Héliogabale : 145, 216
Hélios : 212, 214, 215, 216
Héra : 127, 135
Héraclès : 12, 164, 209, 210
Héraclianus : 239
Hercule : 45, 49, 57-70, 167-177, 195
Hermès : 12
Hérode : 99, 102, 106, 230
Hésione : 60
Hiéronymos : 19
Hippocentaures : 201
Hippodamie : 196
Hippolyte : 226, 227, 230
Honorius : 154, 157, 158, 159, 160, 165
Horace : 241
Hyades : 197, 201
Hydre de Lerne : 195, 197, 204, 233
Hylas : 58, 59, 61
Hylas (grammairien) : 22
Ilionè : 139, 142
Incubes : 192, 248
Iphigénie : 149, 204, 246, 254
Isaïe : 82, 83, 84, 88, 89, 234
Ishtar : 202
Isis : 216, 217
Israël : 85, 86, 88, 89, 106

Iule : 253
Januaria : 240
Jean-Baptiste : 230
Jérémie : 86, 89
Jérusalem : 83, 84, 85, 89, 100, 145
Job : 220
Joël : 80, 81, 90
Jonas : 191
Joppé : 191
Joseph d'Arimathée : 101, 102
Josué : 90, 91
Jovinien : 194
Judas : 106, 220
Juliana : 238
Julien : 105, 106, 193
Junon : 49, 174, 175, 240
Jupiter : 60, 61, 128, 131, 132, 133, 134, 156, 158, 160, 161, 162, 163, 204, 206
Juturne : 249
Laeta : 191, 205
Laius : 158
Lamie : 202
Lapithes : 196
Latium : 113, 114, 123, 156, 158, 161
Latone : 25
Laurent de Médicis : 27
Lavinia : 253
Lerne : 176
Léthé : 189
Liber (Pater) : voir Dionysos
Libère (pape) : 226, 228
Libye : 104, 158, 162, 169
Lilith : 202
Lucagnac : 217
Lucius (chez Justin) : 12
Lucrèce (femme de Collatin) : 245
Lyncée : 203
Lyon : 240
Magog : 184
Malachie : 80
Marcelline : 226
Marie : 194, 250
Marmar : 147
Marmurius : 148
Mars : 122, 136, 204

INDEX DES NOMS PROPRES

Marsile Ficin : 27
Mascezel : 159
Maxime (usurpateur) : 101, 102
Memmius : 126
Ménélas : 127, 136, 194
Mestrius Florus : 22
Métabus : 250
Métiscus : 249
Michée : 80
Minerve : 147, 204, 249, 250
Mithra : 203, 209, 210
Moïse : 76, 205
Muses : 21, 22
Nabuchodonosor : 204, 205
Nahum : 80
Naïades : 245
Narcisse : 245
Némée : 195
Neptune : 227
Novius Vindex : 64
Numa : 111-117, 119-137, 139, 148
Nymphes : 22
Nysus : 170
Œagros : 75
Œdipe : 158
Ogygès : 217
Olybrius : 169, 170, 172, 173
Olympias : 183, 241
Omeyyades : 181
Onocentaure : 192, 197, 200, 201
Orcus : 195, 240
Oreste : 139-149, 170
Orion : 190, 197, 201
Orphée : 71-77, 130, 195, 210
Osée : 83, 84, 88, 89
Osiris : 217
Pallade : 164
Palladium : 146, 147, 148
Pallas Athéna : 249
Pammachius : 193
Pangée (mont) : 74
Panthée/Pantheus : 217
Paul (moine) : 82, 86, 92, 192
Paula : 191
Pélage : 194, 195

Pélagie : 248
Péon : 203
Périctionè : 25
Perpétue : 242, 243, 244, 246, 247, 252
Perse : 62, 67, 162, 182, 185
Persée : 12, 191
Phaéton : 163, 165, 172, 206
Phanacès : 217
Pharaon : 89, 104
Phénicie : 202
Philagrios : 103, 104
Philippes (ville de Macédoine) : 212, 214
Philippos de Prousias : 30
Phrygie : 121, 240
Picus : 123, 124, 127, 129, 133, 139
Pierre : 236
Pilate : 97-110
Pirithoos : 196
Platon : 17-31, 79, 179
Pléiades : 197
Pluton : 195
Pollius Félix : 64
Polynice : 158
Polyxène : 245, 246, 247, 248, 250, 254
Pontique : 241
Porsenna : 250
Porus : 182, 185
Poséidon : 227
Postumius : 38
Pothin : 241
Prétextat : 215, 216
Priam : 139, 142, 143
Proba : 238
Prométhée : 60, 131
Prosénès : 27
Proserpine : 130, 160
Protée : 122, 131, 194, 195
Prytanis : 19
Ptolémée (chez Justin) : 12
Pylade : 170
Pyréné : 58
Pyrrhus : 241, 245
Pythagore : 21, 71-77, 116, 120, 121, 127, 128, 135
Régulus : 33-41, 237

INDEX DES NOMS PROPRES 285

Rémus : 204
Rhéa Silvia : 204
Rome : 18, 24, 28, 154, 157, 160, 162, 163, 165
Romulus : 61, 113, 114, 125, 128, 135, 136, 204
Rubicon : 155
Rufin : 194, 195, 197
Rufus (fils de Zeipas) : 212
Rutules : 249
Samson : 252
Samuel : 91
Sappho : 24
Sarapis : 217
Satan : 200, 220
Saturne : 113, 114
Satyre(s) : 192, 213, 214
Saul : 230
Scipion l'Africain : 37
Scylla : 191, 193, 194, 196, 204, 233
Sécunda : 240
Sextius Sylla : 18
Sextus Tarquin : 245
Sicile : 196
Silène(s) : 213, 214
Silvanus : 217
Sirènes : 194, 195, 197, 199, 230, 231, 232, 233, 234, 235, 236
Socrate : 11, 12, 23, 25, 26, 27, 29, 31, 52, 76, 80
Soleil : voir Hélios
Sophonie : 80
Sosius Sénécion : 17, 18, 19
Sospis : 22
Sotère : 248
Speusippe : 19, 25
Stilicon : 157, 163, 164, 165
Stymphale : 195

Sylla : 64, 65
Tammouz : 202
Tartare : 240
Télamon : 22
Telchines : 213
Térentia : 241
Thargélies : 25
Thèbes : 60
Thècle : 248
Thémistocle : 22
Théodora : 249
Théodoric : 177
Théodose : 158
Thermopyles : 18, 22
Théron : 63
Tibre : 133, 155, 250
Titans : 197, 213, 214, 233, 234
Torquatus : 241
Trajan : 70
Trèves : 212
Troyens : 26, 117, 139, 142, 146, 148, 174
Tullia : 241
Turnus : 249
Tyndare de Lacédémone : 26
Typhée : 199
Ulysse : 147, 191, 194, 196, 230, 231, 232, 233, 234, 235
Vénus : 134
Vesper : 201
Vesta : 144, 145
Vestia : 240
Virbius : 191
Vulcain : 250
Xerxès : 241
YHWH : 85, 88, 89, 94
Zacharie : 91
Zénobie : 14
Zeus : 214, 215

Index des notions

âge d'or : 29, 113, 203
antiquité tardive : 13, 82, 152-153, 172-173, 177, 184, 187, 222, 225, 233-234
apologétique/apologiste(s) : 11, 12, 14, 190, 228
apothéose : 54, 59, 62, 65
arabe : 152, 179-185
argument/argumentation : 11, 20, 79, 82, 141, 151, 162, 172, 177, 187, 190, 202, 204-206, 228-229, 235
autorité(s) : 12, 21-22, 30-31, 38, 55, 71, 75-77, 98-99, 107, 113, 171, 182, 211, 227
banquet : 17-19, 22-24, 27-29, 31, 101, 159, 162, 195
barbare(s) : 152, 159, 168, 177, 191-192, 204, 217
Bible/biblique : 9, 11-12, 79-82, 86-87, 91-93, 98, 109, 187-188, 190, 196-202, 205-206, 219, 229, 234, 237-238
biographie : 145, 179-181, 185, 209-210
bouclier : 63, 96, 120, 122, 127, 133-136, 139, 145, 148, 164, 250
chasteté : 194, 226, 239, 243, 247, 249, 251, 254
chevelure : 112-113, 251-253
chrétien(s) : 9, 11-13, 55, 71, 75-77, 79-81, 83, 86-87, 92-94, 98-100, 103-104, 107, 109-110, 144-146, 151-152, 157, 165, 167-168, 170-171, 174, 177, 179, 184, 187-191, 193-196, 203-207, 209-214, 216, 218-220, 223, 225-226, 230-232, 234, 236-238, 240-243, 245-249, 254-255
christianisme : 12, 14, 24, 86, 109, 187-188, 204, 206-207, 210, 219, 228, 231, 237, 242, 246-247, 254

classique : 72, 92, 156, 165, 175, 177, 181, 183, 187, 189, 197, 206, 215, 218, 229, 248-249, 254
cohabitation : 47, 210, 223
commentaire : 13, 27, 80-81, 83-84, 87-93, 96-98, 100, 102, 109, 139-141, 143, 146-149, 190-191, 196-198, 200, 203, 205-206, 234, 245
compétition : 187, 209-211, 214, 218, 223
concurrence : 209-210, 214, 222
confrontation : 136, 140, 168, 211
connaissance(s) : 20, 29-30, 50, 53, 72, 74, 79, 128-129
coranique : 152, 182, 184-185
cosmos/cosmique : 45, 49-50, 52, 54, 134-135
culture/culturel : 9, 17, 19, 20, 28, 31, 44, 46-47, 77, 79-80, 98, 110, 116, 130, 145-146, 165, 168, 170-171, 175, 187, 189-191, 201, 206, 217, 225, 231, 238
démon(s) : 12, 74, 193, 198, 200, 202, 207, 212, 218, 221, 237
diable : 188, 192-193, 195, 198, 204, 218-223
diabolisation : 211, 218, 220-223
didactique : 16, 55, 72, 232
Dieu : 12, 56, 76, 80, 84-86, 88-93, 99-100, 106, 171, 174, 189, 191-192, 194, 199, 203-205, 207, 210, 230, 242
dieu(x) : 12-13, 22-27, 30, 44-45, 47-51, 53-55, 58-61, 65, 68, 74-75, 115, 122-126, 128-133, 137, 141, 143-145, 155-159, 161, 163, 171, 176, 188-191, 202-203, 206, 209-212, 215-218, 228
dionysiaque : 211-213, 216, 218, 220-222
directeur de conscience : 43, 45, 50, 54
discours poétique : 43-44, 46-48

INDEX DES NOTIONS

discours religieux : 9, 11, 13, 43-44, 55, 193, 196, 202, 206, 225, 236
discours sacré(s) : 55, 71-77
divin : 9, 14-15, 17, 24-25, 27-28, 30-31, 45, 47-50, 53-56, 61, 67, 73-74, 76-77, 79, 82-86, 88-89, 91-94, 100, 113, 124-125, 130, 147, 153, 155, 157, 164-165, 190, 192, 203, 205-206, 209, 212, 214, 216-218, 233, 235-236
divinisation : 12, 55, 60-63, 68, 153
divinité : 14, 45, 48, 50-52, 54, 122-125, 129-130, 153-155, 189, 205-206, 210-211, 215-218, 227
Écriture(s) : voir Bible (index auteurs et textes) : 82, 87-88, 104, 187-188, 202-203, 207, 230, 232-234, 236
Église : 80, 87-88, 92-93, 100, 168-171, 174, 177, 193, 199, 240, 248, 254
élite : 29, 116, 137, 181, 184
empereur(s) : 11-12, 14, 55, 68-70, 100-102, 104-110, 145, 153-157, 159, 192-193, 195, 215-216, 219, 239
épiphanie : 27, 72, 128, 134
érudit/érudition : 18-20, 28, 139-140, 146
Esprit (saint) : 90, 93-94, 241
évêque : 93, 103-104, 108-109, 194, 211, 220, 225, 227, 229, 231-234, 236, 238, 247, 251
exégèse/exégétique (voir commentaire) : 13, 27, 44-45, 79-81, 86-87, 92, 97, 147, 152, 184, 193, 202, 233
exégète : 76, 81-82, 87-89, 92-93, 97, 206
fables des poètes : 187, 189-190, 193-194, 197, 200-201, 203
femmes(s) : 12-13, 26, 46, 84, 87, 155, 160, 169-170, 172, 189, 202, 209, 222, 238-250, 254-255
figure/modèle/paradigme :
  archétype : 20, 113-114, 116, 154, 180
  attribut(s) (voir invariants) : 59, 96, 111-112, 117, 120, 136, 217
  caractéristique(s) : 59, 81-82, 95, 119, 125, 130
  canon/canonique : 9, 35, 36-39, 81, 93, 96-97, 143-144, 179, 226, 236

composition : 21, 72, 115, 143, 152, 169, 172-175, 184, 188, 226, 231, 236
configuration : 95, 120, 123, 130, 134, 136-137
constitution : 9, 11, 33, 39, 216
construction : 15-16, 29, 31, 44, 50, 55, 74, 98, 100, 111, 115, 123, 126, 128, 130, 134, 147, 184, 211, 234, 236
construire : 87, 96, 125, 134, 137, 241
contexte : 9, 14, 25, 31, 38, 44, 50, 65, 71, 75-76, 80, 87, 93, 95-96, 98, 100, 104-105, 108-111, 113, 115, 116-117, 119-120, 123, 129-130, 135, 151-152, 168-169, 172-174, 177, 182, 210, 212-213, 219-220, 233, 244, 254
contre-exemple : 13, 16, 43, 82, 95, 97-98, 114
contre-modèle/anti-modèle : 9, 39, 49-50, 58, 79
création : 43, 48, 71, 73-74, 184, 211, 241
déclinaison(s) : 119, 124-126, 137
élaboration : 9, 11, 14, 16, 98, 102, 151
emblématique/emblème : 11, 15, 45-47, 50, 144, 154, 172, 191
émulation/émule : 27, 31, 55, 63-67, 70, 140, 241
exemplaire/exemplarité : 11-17, 23, 33-34, 38-39, 43-44, 46-50, 52, 54-55, 63, 80-81, 86-88, 92-96, 98, 109-117, 119-120, 127, 136-137, 152, 155, 170-171, 176, 187-188, 210, 237-238, 240-241, 243, 246, 248-249
exemple : 11-13, 16, 23, 36-38, 43, 49, 51-52, 62, 66, 70, 75, 83, 88-89, 95, 97-98, 101-102, 107-108, 111-112, 114-115, 117, 137, 156-157, 163-164, 169-172, 174, 177, 180, 182-183, 188, 191, 196-197, 202-205, 207, 209, 223, 228-230, 233, 238-239, 241
fabrication/fabrique/fabriquer : 15, 17, 19, 51, 111, 117, 182-183, 188, 190
imitateur/imitation/imiter : 65-66, 89, 98, 100, 107-108, 156, 174, 200
invariant(s) : 95-96, 125-126

INDEX DES NOTIONS

liste : 9, 29, 76-77, 95-96, 106, 114-115, 139-146, 149, 183

modèle : 9, 11-13, 16, 19-20, 22-23, 28, 36, 39, 49, 51-52, 55, 57-58, 63-68, 70, 79, 82-83, 88, 91, 93, 95, 97-98, 103, 107-109, 120, 125-127, 130-132, 134, 136-137, 151, 153, 155, 165, 167, 174, 179, 185, 188, 209, 220, 222, 226, 228, 234-235, 237-241, 245-249, 251, 255

paradigme : 59, 62, 68, 96, 98, 110, 119, 123, 126, 130, 137, 188, 209

paire : 113-114, 119-120, 125, 128

réélaboration : 15, 95, 156, 165, 181

sélection : 112, 115, 123

série : 14, 71, 76, 96, 111, 114-115, 119-120, 127, 133-134, 136, 161, 211, 253

stéréotype/stéréotypé : 184, 218-219, 221

symbole/symbolique : 9, 15, 19, 25, 30, 45-47, 49-50, 55, 71, 85, 88-89, 93-94, 112-113, 144, 151, 158, 165, 168, 187, 193-194, 196, 231, 234-236

type/typologie : 12-14, 43-44, 59, 72, 75, 83-84, 86-88, 93, 95, 98-99, 144-145, 151, 173-174, 176, 199, 205, 222, 243

valeur (morale) : 13, 16, 29, 37, 39, 43-44, 47, 151, 153, 168, 244, 254

vertu(s) : 15-16, 18, 28, 39, 44-45, 47, 51, 54, 62, 113, 161, 209, 213, 226, 228

figure(s) et communauté(s) :
   bienfait/bienfaiteur : 29, 60, 68, 132, 212
   civilisateur/civilisation : 9, 59, 67, 79, 129-130
   communauté : 15, 17, 19, 23-24, 28-31, 45, 53, 80, 86, 90, 116-117, 130, 132-133, 137, 213, 220
   communication : 16, 30, 40, 56, 77, 91
   connexion : 77, 149, 157
   identification : 44, 49-51, 54, 107, 109, 139, 141, 214
   interaction : 95, 117, 119, 185
   intermédiaire : 45, 51, 54-56, 73-74, 88, 91, 153, 157, 245

   passeur : 31, 55, 86, 133
   porte-parole : 11-12, 44, 137
   public : 16, 38, 69, 103, 111-112, 114, 117, 120, 136-137, 165, 238, 244, 250, 254
   relation : 17, 22, 30, 67, 73-75, 81, 88-89, 93, 96-98, 116, 122, 127, 130, 136, 151, 172-173, 183-184, 210, 242, 244
   réseau : 9, 17, 28, 49, 54, 95-96, 111, 114, 117, 119-120, 122, 130, 136-137, 140, 145, 188, 238
   résonance : 49, 54, 136
   tutélaire (figure) : 19, 31, 94
   vainqueur : 33, 37, 59, 136, 167

foi : 93, 97, 107-108, 133, 171, 187, 192, 204-205, 207, 241-244, 246, 248, 251, 255

gage (voir mots latins, *pignus*) : 96, 120, 133, 139-141, 144, 192

généalogie : 73-75, 77, 182, 231-232, 235

hellénisme : 15, 17, 19, 22, 28-31

hérétique : 105, 193-196, 200, 204, 222, 230-231

herméneutique : 24, 31, 84, 87-88, 164

héroïque/héroïsme : 14, 37-39, 51, 59, 63, 146, 188, 237, 240-242, 247, 249, 253

héros/héroïne(s) : 9, 12-13, 15-16, 33, 38-40, 44, 49, 51, 59-61, 66, 68, 70, 96, 130, 135, 140, 149, 169, 171-172, 196, 199, 204, 227, 232, 237, 248, 250

histoire/historien : 9, 13-15, 37, 44, 51, 59, 62, 67, 71, 80, 102, 113, 116, 122, 134-135, 179, 181-185, 187, 190, 193, 204-206, 211, 223, 244

historicité/historique : 9, 15-16, 29, 31, 33, 37, 39-41, 44, 52-53, 55, 85-86, 90, 97-98, 102, 141, 145, 147, 151-152, 156, 165, 168, 179, 181-185, 204-206, 219, 223, 239, 246

historiographie/historiographique : 14, 140, 211

hymne : 13, 27, 167, 171, 247-248, 252

iconographie/iconographique : 136, 158, 164, 210-211, 222-223

idéal : 50-52, 67, 93, 130, 212, 226, 230, 238-240, 246-248, 254-256

idolâtrie/idole : 139, 189-190, 219-220, 251

INDEX DES NOTIONS

image : 11, 16, 20, 40, 44-45, 55, 60, 63, 77, 81-83, 85, 104, 111, 113-115, 134-136, 154, 159, 187-188, 191-194, 196-197, 199-200, 203, 206, 210-212, 214, 216, 218-219, 222-223, 226, 230-231, 236, 241, 254-255
incarnation : 47, 50, 88, 136, 188, 223
initiation/initié : 74, 128-130, 212, 219
interprétation : 44, 46-47, 86, 89-91, 93, 114, 129, 142, 172, 185, 199, 203-204, 214, 217, 231, 233
interpréter/interprète : 13, 25, 56, 65, 76, 80, 87, 90-92, 96, 131, 146, 153, 170, 190, 200, 209-210, 218, 234, 252
jeu : 12, 20, 95, 132, 192
juif : 55, 71, 76-77, 103-107, 109, 202, 221
légendaire : 114, 148, 172, 179, 181, 185, 198, 228
légende : 53, 152, 169, 184, 187, 193, 196-197, 203, 227-228
matériau : 17, 21, 31, 48, 50, 123, 188, 225, 238
matière : 17, 23, 48-49, 77, 127, 175, 187, 190-192, 197, 223
martyr/martyre/martyrial : 11, 23, 40, 98-100, 188, 195, 237-249, 251-255
mémoire : 15, 17, 19-20, 23, 28, 30-31, 68, 170, 240, 245, 250
mensonge : 45, 172, 174, 188, 190, 201, 227, 236
message : 12, 54, 56, 76-77, 81, 86-87, 91-93, 171, 196, 248
microcosme : 17, 19, 28, 54
moine : 83, 187, 189-198, 200-201, 203, 204-207
monothéisme/monothéiste : 71, 75-77
moral/morale : 29, 31, 39, 46-47, 50-53, 80, 84, 136, 153, 170, 176, 188, 202, 229, 231, 233-234, 236, 241, 244
mots grecs
    δόξα/*doxa* : 23, 28, 139
    θεῖος ἀνήρ/*theios anèr* : 77, 82, 83
    ἱερὸς λόγος/*hieros logos* : 13, 71, 75, 76
    κάθαρσις/*catharsis* : 44, 46, 50
    κόσμος/*cosmos* : 49-50, 52, 54, 134
    λόγος/*logos* : 11, 50, 74, 213, 215
    παιδεία/*paideia* : 28, 31, 223
    παράδειγμα/*paradeigma* : 13, 23, 30, 98-99
    προσκύνησις/*proskynèsis* : 62, 67
    σωφροσύνη/*sôphrosunè* : 12, 212
mots latins
    ancilium/ancilia : 139-140, 143, 145, 147-148
    concordia : 158-159, 162-164, 172
    exemplum : 11, 13, 44, 51-52, 68, 101, 136, 151, 170, 172, 188, 219, 238, 240
    fabula : 190, 206, 226-228, 230, 234
    fama : 68, 123, 126, 135
    fides : 15-16, 33, 39-40, 60, 153
    historia : 204, 206, 234
    pignus imperii : 96, 134, 136, 139-141, 143-144, 147
    progrediens : 45, 49-52, 54
    romanitas : 152, 168, 177
    translatio : 146, 149, 182
    utilitas : 36, 39, 164
    uirgo : 239, 249, 250-251, 253
    uirtus : 16, 53, 55, 61-62, 65-66, 127, 241
mystère(s) : 56, 88, 91, 210
mythe : 14, 33, 39-40, 43-48, 50-51, 110, 119, 123, 130, 136, 139, 148-149, 151, 156, 164, 172, 187-188, 190-191, 193, 196-198, 203-206, 210, 213-214, 225-236
mythique : 9, 13-16, 19, 29, 33-34, 39-41, 43, 50-52, 54-55, 71-77, 95-96, 98, 112, 114-115, 117, 119-120, 122-124, 127, 130, 136-137, 147-148, 151, 187-193, 195-197, 199-200, 202-207, 209-211, 218, 225-226, 228, 230, 233, 236, 238, 245, 248, 251
mythologie : 12-14, 44, 55, 74, 123, 146, 153, 165, 168, 170-172, 187, 189-190, 198, 202-204, 206
mythologique : 12, 23, 44-50, 52, 140, 143, 146-147, 169-171, 174, 177, 187-195, 197, 202, 205, 225
navigation : 193, 231-232, 235-236
nudité : 244, 251-252, 255
oracle : 127, 130-131, 146
orateur : 11, 169, 213

ornement/ornemental : 121, 143, 151, 192, 206
orthodoxie : 24, 204, 220
pacificateur : 59, 70, 114
paganisme : 12, 189-192, 210, 220
païen(ne) : 9, 12-13, 79, 80, 84, 103-105, 109, 140, 144-145, 151, 153, 156, 165, 170, 177, 184, 187-188, 190-191, 197-199, 201, 203-206, 209-211, 214, 216, 218-221, 223, 226, 228, 230-231, 237-238, 245-246
panthéon : 49, 51, 165, 216
paradoxe : 43, 48, 52, 134, 175, 180, 245
parénèse/parénétique : 44-46, 50, 54, 240
patristique : 97, 100, 102, 107
pédagogie/pédagogique/pédagogue : 43-45, 48-50, 54, 177
performance : 15, 20, 28-31
persécution : 103-104, 109, 238-240, 247-249, 254-255
philosophe/philosophie : 11-13, 15-24, 28, 30-31, 43-52, 54, 74, 77, 79-80, 121, 128, 184, 210, 216, 228
philosophique : 15, 19-20, 24, 28, 30-31, 39, 43, 45-48, 51-52, 54, 71, 76, 129, 182, 183, 187, 209, 210, 213, 215, 223, 230
plasticité : 9, 14, 97, 110, 151-152
polémique : 76, 146, 151, 159, 162, 171, 185, 188, 190, 194, 204, 206, 210, 227, 236
politique : 11, 13, 39, 50, 53, 65, 77, 116, 136-137, 151, 153, 160, 165, 169, 181, 188, 216, 219, 223
polythéisme/polythéiste : 11, 13-14, 55, 71-73, 75-77, 187
pouvoir : 12-13, 17, 22-23, 26, 30, 34, 44, 65, 94, 99-100, 102-103, 107, 109, 120, 129, 135, 137, 153, 160, 182, 197, 206, 211, 215-216, 228-229
prière : 13, 75, 132
prince (voir empereur) : 69, 101, 113-114, 120, 122, 132-133, 136-137
prophète(s) : 9, 11-12, 27, 55-56, 76-77, 79-94, 171, 233-234
pudeur : 242-249, 251-252, 255
rationnel : 43-44, 48, 50, 52, 54

recension : 179-181, 184-185
réception : 44, 179, 182, 184-185
reconnaître/reconnaissance (voir attributs) : 16, 76, 83, 95-96, 99, 104, 110, 112, 117, 125-126, 227, 237, 241
religieux : 9, 11, 13-14, 23-24, 39, 43-45, 48, 50, 55, 71-77, 112-115, 122, 125, 136, 152, 156, 164, 168-169, 171-174, 177, 187, 193, 196, 202, 206, 209, 210-211, 214, 222-223, 225, 232-233, 236
religion : 9, 13-14, 49, 57, 71-72, 76-77, 113, 124, 126, 136, 153, 165, 187-188, 190-191, 211, 223
réminiscence : 127, 152, 184, 238, 245, 247, 255
résistance : 34, 155, 176, 187
révélation : 72, 76, 93, 130
rhéteur : 79, 86, 167
rhétorique (mise en œuvre)
  terminologie littéraire, genres littéraires :
    anecdote : 12, 20, 164, 191, 230
    allégorie/allégorique : 15-16, 44-45, 47, 55, 80, 86, 151, 153, 160, 164, 177, 187-188, 193, 213-214, 223, 234-236, 251
    allusion : 68, 99-102, 105, 115, 127-128, 132, 136, 145, 155, 159, 171, 175, 179, 193, 220, 227
    analogie : 113, 197, 199, 209
    catalogue : 96, 111, 115, 116, 200, 205
    comparaison/comparant : 9, 11, 58, 63, 68-69, 76, 80, 98, 101-106, 109-110, 117, 120, 135, 141, 160, 191, 202-203
    dialectique : 24, 50, 164
    dialogue : 14, 21, 23-24, 30, 77, 157, 184
    digression : 45-46, 188, 226-227, 231, 233
    élégie/élégiaque : 120, 122, 131, 157, 255
    éloge/encomiastique : 14, 68, 129, 137, 153, 155, 184, 204, 240, 241
    épigramme : 64, 68-69, 157, 167, 217, 251-252
    épique/épopée : 40, 57, 63, 70, 115, 120, 131, 134, 147, 153-157, 159, 162-163, 246, 251, 255
    esthétique : 188, 225, 236

éthopée : 173-175
étiologie/étiologique : 15, 122, 129-131, 137
étymologie/étymologique : 46, 134, 175, 198
excursus : 188, 225-226, 228-233, 235-236
fable : 46, 169-170, 187, 189-191, 193-195, 197, 199-206, 227-228, 230, 232-234, 236
genres littéraires : 43, 47, 57, 173, 211
hagiographie/hagiographique : 211, 238, 241, 244, 246, 251, 254-255
intertexte/intertextuel : 97, 113-115, 137, 156, 234
lemme : 139-140, 147-149
littérature : 68, 70-71, 93, 98, 100, 106-107, 120, 144, 153, 164-165, 171, 179, 189, 191, 212, 218, 230, 238, 240, 249, 255
métaphore : 107, 172, 231-232, 234-235, 249
mise en scène : 16, 20, 48, 96, 111, 120, 132, 137, 234, 254-255
mise en série : 14, 96, 114, 133-134
narration/narratif : 18-20, 72, 113, 115, 117, 122, 156, 179, 223
parenthèse : 122, 129, 231
personnification : 151, 153, 164
poésie : 13, 22, 49, 127-128, 130, 136, 153, 155, 171, 249, 251
poétique : 43-50, 115, 117, 136-137, 157, 171-172, 174, 212, 227, 233-234, 236
prosopopée : 151, 153-157, 162-163, 165
récit étiologique : 15, 122, 129-130
rhétorique : 11, 16, 37, 39, 44, 47, 51, 55, 72, 79, 97, 132, 137, 151, 155-156, 168, 171-172, 175, 184, 188, 190, 223, 226, 228, 230, 236, 241
satire/satirique : 156, 159, 162-163, 165
topos : 40, 53, 245
tragédie/tragique : 43-44, 47-51, 53-54, 158-159, 163-164, 246, 254
rite/rituel : 9, 15, 23, 27, 29, 31, 48, 84, 89, 95, 112, 123-125, 131-133, 136, 188, 210, 213, 218, 220, 221-223, 237

sacrifice : 75, 132, 149, 188, 223, 246, 248, 253-254
sage : 15, 22, 49-52, 54, 75, 79, 126, 129, 196, 228-230, 234
sagesse : 18, 45, 49-55, 71, 74, 77, 201, 212, 216, 230
saint patron : 15, 19, 22-23, 27, 31
savant/savoir : 15, 17-20, 22, 28-31, 55, 73, 75, 77, 79, 96, 121, 129-131, 182, 189, 211, 214, 217
sceptre : 139, 142, 143
serment : 9, 36, 40
serpent : 36, 40, 58, 163, 197, 200, 202, 219, 222
signe : 25, 56, 76, 85-88, 90-93, 113, 116, 126, 134, 153, 217, 244-245
soleil : 163, 212, 215-216
solidarité : 12, 29, 164
souvenir : 17-19, 30, 38, 126, 136, 161, 163, 170, 188, 238, 240, 244-247, 249-250
source : 19, 21-22, 33, 37, 74, 91, 116, 124, 129, 141, 144-146, 149, 152, 155, 165, 174, 180-181, 184, 223, 229, 237-239, 241
spectaculaire : 48, 111, 122, 128, 131, 133
stoïcien(ne)/stoïcisme : 22, 43-47, 49-52, 54, 60, 70, 79-80, 210, 248
substitution : 188, 238, 248
supplice : 12, 36, 40, 163, 241, 254-255
théologie/théologique : 12-13, 43, 45, 47-48, 50-51, 104, 137, 187, 210, 215-218, 223, 233, 245
théorie/théorique : 20, 43, 45, 47, 111, 162, 171-172, 184, 216
tradition/traditionnel(le) : 11-12, 15, 18-20, 29, 31, 40, 44-45, 49, 59, 71, 73, 75, 77, 92, 95-96, 116, 119-120, 123, 139-141, 143-144, 146-149, 151, 154, 156, 158, 165, 168, 173-175, 177, 185, 187-188, 190, 202, 209-211, 214, 216, 218, 227, 234, 237, 239, 248, 251, 253-255
traduction : 80, 90-92, 152, 179-185, 187, 190, 193, 197-202, 206, 216-217, 233
travaux (d'Hercule) : 55, 59-61, 64-65, 68-69

universalisme/ universalité/
  universel(le) : 17, 28-29, 49-52, 54, 160, 179, 182, 217, 241
variation : 19, 43, 57, 127, 139, 247
vérité : 11-12, 18, 22, 28, 31, 37, 45-48, 50, 75, 79-80, 85, 126, 129, 132, 165, 199, 206, 212, 222, 228, 230

vierge/virginité : 103, 105, 194, 204, 226-227, 237-240, 245-255
vin : 125, 196, 203, 211-214, 226
voile : 96, 139, 142-143, 251-252
voyage/voyageur : 59, 181, 191-192, 232-233